Jacques le Fataliste
et son maître

Du même auteur
dans la même collection

DIDEROT

Jacques le Fataliste
et son maître

●

par Barbara K.-Toumarkine

GF Flammarion

© Flammarion, Paris, 1997 ;
2012, pour cette édition
ISBN : 978-2-0812-8597-2

SOMMAIRE

Jacques le Fataliste
et son maître

« **Philippe Jaenada,**
pourquoi aimez-vous *Jacques le Fataliste* ? »

Parce que la littérature d'aujourd'hui se nourrit de celle d'hier, la GF a interrogé des écrivains contemporains sur leur « classique » préféré. À travers l'évocation intime de leurs souvenirs et de leur expérience de lecture, ils nous font partager leur amour des lettres, et nous laissent entrevoir ce que la littérature leur a apporté. Ce qu'elle peut apporter à chacun de nous, au quotidien.

Né en 1964, Philippe Jaenada est romancier. Il est notamment l'auteur, chez Julliard, du *Chameau sauvage (1997),* et, chez Grasset, du *Cosmonaute (2002), de* Vie et mort de la jeune fille blonde *(2004), de* Plage de Manaccora, 16 h 30 *(2009), et de* La Femme et l'Ours *(2011).*

Il a accepté de nous parler de *Jacques le Fataliste, et* nous l'en remercions.

**Quand avez-vous lu ce livre pour la première fois ?
Racontez-nous les circonstances de cette lecture.**

En octobre 1986. Cela peut paraître un peu bizarre que je m'en souvienne si précisément plus de vingt-cinq ans plus tard, mais je le sais simplement parce que je l'ai noté sur la page de garde (je viens de retrouver cet exemplaire au fond de ma bibliothèque, il est bien défraîchi, il fait peine à voir). J'avais vingt-deux ans, je venais d'emménager seul à Paris (une nouvelle manière de vivre se présentait, je me sentais pimpant et fier) et de commencer à lire. Jusqu'alors, j'avais docilement consacré mon existence débutante à l'école, et bien plus aux mathématiques qu'à n'importe quoi d'autre. Quand j'ai laissé tomber (sur un coup de tête spectaculaire et définitif) ces études qui, je m'en rendais compte un peu tard, me convenaient comme la jungle à la truite, je me suis mis à lire. D'abord ce qu'on appelle les classiques (on est bon élève discipliné ou on ne l'est pas). Et dès que j'en achevais un (pour certains, lourds et peu aimables, j'avais réellement l'impression de les achever, de les vaincre et de poser un pied dessus pour la photo), je notais la date sur la page de garde. J'avais le sentiment d'entrer dans un monde noble, presque sacré, important pour moi en tout cas, et j'inscrivais ces dates comme au dos de précieuses photos de familles dont on sait qu'on les regardera, amusé ou nostalgique, dans trente ou cinquante ans. J'étais persuadé que, devenu vieux (genre quarante ans), j'ouvrirais régulièrement ces romans d'une main pâle et tremblante, en hochant doucement une tête émue. J'ai quarante-huit ans et je ne me retourne pas vers mes anciennes lectures, ces repères dans le temps ne m'ont jamais servi. Jusqu'à aujourd'hui. Ça a fini par payer, je le savais.

Votre « coup de foudre » a-t-il eu lieu dès le début du livre ou après ?

Si ma mémoire est bonne (quand je ne note pas, c'est une autre paire de manches), le coup de foudre a eu lieu dès le premier paragraphe, qui dit beaucoup de choses sur les trois cents pages qui suivent (bien que, paradoxalement, il ne dise rien du tout). Ensuite, c'est comme avec les gens (du moins, en ce qui me concerne, avec ma femme, qui est pour moi la reine des gens) : le coup de foudre s'étire, se change en passion sur les cent premières pages, puis un amour plus calme, plus profond et plus solide s'installe et perdure jusqu'à la fin du livre.

Relisez-vous ce livre parfois ? À quelle occasion ?

Jamais. (Si, pour être honnête (c'est ma qualité première), j'ai relu *Jacques le Fataliste* avant de répondre à ce questionnaire, je ne voulais pas avoir l'air trop tarte. Mais c'est exceptionnel.) Je ne relis jamais un livre. D'abord parce que je pense que l'émotion qu'il suscite et les transformations qu'il opère chez (dans) le lecteur sont uniques et doivent rester intactes dans le passé, sur le chemin derrière nous, comme un élément constitutif de ce qu'on est devenu (on ne retire pas une pierre de la base d'une pyramide parce qu'elle est belle et qu'on veut la replacer plus haut), ensuite et surtout parce que je suis triste d'avance à la pensée du nombre de livres que je ne lirai pas (je vais vivre cent trente ans, je pense, mais ça ne m'empêchera pas de laisser sur la grande étagère un nombre épouvantable d'œuvres qui auraient pu me plaire), et que logiquement, mathématiquement (ça sert, quand même), chaque fois que je relirais un livre, j'en pousserais un que je ne connais pas hors de ma durée de vie.

Est-ce que cette œuvre a marqué vos livres ou votre vie ?

Les deux, mon capitaine. Mais je viens seulement de m'en rendre compte (il y a donc tout de même quelques avantages à la relecture – la vie est toujours plus compliquée qu'on ne croit). Elle a marqué ma vie, car je m'aperçois que j'ai fait mienne la philosophie de Jacques. Ce n'est pas sorcier ni très évolué, comme principe, mais ça vous change quand même une existence : ce qui arrive arrive, ce qui est est et ce qui n'est pas n'est pas, ce qu'on fait est ce qu'on devait faire. C'est très pratique, ça évite quasiment toute pression, toute inquiétude, et tout regret (or l'inquiétude et les regrets, on dira ce qu'on voudra, ce sont quand même des choses bien encombrantes). J'avais oublié que c'est à Jacques, à Diderot, que je dois de traverser tranquillement le monde et le temps, je leur rends donc ici avec plaisir et reconnaissance ce qui leur appartient. Je suis Philippe le fataliste (dans le sens premier, absolu du mot, bien entendu, pas seulement sa face sombre, négative, désespérante, comme l'entendent ceux qui refusent de l'être, fatalistes – les insensés).

Cette œuvre a également marqué mes livres puisque, encore une fois je ne le comprends que maintenant, elle m'a orienté à mon insu (je n'y ai jamais réfléchi, je ne me suis jamais dit consciemment : « Je vais faire comme ci et comme ça ») vers au moins deux des bases de mon écriture (j'ai l'air un peu ridicule à m'analyser moi-même, pardon), deux de mes outils essentiels pour raconter une histoire. D'une part, la prédominance des actions, des gestes et des mots des personnages sur les descriptions physiques ou psychologiques pour les présenter au lecteur, les installer dans son esprit. (Après le long portrait que son maître lui fait d'une « veuve charmante », Jacques s'énerve : « Je hais les portraits à la mort. » Il estime qu'ils ne dépeignent pas fidèlement le sujet et que les faits et les propos sont bien plus utiles pour s'en faire une idée juste et précise : « Un mot, un geste, m'en ont quelquefois plus appris que le bavardage de toute une ville. » J'ai écarquillé les yeux en relisant cela, c'était l'une de mes règles principales quand je me suis lancé dans l'écriture de mon premier roman (dix ans après avoir lu Diderot), aucun portrait, aucune description, je croyais l'avoir trouvée tout seul – pauvre cloche.) D'autre part, l'utilisation des digressions, dont je ne peux pas me passer, innombrables dans le roman de Diderot (elles en sont même l'essence), qui, au lieu de ralentir la narration comme on pourrait le penser, l'entraînent, l'accélèrent par un effet de, comment dire, roulis. Sans *Jacques le Fataliste* (et quelques autres, *Don Quichotte*, *Tristram Shandy*, *Candide* – mais ils sont tous cousins), je n'écrirais pas ce que j'écris. Ce ne serait peut-être pas plus mal, allez savoir. Mais c'est comme ça.

Quelles sont vos scènes préférées ?

Il y en a des ribambelles, j'aime tout. Un peu au hasard et en vrac : le récit des premières aventures sexuelles de Jacques, la discussion vive et saoule entre l'hôtesse de l'auberge, Jacques et son maître, avant et pendant l'histoire de Mme de la Pommeraye, les envolées lyriques de Jacques au sujet de la gourde et des bienfaits presque mystiques de la boisson, les manigances lubriques du fourbe moine, le père Hudson... (Je m'aperçois, non sans un certain effroi mêlé de honte, que toutes les scènes que j'aime ont un lien avec le sexe ou l'alcool. Je n'aurais jamais dû répondre à cette question.)

Y a-t-il selon vous des passages « ratés » ?

Non. Certaines histoires, certaines digressions, sont à mon avis plus bancales, plus ennuyeuses que d'autres, mais on ne peut pas dire qu'elles soient ratées, puisque la frustration du lecteur (qui devient progressivement un plaisir, presque masochiste) est la raison d'être du livre. Donc, en poussant un peu le raisonnement dans l'absurde, plus une scène qui en interrompt une autre est agaçante (bancale, ennuyeuse), plus elle est réussie. Mais il y en a très peu (l'histoire du frère de Jacques, par exemple, ou celle de son capitaine et de l'ami de celui-ci, qui se battaient tout le temps, m'ont semblé un peu plus molles que le reste), et elles sont finalement bienvenues car ces petites faiblesses rendent le livre légèrement déséquilibré, donc humain – son auteur, en tout cas –, et donc sympathique. Tout comme les erreurs qu'il commet (il confond *L'Avare* et *Les Fourberies de Scapin*, la femme de Socrate et le maître d'Ésope – il faut le faire…), les emprunts à Laurence Sterne ou Rabelais (des hommages qu'on qualifierait aujourd'hui de plagiats), ou l'insistance, que je trouve maladroite et lassante à la longue, avec laquelle il rappelle et répète qu'il peut faire ce qu'il veut de ses personnages, les faire aller ici ou là, raconter ceci ou cela, que peu importe d'où ils viennent et où ils vont : le jeu, trop appuyé et explicite à mes yeux, avec les normes du roman (on est d'accord avec lui, et au bout de quatre ou cinq fois, on a vraiment bien compris – on dirait un adolescent qui en fait trop, qui ne sait pas s'arrêter quand tout le monde a déjà ri à la blague). Tout cela rapproche de Diderot, le met à notre portée, ou presque, on le voit écrire, et on n'en aime que davantage son travail, son livre, une grande œuvre qui n'est pas tombée du ciel.

Cette œuvre reste-t-elle pour vous, par certains aspects, obscure ou mystérieuse ?

Ni obscure ni mystérieuse, non, limpide et vive, juste un peu floue sur la fin, décevante, comme la vie (je suppose). Et c'est parfait comme ça. Quand on voit où on arrive, ce après quoi on a couru pendant trois cents pages (lorsque Jacques, au bout du voyage, se rapproche enfin de l'objet de son amour, Denise, et lui passe une jarretière sur la jambe, Diderot, espiègle et magnifique, fait dire au maître : « Quand on est arrivé au genou, il y a peu de chemin à faire » – c'était donc là qu'on allait), on se dit, comme certains l'affirment justement des voyages, que ce n'est pas le but qui compte mais le trajet (même si, dans cette image en particulier, celle de Denise, le but a ses charmes) ; d'ailleurs, Jacques répond : « Mon maître, Denise avait la cuisse plus longue qu'une autre. » On comprend qu'on n'a pas lu le livre pour le finir, mais pour le lire.

Quelle est pour vous la phrase ou la formule « culte » de cette œuvre ?

Sans hésitation, une phrase que Jacques prononce dès les premières pages : « Puis-je n'être pas moi, et étant moi, puis-je faire autrement que moi ? » On est obligé de répondre « Non » aux deux questions, et la vie devient plus simple.

Si vous deviez présenter ce livre à un adolescent d'aujourd'hui, que lui diriez-vous ?

Je lui dirais : « Mon petit gars, ma fille, les livres sont comme les gens, c'est ce qu'il y a dedans qui importe, pas l'apparence ou l'âge. Là, tu râles un peu parce que *Jacques le Fataliste et son maître*, c'est sinistre, comme titre, ça sent le truc lourd à des kilomètres, et quand tu vois que ça a été écrit en mille sept cents et quelques, cafard et flemme s'emparent de toi et te terrassent. Mais, crois-moi, presque tout ce qui a été publié depuis disons cinquante ans paraît académique et poussiéreux à côté. C'est un livre bondissant, drôle, turbulent, intelligent et simple en même temps, imprévisible et rebelle (et c'est plein d'histoires de fesses). Tu entendras peut-être des ombres sérieuses et pincées expliquer que c'est l'antiroman, l'écriture pour l'écriture, l'anéantissement de l'intrigue, de la notion d'histoire qu'on raconte, et tu n'auras que deux mots à la bouche : "Au secours." Mais rassure-toi, c'est le contraire. En faisant semblant de se désintéresser complètement du récit principal et même du récit secondaire (le voyage des deux hommes et les amours de Jacques), de prouver qu'ils n'ont aucun intérêt, Diderot en sort des tas d'autres de son chapeau, et ce livre qu'on présente parfois comme une sorte de manifeste contre la narration est exactement l'inverse : un feu d'artifice d'anecdotes et de contes qui s'entremêlent. Tout le roman, n'écoute pas les ombres, repose justement sur des histoires et l'intérêt qu'on leur porte. *Jacques le Fataliste*, c'est le triomphe de l'histoire qu'on raconte. Alors si tu ne passes pas quelques très bonnes heures avec les pages qui suivent, écris-moi (jaenada@noos.fr), je te paie un paquet de cacahuètes. Ou de pistaches. Promis. »

Avez-vous un personnage « fétiche » dans cette œuvre ? Qu'est-ce qui vous frappe, séduit (ou déplaît) chez lui ?

Le plus évident serait de choisir Jacques, bien sûr. Tout tourne autour de lui, il dirige tout (lui qui prétend toujours que c'est le ciel qui décide, il est le véritable chef d'orchestre du roman, même l'auteur semble impuissant face à lui ; c'est l'astuce des fatalistes convaincus, qui règnent en donnant l'impression de subir – car au royaume des indécis, les convaincus sont rois). Je pourrais même opter pour le maître, qui est brave homme, compréhensif, indulgent et loin d'être idiot, peut-être même plus fin, voire plus philosophe que son penseur de valet (il est en tout cas assez sage pour ne pas souffrir qu'on le présente comme un simplet qui ne fait que regarder sa montre et ouvrir sa blague à tabac). Mais celui vers qui mon cœur penche, c'est Diderot lui-même (si, je regrette, j'ai le droit, puisqu'il se met régulièrement en scène, hésitant entre plusieurs directions à faire prendre à son histoire, à ses héros, allant parfois jusqu'à s'imaginer entrer dans une pièce avec eux, voir et entendre les mêmes choses qu'eux). Ma préférence pour lui est sans doute due au fait que j'écris aussi. J'aime qu'il soit à la fois créateur et acteur, comme si Dieu se baladait parmi nous (et commettait les mêmes erreurs que nous), qu'il ait tant d'affection pour Jacques et son maître qu'il ne peut pas résister à l'envie de partager leurs aventures, d'essayer de s'immiscer discrètement (c'est raté) entre eux, de papoter un peu avec eux (alors que normalement, c'est interdit), il a même la politesse de faire intervenir le lecteur et de répondre à ses questions ou critiques. La présence de l'auteur dans le roman est le reflet, la trace de sa présence quelque part dans Paris au XVIIIe siècle. En lisant, je l'imagine à sa table, penché au-dessus de ses feuilles, sans doute près d'une bougie. Et quand il annonce qu'il va se coucher (« Si j'allais aussi mettre ma tête sur un oreiller, en attendant le réveil de Jacques et de son maître ; qu'en pensez-vous ? »), je le vois se lever de sa chaise en souriant, souffler sa bougie, c'est comme s'il était là, comme si plus de deux cents ans s'évaporaient d'un battement de paupières (je ne vais pas tarder à aller dormir, moi non plus, il est 5 h 36 du matin), j'ai envie d'aller boire un coup avec lui demain.

Ce personnage commet-il selon vous des erreurs au cours de sa vie de personnage ?

Oui. Il n'arrête pas de claironner qu'il est le grand manitou : d'une part, c'est prétentieux, de l'autre c'est faux, il se fait mener par le bout du nez. Nez qu'il fourre partout, soit dit en passant – de quoi il se mêle ? (Hitchcock qui apparaît furtivement dans tous ses films, à côté de Diderot, c'est un modeste, un effacé.) Par ailleurs, il donne trop souvent la parole au lecteur (si on écoute les lecteurs, on n'en sort plus, on est foutu). Mais ce sont évidemment ses erreurs en tant que personnage. En tant qu'auteur, il est au-dessus de tout ça, il contrôle tout avec maestria, il réussit même à jongler avec lui-même.

Quel conseil lui donneriez-vous si vous le rencontriez ?

Ben voyons, je vais donner des conseils à Diderot…

Si vous deviez réécrire l'histoire de ce personnage aujourd'hui, que lui arriverait-il ?

Exactement la même chose que ce qui lui arrive, à lui et à ses héros. C'est la force et la beauté de cet incroyable roman : il aurait pu être achevé hier matin (on y trouve même – dans un sens qui n'est pas celui d'aujourd'hui, d'accord, mais c'est une sorte de signe magique – des mots comme « satellite » ou « fusée »). Tout ce que vivent les personnages principaux et secondaires pourrait être recopié tel quel en changeant simplement quelques éléments de décor : Jacques et son maître ne voyageraient pas à cheval mais en voiture (une Mégane, qu'on leur piquerait dans une station-service au bord de l'autoroute), ne s'arrête-raient pas dans des auberges mais dans des motels, le maître tripoterait son smartphone plutôt que sa blague à tabac, Jacques n'aurait pas été blessé à la bataille de Fon-tenoy mais dans un attentat à Bali… J'essaierai peut-être un jour, tiens. Ça s'appellera *Max le Fataliste et son patron*, quelque chose comme ça.

Quelle question auriez-vous aimé que l'on vous pose ?

Surtout pas celle-là. (Mais c'est trop tard. Donc, soyons sport, et disons, pour faire dans l'air du temps : « Comment résumeriez-vous ce livre en 140 caractères sur Twitter ? » Comme on ne me l'a pas posée, je ne fais pas de zèle, je ne réponds pas.)

Le mot de la fin ?

Merci Denis.

CHRONOLOGIE

CHRONOLOGIE	REPÈRES HISTORIQUES ET CULTURELS	VIE ET ŒUVRES DE DIDEROT
1713		• (5 octobre) Naissance à Langres de Denis Diderot, fils de Didier Diderot, maître-coutelier, et d'Angélique Vigneron. Il est l'aîné de trois enfants : Denise « sœurette » (née en 1715), et Didier-Pierre (né en 1722). Il entretiendra avec ce dernier, qui deviendra chanoine, des relations extrêmement conflictuelles.
1715	• Mort de Louis XIV. Régence du duc Philippe d'Orléans. Lesage, *Histoire de Gil Blas de Santillane* (1715-1735).	
1721	• Montesquieu, *Lettres persanes*.	
1723	• Mort du Régent. Début du règne de Louis XV.	• Entrée au collège des jésuites de Langres. Il y reçoit la tonsure en 1726.
1726	• Swift, *Voyages de Gulliver*.	
1728		• Départ pour Paris, où il est élève jusqu'en 1732 au collège d'Harcourt ou au collège Louis le Grand (le point est controversé).

9

1730	• La bulle *Unigenitus* devient loi de l'Église et de l'État.	
1731	• Prévost, *Manon Lescaut*.	
1732	• Fermeture du cimetière Saint-Médard, dans lequel avaient lieu, depuis plusieurs années, des scènes d'hystérie collective sur la tombe du diacre janséniste Pâris. Prévost, *Histoire de M. Cleveland* (1732-1739).	• Reçu maître ès arts de l'Université de Paris. Suivent une dizaine d'années de « vie de bohème », durant lesquelles il vit d'expédients et fréquente les cafés et lieux à la mode.
1733	• Guerre de succession de Pologne (1733-1735).	
1734	• Voltaire, *Lettres philosophiques*.	
1740	• Frédéric II accède au trône de Prusse et envahit la Silésie. Début de la guerre de Succession d'Autriche (1740-1748), où la France est opposée à une coalition anglo-hollando-autrichienne. Richardson, *Pamela* (traduit en 1743).	
1742		• Rencontre Jean-Jacques Rousseau.

CHRONOLOGIE	REPÈRES HISTORIQUES ET CULTURELS	VIE ET ŒUVRES DE DIDEROT
1743		• Épouse en secret Antoinette Champion, lingère, malgré l'opposition de ses parents. Prémontval, ami de Diderot, enlève et épouse Mlle Pigeon.
1745	• Victoire de Fontenoy. Madame de Pompadour favorite (1745-1764).	• Traduit de l'anglais l'*Essai sur le mérite et la vertu* de Shaftesbury. Début de sa liaison avec Mme de Puisieux.
1746		• Se lie avec d'Alembert. Composition en trois jours des *Pensées philosophiques* qui, aussitôt parues, sont condamnées par un arrêt du Parlement de Paris.
1747	• Prise de Berg-op-Zoom. Richardson, *Clarissa Harlowe* (traduit en 1751). La Mettrie, *L'Homme-machine*.	• Rédaction de la *Promenade du sceptique* (publié en 1830) et *De la suffisance de la Religion naturelle* (publié en 1770). Est chargé avec d'Alembert de la direction de l'*Encyclopédie*, dont le privilège avait été accordé l'année précédente.
1748	• Montesquieu, *L'Esprit des lois*.	• Publication en Hollande des *Bijoux indiscrets* (conte libertin).

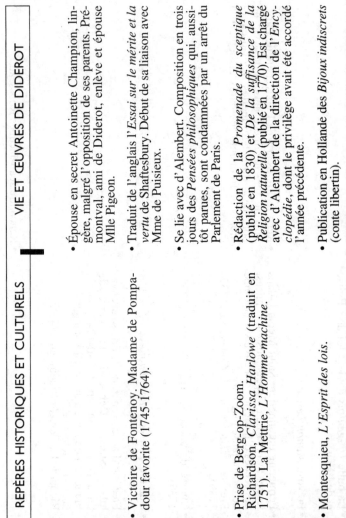

1749

- Création de l'impôt du vingtième. Buffon, début de la parution de l'*Histoire naturelle*.

- Publication de la *Lettre sur les aveugles à l'usage de ceux qui voient*, qui provoque son arrestation le 24 juillet et son emprisonnement au château de Vincennes. En octobre, Jean-Jacques Rousseau, venu lui rendre visite, y reçoit l'« illumination » qui lui donne l'idée centrale de son *Discours sur les sciences et les arts*. Diderot est libéré le 3 novembre. Rupture avec Mme de Puisieux.

1750

- Rousseau, *Discours sur les sciences et les arts*.

- Publication de la *Lettre sur les sourds et muets à l'usage de ceux qui entendent et qui parlent*. Parution du premier volume de l'*Encyclopédie ou dictionnaire raisonné des sciences, des arts et des métiers*, dont la publication chaotique, interrompue par de nombreuses interdictions, se poursuivra jusqu'en 1772.

1751

- Affaire des « billets de confession » : querelle opposant jésuites et jansénistes (1751-1758).

1753

- (2 septembre) Naissance de sa fille, Marie-Angélique, la seule de ses enfants à avoir survécu. Première édition de *De l'interprétation de la nature*.

CHRONOLOGIE	REPÈRES HISTORIQUES ET CULTURELS	VIE ET ŒUVRES DE DIDEROT
1754	• Condillac, *Traité des sensations*.	
1755	• Tremblement de terre de Lisbonne. Rousseau, *Discours sur l'origine de l'inéga-lité*. Mort de Montesquieu.	• Début de sa correspondance avec Sophie Volland.
1756	• Début de la guerre de Sept Ans (la France et ses alliés russo-autrichiens s'opposent à la Prusse et à l'Angleterre). Voltaire, *Poème sur le désastre de Lisbonne*.	• (12 avril) Lettre à Landois sur le déterminisme.
1757	• Attentat de Damiens contre Louis XV.	• Publication du *Fils naturel*, suivi des *Entre-tiens sur le Fils naturel*, dont un passage (« il n'y a que le méchant qui soit seul ») provoque le début de sa brouille avec Rousseau.
1758		• D'Alembert quitte la direction de l'*Encyclo-pédie*. Rupture publique avec Rousseau. Publi-cation du *Père de Famille* (drame joué à Paris en 1761) et du *Discours sur la poésie drama-tique*.

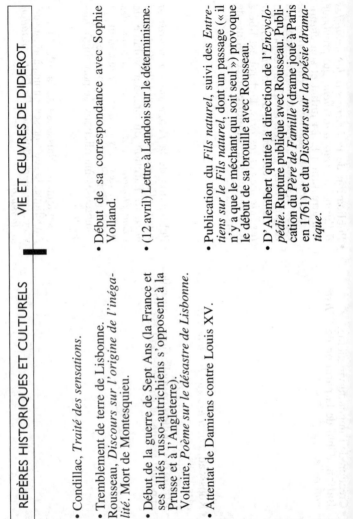

1759	• Voltaire, *Candide*.
	• Mort du père de Diderot. Voyage à Langres. Parution du premier *Salon* dans la *Correspondance littéraire* de son ami, le baron Melchior Grimm. Huit autres *Salons* suivront en 1761, 1763, 1765, 1767, 1769, 1771, 1775 et 1781.
1760	• Sterne, *Vie et opinions de Tristram Shandy* (1760-1767).
	• Rédaction de *La Religieuse* (roman publié en 1796).
1761	• Rousseau, *La Nouvelle Héloïse*.
	• *Éloge de Richardson*.
1762	• Rousseau, *Émile, Du contrat social*. Début du règne de Catherine II de Russie
	• Rédaction probable du *Neveu de Rameau*, remanié entre 1772 et 1779, dont la première publication sera la traduction allemande de Goethe en 1805. Sterne fait parvenir à Diderot les six premiers livres de *Tristram Shandy*.
1763	• Le traité de Paris, par lequel la France perd ses possessions au Canada et en Inde, met fin à la guerre de Sept Ans. Mort de Marivaux et de Prévost.
1764	• Les jésuites sont expulsés de France. Mort de Mme de Pompadour remplacée par Mme Du Barry. Édit instituant le libre commerce et la libre exportation des grains.

CHRONOLOGIE

	REPÈRES HISTORIQUES ET CULTURELS	VIE ET ŒUVRES DE DIDEROT
	Voltaire, *Dictionnaire philosophique*. Beccaria, *Des délits et des peines* (traduit en français en 1766).	Diderot vend sa bibliothèque à Catherine II de Russie contre quinze mille livres et une pension de trois cents pistoles. Rédaction de l'*Essai sur la peinture* (publié en 1796). Le baron d'Holbach reçoit de l'acteur anglais Garrick le livre VIII de *Tristram Shandy*.
1765		
1766	• Exécution du chevalier de La Barre.	
1768	• Maupeou chancelier. Famine. Sterne, *Voyage sentimental*.	
1769		• Rédaction du *Rêve de d'Alembert* (dialogue philosophique publié en 1830).
1770	• Le Dauphin épouse l'archiduchesse Marie-Antoinette. Terray, contrôleur général des Finances, rétablit le contingentement des blés.	• Diderot tente vainement de se réconcilier avec son frère durant un voyage qu'il accomplit à Langres et à Bourbonne. Rédaction du *Voyage*

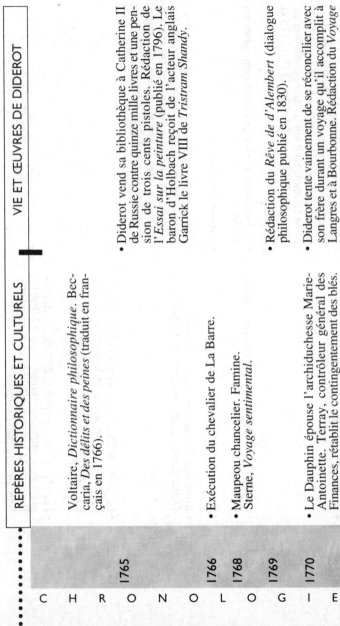

Galiani, *Dialogue sur le commerce des blés.*

à Bourbonne et à Langres (publié en 1831), des *Deux Amis de Bourbonne* (conte), de l'*Entretien d'un père avec ses enfants* (dialogue), publiés en 1773, et de l'*Apologie de l'abbé Galiani.*

1771

• Maupeou exile les parlementaires. Mauvaise récolte, crise agricole et financière.

• Représentation au Théâtre-Français du *Fils naturel*, qui chute après la première. Diderot lit à Meister la première version de *Jacques le Fataliste* (remanié jusqu'à sa mort, et publié en 1796). Première version de *Est-il bon ? Est-il méchant ?* (publié en 1834).

1772

• Rédaction de *Ceci n'est pas un conte, Madame de La Carlière* et du *Supplément au voyage de Bougainville.* Début de sa collaboration à l'*Histoire des deux Indes* de l'abbé Raynal. Mariage de sa fille Angélique avec Abel-François-Nicolas Caroillon de Vandeul.

1773

• Goethe, *Les Souffrances du jeune Werther.*

• Rédaction du *Paradoxe sur le comédien* (remanié en 1778, publié en 1830). Voyage à La Haye et à Saint-Pétersbourg.

CHRONOLOGIE

	REPÈRES HISTORIQUES ET CULTURELS	VIE ET ŒUVRES DE DIDEROT
1774	• Mort de Louis XV. Début du règne de Louis XVI qui rappelle les Parlements. Départ de Maupeou. Turgot devient contrôleur général des Finances et rétablit la libre circulation des grains.	• Départ de Russie début mars. Séjour de six mois à La Haye où il travaille à la *Réfutation d'un ouvrage d'Helvétius intitulé l'Homme* (publié en 1875). Retour à Paris le 21 octobre.
1775	• « Guerre des Farines. » Beaumarchais, *Le Barbier de Séville*.	
1776	• Proclamation d'indépendance des colonies d'Amérique. Turgot abolit les corporations et remplace la corvée par un impôt.	• Première rédaction des *Pensées détachées sur la peinture*.
1777	• Effondrement du prix des grains. Necker directeur général des Finances.	
1778	• Mort de Voltaire et de Rousseau.	• Travaille aux *Éléments de physiologie*. Publication de *Jacques le Fataliste* dans la *Correspondance littéraire*, en quatorze livraisons (de novembre 1778 à juin 1780).

1781
- Renvoi de Necker. Condorcet, *Réflexions sur l'esclavage.*
- Le buste de Diderot par Houdon est placé à l'Hôtel de Ville de Langres.
- Seconde édition de l'*Essai sur les règnes de Claude et de Néron.*

1782
- Publication posthume des six premiers livres des *Confessions* de Rousseau. Laclos, *Les Liaisons dangereuses.*

1783
- Mort de d'Alembert.

1784
- Début de l'affaire du Collier. Beaumarchais, *Le Mariage de Figaro.*
- (22 février) Mort de Sophie Volland. (31 juillet) Mort de Diderot, inhumé à l'église Saint-Roch.
- Angélique de Vandeul fait parvenir à Catherine II la bibliothèque et les manuscrits de son père.

1785

1796
- Première publication de *Jacques le Fataliste* par l'éditeur Buisson.

D eux personnages déambulent en philosophant. On ne
sait qui ils sont. On ne sait d'où ils viennent. On ne
sait où ils vont. Tout ce que l'on sait, c'est que l'un est le
maître de l'autre. Bientôt on se demandera lequel.

C'est à partir de cette exposition déconcertante, qui
laisse toute liberté à l'imagination de son lecteur, que Diderot a travaillé, pendant les vingt dernières années de sa vie,
à _Jacques le Fataliste et son maître_, œuvre extravagante
et joyeuse, roman polyphonique qui met à mal le roman
tout en le célébrant constamment.

GENÈSE DE JACQUES LE FATALISTE

La composition de _Jacques le Fataliste_, comme
celle de plusieurs œuvres posthumes de Diderot, du
Neveu de Rameau au _Paradoxe sur le comédien_, s'est
étalée sur de nombreuses années et demeure partiel-
lement inconnue. Paul Vernière a cependant apporté
en 1959 une contribution décisive à l'histoire de sa
genèse, dont il a reconstitué les principales étapes[1].

Diderot n'a pu lire le livre VIII du _Tristram
Shandy_ de Laurence Sterne avant 1765. Cette date
nous offre un premier point de repère. C'est en effet
entre deux passages empruntés à quelques chapitres
du roman anglais[2], que s'inscrit l'intrigue de
Jacques le Fataliste. Notre roman s'ouvre sur le
récit de la blessure au genou qu'a reçue Jacques à

---

1. Paul Vernière, « Diderot et l'invention littéraire
dans _Jacques le Fataliste_ », _Revue d'histoire littéraire de la France_,
avril-juin 1959, p. 153-167.
2. Sur les passages en question,
se reporter aux extraits de _Tristram Shandy_ proposés au chapitre 1
du dossier.

la bataille de Fontenoy, et se conclut sur la scène érotique des soins apportés à ce même genou par la servante Denise. Ces deux épisodes sont à peine transposés des chapitres XIX à XXII du livre VIII de *Tristram Shandy*.

La matrice fournie par les quelques pages du roman de Sterne se verra développée au cours d'un processus de création continue de près de vingt ans pour aboutir au texte que nous lisons aujourd'hui. En 1771, Diderot donne lecture d'une première mouture de *Jacques* devant Meister, le secrétaire de Grimm. Ce dernier, ami de Diderot, est également l'éditeur de la *Correspondance littéraire*, une revue manuscrite confidentielle destinée à informer les souverains européens des derniers événements de la vie intellectuelle française. De novembre 1778 à juin 1780, *Jacques le Fataliste* y paraît en quatorze livraisons. Entre 1780 et 1783, soit un an avant sa mort, Diderot corrige son roman et y insère environ quatre-vingt-dix pages, qui comprennent des épisodes majeurs, parmi lesquels le cycle paysan des amours de jeunesse de Jacques, l'éloge de l'obscénité ou encore l'anecdote du poète de Pondichéry.

Jacques le Fataliste fut d'abord connu en Allemagne grâce à la diffusion de copies de la *Correspondance littéraire*. Goethe put ainsi lire le roman, dès 1780, dans l'exemplaire du duc de Saxe-Gotha. En 1785, Schiller, sous le titre *Vengeance de femme*, publie une traduction allemande de l'histoire de Mme de La Pommeraye. La première édition française, celle de Buisson en 1796, pèche par de nombreuses erreurs. En fait, il faudra attendre la seconde moitié du XXᵉ siècle et la possibilité pour les chercheurs d'accéder aux manuscrits de Diderot conservés à Saint-Pétersbourg[1], pour que soit proposée au public une version satisfaisante du texte.

---

1. Afin d'apporter à Diderot une aide financière, Catherine II de Russie lui avait acheté sa bibliothèque en 1765, tout en la laissant à sa disposition jusqu'à sa mort.

Roman et vérité

La chronologie interne de l'œuvre se ressent de sa composition par strates successives. L'action est supposée commencer vingt ans après le repère historique que constitue la bataille de Fontenoy, soit en 1765. Outre le caractère improbable de cette situation, qui verrait Jacques – au terme du roman – retrouver et épouser, près de vingt ans après leur première rencontre, la jeune femme qui l'avait soigné alors, le texte porte de multiples traces d'événements postérieurs à 1765, de l'évocation du *Bourru bienfaisant* de Goldoni, représenté à Paris en 1771, à celle de la mort du duc de Chevreuse à la même date.

Il ne faut pas voir, dans cette chronologie fantaisiste, la simple désinvolture d'un auteur peu préoccupé de vraisemblance historique, mais y lire plutôt les anachronismes délibérés d'un texte qui s'emploie à brouiller tous les repères temporels et spatiaux, auxquels son lecteur pourrait se raccrocher.

La revendication de « vérité » dans le roman, à laquelle se livre régulièrement le narrateur de *Jacques,* n'a en effet pas grand rapport avec le « réalisme » du siècle suivant : « Il est bien évident que je ne fais pas un roman, puisque je néglige ce qu'un romancier ne manquerait pas d'employer. Celui qui prendrait ce que j'écris pour la vérité serait peut-être moins dans l'erreur que celui qui le prendrait pour une fable[1]. » Ce qui se trouve dénoncé par cette formule, c'est le procédé consistant à apporter une caution de vérité à une fiction, en l'insérant artificiellement dans un référent « réel » et en fabriquant des liens de causalité factices entre ses différents moments. Pour Diderot, la vérité d'un événement, qu'il soit historique ou fabulé, ne réside ni dans sa date ni dans son lieu, mais dans le caractère uni-

---

1. *Jacques le Fataliste*, p. 51.

versel des passions qu'il met en jeu, des enseigne-
ments qu'il offre à la réflexion.

Le roman n'a pas besoin de singer maladroite-
ment la réalité pour être vrai. Inversement, il ne lui
est pas nécessaire de se réfugier dans les chimères
de l'imagination pour réveiller l'intérêt de ses lecteurs. Les formules par lesquelles Diderot a décrit
l'art de Samuel Richardson pourraient être appli-
quées à sa propre œuvre, quelque différente qu'elle
soit de celle du romancier anglais :

> « Cet auteur ne fait point couler le sang le long des lam-
> bris ; il ne vous transporte point dans des contrées éloignées ;
> il ne vous expose point à être dévoré par des sauvages ; il ne
> se renferme point dans des lieux clandestins de débauche ; il
> ne se perd jamais dans les régions de la féerie. Le monde où
> nous vivons est le lieu de la scène ; le fond de son drame est
> vrai ; ses personnages ont toute la réalité possible ; ses carac-
> tères sont pris du milieu de la société ; ses incidents sont dans
> les mœurs de toutes les nations policées ; les passions qu'il
> peint sont telles que je les éprouve en moi ; ce sont les mêmes
> objets qui les émeuvent, elles ont l'énergie que je leur
> connais ; les traverses et les afflictions de ses personnages
> sont de la nature de celles qui me menacent sans cesse ; il
> me montre le cours général des choses qui m'environnent.
> Sans cet art, mon âme se pliant avec peine à des biais chi-
> mériques, l'illusion ne serait que momentanée et l'impres-
> sion faible et passagère[1]. »

Entre les écueils contraires du réalisme artificiel
et de l'invraisemblance gratuite, c'est dans la jus-
tesse et l'acuité du regard que le roman porte sur les
hommes et les choses que réside sa vérité.

Lorsqu'une troupe armée et bruyante dépasse les
deux voyageurs[2], aucun lien n'est établi avec les épisodes qui précèdent, aucune explication définitive
n'est donnée sur la destination de ces inconnus, ni sur
les motifs de leur fureur. Ce qu'illustre cette courte

---

1. Diderot, *Éloge de Richardson*, in *Œuvres esthétiques*,
P. Vernière éd., Bordas, 1988, p. 30-31.
2. *Jacques le Fataliste*, p. 51.

et frappante scène, c'est l'opacité de l'événement faisant brutalement irruption dans la vie des hommes, sans que quiconque, sur le moment, en détienne la clé.

ORDRE ET DÉSORDRE

L'ORDRE DU DISCONTINU

La progression de *Jacques le Fataliste* s'effectue selon le parti pris de la rupture systématique. On a ainsi dénombré cent quatre-vingts cassures pour vingt et une histoires différentes[1]. Le déplacement dans l'espace des deux voyageurs reproduit cette discontinuité. Au gré des rencontres et des accidents, leur marche s'interrompt ou se voit déviée : Jacques est contraint de revenir sur ses pas pour récupérer une montre oubliée ; un orage immobilise les voyageurs dans une auberge ; un cheval quitte obstinément la route pour entraîner son cavalier vers tous les gibets de la région.

Les interventions incessantes d'un troisième « personnage », qui figure un auteur-narrateur venant parasiter en permanence son propre roman, constituent l'un des principaux facteurs de discontinuité du roman. Interpellé par cette voix exaspérante, le lecteur se voit sans cesse contraint de s'extraire de l'univers de la fiction, pour passer sur un autre plan et participer avec l'« auteur » à l'examen critique des procédés romanesques.

Pourtant, dans la mesure où elle se voit érigée en principe de fonctionnement, la digression devient paradoxalement un des facteurs unificateurs du roman, dont elle rythme le déroulement à sa manière, c'est-à-dire par saccades. Ce que Diderot a emprunté à *Tristram Shandy* pour composer *Jacques le Fataliste*, c'est autant le sujet d'une histoire que cette technique narrative consistant à faire de la digression

---

1. Erich Köhler, « L'unité structurale de *Jacques le Fataliste* », *Philologica Pragensia*, 1970, XIII, p. 186-202.

l'instrument de la progression du récit[1], que Sterne décrit par une métaphore mécanique : « Cet ingénieux dispositif donne à la machinerie de mon ouvrage une qualité unique : deux mouvements inverses s'y combinent et s'y réconcilient quand on les croit prêts à se contrarier. Bref, mon ouvrage digresse, mais progresse aussi, et en même temps[2]. » Pour souvent interrompues qu'elles soient, toutes les histoires ou presque finissent par être racontées du début à la fin – même si le lecteur se voit parfois proposer plusieurs variantes.

Le principe de discontinuité dans la narration provoque chez le lecteur deux effets distincts : déception de se voir planté là, au beau milieu d'une histoire, mais aussi attente qui finira par être satisfaite. Il ne s'agit pas seulement de subvertir le fondement de l'illusion romanesque, en la mettant en suspens à l'instant même où le lecteur commençait à s'y laisser prendre, mais de redoubler, par ce moyen, son désir de fiction. Tout le génie de l'auteur consiste à obliger son lecteur à prendre conscience de la nature de son désir, sans pour autant tuer celui-ci.

LES RÉCURRENCES THÉMATIQUES

Derrière l'hétérogénéité des récits et la discontinuité de la narration, quelques motifs, mis en place dès les premières lignes et filés tout au long du roman, concourent à faire de *Jacques le Fataliste* un ensemble cohérent, charpenté par des lignes de force continues.

Parmi ceux-ci, l'histoire sans cesse interrompue et différée des amours de Jacques occupe le devant de la scène. Or les « amours » proprement dites ne sont évoquées qu'à la toute fin d'une longue narration qui, censée n'en être que le prologue, en constitue en fait le corps principal. Cette chronique d'un

---

1. Voir la préface d'Yvon Bélaval à son édition de *Jacques le Fataliste*, Gallimard, 1973.
2. Laurence Sterne, *Vie et opinions de Tristram Shandy*, S. Soupel éd., GF-Flammarion n° 371, 1982, p. 82.

récit annoncé nous dépeint Jacques successivement blessé à la bataille de Fontenoy, hébergé chez des paysans, puis opéré, transporté dans la maison de son chirurgien, près de laquelle il est attaqué par des brigands, pour se voir enfin recueilli dans le château où il rencontrera l'objet de son amour.

Ce récit rejoint le cadre principal de la narration – le voyage vers nulle part de Jacques et de son maître – en différents endroits. Jacques apprend ainsi à son maître que ce dernier connaît la femme dont il est question, pour l'avoir également courtisée, sans pour autant lui en dévoiler l'identité. Cette semi-information, qui pique la curiosité du maître, relance également l'intérêt du lecteur, en instaurant une mystérieuse relation de rivalité amoureuse entre les deux personnages. D'autre part, la fin de l'histoire des amours de Jacques coïncide avec celle du roman proprement dit : elles convergent dans les trois conclusions possibles que le prétendu éditeur, sur une dernière pirouette, propose au lecteur de *Jacques le Fataliste*. Enfin, le but que se fixe Jacques en entreprenant son récit est d'illustrer le déterminisme philosophique, à travers le détail des relations de causalité successives qui l'ont amené à tomber amoureux. L'histoire de ses amours apparaît ainsi dès le départ intimement liée au second thème dominant de l'œuvre, le motif philosophique du fatalisme, doctrine continuellement réaffirmée par Jacques et contestée par le maître.

De multiples récurrences thématiques rapprochent par ailleurs des récits distincts, tissant entre eux un réseau d'échos et de contrepoints variés. Parmi celles-ci, on peut prendre l'exemple de la description d'originaux[1], c'est-à-dire d'individus dont le caractère concilie les contradictions les plus insolubles. Ainsi, le personnage de Gousse, capable dans le même moment d'escroquer un ami et de se sacrifier pour un autre, la maîtresse de Desglands, à la fois vertueuse et légère, ou encore les deux capi-

---

1. Sur ce terme, voir le chapitre 4 du dossier.

taines, meilleurs amis du monde mais qui ne peuvent s'empêcher de chercher continuellement à s'entre-tuer forment une espèce de famille insolite, réunie par la marginalité morale de chacun de ses membres.

L'ORGANISATION CYCLIQUE

Les histoires dispersées de *Jacques le Fataliste* peuvent donc être regroupées en cycles. Les frontières de ces ensembles ne sont pas tracées *a priori*, mais varient selon la perspective que l'on choisit d'adopter.

D'un point de vue narratif et thématique, les différentes anecdotes racontées par l'auteur-narrateur, ayant pour sujet le personnage de Gousse, constituent ainsi un cycle autonome, sur lequel vient se greffer l'histoire du compagnon de cellule de Gousse, l'intendant amoureux de la pâtissière. Le cycle de Gousse s'intègre lui-même dans un ensemble d'histoires ayant pour thème commun la peinture des personnages « hétéroclites » – ou originaux – que nous avons mentionnés plus haut.

Les épisodes successifs des « amours de Jacques » ou, plus exactement, des événements qui ont amené Jacques à tomber amoureux, forment un cycle cohérent d'un point de vue narratif. Mais il est possible également d'inclure ce cycle dans un ensemble plus vaste, comprenant certains souvenirs d'enfance de Jacques ainsi que les récits de son initiation amoureuse. La cohérence de ce regroupement est assurée à la fois par son narrateur unique, Jacques, et par le milieu populaire et paysan dans lequel les différentes histoires s'enracinent. Jacques Proust[1] a souligné la dimension « carnavalesque » de *Jacques le Fataliste* et analysé la manière dont s'y trouve représentée la « relation au monde » des paysans, dont les traditions et superstitions transparaissent dans le discours et la gestuelle des personnages populaires du roman.

---

1. Dans son édition de *Jacques le Fataliste* aux éditions Hermann.

À ce cycle paysan répond un vaste cycle urbain, un tableau de mœurs parisien mettant en scène le monde des tripots, de la prostitution, de la police et de l'escroquerie de plus ou moins haute volée. Simplement évoqué à l'arrière-plan de l'histoire de Mme de La Pommeraye, cet univers est au cœur des histoires du chevalier de Saint-Ouin, du père Hudson, de Gousse ou encore de M. de Guerchy.

Il est à noter qu'une question identique rapproche ces deux mondes en apparence si éloignés, celle de l'argent. Du marchandage qui met aux prises Jacques avec le chirurgien sur le prix de sa pension, aux calculs du chevalier de Saint-Ouin et de ses complices sur le prix à escompter de la revente de marchandises suspectes, en passant par les inquiétudes d'un couple de paysans pressuré de toutes parts, l'argent obsède la société représentée dans *Jacques le Fataliste*.

Trois épisodes se détachent par ailleurs assez nettement du reste de l'œuvre, les histoires de Mme de La Pommeraye[1], du père Hudson et du chevalier de Saint-Ouin. De par leur étendue, l'unité de leur intrigue et le caractère homogène de leur narration, relativement peu interrompue, ces trois récits constituent en effet un cycle de nouvelles inséré dans le roman. Racontées par trois narrateurs différents, respectivement l'hôtesse de l'auberge du Grand Cerf, le marquis des Arcis et le maître de Jacques, elles offrent un contrepoint à l'ensemble des récits assurés par Jacques. Elles présentent par ailleurs entre elles un certain nombre de points communs. Toutes trois dépeignent une vaste mystification, élaborée et menée à bien par des individus remarquables par leur génie de la dissimulation et leur sang-froid, d'individus enfin dont le caractère et les actions sont tels qu'on ne peut s'empêcher de les admirer, tout en les condamnant moralement. Dernière similitude, les

---

[1]. Pour une étude plus détaillée de l'histoire de Mme de La Pommeraye, se reporter au chapitre 5 du dossier.

trois nouvelles mettent en rapport des personnes honorables, tant par leur naissance que par leurs mœurs, avec l'univers trouble évoqué précédemment, dont ils se révèlent les victimes : le marquis des Arcis épouse une prostituée, Richard est envoyé en prison, le maître se fait dépouiller par la femme qu'il aime et l'amant de celle-ci.

LES PROCÉDÉS DE LA NARRATION

LA COHÉRENCE NARRATIVE

Le principe du voyage offre à l'ensemble du roman un cadre relativement lâche, dans lequel viennent aisément s'insérer les récits secondaires. La convention romanesque de l'enchâssement de récits, sujette à diverses variations, contribue également à conférer une certaine unité à l'ensemble disparate qu'est *Jacques le Fataliste*.

Le passage d'un cortège funèbre aux armoiries du capitaine de Jacques déclenche ainsi le récit d'une série d'anecdotes entretenant un rapport plus ou moins direct avec ce personnage, de l'histoire de M. Le Pelletier, dans laquelle le capitaine joue un rôle de simple observateur, à celle des deux amis duellistes, dont il est l'acteur principal.

Certains personnages apparaissent tour à tour dans un récit second et dans le récit principal, accédant par là même à un degré supérieur de « réalité ». C'est le cas du chevalier de Saint-Ouin, que Jacques et son maître croisent sur leur route après que ce dernier en a raconté l'histoire. De plus, cette histoire fournira en définitive la clé du récit cadre, c'est-à-dire du voyage « vers nulle part » de Jacques et de son maître, en éclairant le lecteur sur les raisons et la destination de leur périple.

Plus complexes sont les liens narratifs qui unissent l'histoire de Mme de La Pommeraye et du marquis des Arcis au reste du roman. C'est l'arrivée du marquis à l'auberge, où séjournent Jacques et son maître, qui entraîne le récit de son histoire par l'hôtesse. Un peu plus tôt, simple voyageur encore anonyme, le marquis était apparu à l'arrière-plan de la scène à l'occasion de ses démêlés avec la chienne de l'hôtesse, dans une de ces saynètes réalistes qui émaillent *Jacques le Fataliste*. Tour à tour personnage secondaire du récit cadre, puis héros d'un récit second, des Arcis accédera à un dernier statut, en devenant à son tour le narrateur d'une histoire, celle de son secrétaire, ou plutôt celle du père Hudson, dans laquelle le compagnon du marquis ne joue qu'un rôle secondaire.

À ce rapport narratif indirect entre l'histoire de Mme de La Pommeraye et celle du père Hudson, vient s'ajouter un autre rapprochement nettement moins conventionnel. À l'issue des deux récits, l'auteur-narrateur intervient en effet pour se livrer à une spéculation fantasmatique sur ce qu'aurait produit un enfant issu de Mme de La Pommeraye et d'Hudson. Cet appariement imaginaire entre les deux personnages a pour effet, non seulement de souligner leur ressemblance morale, mais d'instaurer une sorte de lien organique entre les deux récits ainsi hybridés. La figure de l'auteur-narrateur, qui apparaît si fréquemment comme un agent de rupture, devient ici le facteur unificateur de récits, dont il met en évidence les points communs et les réflexions similaires qu'ils peuvent inspirer.

Si l'auteur exploite largement les possibilités offertes par la technique de l'enchâssement de récits, il ne s'en livre pas moins, simultanément, à une parodie de cette « ficelle », à laquelle les romanciers ont eu si souvent recours depuis le *Décaméron* de Boccace (1350) et l'*Heptaméron* de Marguerite de Navarre (1559). Ainsi, lorsque l'hôtesse, avant de commencer son récit, en restitue la généalogie en ces termes : « je vous raconterais [cette histoire] tout comme leur domestique l'a dite à ma servante, qui s'est trouvée par hasard être sa payse, qui l'a redite à mon mari, qui me l'a redite[1] », le caractère artifi-

---

1. *Jacques le Fataliste*, p. 123.

ciel du procédé se trouve-t-il comiquement mis en évidence.

Diderot s'est toute sa vie passionnément intéressé au théâtre. Il s'est essayé, sans grand succès, à promouvoir un nouveau genre dramatique, le drame bourgeois, destiné à renouveler une scène théâtrale encore occupée par les formes déclinantes et sclérosées héritées du siècle précédent.

C'est en fait dans ses dialogues romanesques qu'il s'est révélé meilleur dramaturge. Du *Neveu de Rameau* au *Rêve de d'Alembert*, en passant par le *Supplément au Voyage de Bougainville*, le dialogue diderotien[1] a réussi le croisement du théâtre et du roman. Dans *Jacques le Fataliste*, dialogue et récit s'engendrent continuellement l'un l'autre. Les histoires racontées viennent illustrer et mettre à l'épreuve les idées avancées dans le cours du dialogue et, réciproquement, les récits font surgir de nouveaux débats, donc de nouveaux dialogues. *Jacques* se caractérise par cette circulation incessante de l'un à l'autre, qui concilie la linéarité du récit – s'inscrivant par définition entre un début et une fin – et la dynamique circulaire d'une forme qui permet à une histoire d'être commentée à l'infini, ou de rebondir infiniment dans d'autres histoires.

D'autre part, comme le fait remarquer Roger Lewinter, « les récits compris dans la trame de *Jacques le Fataliste* sont, pour la plupart, des drames de mystification : exercices de comédiens qui, par la maîtrise qu'ils ont d'eux-mêmes – leur insensibilité de tête – ont prise sensible sur les autres, dont ils se jouent à dessein[2] ».

Plusieurs personnages, de Mme de La Pommeraye au chevalier de Saint-Ouin, réunissent en effet les qualités paradoxales requises du grand comédien

---

1. Pour une analyse plus détaillée, voir le chapitre 2 du dossier.
2. Roger Lewinter, *Diderot ou les mots de l'absence*, Champ libre, 1976, p. 199.

selon Diderot : « Je lui veux beaucoup de jugement ;
il me faut dans cet homme un spectateur froid et
tranquille ; j'en exige, par conséquent, de la pénétration et nulle sensibilité, l'art de tout imiter, ou, ce
qui revient au même, une égale aptitude à toutes
sortes de caractères et de rôles[1]. »

Ils créent une illusion dont le destinataire est
triple : la victime, interne au récit, à qui la mise en
scène est directement destinée, le ou les auditeurs
représentés dans le récit cadre, qui complètent la narration par leurs interventions diverses, et qui figurent eux-mêmes le lecteur du roman. Ce dernier
apparaît alors comme le spectateur disposant du
champ de vision le plus large de cette scène gigogne.

UN ROMAN DANS TOUS SES ÉTATS

Jacques le Fataliste a pu être qualifié d'antiroman, dans la mesure où on s'y emploie constamment à déjouer et à ridiculiser les conventions romanesques. Mais cette dimension critique de l'œuvre
ne doit pas occulter le fait qu'elle se présente simultanément comme une somme romanesque.

À travers le prisme de la parodie, l'auteur s'essaie à différents genres, alterne divers registres. Les
conventions de l'éloge funèbre ou du portrait littéraire s'y voient par exemple successivement tournées en dérision[2]. Les variations de ton et de forme
concourent à faire de ce roman une mosaïque multiforme et vivante. Du récit le plus concis, épigramme, bon mot ou courte anecdote, à la nouvelle
la plus ample, de l'allégorie la plus abstraite à
l'anecdote authentique, *Jacques le Fataliste* déploie
le vaste éventail des possibles narratifs.

Le cadre général est emprunté à une double tradition : celle, parodique, du *Don Quichotte* de Cervantès et celle, plus réaliste, du roman picaresque[3].

---

1. Diderot, *Paradoxe sur le comédien*, in *Œuvres esthétiques*,
P. Vernière éd., Bordas, 1988, p. 306.
2. Voir *Jacques le Fataliste*, p. 84 et 275.
3. Sur la tradition don-quichottesque, se reporter au chapitre 1
du dossier.

Ce genre s'est développé en Espagne aux XVIe et XVIIe siècles, mettant en scène des aventuriers traversant, au cours de leurs voyages, toutes les couches de la société. Au début du XVIIIe siècle le *Gil Blas* de Lesage[1] en a renouvelé la tradition. Le genre picaresque présente l'avantage d'offrir une forme narrative extrêmement souple : le motif minimal du voyage permet toutes les rencontres, et donc tous les récits.

La première moitié de *Jacques le Fataliste* est ponctuée de références aux conventions du genre, de l'attaque de brigands aux diverses scènes d'auberge. L'épisode de la première nuitée est particulièrement révélateur de la manière dont l'auteur, dans le même mouvement, utilise et détourne un protocole romanesque donné. Lorsque le maître et son valet parviennent, à la nuit tombée, dans une auberge caricaturalement sinistre et infestée de brigands, c'est Jacques qui, inversant la scène attendue, triomphe à lui tout seul de la douzaine de bandits qui narguaient les voyageurs. Il justifiera un peu plus loin cette action, totalement invraisemblable du point de vue de l'intrigue et de la psychologie, comme la conséquence directe de sa foi dans le déterminisme. Ce n'est donc que rétrospectivement que l'épisode prend sa signification. Il apparaît alors comme l'illustration, délibérément irréaliste, de l'application paradoxale d'une doctrine philosophique, qui en constitue le sujet véritable.

L'œuvre ne se laisse toutefois pas réduire à une lecture parodique. Dans la dernière partie du roman, Jacques raconte les différents moments de son initiation amoureuse, dans une veine gaillarde qui culmine avec un éloge de l'obscénité. L'auteur y revendique à plusieurs reprises ses sources, en s'inscrivant explicitement dans la tradition de l'érotisme joyeux et paillard des contes de Boccace et de La

---

1. Lesage, *Histoire de Gil Blas de Santillane* (1715-1735), R. Laufer éd., GF-Flammarion n° 286.

Fontaine, ou des écrits licencieux de divers poètes et chansonniers des XVIIᵉ et XVIIIᵉ siècles. Le passage de « l'oracle de la gourde » se lit comme un hommage rendu aux plaisirs des sens et à celui qui les a le mieux chantés, c'est-à-dire Rabelais[1].

La citation parodique s'accompagne toujours d'une mise à distance. Mais elle apparaît également comme le meilleur moyen de célébrer une certaine conception de la littérature, qui s'incarne, de Rabelais à Sterne, dans toute une lignée d'écrivains pour qui l'imitation s'accompagne nécessairement de plaisir ludique. « Plagier » *Tristram Shandy* se révèle le meilleur moyen, pour Diderot, d'honorer une œuvre dont le plagiat humoristique constitue le principe même.

L'alternance des registres permet des effets de contraste parfois révélateurs. Au début de l'histoire de Mme de La Pommeraye vient ainsi s'insérer le fabliau grivois de la Gaine et du Coutelet, qui introduit une brusque rupture de ton. Or, la morale de cette fable populaire condense en quelques lignes l'enseignement de l'histoire de Mme de La Pommeraye, à savoir l'impossibilité de la constance amoureuse. L'auteur démontre ainsi que le même contenu « philosophique » peut être produit par des formes totalement différentes, forme longue de la nouvelle ou forme courte du fabliau, et dans des registres contraires, celui, noble, de la peinture de sentiments, comme celui, populaire, d'un conte allégorique licencieux. Ce télescopage permet par ailleurs de suggérer au lecteur que les ressorts psychologiques qui conditionnent les comportements humains sont toujours subordonnés à des déterminismes physiologiques et que, comme l'a déclaré Diderot, « il y a un peu de testicule au fond de nos sentiments les plus sublimes et de notre tendresse la plus épurée[2] ». La fable de la Gaine et du Coutelet

---

1. Sur le passage en question, voir l'extrait du *Cinquième Livre* proposé au chapitre 1 du dossier.
2. Dans une lettre à Falconet de juillet 1767.
Diderot, *Correspondance*, G. Roth éd., Minuit, 1955-1970, 16 vol.

ne se contente pas d'apporter un contrepoint comique au récit qu'elle interrompt : elle en restitue la signification véritable, en le replaçant dans le contexte du matérialisme déterministe[1] de l'auteur.

UN ROMAN PHILOSOPHIQUE ?

Si le motif philosophique du fatalisme constitue l'un des leitmotive du roman, son statut n'en demeure pas moins passablement ambigu. La doctrine déterministe se voit formulée par Jacques sur le double mode de la répétition et de la simplification. L'assertion initiale, « tout ce qui nous arrive de bien et de mal ici-bas [est] écrit là-haut », rythme l'ensemble de l'œuvre à la manière d'une ritournelle lancinante. Elle se voit déclinée à travers une série de métaphores[2] – le grand rouleau, la gourmette, la chaînette, le cheval – qui constituent autant de variations sur la même idée simple : l'homme est soumis à une causalité extérieure à lui, dont il ignore tout et sur laquelle il n'a donc aucune prise. Jacques se contente d'autre part d'ânonner ce que disait son capitaine, qui lui-même récitait « son Spinoza, qu'il savait par cœur[3] ». Cette situation d'énonciation met en abyme le caractère mécanique de l'énoncé. La question philosophique du déterminisme et de la liberté est donc ramenée, dans la bouche de Jacques, à une sorte de sagesse proverbiale et imagée, dont l'origine – c'est-à-dire le fondement – se perd dans un passé incertain.

Le postulat déterministe se trouve continuellement confronté à ses propres limites. Dans la mesure

---

1. Sur la philosophie de *Jacques le Fataliste*, se reporter au chapitre 3 du dossier.
2. Ce réseau métaphorique a été étudié par Georges May dans son article « Le maître, la chaîne et le chien dans *Jacques le Fataliste* », *Cahiers de l'Association internationale des études françaises*, juin 1961, p. 269-282.
3. *Jacques le Fataliste*, p. 203.

où l'individu n'a aucun moyen de connaître *a priori* les causes qui déterminent ses actes, il agit comme s'il était libre. Jacques, personnage ambivalent, incarne ce contraste entre un discours et une pratique. Lorsqu'il part à la recherche d'une montre égarée ou qu'il combat les bandits de l'auberge, il fait preuve d'un esprit d'audace et de décision qui contredisent l'attitude fataliste que sa philosophie devrait entraîner. Le maître au contraire, pourtant partisan du libre arbitre, est représenté en marionnette passive entre les mains de son valet.

Ce qui intéresse Diderot, ce n'est pas d'utiliser le support du roman comme prétexte à l'apologie d'une doctrine philosophique[1], mais de transformer en matière romanesque – en intrigue, en action, en dialogue – tout ce qu'un discours philosophique peut comporter de paradoxal et, partant, de fécond.

Si *Jacques le Fataliste* est un roman philosophique, ce n'est donc pas parce que le débat philosophique entre déterminisme et liberté s'y trouve représenté – de ce point de vue, il se révélerait plutôt décevant. Ce roman est philosophique au sens élargi que les Lumières ont donné à ce mot : il projette un regard critique sur tout ce qui concerne l'homme, y compris le discours philosophique.

L'INSTABILITÉ DES CHOSES

Derrière l'écran des certitudes philosophiques, passablement raillées, se profile un univers caractérisé par le doute et l'instabilité. La violence et la mort y font régulièrement irruption. L'arbitraire le plus opaque décide du cours des choses. Deux voyageurs partent à Lisbonne pour y périr absurdement dans un tremblement de terre. Un cortège funèbre, des paysans en armes, des bandits croisent la route de Jacques et de son maître. Des signes à la fois sinistres et teintés d'irréalité se succèdent : le convoi

---

1. La doctrine déterministe à laquelle, par ailleurs, Diderot adhérait pleinement, comme l'atteste sa lettre à Landois (voir le chapitre 3 du dossier).

funèbre est-il une mascarade ? Où se dirige la foule
en colère ? Pourquoi le cheval de Jacques le conduit-
il obstinément vers les gibets ? Les individus eux-
mêmes se révèlent impénétrables, prenant au piège
de cruelles machinations qui un ami, qui un amant.

La représentation de la société reproduit cet arbitraire universel. Les hiérarchies les plus incontes-
tables sont remises en cause : qui est le maître du
cheval ou du cavalier, du valet ou du maître ? La
frontière entre le bien et le mal apparaît particulièrement fluctuante. Accusé injustement à deux
reprises – d'un vol puis d'un meurtre –, dépouillé par
des brigands, Jacques finira par se faire brigand à son
tour, dans la bande de Mandrin, et par attaquer celui
dont il était le serviteur. Comme l'a écrit Michel
Delon, « la répression étatique d'Ancien Régime
dans sa violence suscite un héroïsme qui force l'admiration. L'intrigue de *Jacques le Fataliste* s'étend
de la bataille de Fontenoy, haut fait de la guerre offi-
cielle, aux coups de main de Mandrin, guerre sociale,
sourde et refoulée. Le roman s'est interrogé sur la
causalité qui mène aux fourches patibulaires. La sus-
picion jetée sur l'injustice judiciaire qui condamne
Jacques à la place de son maître interdit de considérer négativement l'épisode final de Mandrin[1] ».

Le personnage de Jacques incarne simultanément
l'individu opprimé et libéré. La symbolique sociale
de son prénom est cruciale. Le « Jacques », c'est le
paysan français par excellence, écrasé par les
impôts, craignant les disettes, contraint de se faire
valet ou soldat pour échapper à la misère, en sacri-
fiant sa liberté ou sa vie aux puissants. Mais c'est
également celui dont la grogne menace toujours de
se transformer en révolte ouverte, en « jacquerie »
ou en brigandage.

En accédant à la parole philosophique, le valet se
libère de son asservissement et devient le maître de

---

1. Michel Delon, *L'Idée d'énergie au tournant des Lumières (1770-1820)*,
PUF, 1988, p. 475-476.

son maître. Les limites de cette prise de pouvoir sont cependant suggérées par une série d'épisodes qui mettent en scène Jacques aphasique. Le roman le décrit ainsi successivement bâillonné pendant son enfance et affecté d'un mal de gorge qui le contraint au silence. Enfin, le narrateur se substitue à son personnage lorsque celui-ci, cessant de s'exprimer par métaphores, s'efforce vainement d'entrer dans des considérations philosophiques plus abstraites : «"Ah ! si je savais dire comme je sais penser ! Mais il était écrit là-haut que j'aurais les choses dans ma tête, et que les mots ne me viendraient pas." Ici Jacques s'embarrassa dans une métaphysique très subtile et peut-être très vraie. Il cherchait à faire concevoir à son maître que[1]... »

Sans chercher à doter *Jacques le Fataliste* d'un propos révolutionnaire, qui lui serait tout à fait étranger, on ne peut manquer de déceler, en filigrane de ce roman déstabilisant, les multiples indices de fragilité d'un monde déstabilisé.

Barbara K.-TOUMARKINE

---

1. *Jacques le Fataliste*, p. 56.

Jacques le Fataliste
et son maître

Comment s'étaient-ils rencontrés ? Par hasard, comme tout le monde. Comment s'appelaient-ils ? Que vous importe ? D'où venaient-ils ? Du lieu le plus prochain*. Où allaient-ils ? Est-ce que l'on sait où l'on va ? Que disaient-ils ? Le maître ne disait rien ; et Jacques disait que son capitaine disait que tout ce qui nous arrive de bien et de mal ici-bas était écrit là-haut.

LE MAÎTRE. – C'est un grand mot que cela.

JACQUES. – Mon capitaine ajoutait que chaque balle qui partait d'un fusil avait son billet[1].

LE MAÎTRE. – Et il avait raison…

Après une courte pause, Jacques s'écria : « Que le diable emporte le cabaretier et son cabaret !

LE MAÎTRE. – Pourquoi donner au diable son prochain ? Cela n'est pas chrétien.

JACQUES. – C'est que, tandis que je m'enivre de son mauvais vin, j'oublie de mener nos chevaux à l'abreuvoir. Mon père s'en aperçoit ; il se fâche. Je hoche de la tête ; il prend un bâton et m'en frotte un peu durement les épaules. Un régiment passait pour aller au camp devant Fontenoy[2] ; de dépit je m'enrôle. Nous arrivons ; la bataille se donne.

LE MAÎTRE. – Et tu reçois la balle à ton adresse.

_____

* Les astérisques renvoient au lexique en fin de volume.
1. Se dit « des marques ou passeports qui se donnent pour avoir la liberté de passer ou d'entrer en quelque lieu » (*Dictionnaire* de Furetière, 1690). L'expression est empruntée littéralement à un passage du *Tristram Shandy* de Laurence Sterne, dont s'inspire d'ailleurs en grande partie tout le début du roman. Voir les extraits concernés dans le chapitre 1 du dossier.
2. Village de Belgique où l'armée française écrasa en 1745 une coalition anglo-hollando-autrichienne, dans le cadre de la guerre de Succession d'Autriche (1740-1748).

JACQUES. – Vous l'avez deviné ; un coup de feu au genou ; et Dieu sait les bonnes et mauvaises aventures amenées par ce coup de feu. Elles se tiennent ni plus ni moins que les chaînons d'une gourmette*. Sans ce coup de feu, par exemple, je crois que je n'aurais été amoureux de ma vie, ni boiteux.

LE MAÎTRE. – Tu as donc été amoureux ?

JACQUES. – Si je l'ai été !

LE MAÎTRE. – Et cela par un coup de feu ?

JACQUES. – Par un coup de feu.

LE MAÎTRE. – Tu ne m'en as jamais dit un mot.

JACQUES. – Je le crois bien.

LE MAÎTRE. – Et pourquoi cela ?

JACQUES. – C'est que cela ne pouvait être dit ni plus tôt ni plus tard.

LE MAÎTRE. – Et le moment d'apprendre ces amours est-il venu ?

JACQUES. – Qui le sait ?

LE MAÎTRE. – À tout hasard, commence toujours... »

Jacques commença l'histoire de ses amours. C'était l'après-dîner* : il faisait un temps lourd ; son maître s'endormit. La nuit les surprit au milieu des champs ; les voilà fourvoyés*. Voilà le maître dans une colère terrible et tombant à grands coups de fouet sur son valet, et le pauvre diable disant à chaque coup : « Celui-là était apparemment encore écrit là-haut... »

Vous voyez, lecteur, que je suis en beau chemin, et qu'il ne tiendrait qu'à moi de vous faire attendre un an, deux ans, trois ans, le récit des amours de Jacques, en le séparant de son maître et en leur faisant courir à chacun tous les hasards [1] qu'il me plairait. Qu'est-ce qui m'empêcherait de marier le maître et de le faire cocu ? d'embarquer Jacques pour les îles [2] ? d'y conduire son maître ? de les ramener tous les deux en France sur le même vaisseau ? Qu'il est facile de faire des contes* ! Mais ils en seront quittes l'un et l'autre pour une mauvaise nuit, et vous pour ce délai.

L'aube du jour parut. Les voilà remontés sur leurs bêtes

---

1. Ici, aventures.
2. Les Antilles.

et poursuivant leur chemin. – Et où allaient-ils ? – Voilà la seconde fois que vous me faites cette question, et la seconde fois que je vous réponds : Qu'est-ce que cela vous fait ? Si j'entame le sujet de leur voyage, adieu les amours de Jacques... Ils allèrent quelque temps en silence. Lorsque chacun fut un peu remis de son chagrin*, le maître dit à son valet : « Eh bien, Jacques, où en étions-nous de tes amours ?

JACQUES. – Nous en étions, je crois, à la déroute de l'armée ennemie. On se sauve, on est poursuivi, chacun pense à soi. Je reste sur le champ de bataille, enseveli sous le nombre des morts et des blessés, qui fut prodigieux[1]. Le lendemain on me jeta, avec une douzaine d'autres, sur une charrette, pour être conduit à un de nos hôpitaux. Ah ! Monsieur, je ne crois pas qu'il y ait de blessures plus cruelles que celle du genou.

LE MAÎTRE. – Allons donc, Jacques, tu te moques.

JACQUES. – Non, pardieu, monsieur, je ne me moque pas ! Il y a là je ne sais combien d'os, de tendons, et bien d'autres choses qu'ils appellent je ne sais comment... »

Une espèce de paysan qui les suivait avec une fille qu'il portait en croupe et qui les avait écoutés, prit la parole et dit : « Monsieur a raison... »

On ne savait à qui ce *monsieur* était adressé, mais il fut mal pris par Jacques et par son maître ; et Jacques dit à cet interlocuteur indiscret* : « De quoi te mêles-tu ?

– Je me mêle de mon métier ; je suis chirurgien à votre service, et je vais vous démontrer... »

La femme qu'il portait en croupe lui disait : « Monsieur le docteur, passons notre chemin et laissons ces messieurs qui n'aiment pas qu'on leur démontre.

– Non, lui répondit le chirurgien, je veux leur démontrer, et je leur démontrerai... »

Et, tout en se retournant pour démontrer, il pousse sa compagne, lui fait perdre l'équilibre et la jette à terre, un pied pris dans la basque de son habit et les cotillons renversés sur sa tête. Jacques descend, dégage le pied de cette pauvre créature et lui rabaisse ses jupons. Je ne sais s'il

---

1. L'horreur de la bataille de Fontenoy, qui fit 21 000 morts dont 7 000 Français, marqua considérablement les esprits du temps.

commença par rabaisser les jupons ou par dégager le pied ; mais à juger de l'état de cette femme par ses cris, elle s'était grièvement blessée. Et le maître de Jacques disait au chirurgien : « Voilà ce que c'est que de démontrer. »

Et le chirurgien : « Voilà ce que c'est de ne vouloir pas qu'on démontre !... »

Et Jacques à la femme tombée ou ramassée : « Consolez-vous, ma bonne, il n'y a ni de votre faute, ni de la faute de M. le docteur, ni de la mienne, ni de celle de mon maître : c'est qu'il était écrit là-haut qu'aujourd'hui, sur ce chemin, à l'heure qu'il est, M. le docteur serait un bavard, que mon maître et moi nous serions deux bourrus*, que vous auriez une contusion à la tête et qu'on vous verrait le cul... »

Que cette aventure ne deviendrait-elle pas entre mes mains, s'il me prenait en fantaisie de vous désespérer ! Je donnerais de l'importance à cette femme ; j'en ferais la nièce d'un curé du village voisin ; j'ameuterais les paysans de ce village ; je me préparerais des combats et des amours ; car enfin cette paysanne était belle sous le linge. Jacques et son maître s'en étaient aperçus ; l'amour n'a pas toujours attendu une occasion aussi séduisante. Pourquoi Jacques ne deviendrait-il pas amoureux une seconde fois ? pourquoi ne serait-il pas une seconde fois le rival et même le rival préféré de son maître[1] ? – Est-ce que le cas lui était déjà arrivé ? – Toujours des questions. Vous ne voulez donc pas que Jacques continue le récit de ses amours ? Une bonne fois pour toutes, expliquez-vous ; cela vous fera-t-il, cela ne vous fera-t-il pas plaisir ? Si cela vous fera plaisir, remettons la paysanne en croupe derrière son conducteur, laissons-les aller et revenons à nos deux voyageurs. Cette fois-ci ce fut Jacques qui prit la parole et qui dit à son maître :

« Voilà le train du monde ; vous qui n'avez été blessé de votre vie et qui ne savez ce que c'est qu'un coup de feu au genou, vous me soutenez, à moi qui ai eu le genou fracassé et qui boite depuis vingt ans...

LE MAÎTRE. – Tu pourrais avoir raison. Mais ce chirur-

---

1. Allusion à une comédie de Lesage intitulée *Crispin rival de son maître* (1707).

gien impertinent est cause que te voilà encore sur une charrette avec tes camarades, loin de l'hôpital, loin de ta guérison et loin de devenir amoureux.

JACQUES. – Quoi qu'il vous plaise d'en penser, la douleur de mon genou était excessive ; elle s'accroissait encore
par la dureté de la voiture, par l'inégalité des chemins, et
à chaque cahot je poussais un cri aigu.

LE MAÎTRE. – Parce qu'il était écrit là-haut que tu crie-
rais ?

JACQUES. – Assurément ! Je perdais tout mon sang, et
j'étais un homme mort si notre charrette, la dernière de la
ligne, ne se fût arrêtée devant une chaumière. Là, je
demande à descendre ; on me met à terre. Une jeune
femme, qui était debout à la porte de la chaumière, rentra
chez elle et en sortit presque aussitôt avec un verre et une
bouteille de vin. J'en bus un ou deux coups à la hâte. Les
charrettes qui précédaient la nôtre défilèrent. On se disposait à me rejeter parmi mes camarades, lorsque, m'attachant
fortement aux vêtements de cette femme et à tout ce qui
était autour de moi, je protestai* que je ne remonterais pas
et que, mourir pour mourir, j'aimais mieux que ce fût à
l'endroit où j'étais qu'à deux lieues* plus loin. En achevant
ces mots, je tombai en défaillance[1]. Au sortir de cet état,
je me trouvai déshabillé et couché dans un lit qui occupait
un des coins de la chaumière, ayant autour de moi un paysan, le maître du lieu, sa femme, la même qui m'avait
secouru, et quelques petits enfants. La femme avait trempé
le coin de son tablier dans du vinaigre et m'en frottait le
nez et les tempes.

LE MAÎTRE. – Ah ! malheureux ! ah ! coquin… Infâme,
je te vois arriver.

JACQUES. – Mon maître, je crois que vous ne voyez rien.

LE MAÎTRE. – N'est-ce pas de cette femme que tu vas
devenir amoureux ?

JACQUES. – Et quand je serais devenu amoureux d'elle,
qu'est-ce qu'il y aurait à dire ? Est-ce qu'on est maître de
devenir ou de ne pas devenir amoureux ? Et quand on l'est,
est-on maître d'agir comme si on ne l'était pas ? Si cela

---

1. Je m'évanouis.

eût été écrit là-haut, tout ce que vous vous disposez à me dire, je me le serais dit ; je me serais souffleté* ; je me serais cogné la tête contre le mur ; je me serais arraché les cheveux : il n'en aurait été ni plus ni moins, et mon bienfaiteur eût été cocu.

LE MAÎTRE. – Mais en raisonnant à ta façon, il n'y a point de crime qu'on ne commît sans remords.

JACQUES. – Ce que vous m'objectez là m'a plus d'une fois chiffonné la cervelle ; mais avec tout cela, malgré que j'en aie[1], j'en reviens toujours au mot de mon capitaine : Tout ce qui nous arrive de bien et de mal ici-bas est écrit là-haut. Savez-vous, monsieur, quelque moyen d'effacer cette écriture ? Puis-je n'être pas moi ? Et étant moi, puis-je faire autrement que moi ? Puis-je être moi en un autre ? Et depuis que je suis au monde, y a-t-il eu un seul instant où cela n'ait été vrai ? Prêchez tant qu'il vous plaira, vos raisons seront peut-être bonnes ; mais s'il est écrit en moi ou là-haut que je les trouverai mauvaises, que voulez-vous que j'y fasse ?

LE MAÎTRE. – Je rêve* à une chose : c'est si ton bienfaiteur eût été cocu parce qu'il était écrit là-haut ; ou si cela était écrit là-haut parce que tu ferais cocu ton bienfaiteur ?

JACQUES. – Tous les deux étaient écrits l'un à côté de l'autre. Tout a été écrit à la fois. C'est comme un grand rouleau qu'on déploie petit à petit. »

Vous concevez*, lecteur, jusqu'où je pourrais pousser cette conversation sur un sujet dont on a tant parlé, tant écrit depuis deux mille ans, sans en être d'un pas plus avancé. Si vous me savez peu de gré de ce que je vous dis, sachez-m'en beaucoup de ce que je ne vous dis pas.

Tandis que nos deux théologiens disputaient* sans s'entendre*, comme il peut arriver en théologie, la nuit s'approchait. Ils traversaient une contrée peu sûre en tout temps, et qui l'était bien moins encore alors que la mauvaise administration et la misère avaient multiplié sans fin le nombre des malfaiteurs. Ils s'arrêtèrent dans la plus misérable des auberges. On leur dressa deux lits de sangle dans une chambre fermée de cloisons entrouvertes de tous les côtés.

---

1. Malgré mes réticences.

Ils demandèrent à souper*. On leur apporta de l'eau de mare, du pain noir et du vin tourné. L'hôte, l'hôtesse, les enfants, les valets, tout avait l'air sinistre*. Ils entendaient à côté d'eux les ris* immodérés et la joie tumultueuse d'une douzaine de brigands qui les avaient précédés et qui s'étaient emparés de toutes les provisions. Jacques était assez tranquille ; il s'en fallait beaucoup que son maître le fût autant. Celui-ci promenait son souci de long en large, tandis que son valet dévorait quelques morceaux de pain noir, et avalait en grimaçant quelques verres de mauvais vin. Ils en étaient là, lorsqu'ils entendirent frapper à leur porte ; c'était un valet que ces insolents et dangereux voisins avaient contraint d'apporter à nos deux voyageurs, sur une de leurs assiettes, tous les os d'une volaille qu'ils avaient mangée. Jacques, indigné, prend les pistolets de son maître.

« Où vas-tu ?

– Laissez-moi faire.

– Où vas-tu ? te dis-je.

– Mettre à la raison cette canaille.

– Sais-tu qu'ils sont une douzaine ?

– Fussent-ils cent, le nombre n'y fait rien, s'il est écrit là-haut qu'ils ne sont pas assez.

– Que le diable t'emporte avec ton impertinent dicton ?... »

Jacques s'échappe des mains de son maître, entre dans la chambre de ces coupe-jarrets, un pistolet armé dans chaque main. « Vite, qu'on se couche, leur dit-il, le premier qui remue je lui brûle la cervelle... » Jacques avait l'air et le ton si vrais, que ces coquins, qui prisaient[1] autant la vie que d'honnêtes* gens, se lèvent de table sans souffler mot, se déshabillent et se couchent. Son maître, incertain sur la manière dont cette aventure finirait, l'attendait en tremblant. Jacques rentra chargé des dépouilles de ces gens ; il s'en était emparé pour qu'ils ne fussent pas tentés de se relever ; il avait éteint leur lumière et fermé à double tour leur porte, dont il tenait la clef avec un de ses pistolets. « À présent, monsieur, dit-il à son maître, nous n'avons

1. Estimaient.

plus qu'à nous barricader en poussant nos lits contre cette
porte, et à dormir paisiblement... » Et il se mit en devoir
de pousser les lits, racontant froidement et succinctement
à son maître le détail de cette expédition.

LE MAÎTRE. – Jacques, quel diable d'homme es-tu ! Tu
crois donc...

JACQUES. – Je ne crois ni ne décrois*.

LE MAÎTRE. – S'ils avaient refusé de se coucher ?

JACQUES. – Cela était impossible.

LE MAÎTRE. – Pourquoi ?

JACQUES. – Parce qu'ils ne l'ont pas fait.

LE MAÎTRE. – S'ils se relevaient ?

JACQUES. – Tant pis ou tant mieux.

LE MAÎTRE. – Si... si... si... et...

JACQUES. – Si, si la mer bouillait, il y aurait, comme on
dit, bien des poissons de cuits. Que diable, monsieur, tout
à l'heure vous avez cru que je courais un grand danger et
rien n'était plus faux ; à présent vous vous croyez en grand
danger, et rien peut-être n'est encore plus faux. Tous, dans
cette maison, nous avons peur les uns des autres ; ce qui
prouve que nous sommes tous des sots...

Et, tout en discourant ainsi, le voilà déshabillé, couché
et endormi. Son maître, en mangeant à son tour un morceau de pain noir, et buvant un coup de mauvais vin, prêtait l'oreille autour de lui, regardait Jacques qui ronflait et
disait : « Quel diable d'homme est-ce là !... » À l'exemple
de son valet, le maître s'étendit aussi sur son grabat*, mais
n'y dormit pas de même. Dès la pointe du jour, Jacques
sentit une main qui le poussait ; c'était celle de son maître
qui l'appelait à voix basse : « Jacques ! Jacques !

JACQUES. – Qu'est-ce ?

LE MAÎTRE. – Il fait jour.

JACQUES. – Cela se peut.

LE MAÎTRE. – Lève-toi donc.

JACQUES. – Pourquoi ?

LE MAÎTRE. – Pour sortir d'ici au plus vite.

JACQUES. – Pourquoi ?

LE MAÎTRE. – Parce que nous y sommes mal.

JACQUES. – Qui le sait, et si nous serons mieux ailleurs ?

LE MAÎTRE. – Jacques !

JACQUES. – Eh bien, Jacques ! Jacques ! quel diable d'homme êtes-vous ?

LE MAÎTRE. – Quel diable d'homme es-tu ? Jacques, mon ami, je t'en prie. »

Jacques se frotta les yeux, bâilla à plusieurs reprises, étendit les bras, se leva, s'habilla sans se presser, repoussa les lits, sortit de la chambre, descendit, alla à l'écurie, sella et brida les chevaux, éveilla l'hôte qui dormait encore, paya la dépense, garda les clefs des deux chambres ; et voilà nos gens partis.

Le maître voulait s'éloigner au grand trot ; Jacques voulait aller le pas [1], et toujours d'après son système [2]. Lorsqu'ils furent à une assez grande distance de leur triste gîte, le maître, entendant quelque chose qui résonnait dans la poche de Jacques, lui demanda ce que c'était : Jacques lui dit que c'étaient les deux clefs des chambres.

LE MAÎTRE. – Et pourquoi ne les avoir pas rendues ?

JACQUES. – C'est qu'il faudra enfoncer deux portes ; celle de nos voisins pour les tirer de leur prison, la nôtre pour leur délivrer leurs vêtements ; et cela nous donnera du temps.

LE MAÎTRE. – Fort bien, Jacques ! mais pourquoi gagner du temps ?

JACQUES. – Pourquoi ? Ma foi, je n'en sais rien.

LE MAÎTRE. – Et si tu veux gagner du temps, pourquoi aller au petit pas comme tu fais ?

JACQUES. – C'est que, faute de savoir ce qui est écrit là-haut, on ne sait ni ce qu'on veut ni ce qu'on fait, et qu'on suit sa fantaisie qu'on appelle raison, ou sa raison qui n'est souvent qu'une dangereuse fantaisie qui tourne tantôt bien, tantôt mal.

JACQUES. – Mon capitaine croyait que la prudence est une supposition, dans laquelle l'expérience nous autorise à regarder les circonstances où nous nous trouvons comme cause de certains effets à espérer ou à craindre pour l'avenir.

---

1. Aller au pas.
2. C'est-à-dire d'après son système philosophique, d'après sa croyance en un déterminisme absolu.

LE MAÎTRE. – Et tu entendais* quelque chose à cela ?

JACQUES. – Assurément, peu à peu je m'étais fait à sa langue [1]. Mais, disait-il, qui peut se vanter d'avoir assez d'expérience ? Celui qui s'est flatté d'en être le mieux pourvu, n'a-t-il jamais été dupe ? Et puis, y a-t-il un homme capable d'apprécier juste les circonstances où il se trouve ? Le calcul qui se fait dans nos têtes, et celui qui est arrêté* sur le registre d'en haut, sont deux calculs bien différents. Est-ce nous qui menons le destin, ou bien est-ce le destin qui nous mène ? Combien de projets sagement concertés ont manqué, et combien manqueront ! Combien de projets insensés ont réussi, et combien réussiront ! C'est ce que mon capitaine me répétait, après la prise de Berg-op-Zoom et celle du Port-Mahon [2] ; et il ajoutait que la prudence ne nous assurait point un bon succès, mais qu'elle nous consolait et nous excusait d'un mauvais : aussi dormait-il la veille d'une action sous sa tente comme dans sa garnison et allait-il au feu comme au bal. C'est bien de lui que vous vous seriez écrié : « Quel diable d'homme !... »

LE MAÎTRE. – Pourrais-tu me dire ce que c'est qu'un fou, ce que c'est qu'un sage ?

JACQUES. – Pourquoi pas ?... un fou... attendez... c'est un homme malheureux ; et par conséquent un homme heureux est sage.

LE MAÎTRE. – Et qu'est-ce qu'un homme heureux ou malheureux ?

JACQUES. – Pour celui-ci, il est aisé [3]. Un homme heureux est celui dont le bonheur est écrit là-haut ; et par conséquent celui dont le malheur est écrit là-haut, est un homme malheureux.

LE MAÎTRE. – Et qui est-ce qui a écrit là-haut le bonheur et le malheur ?

JACQUES. – Et qui est-ce qui a fait le grand rouleau où tout est écrit ? Un capitaine, ami de mon capitaine, aurait

1. Je m'étais habitué à son mode d'expression philosophique.
2. Il s'agit de deux victoires militaires françaises, qui ont pour point commun d'avoir été remportées contre toute attente sur un coup d'audace. La bataille de Berg-op-Zoom fut livrée en Hollande en 1747, celle de Port-Mahon à Minorque en 1756.
3. C'est facile.

bien donné un petit écu* pour le savoir ; lui, n'aurait pas donné une obole*, ni moi non plus ; car à quoi cela me servirait-il ? En éviterais-je pour cela le trou où je dois m'aller casser le cou ?

LE MAÎTRE. – Je crois que oui.

JACQUES. – Moi, je crois que non ; car il faudrait qu'il y eût une ligne fausse sur le grand rouleau qui contient vérité, qui ne contient que vérité, et qui contient toute vérité. Il serait écrit sur le grand rouleau : « Jacques se cassera le cou tel jour », et Jacques ne se cassearit pas le cou ? Concevez*-vous que cela se puisse, quel que soit l'auteur du grand rouleau ?

LE MAÎTRE. – Il y a beaucoup de choses à dire là-dessus...

Comme ils en étaient là, ils entendirent à quelque distance derrière eux du bruit et des cris ; ils retournèrent la tête, et virent une troupe d'hommes armés de gaules et de fourches qui s'avançaient vers eux à toutes jambes. Vous allez croire que c'étaient les gens de l'auberge, leurs valets et les brigands dont nous avons parle. Vous allez croire que le matin on avait enfoncé leur porte faute de clefs, et que ces brigands s'étaient imaginé que nos deux voyageurs avaient décampé avec leurs dépouilles. Jacques le crut, et il disait entre ses dents : « Maudites soient les clefs et la fantaisie ou la raison qui me les fit emporter ! Maudite soit la prudence ! etc. etc. » Vous allez croire que cette petite armée tombera sur Jacques et maître, qu'il y aura une action sanglante, des coups de bâton donnés, des coups de pistolet tirés ; et il ne tiendrait qu'à moi que tout cela n'arrivât ; mais adieu la vérité de l'histoire, adieu le récit des amours de Jacques. Nos deux voyageurs n'étaient point suivis : j'ignore ce qui se passa dans l'auberge après leur départ. Ils continuèrent leur route, allant toujours sans savoir où ils allaient, quoiqu'ils sussent à peu près où ils voulaient aller ; trompant l'ennui et la fatigue par le silence et le bavardage, comme c'est l'usage* de ceux qui marchent, et quelquefois de ceux qui sont assis.

Il est bien évident que je ne fais pas un roman, puisque je néglige ce qu'un romancier ne manquerait pas d'employer. Celui qui prendrait ce que j'écris pour la vérité serait peut-être moins dans l'erreur que celui qui le prendrait pour une fable.

Cette fois-ci ce fut le maître qui parla le premier et qui débuta par le refrain accoutumé : « Eh bien ! Jacques, l'histoire de tes amours ? »

JACQUES. – Je ne sais où j'en étais. J'ai été si souvent interrompu, que je ferais tout aussi bien de recommencer.

LE MAÎTRE. – Non, non. Revenu de ta défaillance à la porte de la chaumière, tu te trouvas dans un lit, entouré des gens qui l'habitaient.

JACQUES. – Fort bien ! La chose la plus pressée était d'avoir un chirurgien, et il n'y en avait pas à plus d'une lieue* à la ronde. Le bonhomme fit monter à cheval un de ses enfants, et l'envoya au lieu le moins éloigné. Cependant la bonne femme avait fait chauffer du gros vin, déchiré une vieille chemise de son mari ; et mon genou fut étuvé*, couvert de compresses et enveloppé de linges. On mit quelques morceaux de sucre, enlevés aux fourmis, dans une portion du vin qui avait servi à mon pansement, et je l'avalai ; ensuite on m'exhorta à prendre patience. Il était tard ; ces gens se mirent à table et soupèrent*. Voilà le souper fini. Cependant l'enfant ne revenait pas, et point de chirurgien. Le père prit de l'humeur. C'était un homme naturellement chagrin* ; il boudait sa femme, il ne trouvait rien à son gré. Il envoya durement coucher ses autres enfants. Sa femme s'assit sur un banc et prit sa quenouille[1]. Lui, allait et venait ; et en allant et venant, il lui cherchait querelle sur tout. "Si tu avais été au moulin comme je te l'avais dit…" et il achevait la phrase en hochant de la tête du côté de mon lit.

– On ira demain.

– C'est aujourd'hui qu'il fallait y aller, comme je te l'avais dit… Et ces restes de paille qui sont encore sur la grange, qu'attends-tu pour les relever ?

– On les relèvera demain.

– Ce que nous en avons tire à sa fin et tu aurais beaucoup mieux fait de les relever aujourd'hui, comme je te

---

1. Instrument servant à filer.

l'avais dit… Et ce tas d'orge qui se gâte sur le grenier, je gage* que tu n'as pas songé à le remuer.

– Les enfants l'ont fait.

– Il fallait le faire toi-même. Si tu avais été sur ton grenier, tu n'aurais pas été à la porte…

Cependant il arriva un chirurgien, puis un second, puis un troisième, avec le petit garçon de la chaumière.

LE MAÎTRE. – Te voilà en chirurgiens comme saint Roch en chapeaux[1].

JACQUES. – Le premier était absent, lorsque le petit garçon était arrivé chez lui ; mais sa femme avait fait avertir le second, et le troisième avait accompagné le petit garçon. "Eh ! bonsoir, compères ; vous voilà ?" dit le premier aux deux autres… Ils avaient fait le plus de diligence[2] possible, ils avaient chaud, ils étaient altérés. Ils s'asseyent autour de la table dont la nappe n'était pas encore ôtée. La femme descend à la cave, et en remonte avec une bouteille. Le mari grommelait entre ses dents : "Eh ! que diable faisait-elle à sa porte ?" On boit, on parle des maladies du canton ; on entame l'énumération de ses pratiques*. Je me plains ; on me dit : "Dans un moment nous serons à vous." Après cette bouteille, on en demande une seconde, à compte sur mon traitement ; puis une troisième, une quatrième, toujours à compte sur mon traitement ; et à chaque bouteille, le mari revenait à sa première exclamation : "Eh ! que diable faisait-elle à sa porte ?" »

Quel parti un autre n'aurait-il pas tiré de ces trois chirurgiens, de leur conversation à la quatrième bouteille, de la multitude de leurs cures merveilleuses, de l'impatience de Jacques, de la mauvaise humeur de l'hôte, des propos de nos Esculapes[3] de campagne autour du genou de Jacques, de leurs différents avis, l'un prétendant que Jacques était mort si l'on ne se hâtait de lui couper la jambe, l'autre qu'il fallait extraire la balle et la portion du vête-

---

1. L'iconographie représente traditionnellement saint Roch, patron des pestiférés, coiffé d'un chapeau de pèlerin. Selon Brière, dans son édition de 1821-23, « ce proverbe se dit quand d'un certain nombre de choses que l'on possède, plusieurs sont inutiles ».
2. Faire diligence : se hâter.
3. Esculape est le dieu grec et romain de la médecine.

ment qui l'avait suivie, et conserver la jambe à ce pauvre diable. Cependant on aurait vu Jacques assis sur son lit, regardant sa jambe en pitié[1], et lui faisant ces derniers adieux, comme on vit un de nos généraux entre Dufouart et Louis[2]. Le troisième chirurgien aurait gobe-mouché[3] jusqu'à ce que la querelle se fût élevée entre eux, et que des invectives on en fût venu aux gestes.

Je vous fais grâce de toutes ces choses, que vous trouverez dans les romans, dans la comédie ancienne et dans la société. Lorsque j'entendis l'hôte s'écrier de sa femme : « Que diable faisait-elle à sa porte ! » je me rappelai l'Harpagon de Molière[4], lorsqu'il dit de son fils : *Qu'allait-il faire dans cette galère ?* Et je conçus* qu'il ne s'agissait pas seulement d'être vrai, mais qu'il fallait encore être plaisant ; et que c'était la raison pour laquelle on dirait à jamais : *Qu'allait-il faire dans cette galère ?* et que le mot de mon paysan *Que faisait-elle à sa porte ?* ne passerait pas en proverbe.

Jacques n'en usa* pas envers son maître avec la même réserve que je garde avec vous ; il n'omit pas la moindre circonstance, au hasard de[5] l'endormir une seconde fois. Si ce ne fut pas le plus habile, ce fut au moins le plus vigoureux des trois chirurgiens qui resta maître du patient.

N'allez-vous pas, me direz-vous, tirer des bistouris à nos yeux[6], couper des chairs, faire couler du sang, et nous montrer une opération chirurgicale ? À votre avis, cela ne serat-il pas de bon goût ?… Allons, passons encore l'opération chirurgicale ; mais vous permettrez au moins à Jacques de dire à son maître, comme il le fit : « Ah ! Monsieur, c'est une terrible affaire que de s'arranger un genou fracassé ! » Et à son maître de lui répondre comme auparavant : « Allons donc, Jacques, tu te moques… » Mais ce que je ne

---

1. Avec pitié.
2. Célèbres chirurgiens de l'époque, dont le second, connu de Diderot, a collaboré à l'*Encyclopédie*.
3. Ne pas réussir à se décider.
4. Inadvertance de Diderot : il s'agit ici du Géronte des *Fourberies de Scapin* et non d'Harpagon, personnage de *L'Avare*.
5. Au risque de.
6. Exhiber des bistouris sous nos yeux.

vous laisserais pas ignorer pour tout l'or du monde, c'est qu'à peine le maître de Jacques lui eut-il fait cette impertinente réponse, que son cheval bronche et s'abat, que son genou va s'appuyer rudement sur un caillou pointu, et que le voilà criant à tue-tête : « Je suis mort ! j'ai le genou cassé !... »

Quoique Jacques, la meilleure pâte d'homme qu'on puisse imaginer, fût tendrement attaché à son maître, je voudrais bien savoir ce qui se passa au fond de son âme, sinon dans le premier moment, du moins lorsqu'il fut bien assuré que cette chute n'aurait point de suite fâcheuse, et s'il put se refuser à un léger mouvement de joie secrète d'un accident qui apprendrait à son maître ce que c'était qu'une blessure au genou. Une autre chose, lecteur, que je voudrais bien que vous me disiez, c'est si son maître n'eût pas mieux aimé être blessé, même un peu plus grièvement, ailleurs qu'au genou, ou s'il ne fut pas plus sensible à la honte qu'à la douleur.

Lorsque le maître fut un peu revenu de sa chute et de son angoisse, il se remit en selle et appuya cinq ou six coups d'éperon à son cheval, qui partit comme un éclair ; autant en fit la monture de Jacques, car il y avait entre ces deux animaux la même intimité qu'entre leurs cavaliers ; c'étaient deux paires d'amis.

Lorsque les deux chevaux essoufflés reprirent leur pas ordinaire, Jacques dit à son maître : « Eh bien, monsieur, qu'en pensez-vous ?

LE MAÎTRE. – De quoi ?

JACQUES. – De la blessure au genou.

LE MAÎTRE. – Je suis de ton avis ; c'est une des plus cruelles.

JACQUES. – Au vôtre ?

LE MAÎTRE. – Non, non, au tien, au mien, à tous les genoux du monde.

JACQUES. – Mon maître, mon maître, vous n'y avez pas bien regardé [1] ; croyez que nous ne plaignons jamais que nous.

LE MAÎTRE. – Quelle folie !

---

1. Vous n'avez pas bien examiné la question.

JACQUES. – Ah ! si je savais dire comme je sais penser ! Mais il était écrit là-haut que j'aurais les choses dans ma tête, et que les mots ne me viendraient pas. »

Ici Jacques s'embarrassa dans une métaphysique très subtile et peut-être très vraie. Il cherchait à faire concevoir* à son maître que le mot douleur était sans idée, et qu'il ne commençait à signifier quelque chose qu'au moment où il rappelait à notre mémoire une sensation que nous avions éprouvée[1]. Son maître lui demanda s'il avait déjà accouché.

– Non, lui répondit Jacques.

– Et crois-tu que ce soit une grande douleur que d'accoucher ?

– Assurément !

– Plains-tu les femmes en mal d'enfant ?

– Beaucoup.

– Tu plains donc quelquefois un autre que toi ?

– Je plains ceux ou celles qui se tordent les bras, qui s'arrachent les cheveux, qui poussent des cris, parce que je sais par expérience qu'on ne fait pas cela sans souffrir ; mais pour le mal propre à la femme qui accouche, je ne le plains pas : je ne sais ce que c'est, Dieu merci ! Mais pour en revenir à une peine que nous connaissons tous deux, l'histoire de mon genou, qui est devenu le vôtre par votre chute…

LE MAÎTRE. – Non, Jacques ; l'histoire de tes amours qui sont devenues miennes par mes chagrins passés.

JACQUES. – Me voilà pansé, un peu soulagé, le chirurgien parti, et mes hôtes retirés et couchés. Leur chambre n'était séparée de la mienne que par des planches à claire-voie[2] sur lesquelles on avait collé du papier gris, et sur ce papier quelques images enluminées. Je ne dormais pas, et j'entendis la femme qui disait à son mari : « Laissez-moi, je n'ai pas envie de rire. Un pauvre malheureux qui se meurt à notre porte !…

– Femme, tu me diras tout cela après.

---

1. Jacques se fait ici le porte-parole de la philosophie sensualiste, développée par Locke et Condillac qui, s'opposant à la théorie cartésienne des idées innées, affirment que les idées abstraites ne sont que des sensations transformées, et donc secondaires par rapport à l'expérience sensible.
2. À jours, à ouvertures.

– Non, cela ne sera pas. Si vous ne finissez, je me lève. Cela ne me fera-t-il pas bien aise[1], lorsque j'ai le cœur gros ?

– Oh ! si tu te fais tant prier, tu en seras la dupe.

– Ce n'est pas pour se faire prier, mais c'est que vous êtes quelquefois d'un dur !... c'est que... c'est que... »

Après une assez courte pause, le mari prit la parole et dit : « Là, femme, conviens donc à présent que, par une compassion déplacée, tu nous as mis dans un embarras dont il est presque impossible de se tirer. L'année est mauvaise ; à peine pouvons-nous suffire à nos besoins et aux besoins de nos enfants. Le grain est d'une cherté ! Point de vin ! Encore si l'on trouvait à travailler ; mais les riches se retranchent[2] ; les pauvres gens ne font rien ; pour une journée qu'on emploie, on en perd quatre. Personne ne paie ce qu'il doit ; les créanciers sont d'une âpreté qui désespère : et voilà le moment que tu prends pour retirer ici un inconnu, un étranger qui y restera tant qu'il plaira à Dieu ; et au chirurgien qui ne se pressera pas de le guérir ; car ces chirurgiens font durer les maladies le plus longtemps qu'ils peuvent ; qui n'a pas le sou, et qui doublera, triplera notre dépense[3]. Là, femme, comment te déferas-tu de cet homme ? Parle donc, femme, dis-moi donc quelque raison.

– Est-ce qu'on peut parler avec vous.

– Tu dis que j'ai de l'humeur, que je gronde ; eh ! qui n'en aurait pas ? qui ne gronderait pas ? Il y avait encore un peu de vin à la cave : Dieu sait le train dont il ira ! Les chirurgiens en burent hier au soir plus que nous et nos enfants n'aurions fait dans la semaine. Et le chirurgien qui ne viendra pas pour rien, comme tu peux penser, qui le paiera ?

– Oui, voilà qui est fort bien dit et parce qu'on est dans la misère vous me faites un enfant comme si nous n'en avions pas déjà assez.

– Oh ! que non !

– Oh ! que si ; je suis sûre que je vais être grosse[4] !

---

1. Cela ne me donnera-t-il pas satisfaction ?
2. Diminuent leur dépense.
3. Sur les allusions à la crise économique contemporaine, se reporter au chapitre 6 du dossier.
4. Enceinte.

– Voilà comme tu dis toutes les fois.

– Et cela n'a jamais manqué quand l'oreille me démange après, et j'y sens une démangeaison comme jamais.

– Ton oreille ne sait ce qu'elle dit.

– Ne me touche pas ! laisse là mon oreille ! laisse donc, l'homme ; est-ce que tu es fou ? tu t'en trouveras mal.

– Non, non, cela ne m'est pas arrivé depuis le soir de la Saint-Jean.

– Tu feras si bien que… et puis dans un mois d'ici tu me bouderas comme si c'était de ma faute.

– Non, non.

– Et dans neuf mois d'ici ce sera bien pis*.

– Non, non.

– C'est toi qui l'auras voulu ?

– Oui, oui.

– Tu t'en souviendras ? tu ne diras pas comme tu as dit toutes les autres fois ?

– Oui, oui… »

Et puis voilà que de non, non, en oui, oui, cet homme enragé contre sa femme d'avoir cédé à un sentiment d'humanité…

LE MAÎTRE. – C'est la réflexion que je faisais.

JACQUES. – Il est certain que ce mari n'était pas trop conséquent ; mais il était jeune et sa femme jolie. On ne fait jamais tant d'enfants que dans les temps de misère.

LE MAÎTRE. – Rien ne peuple[1] comme les gueux.

JACQUES. – Un enfant de plus n'est rien pour eux, c'est la charité qui les nourrit. Et puis c'est le seul plaisir qui ne coûte rien ; on se console pendant la nuit, sans frais, des calamités du jour… Cependant les réflexions de cet homme n'en étaient pas moins justes. Tandis que je me disais cela à moi-même, je ressentis une douleur violente au genou, et je m'écriai : « Ah ! le genou ! » Et le mari s'écria : « Ah ! femme !… » Et la femme s'écria : « Ah ! mon homme ! mais… cet homme qui est là !

– Eh bien ! cet homme ?

– Il nous aura peut-être entendus !

– Qu'il ait entendu.

---

1. Faire des enfants.

« – Demain, je n'oserai le regarder.

– Et pourquoi ? Est-ce que tu n'es pas ma femme ? Est-ce que je ne suis pas ton mari ? Est-ce qu'un mari a une femme, est-ce qu'une femme a un mari pour rien ?

– Ah ! ah !

– Eh bien, qu'est-ce ?

– Mon oreille !…

– Eh bien, ton oreille ?

– C'est pis* que jamais.

– Dors, cela se passera.

– Je ne saurais. Ah ! l'oreille ! ah ! l'oreille !

– L'oreille, l'oreille, cela est bien aisé à dire… »

Je ne vous dirai point ce qui se passait entre eux ; mais la femme, après avoir répété l'oreille, l'oreille, plusieurs fois de suite à voix basse et précipitée, finit par balbutier à syllabes interrompues l'o…reil…le, et à la suite de cette o…reil…le, je ne sais quoi, qui, joint au silence qui succéda, me fit imaginer que son mal d'oreille s'était apaisé d'une ou d'autre façon, il n'importe : cela me fit plaisir. Et à elle donc !

LE MAÎTRE. – Jacques, mettez la main sur la conscience, et jurez-moi que ce n'est pas de cette femme que vous devîntes amoureux.

JACQUES. – Je le jure.

LE MAÎTRE. – Tant pis pour toi.

JACQUES. – C'est tant pis ou tant mieux. Vous croyez apparemment que les femmes qui ont une oreille comme la sienne écoutent volontiers ?

LE MAÎTRE. – Je crois que cela est écrit là-haut.

JACQUES. – Je crois qu'il est écrit à la suite qu'elles n'écoutent pas longtemps le même, et qu'elles sont tant soit peu sujettes à prêter l'oreille à un autre.

LE MAÎTRE. – Cela se pourrait.

Et les voilà embarqués dans une querelle interminable sur les femmes ; l'un prétendant qu'elles étaient bonnes, l'autre méchantes : et ils avaient tous deux raison ; l'un sottes, l'autre pleines d'esprit : et ils avaient tous deux raison ; l'un fausses, l'autre vraies : et ils avaient tous deux raison ; l'un avares, l'autre libérales : et ils avaient tous deux raison ; l'un belles, l'autre laides : et ils avaient tous deux

raison; l'un bavardes, l'autre discrètes*; l'un franches,
l'autre dissimulées; l'un ignorantes, l'autre éclairées; l'un
sages, l'autre libertines*; l'un folles, l'autre sensées; l'un
grandes, l'autre petites : et ils avaient tous deux raison.

En suivant cette dispute* sur laquelle ils auraient pu faire
le tour du globe sans déparler* un moment et sans s'accorder[1], ils furent accueillis par un orage qui les contrai-
gnit de s'acheminer... – Où ? – Où ? lecteur, vous êtes
d'une curiosité bien incommode ! Et que diable cela vous
fait-il ? Quand je vous aurai dit que c'est à Pontoise ou à
Saint-Germain, à Notre-Dame de Lorette ou à Saint-
Jacques de Compostelle, en serez-vous plus avancé ? Si
vous insistez, je vous dirai qu'ils s'acheminèrent vers...
oui; pourquoi pas ?... vers un château immense, au frontispice[2] duquel on lisait : « Je n'appartiens à personne et
j'appartiens à tout le monde. Vous y étiez avant que d'y
entrer, et vous y serez encore quand vous en sortirez. » –
Entrèrent-ils dans ce château ? – Non, car l'inscription était
fausse, ou ils y étaient avant que d'y entrer. – Mais du
moins ils en sortirent ? – Non, car l'inscription était fausse,
ou ils y étaient encore quand ils en furent sortis. – Et que
firent-ils là ? – Jacques disait ce qui était écrit là-haut; son
maître, ce qu'il voulut : et ils avaient tous deux raison. –
Quelle compagnie y trouvèrent-ils ? – Mêlée. – Qu'y disait-
on ? – Quelques vérités, et beaucoup de mensonges. – Y
avait-il des gens d'esprit ? – Où n'y en a-t-il pas ? et de
maudits questionneurs qu'on fuyait comme la peste. Ce qui
choqua le plus Jacques et son maître pendant tout le temps
qu'ils s'y promenèrent. – On s'y promenait donc ? – On
ne faisait que cela, quand on n'était pas assis ou couché...
Ce qui choqua le plus Jacques et son maître, ce fut d'y trouver une vingtaine d'audacieux, qui s'étaient emparés des
plus superbes appartements, où ils se trouvaient presque
toujours à l'endroit; qui prétendaient, contre le droit commun et le vrai sens de l'inscription, que le château leur avait
été légué en toute propriété; et qui, à l'aide d'un certain

---

1. Sans se mettre d'accord.
2. L'auteur joue ici sur la polysémie du terme « frontispice », qui désigne
la façade principale d'un édifice, mais également la planche illustrée, souvent par une allégorie, qui précède la page de titre d'un livre.

nombre de coglions[1] à leurs gages, l'avaient persuadé à
un grand nombre d'autres coglions à leurs gages, tout prêts
pour une petite pièce de monnaie à prendre ou assassiner
le premier qui aurait osé les contredire : cependant au temps
de Jacques et de son maître, on l'osait quelquefois. – Impunément ? – C'est selon.

Vous allez dire que je m'amuse, et que, ne sachant plus
que faire de mes voyageurs, je me jette dans l'allégorie[2],
la ressource ordinaire des esprits stériles. Je vous sacri-
fierai mon allégorie et toutes les richesses que j'en pouvais tirer ; je conviendrai de tout ce qu'il vous plaira, mais
à condition que vous ne me tracasserez point sur ce dernier gîte de Jacques et de son maître ; soit qu'ils aient
atteint une ville et qu'ils aient couché chez des filles* ;
qu'ils aient passé la nuit chez un vieil ami qui les fêta de
son mieux ; qu'ils se soient réfugiés chez des moines men-
diants, où ils furent mal logés et mal repus pour l'amour
de Dieu ; qu'ils aient été accueillis dans la maison d'un
grand[3], où ils manquèrent de tout ce qui est nécessaire,
au milieu de tout ce qui est superflu ; qu'ils soient sortis
le matin d'une grande auberge, où on leur fit payer très
chèrement un mauvais souper* servi dans des plats d'argent, et une nuit passée entre des rideaux de damas et des
draps humides et repliés ; qu'ils aient reçu l'hospitalité
chez un curé de village à portion congrue[4], qui courut
mettre à contribution les basses-cours de ses paroissiens,
pour avoir une omelette et une fricassée de poulets ; où
qu'ils se soient enivrés d'excellents vins, aient fait grande
chère et pris une indigestion bien conditionnée dans une
riche abbaye de Bernardins[5] ; car quoique tout cela vous

---

1. Forme francisée de l'italien « coglione » signifiant : 1) testicules, 2)
couillon.
2. Cette allégorie doit être mise en rapport avec la théorie politique des
Lumières, et plus particulièrement, semble-t-il, avec l'article « Autorité
politique » de l'*Encyclopédie* (cité dans le chapitre 6 du dossier).
3. Un noble.
4. La portion congrue est la pension annuelle versée par le titulaire d'un béné-
fice ecclésiastique au prêtre qui dessert sa paroisse. Par extension cette locution sous-entend que le traitement du curé est tout juste suffisant pour vivre.
5. Plaisanterie sur cet ordre religieux dont la règle, à l'origine austère,
s'était depuis quelque peu relâchée, et dont les membres s'étaient acquis
une réputation de bons vivants.

paraisse également possible, Jacques n'était pas de cet avis : il n'y avait réellement de possible que la chose qui était écrite en haut. Ce qu'il y a de vrai, c'est que, de quelque endroit qu'il vous plaise de les mettre en route, ils n'eurent pas fait vingt pas que le maître dit à Jacques, après avoir toutefois, selon son usage, pris sa prise de tabac : « Eh bien ! Jacques, l'histoire de tes amours ? »

Au lieu de répondre, Jacques s'écria : « Au diable l'histoire de mes amours ! Ne voilà-t-il pas que j'ai laissé...

LE MAÎTRE. – Qu'as-tu laissé ? »

Au lieu de lui répondre, Jacques retournait toutes ses poches, et se fouillait partout inutilement. Il avait laissé la bourse de voyage sous le chevet de son lit, et il n'en eut pas plus tôt fait l'aveu à son maître, que celui-ci s'écria : « Au diable l'histoire de tes amours ! Ne voilà-t-il pas que ma montre est restée accrochée à la cheminée ! »

Jacques ne se fit pas prier ; aussitôt il tourne bride, et regagne au petit pas, car il n'était jamais pressé... – Le château immense ? – Non, non. Entre les différents gîtes possibles ou non possibles, dont je vous ai fait l'énumération qui précède, choisissez celui qui convient le mieux à la circonstance présente.

Cependant son maître allait toujours en avant : mais voilà le maître et le valet séparés, et je ne sais auquel des deux m'attacher de préférence. Si vous voulez suivre Jacques, prenez-y garde ; la recherche de la bourse et de la montre pourra devenir si longue et si compliquée, que de longtemps il ne rejoindra son maître, le seul confident de ses amours, et adieu les amours de Jacques. Si, l'abandonnant seul à la quête de la bourse et de la montre, vous prenez le parti de faire compagnie à son maître, vous serez poli, mais très ennuyé ; vous ne connaissez pas encore cette espèce-là[1]. Il a peu d'idées dans la tête ; s'il lui arrive de dire quelque chose de sensé, c'est de réminiscence ou d'inspiration. Il a des yeux comme vous et moi ; mais on ne sait la plupart du temps s'il regarde. Il ne dort pas, il ne veille pas non plus ; il se laisse exister : c'est sa fonction habi-

---

1. Terme dépréciatif désignant une personne dont on fait peu de cas.

tuelle. L'automate[1] allait devant lui, se retournant de temps
en temps pour voir si Jacques ne revenait pas ; il descendait de cheval et marchait à pied ; il remontait sur sa bête,
faisait un quart de lieue*, redescendait et s'asseyait à terre,
la bride de son cheval passée dans ses bras, et la tête
appuyée sur ses deux mains. Quand il était las de cette posture, il se levait et regardait au loin s'il n'apercevait point
Jacques. Point de Jacques. Alors il s'impatientait, et sans
trop savoir s'il parlait ou non, il disait : « Le bourreau ! le
chien ! le coquin ! où est-il ? que fait-il ? Faut-il tant de
temps pour reprendre une bourse et une montre ? Je le rouerai de coups ; oh ! cela est certain ; je le rouerai de coups. »
Puis il cherchait sa montre, à son gousset*, où elle n'était
pas, et il achevait de se désoler, car il ne savait que devenir sans sa montre, sans sa tabatière et sans Jacques :
c'étaient les trois grandes ressources de sa vie, qui se passait à prendre du tabac, à regarder l'heure qu'il était, à ques-
tionner Jacques, et cela dans toutes les combinaisons. Privé
de sa montre, il en était donc réduit à sa tabatière, qu'il
ouvrait et fermait à chaque minute, comme je fais, moi,
lorsque je m'ennuie. Ce qui reste de tabac le soir dans ma
tabatière est en raison directe de l'amusement, ou l'inverse
de l'ennui de ma journée. Je vous supplie, lecteur, de vous
familiariser avec cette manière de dire empruntée de la géométrie, parce que je la trouve précise et que je m'en servi-
rai souvent.

Eh bien ! en avez-vous assez du maître ; et son valet ne
venant point à vous, voulez-vous que nous allions à lui ?
Le pauvre Jacques ! au moment où nous en parlons, il
s'écriait douloureusement : « Il était donc écrit là-haut
qu'en un même jour je serais appréhendé comme voleur de
grand chemin, sur le point d'être conduit dans une prison,
et accusé d'avoir séduit une fille ! »

Comme il approchait, au petit pas, du château, non... du
lieu de leur dernière couchée, il passe à côté de lui un de
ces merciers ambulants qu'on appelle porteballes[2], et qui

---

1. Qui agit de manière mécanique. Sur la métaphore de la machine dans
la philosophie matérialiste, se reporter au chapitre 3 du dossier.
2. Marchand ambulant, colporteur.

lui crie : « Monsieur le chevalier, jarretières, ceintures, cordons de montre, tabatières du dernier goût, vraies jaback[1], bagues, cachets de montre. Montre, monsieur, une montre, une belle montre d'or, ciselée, à double boîte, comme neuve… » Jacques lui répond : « J'en cherche bien une, mais ce n'est pas la tienne… » et continue sa route, toujours au petit pas. En allant, il crut voir écrit en haut que la montre que cet homme lui avait proposée était celle de son maître. Il revient sur ses pas, et dit au porteballe : « L'ami, voyons votre montre à boîte d'or, j'ai dans la fantaisie qu'elle pourrait me convenir.

— Ma foi, dit le porteballe, je n'en serais pas surpris ; elle est belle, très belle, de Julien Le Roi[2]. Il n'y a qu'un moment qu'elle m'appartient ; je l'ai acquise pour un morceau de pain, j'en ferai bon marché. J'aime les petits gains répétés ; mais on est bien malheureux par le temps qui court : de trois mois d'ici je n'aurai pas une pareille aubaine. Vous m'avez l'air d'un galant* homme, et j'aimerais mieux que vous en profitassiez qu'un autre… »

Tout en causant, le mercier avait mis sa balle[3] à terre, l'avait ouverte, et en avait tiré la montre que Jacques reconnut sur-le-champ, sans en être étonné ; car s'il ne se pressait jamais, il s'étonnait rarement. Il regarde bien la montre : « Oui, se dit-il en lui-même, c'est elle… » Au porteballe : « Vous avez raison, elle est belle, très belle, et je sais qu'elle est bonne… » Puis la mettant dans son gousset* il dit au porteballe : « L'ami, grand merci !

— Comment grand merci !

— Oui, c'est la montre de mon maître.

— Je ne connais point votre maître, cette montre est à moi, je l'ai achetée et bien payée… »

Et saisissant Jacques au collet, il se mit en devoir de lui reprendre la montre. Jacques s'approche de son cheval, prend un de ses pistolets, et l'appuyant sur la poitrine du porteballe : « Retire-toi, lui dit-il, ou tu es mort. » Le por-

---

1. Bijoux. Le terme s'est formé par métonymie à partir de l'hôtel Jaback à Paris, où l'on vendait des bijoux et des accessoires à la mode.
2. Célèbre horloger contemporain (1686-1759), qui fut horloger du roi en 1734 et maître des horlogers de Paris.
3. Paquet de marchandise.

teballe effrayé lâche prise. Jacques remonte sur son cheval et s'achemine au petit pas vers la ville, en disant en
lui-même : « Voilà la montre recouvrée[1], à présent voyons
à notre bourse... » Le porteballe se hâte de refermer sa
malle, la remet sur ses épaules, et suit Jacques en criant :
« Au voleur ! au voleur ! à l'assassin ! au secours ! à moi !
à moi !... » C'était dans la saison des récoltes : les champs
étaient couverts de travailleurs. Tous laissent leurs fau-
cilles, s'attroupent autour de cet homme, et lui demandent
où est le voleur, où est l'assassin.

« Le voilà, le voilà là-bas.

– Quoi ! celui qui s'achemine au petit pas vers la porte
de la ville ?

– Lui-même.

– Allez, vous êtes fou, ce n'est point là l'allure d'un
voleur.

– C'en est un, c'en est un, vous dis-je, il m'a pris de
force une montre d'or... »

Ces gens ne savaient à quoi s'en rapporter, des cris du
porteballe ou de la marche tranquille de Jacques. « Cependant, ajoutait le porteballe, mes enfants, je suis ruiné si vous
ne me secourez ; elle vaut trente louis* comme un liard*.
Secourez-moi, il emporte ma montre, et s'il vient à piquer
des deux*, ma montre est perdue... »

Si Jacques n'était guère à portée d'entendre ces cris, il
pouvait aisément voir l'attroupement, et n'en allait pas plus
vite. Le porteballe détermina[2], par l'espoir d'une récompense, les paysans à courir après Jacques. Voilà donc une
multitude d'hommes, de femmes et d'enfants allant et
criant : « Au voleur ! au voleur ! à l'assassin ! » et le porteballe les suivant d'aussi près que le fardeau dont il était
chargé le lui permettait, et criant : « Au voleur ! au voleur !
à l'assassin !... »

Ils sont entrés dans la ville, car c'est dans une ville que
Jacques et son maître avaient séjourné la veille ; je me le
rappelle à l'instant. Les habitants quittent leurs maisons, se
joignent aux paysans et au porteballe, tous vont criant à

---

1. Revenue en sa possession.
2. Convainquit.

l'unisson : « Au voleur ! au voleur ! à l'assassin !… » Tous
atteignent Jacques en même temps. Le porteballe s'élançant sur lui, Jacques lui détache un coup de botte, dont il
est renversé par terre, mais n'en criant pas moins :
« Coquin, fripon, scélérat, rends-moi ma montre ; tu me la
rendras, et tu n'en seras pas moins pendu… » Jacques, gar-
dant son sang-froid, s'adressait à la foule qui grossissait à
chaque instant, et disait : « Il y a un magistrat de police ici,
qu'on me mène chez lui : là, je ferai voir que je ne suis point
un coquin, et que cet homme en pourrait bien être un. Je lui
ai pris une montre, il est vrai ; mais cette montre est celle
de mon maître. Je ne suis point inconnu dans cette ville :
avant-hier au soir nous y arrivâmes mon maître et moi, et
nous avons séjourné chez M. le lieutenant général [1], son
ancien ami. » Si je ne vous ai pas dit plus tôt que Jacques
et son maître avaient passé par Conches [2], et qu'ils avaient
logé chez M. le lieutenant général de ce lieu, c'est que cela
ne m'est pas revenu plus tôt. « Qu'on me conduise chez M.
le lieutenant général », disait Jacques, et en même temps
il mit pied à terre. On le voyait au centre du cortège, lui,
son cheval et le porteballe. Ils marchent, ils arrivent à la
porte du lieutenant général. Jacques, son cheval et le porteballe entrent, Jacques et le porteballe se tenant l'un l'autre
à la boutonnière. La foule reste en dehors.

Cependant, que faisait le maître de Jacques. Il s'était
assoupi au bord du grand chemin, la bride de son cheval
passée dans son bras, et l'animal paissait l'herbe autour du
dormeur, autant que la longueur de la bride le lui permettait.

Aussitôt que le lieutenant général aperçut Jacques, il
s'écria : « Eh ! c'est toi, mon pauvre Jacques ! Qu'est-ce qui
te ramène seul ici ?

– La montre de mon maître : il l'avait laissée pendue au
coin de la cheminée, et je l'ai retrouvée dans la balle de
cet homme ; notre bourse, que j'ai oubliée sous mon chevet, et qui se retrouvera si vous l'ordonnez.

---

1. Officier de justice et, dans les petites villes, président du tribunal.
2. Cette indication géographique apparente ne permet pas en fait de situer
avec certitude l'action du roman car deux villages portent ce nom au
XVIIIe siècle, l'un en Normandie, l'autre à l'est de Paris.

– Et que cela soit écrit là-haut... », ajouta le magistrat.

À l'instant il fit appeler ses gens : à l'instant le porteballe montrant un grand drôle* de mauvaise mine, et nouvellement installé dans la maison, dit : « Voilà celui qui m'a vendu la montre. »

Le magistrat, prenant un air sévère, dit au porteballe et à son valet : « Vous mériteriez tous deux les galères, toi pour avoir vendu la montre, toi pour l'avoir achetée... » À son valet : « Rends à cet homme son argent, et mets bas ton habit[1] sur-le-champ... » Au porteballe : « Dépêche-toi de vider le pays, si tu ne veux pas y rester accroché pour toujours. Vous faites tous deux un métier qui porte malheur... Jacques, à présent il s'agit de ta bourse. » Celle qui se l'était appropriée comparut sans se faire appeler ; c'était une grande fille faite au tour*. « C'est moi, monsieur, qui ai la bourse, dit-elle à son maître ; mais je ne l'ai point volée : c'est lui qui me l'a donnée.

– Je vous ai donné ma bourse ?

– Oui.

– Cela se peut, mais que le diable m'emporte si je m'en souviens... »

Le magistrat dit à Jacques : « Allons, Jacques, n'éclaircissons pas cela davantage.

– Monsieur...

– Elle est jolie et complaisante à ce que je vois.

– Monsieur, je vous jure...

– Combien y avait-il dans la bourse ?

– Environ neuf cent dix-sept livres*.

– Ah ! Javotte ! neuf cent dix-sept livres pour une nuit, c'est beaucoup trop pour vous et pour lui. Donnez-moi la bourse... »

La grande fille donna la bourse à son maître qui en tira un écu* de six francs* : « Tenez, lui dit-il, en lui jetant l'écu, voilà le prix de vos services ; vous valez mieux, mais pour un autre que Jacques. Je vous en souhaite deux fois autant tous les jours, mais hors de chez moi, entendez-vous ? Et toi, Jacques, dépêche-toi de remonter sur ton cheval, et de retourner à ton maître. »

---

1. C'est-à-dire « quitte ta livrée », ce qui signifie le renvoi du domestique.

Jacques salua le magistrat et s'éloigna sans répondre, mais il disait en lui-même : « L'effrontée, la coquine ! il était donc écrit là-haut qu'un autre coucherait avec elle, et que Jacques paierait !... Allons, Jacques, console-toi ; n'es-tu pas trop heureux d'avoir rattrapé ta bourse et la montre de ton maître, et qu'il t'en ait si peu coûté ? »

Jacques remonte sur son cheval et fend la presse* qui s'était faite à l'entrée de la maison du magistrat ; mais comme il souffrait avec peine que tant de gens le prissent pour un fripon, il affecta de tirer la montre de sa poche et de regarder l'heure qu'il était ; puis il piqua des deux* son cheval, qui n'y était pas fait, et qui n'en partit qu'avec plus de célérité. Son usage* était de le laisser aller à sa fantaisie ; car il trouvait autant d'inconvénient à l'arrêter quand il galopait, qu'à le presser quand il marchait lentement. Nous croyons conduire le destin ; mais c'est toujours lui qui nous mène : et le destin, pour Jacques, était tout ce qui le touchait ou l'approchait, son cheval, son maître, un moine, un chien, une femme, un mulet, une corneille. Son cheval le conduisait donc à toutes jambes vers son maître, qui s'était assoupi sur le bord du chemin, la bride de son cheval passée dans son bras, comme je vous l'ai dit. Alors le cheval tenait à la bride ; mais lorsque Jacques arriva, la bride était restée à sa place, et le cheval n'y tenait plus. Un fripon s'était apparemment approché du dormeur, avait doucement coupé la bride et emmené l'animal. Au bruit du cheval de Jacques, son maître se réveilla, et son premier mot fut : « Arrive, arrive, maroufle*! je te vais... » Là, il se mit à bâiller d'une aune*.

« Bâillez, bâillez, monsieur, tout à votre aise, lui dit Jacques, mais où est votre cheval ?

– Mon cheval ?

– Oui, votre cheval... »

Le maître s'apercevant aussitôt qu'on lui avait volé son cheval, se disposait à tomber sur Jacques à grands coups de bride, lorsque Jacques lui dit : « Tout doux, monsieur, je ne suis pas d'humeur aujourd'hui à me laisser assommer ; je recevrai le premier coup, mais je jure qu'au second je pique des deux* et vous laisse là... »

Cette menace de Jacques fit tomber subitement la fureur de son maître, qui lui dit d'un ton radouci : « Et ma montre ?

– La voilà.

– Et ta bourse ?

– La voilà.

– Tu as été bien longtemps.

– Pas trop pour tout ce que j'ai fait. Écoutez bien. Je suis allé, je me suis battu, j'ai ameuté tous les paysans de la campagne, j'ai ameuté tous les habitants de la ville, j'ai été pris pour voleur de grand chemin, j'ai été conduit chez le juge, j'ai subi deux interrogatoires, j'ai presque fait pendre deux hommes, j'ai fait mettre à la porte un valet, j'ai fait chasser une servante, j'ai été convaincu d'avoir couché avec une créature que je n'ai jamais vue et que j'ai pourtant payée ; et je suis revenu.

– Et moi, en t'attendant…

– En m'attendant il était écrit là-haut que vous vous endormiriez, et qu'on vous volerait votre cheval. Eh bien ! monsieur, n'y pensons plus ! c'est un cheval perdu et peut-être est-il écrit là-haut qu'il se retrouvera.

– Mon cheval ! mon pauvre cheval !

– Quand vous continuerez vos lamentations jusqu'à demain, il n'en sera ni plus ni moins[1].

– Qu'allons-nous faire ?

– Je vais vous prendre en croupe, ou, si vous l'aimez mieux, nous quitterons nos bottes, nous les attacherons sur la selle de mon cheval, et nous poursuivrons notre route à pied.

– Mon cheval ! mon pauvre cheval ! »

Ils prirent le parti d'aller à pied, le maître s'écriant de temps en temps : « Mon cheval ! mon pauvre cheval ! » et Jacques paraphrasant l'abrégé de ses aventures. Lorsqu'il en fut à l'accusation de la fille, son maître lui dit :

« Vrai, Jacques, tu n'avais pas couché avec cette fille ?

JACQUES. – Non, monsieur.

LE MAÎTRE. – Et tu l'as payée ?

JACQUES. – Assurément !

LE MAÎTRE. – Je fus une fois en ma vie plus malheureux que toi.

---

1. Même si vous continuiez vos lamentations jusqu'à demain, cela ne changerait rien.

JACQUES. – Vous payâtes après avoir couché ?

LE MAÎTRE. – Tu l'as dit.

JACQUES. – Est-ce que vous ne me raconterez pas cela ?

LE MAÎTRE. – Avant que d'entrer dans l'histoire de mes amours, il faut être sorti de l'histoire des tiennes. Eh bien ! Jacques, et tes amours, que je prendrai pour les premières et les seules de ta vie, nonobstant[1] l'aventure de la servante du lieutenant général de Conches ; car, quand tu aurais couché avec elle, tu n'en aurais pas été l'amoureux pour cela. Tous les jours on couche avec des femmes qu'on n'aime pas, et l'on ne couche pas avec des femmes qu'on aime. Mais…

JACQUES. – Eh bien ! mais !… qu'est-ce ?

LE MAÎTRE. – Mon cheval !… Jacques, mon ami, ne te fâche pas ; mets-toi à la place de mon cheval, suppose que je t'aie perdu, et dis-moi si tu ne m'en estimerais pas davantage si tu m'entendais m'écrier : "Mon Jacques ! mon pauvre Jacques !" »

Jacques sourit et dit : « J'en étais, je crois, au discours de mon hôte avec sa femme pendant la nuit qui suivit mon premier pansement. Je reposai un peu. Mon hôte et sa femme se levèrent plus tard que de coutume.

LE MAÎTRE. – Je le crois.

JACQUES. – À mon réveil, j'entrouvris doucement mes rideaux, et je vis mon hôte, sa femme et le chirurgien en conférence secrète vers la fenêtre. Après ce que j'avais entendu pendant la nuit, il ne me fut pas difficile de deviner ce qui se traitait là. Je toussai. Le chirurgien dit au mari : "Il est éveillé ; compère, descendez à la cave, nous boirons un coup, cela rend la main sûre ; je lèverai ensuite mon appareil*, puis nous aviserons au reste."

La bouteille arrivée et vidée, car, en terme de l'art, boire un coup c'est vider au moins une bouteille, le chirurgien s'approcha de mon lit, et me dit : "Comment la nuit a-t-elle été ?

– Pas mal.

– Votre bras… Bon, bon… le pouls n'est pas mauvais, il n'y a presque plus de fièvre. Il faut voir à ce genou…

---

1. Malgré, en dépit de.

Allons, commère*, dit-il à l'hôtesse qui était debout au pied de mon lit derrière le rideau, aidez-nous…" L'hôtesse appela un de ses enfants… "Ce n'est pas un enfant qu'il nous faut ici, c'est vous, un faux mouvement nous apprêterait de la besogne pour un mois. Approchez." L'hôtesse approcha, les yeux baissés… "Prenez cette jambe, la bonne, je me charge de l'autre. Doucement, doucement… À moi, encore un peu à moi… L'ami, un petit tour de corps à droite… à droite vous dis-je, et nous y voilà…"

Je tenais le matelas des deux mains, je grinçais les dents, la sueur me coulait le long du visage. "L'ami, cela n'est pas doux.

– Je le sens.

– Vous y voilà. Commère*, lâchez la jambe, prenez l'oreiller ; approchez la chaise et mettez l'oreiller dessus… Trop près… Un peu plus loin… L'ami, donnez-moi la main, serrez-moi ferme. Commère, passez dans la ruelle [1], et tenez-le par-dessous le bras… À merveille… Compère*, ne reste-t-il rien dans la bouteille ?

– Non.

– Allez prendre la place de votre femme, et qu'elle en aille chercher une autre… Bon, bon, versez plein… Femme, laissez votre homme où il est, et venez à côté de moi…" L'hôtesse appela encore une fois un de ses enfants. "Eh ! mort diable, je vous l'ai déjà dit, un enfant n'est pas ce qu'il nous faut. Mettez-vous à genoux, passez la main sous le mollet… Commère*, vous tremblez comme si vous aviez fait un mauvais coup ; allons donc, du courage… La gauche sous le bas de la cuisse, là, au-dessus du bandage… Fort bien !…" Voilà les coutures coupées, les bandes déroulées, l'appareil* levé et ma blessure à découvert. Le chirurgien tâte en dessus, en dessous, par les côtés, et à chaque fois qu'il me touche, il dit : "L'ignorant ! l'âne ! le butor ! et cela se mêle de chirurgie ! Cette jambe, une jambe à couper ? Elle durera autant que l'autre : c'est moi qui vous en réponds.

– Je guérirai ?

– J'en ai bien guéri d'autres.

---

1. Espace libre entre le lit et le mur.

– Je marcherai ?

– Vous marcherez.

– Sans boiter ?

– C'est autre chose ; diable, l'ami, comme vous y allez ? N'est-ce pas assez que je vous aie sauvé votre jambe ? Au demeurant, si vous boitez, ce sera peu de chose. Aimez-vous la danse ?

– Beaucoup.

– Si vous en marchez un peu moins bien, vous n'en danserez que mieux… Commère*, le vin chaud… Non, l'autre d'abord : encore un petit verre, et notre pansement n'en ira pas plus mal."

Il boit : on apporte le vin chaud, on m'étuve*, on remet l'appareil*, on m'étend dans mon lit, on m'exhorte à dormir, si je puis, on ferme les rideaux, on finit la bouteille entamée, on en remonte une autre, et la conférence reprend entre le chirurgien, l'hôte et l'hôtesse.

L'Hôte. – Compère*, cela sera-t-il long ?

Le Chirurgien. – Très long… À vous, compère*.

L'Hôte. – Mais combien ? Un mois ?

Le Chirurgien. – Un mois ! Mettez-en deux, trois, quatre, qui sait cela ? La rotule est entamée, le fémur, le tibia… À vous, commère*.

L'Hôte. – Quatre mois ! Miséricorde ! Pourquoi le recevoir ici ? Que diable faisait-elle à sa porte ?

Le Chirurgien. – À moi ; car j'ai bien travaillé.

L'Hôtesse. – Mon ami, voilà que tu recommences. Ce n'est pas là ce que tu m'as promis cette nuit ; mais patience, tu y reviendras.

L'Hôte. – Mais, dis-moi, que faire de cet homme ? Encore si l'année n'était pas si mauvaise !…

L'Hôtesse. – Si tu voulais, j'irais chez le curé.

L'Hôte. – Si tu y mets le pied, je te roue de coups.

Le Chirurgien. – Pourquoi donc, compère* ? la mienne y va bien.

L'Hôte. – C'est votre affaire.

Le Chirurgien. – À ma filleule ; comment se porte-t-elle ?

L'Hôtesse. – Fort bien.

Le Chirurgien. – Allons, compère*, à votre femme et à la mienne ; ce sont deux bonnes femmes.

L'HÔTE. – La vôtre est plus avisée ; et elle n'aurait pas fait la sottise…

L'HÔTESSE. – Mais, compère*, il y a les sœurs grises [1].

LE CHIRURGIEN. – Ah ! commère* ! un homme, un homme chez les sœurs ! Et puis il y a une petite difficulté un peu plus grande que le doigt… Buvons aux sœurs, ce sont de bonnes filles.

L'HÔTESSE. – Et quelle difficulté ?

LE CHIRURGIEN. – Votre homme ne veut pas que vous alliez chez le curé et ma femme ne veut pas que j'aille chez les sœurs… Mais, compère*, encore un coup, cela nous avisera [2] peut-être. Avez-vous questionné cet homme ? Il n'est peut-être pas sans ressource.

L'HÔTE. – Un soldat !

LE CHIRURGIEN. – Un soldat a père, mère, frères, sœurs, des parents, des amis, quelqu'un sous le ciel… Buvons encore un coup, éloignez-vous, et laissez-moi faire.

Telle fut à la lettre la conversation du chirurgien, de l'hôte et de l'hôtesse : mais quelle autre couleur n'aurais-je pas été le maître de lui donner, en introduisant un scélérat parmi ces bonnes gens ? Jacques se serait vu, ou vous auriez vu Jacques au moment d'être arraché de son lit, jeté sur un grand chemin ou dans une fondrière. – Pourquoi pas tué ? – Tué, non. J'aurais bien su appeler quelqu'un à son secours ; ce quelqu'un-là aurait été un soldat de sa compagnie : mais cela aurait pué le *Cleveland* [3] à infecter. La vérité, la vérité ! – La vérité, me direz-vous, est souvent froide, commune et plate ; par exemple, votre dernier récit du pansement de Jacques est vrai, mais qu'y a-t-il d'intéressant ? Rien. – D'accord. – S'il faut être vrai, c'est comme Molière, Regnard, Richardson, Sedaine [4] ; la vérité a ses côtés piquants, qu'on saisit

---

1. Les sœurs grises ou « sœurs de la charité » étaient des femmes vivant en communauté sans être des religieuses.
2. Cela nous conseillera.
3. *Le Philosophe anglais ou Histoire de Monsieur Cleveland, fils naturel de Cromwell* est un roman de l'abbé Prévost (1697-1763), publié entre 1731 et 1739, auquel est reproché ici le recours exagéré aux invraisemblances et facilités romanesques.
4. Famille d'auteurs dont se réclame ici l'auteur. La comédie la plus célèbre du dramaturge Jean-François Regnard (1655-1709) est *Le Légataire universel* (1708). L'admiration que voue Diderot au romancier

quand on a du génie ; mais quand on en manque ? – Quand
on en manque, il ne faut pas écrire. – Et si par malheur on
ressemblait à un certain poète que j'envoyai à Pondichéry [1] ?
– Qu'est-ce que ce poète ? – Ce poète… Mais si vous m'interrompez, lecteur, et si je m'interromps moi-même à tout
coup, que deviendront les amours de Jacques ? Croyez-moi,
laissons là le poète… L'hôte et l'hôtesse s'éloignèrent…
– Non, non, l'histoire du poète de Pondichéry. – Le chirurgien s'approcha du lit de Jacques… – L'histoire du poète de
Pondichéry, l'histoire du poète de Pondichéry. – Un jour, il
me vint un jeune poète, comme il m'en vient tous les jours…
Mais, lecteur, quel rapport cela a-t-il avec le voyage de
Jacques le Fataliste et de son maître ?… – L'histoire du poète
de Pondichéry. – Après les compliments ordinaires sur mon
esprit, mon génie, mon goût, ma bienfaisance, et autres propos dont je ne crois pas un mot, bien qu'il y ait plus de vingt
ans qu'on me les répète et peut-être de bonne foi, le jeune
poète tire un papier de sa poche : ce sont des vers, me dit-il.
– Des vers ! – Oui, monsieur, et sur lesquels j'espère que vous
aurez la bonté de me dire votre avis. – Aimez-vous la vérité ?
– Oui, monsieur ; et je vous la demande. – Vous allez la
savoir. – Quoi ! vous êtes assez bête pour croire qu'un poète
vient chercher la vérité chez vous ? – Oui. – Et pour la lui
dire ? – Assurément ! – Sans ménagement ? – Sans doute :
le ménagement le mieux apprêté ne serait qu'une offense
grossière ; fidèlement interprété, il signifierait : vous êtes un
mauvais poète ; et comme je ne vous crois pas assez robuste
pour entendre la vérité, vous n'êtes encore qu'un plat homme.
– Et la franchise vous a toujours réussi ? – Presque toujours…
Je lis les vers de mon jeune poète, et je lui dis : Non seulement vos vers sont mauvais, mais il m'est démontré que vous
n'en ferez jamais de bons. – Il faudra donc que j'en fasse de
mauvais ; car je ne saurais m'empêcher d'en faire. – Voilà

---

anglais Samuel Richardson (1689-1761), auteur de *Pamela* (1740) et de
Clarissa Harlowe (1747-1748), est développée dans son *Éloge de
Richardson* (voir le chapitre 2 du dossier). Michel Jean Sedaine (1719-
1797), auteur du *Philosophe sans le savoir* (1765), est un ami de Diderot
et des encyclopédistes.
1. Territoire français situé sur la côte orientale de l'Inde. L'anecdote qui
suit est authentique.

une terrible malédiction ! Concevez-vous*, monsieur, dans quel avilissement vous allez tomber ? Ni les dieux, ni les hommes, ni les colonnes, n'ont pardonné la médiocrité aux poètes : c'est Horace[1] qui l'a dit. – Je le sais. – Êtes-vous riche ? – Non. – Êtes-vous pauvre ? – Très pauvre. – Et vous allez joindre à la pauvreté le ridicule de mauvais poète ; vous aurez perdu toute votre vie ; vous serez vieux. Vieux, pauvre et mauvais poète, ah ! monsieur, quel rôle ! – Je le conçois*, mais je suis entraîné malgré moi... (Ici Jacques aurait dit : Mais cela est écrit là-haut.) – Avez-vous des parents ? – J'en ai. – Quel est leur état ? – Ils sont joailliers. – Feraient-ils quelque chose pour vous ? – Peut-être. – Eh bien ! voyez vos parents, proposez-leur de vous avancer une pacotille[2] de bijoux. Embarquez-vous pour Pondichéry ; vous ferez de mauvais vers sur la route ; arrivé, vous ferez fortune. Votre fortune faite, vous reviendrez faire ici tant de mauvais vers qu'il vous plaira, pourvu que vous ne les fassiez pas imprimer, car il ne faut ruiner personne... Il y avait environ douze ans que j'avais donné ce conseil au jeune homme, lorsqu'il m'apparut ; je ne le reconnaissais pas. C'est moi, monsieur, me dit-il, que vous avez envoyé à Pondichéry. J'y ai été, j'ai amassé là une centaine de mille francs. Je suis revenu ; je me suis remis à faire des vers, et en voilà que je vous apporte... Ils sont toujours mauvais ? – Toujours ; mais votre sort est arrangé, et je consens que vous continuiez à faire de mauvais vers. – C'est bien mon projet...

Et le chirurgien s'étant approché du lit de Jacques, celui-ci ne lui laissa pas le temps de parler. J'ai tout entendu, lui dit-il... Puis, s'adressant à son maître, il ajouta... Il allait ajouter, lorsque son maître l'arrêta. Il était las de marcher ; il s'assit sur le bord du chemin, la tête tournée vers un voyageur qui s'avançait de leur côté, à pied, la bride de son cheval, qui le suivait, passée dans son bras.

---

1. Poète latin (65-8 av. J.-C.) qui déclara dans son *Art poétique* que « ni les hommes, ni les dieux, ni les colonnes n'ont concédé aux poètes le droit d'être médiocres » (v. 372-373). Il s'agit des colonnes sur lesquelles étaient affichées, dans la Rome antique, les nouveautés littéraires.
2. « Petite quantité de marchandise qu'il est permis à ceux qui servent sur un vaisseau d'y embarquer pour leur propre compte. » (*Dictionnaire de l'Académie,* 1786.)

Vous allez croire, lecteur, que ce cheval est celui qu'on a volé au maître de Jacques : et vous vous tromperez. C'est ainsi que cela arriverait dans un roman, un peu plus tôt ou un peu plus tard, de cette manière ou autrement ; mais ceci n'est point un roman, je vous l'ai déjà dit, je crois, et je vous le répète encore. Le maître dit à Jacques :

« Vois-tu cet homme qui vient à nous ?

JACQUES. – Je le vois.

LE MAÎTRE. – Son cheval me paraît bon.

JACQUES. – J'ai servi dans l'infanterie, et je ne m'y connais pas.

LE MAÎTRE. – Moi, j'ai commandé dans la cavalerie, et je m'y connais.

JACQUES. – Après ?

LE MAÎTRE. – Après ? Je voudrais que tu allasses proposer à cet homme de nous le céder, en payant s'entend.

JACQUES. – Cela est bien fou, mais j'y vais. Combien y voulez-vous mettre ?

LE MAÎTRE. – Jusqu'à cent écus*… »

Jacques, après avoir recommandé à son maître de ne pas s'endormir, va à la rencontre du voyageur, lui propose l'achat de son cheval, le paie et l'emmène. « Eh bien ! Jacques, lui dit son maître, si vous avez vos pressentiments, vous voyez que j'ai aussi les miens. Ce cheval est beau ; le marchand t'aura juré qu'il était sans défaut ; mais en fait de chevaux tous les hommes sont maquignons.

JACQUES. – Et en quoi ne le sont-ils pas ?

LE MAÎTRE. – Tu le monteras et tu me céderas le tien.

JACQUES. – D'accord. »

Les voilà tous les deux à cheval, et Jacques ajoutant :

« Lorsque je quittai la maison, mon père, ma mère, mon parrain, m'avaient tous donné quelque chose, chacun selon leurs petits moyens ; et j'avais en réserve cinq louis*, dont Jean, mon aîné, m'avait fait présent lorsqu'il partit pour son malheureux voyage de Lisbonne[1]… (Ici Jacques se mit à

---

1. En 1755, la capitale du Portugal fut ravagée par un tremblement de terre, suivi d'un raz de marée, qui fit des milliers de victimes. L'ampleur de cette catastrophe, témoignant d'un univers régi par l'arbitraire le plus injuste, choqua profondément les esprits et donna lieu à de violentes polémiques philosophiques et théologiques sur la possibilité d'expliquer

pleurer, et son maître à lui représenter* que cela était écrit
là-haut.) Il est vrai, monsieur, je me le suis dit cent fois ;
et avec tout cela je ne saurais m'empêcher de pleurer… »

Puis voilà Jacques qui sanglote et qui pleure de plus
belle ; et son maître qui prend sa prise de tabac, et qui
regarde à sa montre l'heure qu'il est. Après avoir mis la
bride de son cheval entre ses dents et essuyé ses yeux avec
ses deux mains, Jacques continua :

« Des cinq louis* de Jean, de mon engagement, et des
présents de mes parents et amis, j'avais fait une bourse dont
je n'avais pas encore soustrait une obole*. Je retrouvai ce
magot bien à point ; qu'en dites-vous, mon maître ?

LE MAÎTRE. – Il était impossible que tu restasses plus
longtemps dans la chaumière.

JACQUES. – Même en payant.

LE MAÎTRE. – Mais qu'est-ce que ton frère Jean était allé
chercher à Lisbonne ?

JACQUES. – Il me semble que vous prenez à tâche de me
fourvoyer*. Avec vos questions, nous aurons fait le tour du
monde avant que d'avoir atteint la fin de mes amours.

LE MAÎTRE. – Qu'importe, pourvu que tu parles et que
j'écoute ? Ne sont-ce pas là les deux points importants ? Tu
me grondes, lorsque tu devrais me remercier.

JACQUES. – Mon frère était allé chercher le repos à Lisbonne.
Jean, mon frère, était un garçon d'esprit : c'est ce qui lui a porté
malheur ; il eût été mieux pour lui qu'il eût été un sot comme
moi ; mais cela était écrit là-haut. Il était écrit que le frère quêteur des Carmes qui venait dans notre village demander des
œufs, de la laine, du chanvre, des fruits, du vin à chaque saison, logerait chez mon père, qu'il débaucherait Jean, mon frère,
et que Jean, mon frère, prendrait l'habit de moine.

LE MAÎTRE. – Jean, ton frère, a été Carme ?

JACQUES. – Oui, monsieur, et Carme déchaux[1]. Il était
actif, intelligent, chicaneur[2] ; c'était l'avocat consultant du

---

l'univers selon une théorie finaliste ou providentialiste. Voltaire a évoqué
le tremblement de terre dans *Candide* (1759) après lui avoir consacré
son *Poème sur le désastre de Lisbonne* (1756).
1. Ou Carme déchaussé : ordre religieux contemplatif.
2. Se dit de quelqu'un qui a une propension à l'argutie, à la tracasserie, à
embrouiller une affaire simple (vocabulaire du droit).

village. Il savait lire et écrire, et, dès sa jeunesse, il s'occupait à déchiffrer et à copier de vieux parchemins. Il passa par toutes les fonctions de l'ordre, successivement portier, sommelier, jardinier, sacristain, adjoint à procure et banquier[1] ; du train dont il y allait, il aurait fait notre fortune à tous. Il a marié et bien marié deux de nos sœurs et quelques autres filles du village. Il ne passait pas dans les rues, que les pères, les mères et les enfants n'allassent à lui, et ne lui criassent : "Bonjour, frère Jean ; comment vous portez-vous, frère Jean ?" Il est sûr que quand il entrait dans une maison la bénédiction du Ciel y entrait avec lui ; et que s'il y avait une fille, deux mois après sa visite elle était mariée. Le pauvre frère Jean ! l'ambition le perdit. Le procureur de la maison, auquel on l'avait donné pour adjoint, était vieux. Les moines ont dit qu'il avait formé le projet de lui succéder après sa mort, que pour cet effet il bouleversa tout le chartrier[2], qu'il brûla les anciens registres, et qu'il en fit de nouveaux, en sorte qu'à la mort du vieux procureur, le diable n'aurait vu goutte dans les titres de la communauté. Avait-on besoin d'un papier, il fallait perdre un mois à le chercher ; encore souvent ne le trouvait-on pas. Les Pères démêlèrent la ruse du frère Jean, et son objet : ils prirent la chose au grave, et frère Jean, au lieu d'être procureur comme il s'en était flatté, fut réduit au pain et à l'eau, et discipliné[3] jusqu'à ce qu'il eût communiqué à un autre la clef de ses registres. Les moines sont implacables. Quand on eut tiré de frère Jean tous les éclaircissements dont on avait besoin, on le fit porteur de charbon dans le laboratoire où l'on distille *l'eau des Carmes*[4]. Frère Jean, ci-devant* banquier de l'ordre et adjoint à procure, maintenant charbonnier ! Frère Jean avait du cœur[5],

---

1. L'énumération des fonctions correspond à une progression continue dans la hiérarchie de la communauté. Le sacristain est chargé de l'entretien de l'église. L'adjoint à procure est l'adjoint du procureur, c'est-à-dire de celui qui est en charge des intérêts temporels d'une maison religieuse.
2. « Lieu où sont renfermés les chartes et anciens titres des abbayes, monastères et des grandes seigneuries » (*Encyclopédie*).
3. C'est-à-dire châtié à coups de discipline, un petit fouet destiné aux mortifications.
4. Remède à base de mélisse.
5. Ici, de l'honneur, de la fierté.

il ne put supporter ce déchet* d'importance et de splendeur, et n'attendit qu'une occasion de se soustraire à cette humiliation.

Ce fut alors qu'il arriva dans la même maison un jeune Père qui passait pour la merveille de l'ordre au tribunal et dans la chaire ; il s'appelait le Père Ange. Il avait de beaux yeux, un beau visage, un bras et des mains à modeler. Le voilà qui prêche, qui prêche, qui confesse, qui confesse ; voilà les vieux directeurs* quittés par leurs dévotes* ; voilà ces dévotes attachées au jeune Père Ange ; voilà que les veilles de dimanches et de grandes fêtes la boutique du Père Ange est environnée de pénitents et de pénitentes, et que les vieux Pères attendaient inutilement pratique* dans leurs boutiques désertes ; ce qui les chagrinait beaucoup... Mais, monsieur, si je laissais là l'histoire de frère Jean et que je reprisse celle de mes amours, cela serait peut-être plus gai.

LE MAÎTRE. – Non, non ; prenons une prise de tabac, voyons l'heure qu'il est et poursuis.

JACQUES. – J'y consens, puisque vous le voulez... »

Mais le cheval de Jacques fut d'un autre avis ; le voilà qui prend tout à coup le mors aux dents et qui se précipite dans une fondrière. Jacques a beau le serrer des genoux et lui tenir la bride courte, du plus bas de la fondrière, l'animal têtu s'élance et se met à grimper à toutes jambes un monticule où il s'arrête tout court et où Jacques, tournant ses regards autour de lui, se voit entre des fourches patibulaires*.

Un autre que moi, lecteur, ne manquerait pas de garnir ces fourches de leur gibier et de ménager à Jacques une triste reconnaissance. Si je vous le disais, vous le croiriez peut-être, car il y a des hasards singuliers, mais la chose n'en serait pas plus vraie ; ces fourches étaient vacantes[1].

Jacques laissa reprendre haleine à son cheval, qui de lui-même redescendit la montagne, remonta la fondrière et replaça Jacques à côté de son maître, qui lui dit : « Ah ! mon ami, quelle frayeur tu m'as causée ! je t'ai tenu pour mort... mais tu rêves* ; à quoi rêves-tu ?

JACQUES. – À ce que j'ai trouvé là-haut.

---

1. Vides.

LE MAÎTRE. – Et qu'y as-tu donc trouvé ?

JACQUES. – Des fourches patibulaires*, un gibet.

LE MAÎTRE. – Diable ! cela est de fâcheux augure ; mais rappelle-toi ta doctrine. Si cela est écrit là-haut, tu auras beau faire, tu seras pendu, cher ami ; et si cela n'est pas écrit là-haut, le cheval en aura menti. Si cet animal n'est pas inspiré, il est sujet à des lubies ; il faut y prendre garde... »

Après un moment de silence, Jacques se frotta le front et secoua ses oreilles, comme on fait lorsqu'on cherche à écarter de soi une idée fâcheuse, et reprit brusquement :

« Ces vieux moines tinrent conseil entre eux et résolurent à quelque prix et par quelque voie que ce fût, de se défaire d'une jeune barbe[1] qui les humiliait. Savez-vous ce qu'ils firent ?... Mon maître, vous ne m'écoutez pas.

LE MAÎTRE. – Je t'écoute, je t'écoute : continue.

JACQUES. – Ils gagnèrent[2] le portier, qui était un vieux coquin comme eux. Ce vieux coquin accusa le jeune Père d'avoir pris des libertés avec une de ses dévotes dans le parloir et assura, par serment, qu'il l'avait vu. Peut-être cela était-il vrai, peut-être cela était-il faux : que sait-on ? Ce qu'il y a de plaisant, c'est que le lendemain de cette accusation, le prieur de la maison fut assigné au nom d'un chirurgien pour être satisfait des remèdes qu'il avait administrés et des soins qu'il avait donnés à ce scélérat de portier dans le cours d'une maladie galante*... Mon maître, vous ne m'écoutez pas, et je sais ce qui vous distrait, je gage* que ce sont ces fourches patibulaires*.

LE MAÎTRE. – Je ne saurais en disconvenir.

JACQUES. – Je surprends vos yeux attachés sur mon visage ; est-ce que vous me trouvez l'air sinistre* ?

LE MAÎTRE. – Non, non.

JACQUES. – C'est-à-dire, oui, oui. Eh bien ! si je vous fais peur, nous n'avons qu'à nous séparer.

LE MAÎTRE. – Allons donc, Jacques, vous perdez l'esprit ; est-ce que vous n'êtes pas sûr de vous ?

JACQUES. – Non, monsieur, et qui est-ce qui est sûr de soi ?

---

1. Se dit d'un jeune homme arrogant.
2. Convainquirent de les aider.

LE MAÎTRE. – Tout homme de bien. Est-ce que Jacques, l'honnête* Jacques, ne se sent pas là de l'horreur pour le crime ?... Allons, Jacques, finissons cette dispute* et reprenez votre récit.

JACQUES. – En conséquence de cette calomnie ou médisance du portier, on se crut autorisé à faire mille diableries, mille méchancetés à ce pauvre Père Ange dont la tête parut se déranger. Alors on appela un médecin qu'on corrompit et qui attesta que ce religieux était fou et qu'il avait besoin de respirer l'air natal. S'il n'eût été question que d'éloigner ou d'enfermer le Père Ange, c'eût été une affaire bientôt faite ; mais parmi les dévotes dont il était la coqueluche, il y avait de grandes dames à ménager. On leur parlait de leur directeur* avec une commisération hypocrite : "Hélas ! ce pauvre Père, c'est bien dommage ! c'était l'aigle de notre communauté. – Qu'est-ce qui lui est donc arrivé ?" À cette question on ne répondait qu'en poussant un profond soupir et en levant les yeux au ciel ; si l'on insistait, on baissait la tête et l'on se taisait. À cette singerie l'on ajoutait quelquefois : "Ô Dieu ! qu'est-ce de nous !... Il a encore des moments surprenants... des éclairs de génie... Cela reviendra peut-être, mais il y a peu d'espoir... Quelle perte pour la religion !..." Cependant les mauvais procédés redoublaient ; il n'y avait rien qu'on ne tentât pour amener le Père Ange au point où on le disait ; et on y aurait réussi si frère Jean ne l'eût pris en pitié. Que vous dirai-je de plus ? Un soir que nous étions tous endormis, nous entendîmes frapper à notre porte : nous nous levons ; nous ouvrons au Père Ange et à mon frère déguisés. Ils passèrent le jour suivant dans la maison ; le lendemain, dès l'aube du jour, ils décampèrent. Ils s'en allaient les mains bien garnies ; car Jean, en m'embrassant, me dit : "J'ai marié tes sœurs ; si j'étais resté dans le couvent, deux ans de plus, ce que j'y étais, tu serais un des gros fermiers du canton ; mais tout a changé, et voilà ce que je puis faire pour toi. Adieu, Jacques, si nous avons du bonheur, le Père et moi, tu t'en ressentiras..." puis il me lâcha dans la main les cinq louis* dont je vous ai parlé, avec cinq autres pour la dernière des filles du village, qu'il avait mariée et qui venait d'accoucher d'un gros garçon qui ressemblait à frère Jean comme deux gouttes d'eau.

LE MAÎTRE, *sa tabatière ouverte et sa montre replacée.*
– Et qu'allaient-ils faire à Lisbonne ?

JACQUES. – Chercher un tremblement de terre, qui ne pouvait se faire sans eux ; être écrasés, engloutis, brûlés ; comme il était écrit là-haut.

LE MAÎTRE. – Ah ! les moines ! les moines !

JACQUES. – *Le meilleur ne vaut pas grand argent.*

LE MAÎTRE. – Je le sais mieux que toi.

JACQUES. – Est-ce que vous avez passé par leurs mains ?

LE MAÎTRE. – Une autre fois je te dirai cela.

JACQUES. – Mais pourquoi est-ce qu'ils sont si méchants ?

LE MAÎTRE. – Je crois que c'est parce qu'ils sont moines… Et puis revenons à tes amours.

JACQUES. – Non, monsieur, n'y revenons pas.

LE MAÎTRE. – Est-ce que tu ne veux plus que je les sache ?

JACQUES. – Je le veux toujours ; mais le destin, lui, ne le veut pas. Est-ce que vous ne voyez pas qu'aussitôt que j'en ouvre la bouche, le diable s'en mêle, et qu'il survient toujours quelque incident qui me coupe la parole ? Je ne les finirai pas, vous dis-je, cela est écrit là-haut.

LE MAÎTRE. – Essaie, mon ami.

JACQUES. – Mais si vous commenciez l'histoire des vôtres, peut-être que cela romprait le sortilège et qu'ensuite les miennes en iraient mieux. J'ai dans la tête que cela tient à cela ; tenez, monsieur, il me semble quelquefois que le destin me parle.

LE MAÎTRE. – Et tu te trouves toujours bien de l'écouter ?

JACQUES. – Mais, oui, témoin le jour qu'il me dit que votre montre était sur le dos du porteballe… »

Le maître se mit à bâiller ; en bâillant il frappait de la main sur sa tabatière, et en frappant sur sa tabatière, il regardait au loin, et en regardant au loin, il dit à Jacques : « Ne vois-tu pas quelque chose sur ta gauche ?

JACQUES. – Oui, et je gage* que c'est quelque chose qui ne voudra pas que je continue mon histoire, ni que vous commenciez la vôtre… »

Jacques avait raison. Comme la chose qu'ils voyaient venait à eux et qu'ils allaient à elle, ces deux marches en sens contraire abrégèrent la distance ; et bientôt ils aperçurent un char drapé de noir, traîné par quatre chevaux noirs, couverts de housses noires qui leur enveloppaient la tête et qui descendaient jusqu'à leurs pieds ; derrière, deux domestiques en noir ; à la suite deux autres vêtus de noir, chacun sur un cheval noir, caparaçonné de noir ; sur le siège du char un cocher noir, le chapeau clabaud[1] et entouré d'un long crêpe qui pendait le long de son épaule gauche ; ce cocher avait la tête penchée, laissait flotter ses guides et conduisait moins ses chevaux qu'ils ne le conduisaient. Voilà nos deux voyageurs arrivés au côté de cette voiture funèbre. À l'instant, Jacques pousse un cri, tombe de son cheval plutôt qu'il n'en descend, s'arrache les cheveux, se roule à terre en criant : « Mon capitaine ! mon pauvre capitaine ! c'est lui, je n'en saurais douter, voilà ses armes[2]... » Il y avait, en effet, dans le char, un long cercueil sous un drap mortuaire, sur le drap mortuaire une épée avec un cordon*, et à côté du cercueil un prêtre, son bréviaire à la main et psalmodiant. Le char allait toujours, Jacques le suivait en se lamentant, le maître suivait Jacques en jurant et les domestiques certifiaient à Jacques que ce convoi était celui de son capitaine, décédé dans la ville voisine, d'où on le transportait à la sépulture de ses ancêtres. Depuis que ce militaire avait été privé par la mort d'un autre militaire, son ami, capitaine au même régiment, de la satisfaction de se battre au moins une fois par semaine, il en était tombé dans une mélancolie* qui l'avait éteint au bout de quelques mois. Jacques, après avoir payé à son capitaine le tribut d'éloges, de regrets et de larmes qu'il lui devait, fit excuse à son maître, remonta sur son cheval, et ils allaient en silence.

Mais, pour Dieu, lecteur, me dites-vous, où allaient-ils ?... Mais, pour Dieu, lecteur, vous répondrai-je, est-ce qu'on sait où l'on va ? Et vous, où allez-vous ? Faut-il que je vous rappelle l'aventure d'Ésope ? Son maître Xantippe[3] lui dit un soir d'été ou d'hiver, car les Grecs se baignaient

---

1. Aux bords pendants. Le terme désigne au départ une race de chiens aux oreilles tombantes.
2. Ici, armoiries.
3. Le maître d'Ésope, fabuliste grec de l'Antiquité, s'appelait en fait Xanthos. Xantippe est le nom de la femme de Socrate.

dans toutes les saisons : « Ésope, va au bain ; s'il y a peu
de monde nous nous baignerons… » Ésope part. Chemin
faisant il rencontre la patrouille d'Athènes. « Où vas-tu ?
– Où je vais ? répond Ésope, je n'en sais rien. – Tu n'en
sais rien ? marche en prison. – Eh bien ! reprit Ésope, ne
l'avais-je pas bien dit que je ne savais où j'allais ? je voulais aller au bain, et voilà que je vais en prison… » Jacques
suivait son maître comme vous le vôtre ; son maître suivait le sien comme Jacques le suivait. – Mais, qui était le
maître du maître de Jacques ? – Bon, est-ce qu'on manque
de maître dans ce monde ? Le maître de Jacques en avait
cent pour un, comme vous. Mais parmi tant de maîtres du
maître de Jacques, il fallait qu'il n'y eût pas un bon ; car
d'un jour à l'autre il en changeait. – Il était homme. –
Homme passionné comme vous, lecteur ; homme curieux
comme vous, lecteur ; homme questionneur comme vous,
lecteur ; homme importun comme vous, lecteur. – Et pourquoi questionnait-il ? – Belle question ! Il questionnait pour
apprendre et pour redire comme vous, lecteur…

Le maître dit à Jacques : « Tu ne me parais pas disposé
à reprendre l'histoire de tes amours.

JACQUES. – Mon pauvre capitaine ! il s'en va où nous
allons tous et où il est bien extraordinaire qu'il ne soit pas
arrivé plus tôt. Ahi !… Ahi !…

LE MAÎTRE. – Mais, Jacques, vous pleurez, je crois !…
"Pleurez sans contrainte, parce que vous pouvez pleurer sans
honte ; sa mort vous affranchit des bienséances scrupuleuses
qui vous gênaient pendant sa vie. Vous n'avez pas les
mêmes raisons de dissimuler votre peine que celles que vous
aviez de dissimuler votre bonheur ; on ne pensera pas à tirer
de vos larmes les conséquences qu'on eût tirées de votre
joie. On pardonne au malheur. Et puis il faut dans ce
moment se montrer sensible ou ingrat, et, tout bien considéré, il vaut mieux déceler une faiblesse que se laisser soupçonner d'un vice. Je veux que votre plainte soit libre pour
être moins douloureuse, je la veux violente pour être moins
longue. Rappelez-vous, exagérez-vous même ce qu'il était ;
sa pénétration à sonder les matières les plus profondes ; sa
subtilité à discuter les plus délicates ; son goût solide qui
l'attachait aux plus importantes ; la fécondité qu'il jetait

dans les plus stériles ; avec quel art il défendait les accusés : son indulgence lui donnait mille fois plus d'esprit que l'intérêt ou l'amour-propre n'en donnait au coupable ; il n'était sévère que pour lui seul. Loin de chercher des excuses aux fautes légères qui lui échappaient, il s'occupait avec toute la méchanceté d'un ennemi à se les exagérer, et avec tout l'esprit d'un jaloux à rabaisser le prix de ses vertus par un examen rigoureux des motifs qui l'avaient peut-être déterminé à son insu. Ne prescrivez à vos regrets d'autre terme que celui que le temps y mettra. Soumettons-nous à l'ordre universel lorsque nous perdons nos amis, comme nous nous y soumettrons lorsqu'il lui plaira de disposer de nous ; acceptons l'arrêt du sort qui les condamne, sans désespoir, comme nous l'accepterons sans résistance lorsqu'il se prononcera contre nous. Les devoirs de la sépulture ne sont pas les derniers devoirs des amis. La terre qui se remue dans ce moment se raffermira sur la tombe de votre amant ; mais votre âme conservera toute sa sensibilité."

JACQUES. – Mon maître, cela est fort beau ; mais à quoi diable cela revient-il ? J'ai perdu mon capitaine, j'en suis désolé ; et vous me détachez, comme un perroquet, un lambeau de la consolation d'un homme ou d'une femme à une autre femme qui a perdu son amant.

LE MAÎTRE. – Je crois que c'est d'une femme.

JACQUES. – Moi, je crois que c'est d'un homme. Mais que ce soit d'un homme ou d'une femme, encore une fois, à quoi diable cela revient-il ? Est-ce que vous me prenez pour la maîtresse de mon capitaine ? Mon capitaine, monsieur, était un brave homme ; et moi, j'ai toujours été un honnête* garçon.

LE MAÎTRE. – Jacques, qui est-ce qui vous le dispute*?

JACQUES. – À quoi diable revient donc votre consolation d'un homme ou d'une femme à une autre femme ? À force de vous le demander, vous me le direz peut-être.

LE MAÎTRE. – Non, Jacques, il faut que vous trouviez cela tout seul.

JACQUES. – J'y rêverais* le reste de ma vie, que je ne le devinerais pas ; j'en aurais pour jusqu'au jugement dernier.

LE MAÎTRE. – Jacques, il m'a paru que vous m'écoutiez avec attention tandis que je disais.

JACQUES. – Est-ce qu'on peut la refuser au ridicule ?

LE MAÎTRE. – Fort bien, Jacques !

JACQUES. – Peu s'en est fallu que je n'aie éclaté à l'endroit des bienséances rigoureuses qui me gênaient pendant la vie de mon capitaine, et dont j'avais été affranchi par sa mort.

LE MAÎTRE. – Fort bien, Jacques ! J'ai donc fait ce que je m'étais proposé. Dites-moi s'il était possible de s'y prendre mieux pour vous consoler. Vous pleuriez : si je vous avais entretenu de l'objet de votre douleur qu'en serait-il arrivé ? Que vous eussiez pleuré bien davantage, et que j'aurais achevé de vous désoler. Je vous ai donné le change, et par le ridicule de mon oraison funèbre, et par la petite querelle qui s'en est suivie. À présent, convenez que la pensée de votre capitaine est aussi loin de vous que le char funèbre qui le mène à son dernier domicile. Partant[1] je pense que vous pouvez reprendre l'histoire de vos amours.

JACQUES. – Je le pense aussi.

– Docteur, dis-je au chirurgien, demeurez-vous loin d'ici ?

– À un quart de lieue* au moins.

– Êtes-vous un peu commodément logé ?

– Assez commodément.

– Pourriez-vous disposer d'un lit ?

– Non.

– Quoi ! pas même en payant, en payant bien ?

– Oh ! en payant et en payant bien, pardonnez-moi. Mais l'ami, vous ne me paraissez guère en état de payer, et moins encore de bien payer.

– C'est mon affaire. Et serais-je un peu soigné chez vous ?

– Très bien. J'ai ma femme qui a gardé des malades toute sa vie ; j'ai une fille aînée qui fait le poil[2] à tout venant, et qui vous lève un appareil* aussi bien que moi.

– Combien me prendriez-vous pour mon logement, ma nourriture et vos soins ?

Le chirurgien dit en se grattant l'oreille :

---

1. Ainsi, par conséquent.
2. C'est-à-dire qui fait la barbe. Les chirurgiens de *Jacques le Fataliste* ne sont pas, pour la plupart d'entre eux, des docteurs en médecine mais des « barbiers chirurgiens ».

– Pour le logement... la nourriture... les soins... Mais qui est-ce qui me répondra du paiement ?

– Je paierai tous les jours.

– Voilà ce qui s'appelle parler, cela...

Mais, monsieur, je crois que vous ne m'écoutez pas.

LE MAÎTRE. – Non, Jacques, il était écrit là-haut que tu parlerais cette fois, qui ne sera peut-être pas la dernière sans être écouté.

JACQUES. – Quand on n'écoute pas celui qui parle, c'est qu'on ne pense à rien, ou qu'on pense à autre chose que ce qu'il dit : lequel des deux faisiez-vous ?

LE MAÎTRE. – Le dernier. Je rêvais* à ce qu'un des domestiques noirs qui suivait le char funèbre te disait, que ton capitaine avait été privé, par la mort de son ami, du plaisir de se battre au moins une fois la semaine. As-tu compris quelque chose à cela ?

JACQUES. – Assurément.

LE MAÎTRE. – C'est pour moi une énigme que tu m'obligerais de m'expliquer.

JACQUES. – Et que diable cela vous fait-il ?

LE MAÎTRE. – Peu de chose mais, quand tu parleras, tu veux apparemment être écouté ?

JACQUES. – Cela va sans dire.

LE MAÎTRE. – Eh bien ! en conscience, je ne saurais t'en répondre, tant que cet inintelligible propos me chiffonnera la cervelle. Tire-moi de là, je t'en prie.

JACQUES. – À la bonne heure ! mais jurez-moi, du moins, que vous ne m'interromprez plus.

LE MAÎTRE. – À tout hasard, je te le jure.

JACQUES. – C'est que mon capitaine, bon homme*, galant* homme, homme de mérite, un des meilleurs officiers du corps[1], mais homme un peu hétéroclite[2], avait rencontré et fait amitié avec un autre officier du même corps, bon homme aussi, galant homme aussi, homme de mérite aussi, aussi bon officier que lui, mais homme aussi hétéroclite que lui... »

---

1. C'est-à-dire corps d'armée.
2. « Se dit figurément en morale de celui qui ne vit pas comme les autres hommes, qui est bourru dans ses mœurs, dans ses habits, dans ses sentiments et ses manières de vivre » (*Dictionnaire* de Furetière, 1690).

Jacques était à entamer l'histoire de son capitaine, lorsqu'ils entendirent une troupe nombreuse d'hommes et de
chevaux qui s'acheminaient derrière eux. C'était le même
char lugubre qui revenait sur ses pas. Il était entouré… De
gardes de la Ferme[1] ? – Non. – De cavaliers de maréchaussée[2] ? – Peut-être. Quoi qu'il en soit, ce cortège était
précédé du prêtre en soutane et en surplis, les mains liées
derrière le dos ; du cocher noir, les mains liées derrière le
dos ; et des deux valets noirs, les mains liées derrière le dos.
Qui fut bien surpris ? Ce fut Jacques, qui s'écria : « Mon
capitaine, mon pauvre capitaine n'est pas mort ! Dieu soit
loué !… » Puis Jacques tourne bride, pique des deux*,
s'avance à toutes jambes au-devant du prétendu convoi. Il
n'en était pas à trente pas, que les gardes de la Ferme ou
les cavaliers de maréchaussée le couchent en joue et lui
crient : « Arrête, retourne sur tes pas, ou tu es mort… »
Jacques s'arrêta tout court, consulta le destin dans sa tête ;
il lui sembla que le destin lui disait : « Retourne sur tes
pas », ce qu'il fit. Son maître lui dit : « Eh bien ! Jacques,
qu'est-ce ?

JACQUES. – Ma foi, je n'en sais rien.

LE MAÎTRE. – Et pourquoi ?

JACQUES. – Je n'en sais davantage.

LE MAÎTRE. – Tu verras que ce sont des contrebandiers
qui auront rempli cette bière de marchandises prohibées, et
qu'ils auront été vendus à la Ferme par les coquins mêmes
de qui ils les avaient achetées.

JACQUES. – Mais pourquoi ce carrosse aux armes de mon
capitaine ?

LE MAÎTRE. – Ou c'est un enlèvement. On aura caché
dans ce cercueil, que sait-on, une femme, une fille, une religieuse ; ce n'est pas le linceul qui fait le mort.

JACQUES. – Mais pourquoi ce carrosse aux armes de mon
capitaine ?

LE MAÎTRE. – Ce sera tout ce qu'il te plaira ; mais
achève-moi l'histoire de ton capitaine.

---

1. Administration d'Ancien Régime chargée de la perception des impôts
indirects.
2. Les fonctions de la maréchaussée correspondent à celles de la gendar-
merie actuelle.

JACQUES. – Vous tenez encore à cette histoire ? Mais peut-être que mon capitaine est encore vivant.

LE MAÎTRE. – Qu'est-ce que cela fait à la chose ?

JACQUES. – Je n'aime pas à parler des vivants, parce qu'on est de temps en temps exposé à rougir du bien et du mal qu'on en a dit ; du bien qu'ils gâtent, du mal qu'ils réparent.

LE MAÎTRE. – Ne sois ni fade panégyriste[1], ni censeur amer ; dis la chose comme elle est.

JACQUES. – Cela n'est pas aisé. N'a-t-on pas son caractère, son intérêt, son goût, ses passions, d'après quoi l'on exagère ou l'on atténue ? Dis la chose comme elle est !… Cela n'arrive peut-être pas deux fois en un jour dans toute une grande ville. Et celui qui vous écoute est-il mieux disposé que celui qui parle ? Non. D'où il doit arriver que deux fois à peine en un jour, dans toute une grande ville, on soit entendu* comme on dit.

LE MAÎTRE. – Que diable, Jacques, voilà des maximes à proscrire l'usage de la langue et des oreilles, à ne rien dire, à ne rien écouter et à ne rien croire ! Cependant, dis comme toi, je t'écouterai comme moi, et je t'en croirai comme je pourrai.

JACQUES. – Si l'on ne dit presque rien dans ce monde, qui soit entendu* comme on le dit, il y a bien pis*, c'est qu'on n'y fait presque rien qui soit jugé comme on l'a fait.

LE MAÎTRE. – Il n'y a peut-être pas sous le ciel une autre tête qui contienne autant de paradoxes que la tienne.

JACQUES. – Et quel mal y aurait-il à cela ? Un paradoxe n'est pas toujours une fausseté.

LE MAÎTRE. – Il est vrai.

JACQUES. – Nous passions à Orléans, mon capitaine et moi. Il n'était bruit dans la ville que d'une aventure récemment arrivée à un citoyen appelé M. Le Pelletier, homme pénétré d'une si profonde commisération pour les malheureux, qu'après avoir réduit, par des aumônes démesurées, une fortune assez considérable au plus étroit nécessaire, il allait de porte en porte chercher dans la bourse d'autrui des secours qu'il n'était plus en état de puiser dans la sienne.

---

1. Auteur d'un discours d'éloge.

LE MAÎTRE. – Et tu crois qu'il y avait deux opinions sur la conduite de cet homme-là ?

JACQUES. – Non, parmi les pauvres ; mais presque tous les riches, sans exception, le regardaient comme une espèce de fou ; et peu s'en fallut que ses proches ne le fissent interdire comme dissipateur. Tandis que nous nous rafraîchissions dans une auberge, une foule d'oisifs s'était rassemblée autour d'une espèce d'orateur, le barbier de la rue, et lui disait : "Vous y étiez, vous, racontez-nous comment la chose s'est passée.

– Très volontiers, répondit l'orateur du coin, qui ne demandait pas mieux que de pérorer. M. Aubertot, une de mes pratiques*, dont la maison fait face à l'église des Capucins, était sur sa porte ; M. Le Pelletier l'aborde et lui dit : 'Monsieur Aubertot, ne me donnerez-vous rien pour mes amis ?' car c'est ainsi qu'il appelle les pauvres, comme vous savez.

'Non, pour aujourd'hui, monsieur Le Pelletier.'

M. Le Pelletier insiste : 'Si vous saviez en faveur de qui je sollicite votre charité ! c'est une pauvre femme qui vient d'accoucher, et qui n'a pas un guenillon[1] pour entortiller[2] son enfant.

– Je ne saurais.

– C'est une jeune et belle fille qui manque d'ouvrage et de pain, et que votre libéralité sauvera peut-être du désordre[3].

– Je ne saurais.

– C'est un manœuvre qui n'avait que ses bras pour vivre, et qui vient de se fracasser une jambe en tombant de son échafaud[4].

– Je ne saurais, vous dis-je.

– Allons, monsieur Aubertot, laissez-vous toucher, et soyez sûr que jamais vous n'aurez l'occasion de faire une action plus méritoire.

– Je ne saurais, je ne saurais.

– Mon bon, mon miséricordieux monsieur Aubertot !…

---

1. Vêtement déchiré, en lambeaux.
2. Emmailloter.
3. Euphémisme pour prostitution.
4. Échafaudage.

– Monsieur Le Pelletier, laissez-moi en repos ; quand je veux donner, je ne me fais pas prier…'

Et cela dit, M. Aubertot lui tourne le dos, passe de sa porte dans son magasin, où M. Le Pelletier le suit ; il le suit de son magasin dans son arrière-boutique, de son arrière-boutique dans son appartement ; là, M. Aubertot, excédé des instances de M. Le Pelletier, lui donne un soufflet*…"

Alors mon capitaine se lève brusquement, et dit à l'orateur : "Et il ne le tua pas ?

– Non, monsieur ; est-ce qu'on tue comme cela ?

– Un soufflet, morbleu ! un soufflet ! Et que fit-il donc ?

– Ce qu'il fit après son soufflet reçu ? il prit un air riant, et dit à M. Aubertot : 'Cela c'est pour moi ; mais mes pauvres ?…' "

À ce mot tous les auditeurs s'écrièrent d'admiration excepté mon capitaine qui leur disait : "Votre M. Le Pelletier, messieurs, n'est qu'un gueux, un malheureux, un lâche, un infâme, à qui cependant cette épée aurait fait prompte justice, si j'avais été là ; et votre Aubertot aurait été bien heureux, s'il ne lui en avait coûté que le nez et les deux oreilles."

L'orateur lui répliqua : "Je vois, monsieur, que vous n'auriez pas laissé le temps à l'homme insolent de reconnaître sa faute, de se jeter aux pieds de M. Le Pelletier, et de lui présenter sa bourse.

– Non, certes !

– Vous êtes un militaire, et M. Le Pelletier est un chrétien ; vous n'avez pas les mêmes idées du soufflet.

– La joue de tous les hommes d'honneur est la même.

– Ce n'est pas tout à fait l'avis de l'Évangile.

– L'Évangile est dans mon cœur et dans mon fourreau, et je n'en connais pas d'autre…

– Le vôtre, mon maître, est je ne sais où ; le mien est écrit là-haut ; chacun apprécie l'injure* et le bienfait à sa manière ; et peut-être n'en portons-nous pas le même jugement dans deux instants de notre vie."

LE MAÎTRE. – Après, maudit bavard, après… »

Lorsque le maître de Jacques avait pris de l'humeur, Jacques se taisait, se mettait à rêver*, et souvent ne rompait le silence que par un propos, lié dans son esprit, mais aussi décousu dans la conversation que la lecture d'un livre dont on aurait sauté quelques feuillets. C'est précisément ce qui lui arriva lorsqu'il dit : « Mon cher maître…

LE MAÎTRE. – Ah ! la parole t'est enfin revenue. Je m'en réjouis pour tous les deux, car je commençais à m'ennuyer de ne pas entendre, et toi de ne pas parler. Parle donc…

JACQUES. – Mon cher maître, la vie se passe en quiproquos. Il y a les quiproquos d'amour, les quiproquos d'amitié, les quiproquos de politique, de finance, d'église, de magistrature, de commerce, de femmes, de maris…

LE MAÎTRE. – Eh ! laisse là ces quiproquos, et tâche de t'apercevoir que c'est en faire un grossier que de t'embarquer dans un chapitre de morale, lorsqu'il s'agit d'un fait historique. L'histoire de ton capitaine ? »

Jacques allait commencer l'histoire de son capitaine, lorsque, pour la seconde fois, son cheval, se jetant brusquement hors de la grande route à droite, l'emporte à travers une longue plaine, à un bon quart de lieue* de distance, et s'arrête tout court entre des fourches patibulaires*… Entre des fourches patibulaires ! Voilà une singulière allure de cheval de mener son cavalier au gibet !…

« Qu'est-ce que cela signifie, disait Jacques. Est-ce un avertissement du destin ?

LE MAÎTRE. – Mon ami, n'en doutez pas. Votre cheval est inspiré, et le fâcheux, c'est que tous ces pronostics, inspirations, avertissements d'en haut par rêves, par apparitions, ne servent à rien : la chose n'en arrive pas moins. Cher ami, je vous conseille de mettre votre conscience en bon état, d'arranger vos petites affaires et de me dépêcher, le plus vite que vous pourrez, l'histoire de votre capitaine et celle de vos amours, car je serais fâché de vous perdre sans les avoir entendues. Quand vous vous soucieriez encore plus que vous ne faites, à quoi cela remédierait-il ? à rien. L'arrêt du destin, prononcé deux fois par votre cheval, s'accomplira. Voyez, n'avez-vous rien à restituer à personne ? Confiez-moi vos dernières volontés, et soyez sûr qu'elles seront fidèlement remplies. Si vous m'avez pris quelque chose, je vous le donne ; demandez-en seulement pardon à Dieu, et pendant le temps plus ou moins court que nous avons encore à vivre ensemble, ne me volez plus.

JACQUES. – J'ai beau revenir sur le passé, je n'y vois rien à démêler avec la justice des hommes. Je n'ai tué, ni volé, ni violé.

LE MAÎTRE. – Tant pis ; à tout prendre, j'aimerais mieux que le crime fût commis qu'à commettre, et pour cause.

JACQUES. – Mais, monsieur, ce ne sera peut-être pas pour mon compte, mais pour le compte d'un autre, que je serai pendu.

LE MAÎTRE. – Cela se peut.

JACQUES. – Ce n'est peut-être qu'après ma mort que je serai pendu.

LE MAÎTRE. – Cela se peut encore.

JACQUES. – Je ne serai peut-être pas pendu du tout.

LE MAÎTRE. – J'en doute.

JACQUES. – Il est peut-être écrit là-haut que j'assisterai seulement à la potence d'un autre ; et cet autre-là, qui sait qui il est ? s'il est proche, ou s'il est loin ?

LE MAÎTRE. – Monsieur Jacques, soyez pendu, puisque le sort le veut, et que votre cheval le dit ; mais ne soyez pas insolent : finissez vos conjectures impertinentes, et faites-moi vite l'histoire de votre capitaine.

JACQUES. – Monsieur, ne vous fâchez pas, on a quelquefois pendu de fort honnêtes* gens : c'est un quiproquo de justice.

LE MAÎTRE. – Ces quiproquos-là sont affligeants. Parlons d'autre chose. »

Jacques, un peu rassuré par les interprétations diverses qu'il avait trouvées au pronostic du cheval, dit :

« Quand j'entrai au régiment, il y avait deux officiers à peu près égaux d'âge, de naissance, de service et de mérite. Mon capitaine était l'un des deux. La seule différence qu'il y eût entre eux, c'est que l'un était riche et que l'autre ne l'était pas. Mon capitaine était le riche. Cette conformité devait produire ou la sympathie, ou l'antipathie la plus forte ; elle produisit l'une et l'autre… »

Ici Jacques s'arrêta, et cela lui arriva plusieurs fois dans le cours de son récit, à chaque mouvement de tête que son cheval faisait de droite et de gauche. Alors, pour continuer, il reprenait sa dernière phrase, comme s'il avait eu le hoquet.

« … Elle produisit l'une et l'autre. Il y avait des jours
où ils étaient les meilleurs amis du monde, et d'autres où
ils étaient ennemis mortels. Les jours d'amitié ils se cherchaient, ils se fêtaient, ils s'embrassaient, ils se communi-
quaient leurs peines, leurs plaisirs, leurs besoins ; ils se
consultaient sur leurs affaires les plus secrètes, sur leurs
intérêts domestiques[1], sur leurs espérances, sur leurs
craintes, sur leurs projets d'avancement. Le lendemain, se
rencontraient-ils ? ils passaient l'un à côté de l'autre sans
se regarder, ou ils se regardaient fièrement, ils s'appelaient
Monsieur, ils s'adressaient des mots durs, ils mettaient
l'épée à la main et se battaient. S'il arrivait que l'un des
deux fût blessé, l'autre se précipitait sur son camarade,
pleurait, se désespérait, l'accompagnait chez lui et s'éta-
blissait à côté de son lit jusqu'à ce qu'il fût guéri. Huit
jours, quinze jours, un mois après, c'était à recommencer,
et l'on voyait, d'un instant à un autre, deux braves gens…
deux braves gens, deux amis sincères, exposés à périr par
la main l'un de l'autre, et le mort n'aurait certainement pas
été le plus à plaindre des deux. On leur avait parlé plusieurs
fois de la bizarrerie de leur conduite ; moi-même, à qui mon
capitaine avait permis de parler, je lui disais : "Mais, monsieur, s'il vous arrivait de le tuer ?" À ces mots, il se mettait à pleurer et se couvrait les yeux de ses mains ; il courait dans son appartement comme un fou. Deux heures
après, ou son camarade le ramenait chez lui blessé, ou il
rendait le même service à son camarade. Ni mes remontrances… ni mes remontrances, ni celles des autres n'y faisaient rien ; on n'y trouva de remèdes qu'à les séparer[2].
Le ministre de la Guerre fut instruit d'une persévérance si
singulière dans des extrémités si opposées, et mon capitaine
nommé à un commandement de place, avec injonction
expresse de se rendre sur-le-champ à son poste, et défense
de s'en éloigner ; une autre défense fixa son camarade au
régiment… Je crois que ce maudit cheval me fera devenir
fou… À peine les ordres du ministre furent-ils arrivés, que
mon capitaine, sous prétexte d'aller remercier de la faveur

---

1. Concernant leurs affaires privées.
2. La seule solution fut de les séparer.

qu'il venait d'obtenir, partit pour la cour, représenta* qu'il était riche et que son camarade indigent avait le même droit aux grâces du roi ; que le poste qu'on venait de lui accorder récompenserait les services de son ami, suppléerait à son peu de fortune, et qu'il en serait, lui, comblé de joie. Comme le ministre n'avait eu d'autre intention que de séparer ces deux hommes bizarres, et que les procédés généreux touchent toujours, il fut arrêté... Maudite bête, tiendras-tu ta tête droite ?... Il fut arrêté* que mon capitaine resterait au régiment et que son camarade irait occuper le commandement de place.

« À peine furent-ils séparés, qu'ils sentirent le besoin qu'ils avaient l'un de l'autre ; ils tombèrent dans une mélancolie* profonde. Mon capitaine demanda un congé de semestre pour aller prendre l'air natal [1] ; mais à deux lieues* de la garnison, il vend son cheval, se déguise en paysan et s'achemine vers la place que son ami commandait. Il paraît que c'était une démarche concertée entre eux. Il arrive... Va donc où tu voudras ! Y a-t-il encore là quelque gibet qu'il te plaise de visiter ?... Riez bien, monsieur ; cela est en effet très plaisant... Il arrive ; mais il était écrit là-haut que, quelques précautions qu'ils prissent pour cacher la satisfaction qu'ils avaient de se revoir et ne s'aborder qu'avec les marques extérieures de la subordination d'un paysan à un commandant de place, des soldats, quelques officiers qui se rencontreraient par hasard à leur entrevue et qui seraient instruits de leur aventure, prendraient des soupçons et iraient prévenir le major de la place.

« Celui-ci, homme prudent, sourit de l'avis, mais ne laissa [2] pas d'y attacher toute l'importance qu'il méritait. Il mit des espions autour du commandant. Leur premier rapport fut que le commandant sortait peu, et que le paysan ne sortait point du tout. Il était impossible que ces deux hommes vécussent ensemble huit jours de suite, sans que leur étrange manie [3] les reprît ; ce qui ne manqua pas d'arriver. »

---

1. Air du pays natal.
2. Ne manqua pas de.
3. Obsession.

Vous voyez, lecteur, combien je suis obligeant ; il ne tiendrait qu'à moi de donner un coup de fouet aux chevaux qui traînent le carrosse drapé de noir, d'assembler, à la porte du gîte prochain, Jacques, son maître, les gardes des Fermes ou les cavaliers de maréchaussée avec le reste de leur cortège, d'interrompre l'histoire du capitaine de Jacques et de vous impatienter à mon aise ; mais pour cela, il faudrait mentir, et je n'aime pas le mensonge, à moins qu'il ne soit utile et forcé. Le fait est que Jacques et son maître ne virent plus le carrosse drapé, et que Jacques, toujours inquiet de l'allure de son cheval, continua son récit :

« Un jour, les espions rapportèrent au major qu'il y avait eu une contestation fort vive entre le commandant et le paysan ; qu'ensuite ils étaient sortis, le paysan marchant le premier, le commandant ne le suivant qu'à regret, et qu'ils étaient entrés chez un banquier de la ville, où ils étaient encore.

« On apprit dans la suite que, n'espérant plus se revoir, ils avaient résolu de se battre à toute outrance, et que, sensible aux devoirs de la plus tendre amitié, au moment même de la férocité la plus inouïe, mon capitaine qui était riche, comme je vous l'ai dit... J'espère, monsieur, que vous ne me condamnerez pas à finir notre voyage sur ce bizarre animal... Mon capitaine, qui était riche, avait exigé de son camarade qu'il acceptât une lettre de change* de vingt-quatre mille livres* qui lui assurât de quoi vivre chez l'étranger, au cas qu'il fût tué, celui-ci protestant* qu'il ne se battrait point sans ce préalable ; l'autre répondant à cette offre : "Est-ce que tu crois, mon ami, que si je te tue, je te survivrai ?..."

« Ils sortaient de chez le banquier, et ils s'acheminaient vers les portes de la ville, lorsqu'ils se virent entourés du major et de quelques officiers. Quoique cette rencontre eût l'air d'un incident fortuit, nos deux amis, nos deux ennemis, comme il vous plaira de les appeler, ne s'y méprirent pas. Le paysan se laissa reconnaître pour ce qu'il était. On alla passer la nuit dans une maison écartée. Le lendemain, dès la pointe du jour, mon capitaine, après avoir embrassé plusieurs fois son camarade, s'en sépara pour ne plus le revoir. À peine fut-il arrivé dans son pays, qu'il mourut.

LE MAÎTRE. – Et qui est-ce qui t'a dit qu'il était mort ?

JACQUES. – Et ce cercueil ? et ce carrosse à ses armes ? Mon pauvre capitaine est mort, je n'en doute pas.

LE MAÎTRE. – Et ce prêtre les mains liées sur le dos ; et ces gens les mains liées sur le dos ; et ces gardes de la Ferme ou ces cavaliers de maréchaussée ; et ce retour du convoi vers la ville ? Ton capitaine est vivant, je n'en doute pas ; mais ne sais-tu rien de son camarade ?

JACQUES. – L'histoire de son camarade est une belle ligne du grand rouleau ou de ce qui est écrit là-haut.

LE MAÎTRE. – J'espère… »

Le cheval de Jacques ne permit pas à son maître d'achever ; il part comme un éclair, ne s'écartant ni à droite ni à gauche, suivant la grande route. On ne vit plus Jacques ; et son maître, persuadé que le chemin aboutissait à des fourches patibulaires*, se tenait les côtes de rire. Et puisque Jacques et son maître ne sont bons qu'ensemble et ne valent rien séparés non plus que Don Quichotte sans Sancho et Richardet sans Ferragus, ce que le continuateur de Cervantès et l'imitateur de l'Arioste, monsignor Forti-Guerra [1], n'ont pas assez compris, lecteur, causons ensemble jusqu'à ce qu'ils se soient rejoints.

Vous allez prendre l'histoire du capitaine de Jacques pour un conte*, et vous aurez tort. Je vous proteste* que telle qu'il l'a racontée à son maître, tel fut le récit que j'en avais entendu faire aux Invalides [2], je ne sais en quelle année, le jour de Saint-Louis, à table chez un M. de Saint-Étienne, major de l'hôtel ; et l'historien qui parlait en présence de plusieurs autres officiers de la maison, qui avaient connaissance du fait, était un personnage grave qui n'avait

---

1. Don Quichotte, le chevalier errant, et Sancho Pança, son écuyer, héros du *Don Quichotte de la Manche* (1605-1615) de Cervantès, constituent une des sources littéraires majeures du couple formé par le maître et Jacques (voir le chapitre 1 du dossier). Richardet et Ferragus sont deux personnages du *Roland furieux* (1516), poème héroï-comique de l'Arioste. Un ennemi de Cervantès, Luis Aliaga, composa en 1614 une suite de *Don Quichotte,* qui fut traduite en français par Lesage en 1704. Nicolo Forti-Guerra est l'auteur du *Ricciardetto,* dans lequel sont parodiés des thèmes empruntés à l'Arioste.
2. L'hôtel des Invalides, destiné à l'hospitalisation des invalides de guerre et des militaires retraités, fut édifié par Louis XIV à partir de 1670.

point du tout l'air d'un badin. Je vous le répète donc pour ce moment et pour la suite : soyez circonspect si vous ne voulez pas prendre dans cet entretien de Jacques et de son maître le vrai pour le faux, le faux pour le vrai. Vous voilà bien averti, et je m'en lave les mains. – Voilà, me direz-vous, deux hommes bien extraordinaires ! – Et c'est là ce qui vous met en défiance. Premièrement, la nature est si variée, surtout dans les instincts et les caractères, qu'il n'y a rien de si bizarre dans l'imagination d'un poète dont l'expérience et l'observation ne vous offrissent le modèle dans la nature. Moi, qui vous parle, j'ai rencontré le pendant du *Médecin malgré lui*[1], que j'avais regardé jusque-là comme la plus folle et la plus gaie des fictions. – Quoi ! le pendant du mari à qui sa femme dit : J'ai trois enfants sur les bras ; et qui lui répond : Mets-les à terre… Ils me demandent du pain : donne-leur le fouet ! – Précisément. Voici son entretien avec ma femme.

« Vous voilà, monsieur Gousse ?

– Non, madame, je ne suis pas un autre.

– D'où venez-vous ?

– D'où j'étais allé.

– Qu'avez-vous fait là ?

– J'ai raccommodé un moulin qui allait mal.

– À qui appartenait ce moulin ?

– Je n'en sais rien ; je n'étais pas allé pour raccommoder le meunier.

– Vous êtes fort bien vêtu contre votre usage* ; pourquoi sous cet habit, qui est très propre, une chemise sale ?

– C'est que je n'en ai qu'une.

– Et pourquoi n'en avez-vous qu'une ?

– C'est que je n'ai qu'un corps à la fois.

– Mon mari n'y est pas, mais cela ne vous empêchera pas de dîner* ici.

– Non, puisque je ne lui ai confié ni mon estomac ni mon appétit.

– Comment se porte votre femme ?

– Comme il lui plaît ; c'est son affaire.

– Et vos enfants ?

---

1. *Le Médecin malgé lui* est une comédie farcesque de Molière (1666).

– À merveille !

– Et celui qui a de si beaux yeux, un si bel embonpoint*, une si belle peau ?

– Beaucoup mieux que les autres ; il est mort.

– Leur apprenez-vous quelque chose ?

– Non, madame.

– Quoi ? ni à lire, ni à écrire, ni le catéchisme ?

– Ni à lire, ni à écrire, ni le catéchisme.

– Et pourquoi cela ?

– C'est qu'on ne m'a rien appris, et que je n'en suis pas plus ignorant. S'ils ont de l'esprit, ils feront comme moi ; s'ils sont sots, ce que je leur apprendrais ne les rendrait que plus sots… »

Si vous rencontrez jamais cet original[1], il n'est pas nécessaire de le connaître pour l'aborder. Entraînez-le dans un cabaret, dites-lui votre affaire, proposez-lui de vous suivre à vingt lieues*, il vous suivra ; après l'avoir employé, renvoyez-le sans un sou ; il s'en retournera satisfait.

Avez-vous entendu parler d'un certain Prémontval qui donnait à Paris des leçons publiques de mathématiques ? C'était son ami… Mais Jacques et son maître se sont peut-être rejoints : voulez-vous que nous allions à eux, ou rester avec moi ?… Gousse et Prémontval tenaient ensemble l'école. Parmi les élèves qui s'y rendaient en foule, il y avait une jeune fille appelée Mlle Pigeon[2], la fille de cet habile artiste qui a construit ces deux beaux planisphères qu'on a transportés du Jardin du Roi[3] dans les salles de l'Académie des Sciences. Mlle Pigeon allait là tous les matins avec son portefeuille sous le bras et son étui de mathématiques dans son manchon. Un des professeurs, Prémontval, devint amoureux de son écolière, et tout à travers les propositions sur les solides inscrits à la sphère, il y eut un enfant de fait. Le père Pigeon n'était pas homme à entendre patiemment la vérité de ce corollaire. La situation des amants devient embarrassante, ils en confèrent ;

---

1. Sur ce terme, voir le chapitre 4 du dossier.
2. Prémontval et Mlle Pigeon sont des personnages réels, connus de Diderot.
3. L'actuel Jardin des Plantes à Paris, dont Buffon fut nommé Intendant en 1739.

mais n'ayant rien, mais rien du tout, quel pouvait être le résultat de leurs délibérations ? Ils appellent à leur secours l'ami Gousse. Celui-ci, sans mot dire, vend tout ce qu'il possède, linge, habits, machines, meubles, livres ; fait une somme, jette les deux amoureux dans une chaise de poste*, les accompagne à franc étrier[1] jusqu'aux Alpes ; là, il vide sa bourse du peu d'argent qui lui restait, le leur donne, les embrasse, leur souhaite un bon voyage, et s'en revient à pied demandant l'aumône jusqu'à Lyon, où il gagna, à peindre les parois d'un cloître de moines, de quoi revenir à Paris sans mendier. – Cela est très beau. – Assurément ! et d'après cette action héroïque, vous croyez à Gousse un grand fonds de morale ? Eh bien ! détrompez-vous, il n'en avait non plus qu'il n'y en a dans la tête d'un brochet. – Cela est impossible. – Cela est. Je l'avais occupé. Je lui donne un mandat de quatre-vingts livres* sur mes commettants[2] ! la somme était écrite en chiffres ; que fait-il ? Il ajoute un zéro, et se fait payer huit cents livres*. – Ah ! l'horreur ! – Il n'est pas plus malhonnête quand il me vole, qu'honnête* quand il se dépouille pour un ami ; c'est un original sans principes. Ces quatre-vingts francs* ne lui suffisaient pas, avec un trait de plume, il s'en procurait huit cents dont il avait besoin. Et les livres précieux dont il me fait présent ? – Qu'est-ce que ces livres ?... – Mais Jacques et son maître ? Mais les amours de Jacques ? Ah ! lecteur, la patience avec laquelle vous m'écoutez me prouve le peu d'intérêt que vous prenez à mes deux personnages, et je suis tenté de les laisser où ils sont... J'avais besoin d'un livre précieux, il me l'apporte ; quelque temps après j'ai besoin d'un autre livre précieux, il me l'apporte encore ; je veux les payer, il en refuse le prix. J'ai besoin d'un troisième livre précieux. « Pour celui-ci, dit-il, vous ne l'aurez pas, vous avez parlé trop tard ; mon docteur de Sorbonne est mort.

— Et qu'a de commun la mort de votre docteur de Sorbonne avec le livre que je désire ? Est-ce que vous avez pris les deux autres dans sa bibliothèque ?

---

1. À toute allure.
2. Personnes chargées de ses intérêts.

– Assurément !

– Sans son aveu* ?

– Eh ! qu'en avais-je besoin pour exercer une justice distributive ? Je n'ai fait que déplacer ces livres pour le mieux, en les transférant d'en endroit où ils étaient inutiles, dans un autre où l'on en ferait un bon usage... » Et prononcez après cela sur l'allure des hommes ! Mais c'est l'histoire de Gousse avec sa femme qui est excellente... Je vous entends* ; vous en avez assez, et votre avis serait que nous allassions rejoindre nos deux voyageurs. Lecteur, vous me traitez comme un automate[1], cela n'est pas poli ; dites les amours de Jacques, ne dites pas les amours de Jacques ; ... je veux que vous me parliez de l'histoire de Gousse ; j'en ai assez... Il faut sans doute que j'aille quelquefois à votre fantaisie ; mais il faut que j'aille quelquefois à la mienne, sans compter que tout auditeur qui me permet de commencer un récit s'engage d'entendre la fin.

Je vous ai dit premièrement ; or, dire un premièrement, c'est annoncer au moins un secondement. Secondement donc... Écoutez-moi, ne m'écoutez pas, je parlerai tout seul... Le capitaine de Jacques et son camarade pouvaient être tourmentés d'une jalousie violente et secrète : c'est un sentiment que l'amitié n'éteint pas toujours. Rien de si difficile à pardonner que le mérite. N'appréhendaient-ils pas un passe-droit, qui les aurait également offensés tous deux ? Sans s'en douter, ils cherchaient d'avance à se délivrer d'un concurrent dangereux, ils se tâtaient pour l'occasion à venir. Mais comment avoir cette idée de celui qui cède si généreusement son commandement de place à son ami indigent ? Il le cède, il est vrai ; mais s'il en eût été privé, peut-être l'eût-il revendiqué à la pointe de l'épée. Un passe-droit entre les militaires, s'il n'honore pas celui qui en profite, déshonore son rival. Mais laissons tout cela, et disons que c'était leur coin de folie. Est-ce que chacun n'a pas le sien ? Celui de nos deux officiers fut pendant plusieurs siècles celui de toute l'Europe ; on l'appelait l'esprit de chevalerie. Toute cette multitude brillante, armée de pied en cap, décorée de diverses livrées d'amour, caracolant sur des

---

1. Voir note 1, p. 63.

palefrois[1], la lance au poing, la visière haute ou baissée, se regardant fièrement, se mesurant de l'œil, se menaçant, se renversant sur la poussière, jonchant l'espace d'un vaste tournoi des éclats d'armes brisées, n'étaient que des amis jaloux du mérite en vogue. Ces amis, au moment où ils tenaient leurs lances en arrêt, chacun à l'extrémité de la carrière[2], et qu'ils avaient pressé de l'aiguillon les flancs de leurs coursiers, devenaient les plus terribles ennemis ; ils fondaient les uns sur les autres avec la même fureur qu'ils auraient portée sur un champ de bataille. Eh bien ! nos deux officiers n'étaient que deux paladins[3], nés de nos jours, avec les mœurs des anciens. Chaque vertu et chaque vice se montre et passe de mode. La force du corps eut son temps, l'adresse aux exercices eut le sien. La bravoure est tantôt plus, tantôt moins considérée ; plus elle est commune, moins on en est vain*, moins on en fait l'éloge. Suivez les inclinations des hommes, et vous en remarquerez qui semblent être venus au monde trop tard : ils sont d'un autre siècle. Et qu'est-ce qui empêcherait de croire que nos deux militaires avaient été engagés dans ces combats journaliers et périlleux par le seul désir de trouver le côté faible de son rival et d'obtenir la supériorité sur lui ? Les duels se répètent dans la société sous toutes sortes de formes, entre des prêtres, entre des magistrats, entre des littérateurs, entre des philosophes ; chaque état* a sa lance et ses chevaliers, et nos assemblées les plus respectables, les plus amusantes, ne sont que de petits tournois où quelquefois on porte des livrées de l'amour dans le fond de son cœur, sinon sur l'épaule. Plus il y a d'assistants, plus la joute est vive ; la présence de femmes y pousse la chaleur et l'opiniâtreté à toute outrance, et la honte d'avoir succombé devant elles ne s'oublie guère.

Et Jacques ?... Jacques avait franchi les portes de la ville, traversé les rues aux acclamations des enfants, et atteint l'extrémité du faubourg opposé, où, son cheval s'élançant dans une petite porte basse, il y eut entre le lin-

---

1. Cheval de parade.
2. Champ clos dans lequel se déroulaient les tournois au Moyen Âge.
3. Chevaliers du Moyen Âge.

teau de cette porte et la tête de Jacques un choc terrible dans lequel il fallait que le linteau fût déplacé ou Jacques renversé en arrière ; ce fut, comme on pense bien, le dernier qui arriva. Jacques tomba, la tête fendue et sans connaissance. On le ramasse, on le rappelle à la vie avec des eaux spiritueuses ; je crois même qu'il fut saigné par le maître de la maison. – Cet homme était donc chirurgien. – Non. Cependant son maître était arrivé et demandait de ses nouvelles à tous ceux qu'il rencontrait. « N'auriez-vous point aperçu un grand homme sec, monté sur un cheval pie[1] ?

– Il vient de passer, il allait comme si le diable l'eût emporté ; il doit être arrivé chez son maître.

– Et qui est son maître ?

– Le bourreau.

– Le bourreau !

– Oui, car ce cheval est le sien.

– Où demeure le bourreau ?

– Assez loin, mais ne vous donnez pas la peine d'y aller, voilà ses gens qui vous apportent apparemment l'homme sec que vous demandez et que nous avons pris pour un de ses valets... »

Et qui est-ce qui parlait ainsi avec le maître de Jacques ? C'était un aubergiste à la porte duquel il s'était arrêté, il n'y avait pas à se tromper : il était court et gros comme un tonneau ; en chemise retroussée jusqu'aux coudes ; avec un bonnet de coton sur la tête, un tablier de cuisine autour de lui et un grand couteau à son côté. « Vite, vite, un lit pour ce malheureux, lui dit le maître de Jacques, un chirurgien, un médecin, un apothicaire... » Cependant on avait déposé Jacques à ses pieds, le front couvert d'une épaisse et énorme compresse, et les yeux fermés. « Jacques ? Jacques ?

– Est-ce vous, mon maître ?

– Oui, c'est moi ; regarde-moi donc.

– Je ne saurais.

– Qu'est-ce donc qu'il t'est arrivé ?

– Ah ! le cheval ! le maudit cheval ! je vous dirai tout cela demain, si je ne meurs pas pendant la nuit. »

---

1. Noir et blanc.

Tandis qu'on le transportait et qu'on le montait à sa chambre, le maître dirigeait la marche et criait : « Prenez garde, allez doucement ; doucement, mordieu ! vous allez le blesser. Toi, qui le tiens par les jambes, tourne à droite ; toi, qui lui tiens la tête, tourne à gauche. » Et Jacques disait à voix basse : « Il était donc écrit là-haut !... »

À peine Jacques fut-il couché, qu'il s'endormit profondément. Son maître passa la nuit à son chevet, lui tâtant le pouls et humectant sans cesse sa compresse avec de l'eau vulnéraire[1]. Jacques le surprit à son réveil dans cette fonction, et lui dit : « Que faites-vous là ?

LE MAÎTRE. – Je te veille. Tu es mon serviteur, quand je suis malade ou bien portant ; mais je suis le tien quand tu te portes mal.

JACQUES. – Je suis bien aise de savoir que vous êtes humain ; ce n'est pas trop la qualité des maîtres envers leurs valets.

LE MAÎTRE. – Comment va la tête ?

JACQUES. – Aussi bien que la solive contre laquelle elle a lutté.

LE MAÎTRE. – Prends ce drap entre tes dents et secoue fort... Qu'as-tu senti ?

JACQUES. – Rien ; la cruche me paraît sans fêlure.

LE MAÎTRE. – Tant mieux. Tu veux te lever, je crois ?

JACQUES. – Et que voulez-vous que je fasse là ?

LE MAÎTRE. – Je veux que tu te reposes.

JACQUES. – Mon avis, à moi, est que nous déjeunions et que nous partions.

LE MAÎTRE. – Et le cheval ?

JACQUES. – Je l'ai laissé chez son maître, honnête* homme, galant* homme, qui l'a repris pour ce qu'il nous l'a vendu.

LE MAÎTRE. – Et cet honnête homme, ce galant homme, sais-tu qui il est ?

JACQUES. – Non.

LE MAÎTRE. – Je te le dirai quand nous serons en route.

JACQUES. – Et pourquoi pas à présent ? Quel mystère y a-t-il à cela ?

---

1. Qui guérit les blessures.

LE MAÎTRE. – Mystère ou non, quelle nécessité y a-t-il de te l'apprendre dans ce moment ou dans un autre ?

JACQUES. – Aucune.

LE MAÎTRE. – Mais il te faut un cheval.

JACQUES. – L'hôte de cette auberge ne demandera peut-être pas mieux que de nous céder un des siens.

LE MAÎTRE. – Dors encore un moment, et je vais voir à cela[1]. »

Le maître de Jacques descend, ordonne le déjeuner*, achète un cheval, remonte et trouve Jacques habillé. Ils ont déjeuné et les voilà partis ; Jacques protestant* qu'il était malhonnête* de s'en aller sans avoir fait une visite de politesse au citoyen à la porte duquel il s'était presque assommé et qui l'avait si obligeamment secouru, son maître le tranquillisant sur sa délicatesse par l'assurance qu'il avait bien récompensé ses satellites[2] qui l'avaient apporté à l'auberge ; Jacques prétendant que l'argent donné aux serviteurs ne l'acquittait pas avec leur maître ; que c'était ainsi que l'on inspirait aux hommes le regret et le dégoût de la bienfaisance, et que l'on se donnait à soi-même un air d'ingratitude. « Mon maître, j'entends tout ce que cet homme dit de moi par ce que je dirais de lui, s'il était à ma place et moi à la sienne… »

Ils sortaient de la ville lorsqu'ils rencontrèrent un homme grand et vigoureux, le chapeau bordé sur la tête, l'habit galonné sur toutes les tailles[3], allant seul si vous en exceptez deux grands chiens qui le précédaient. Jacques ne l'eut pas plus tôt aperçu, que descendre de cheval, s'écrier : « C'est lui ! » et se jeter à son cou, fut l'affaire d'un instant. L'homme aux deux chiens paraissait très embarrassé des caresses* de Jacques, le repoussait doucement, et lui disait : « Monsieur, vous me faites trop d'honneur.

– Eh non ! je vous dois la vie, et je ne saurais trop vous en remercier.

– Vous ne savez pas qui je suis.

1. Je vais m'en occuper.
2. Se dit d'une personne qui en accompagne une autre.
3. Sur toutes les coutures.

– N'êtes-vous pas le citoyen officieux* qui m'a secouru, qui m'a saigné et qui m'a pansé, lorsque mon cheval…

– Il est vrai.

– N'êtes-vous pas le citoyen honnête* qui a repris ce cheval pour le même prix qu'il me l'avait vendu ?

– Je le suis. » Et Jacques de le rembrasser sur une joue et sur l'autre, et son maître de sourire, et les deux chiens debout, le nez en l'air et comme émerveillés d'une scène qu'ils voyaient pour la première fois. Jacques, après avoir ajouté à ses démonstrations de gratitude force révérences, que son bienfaiteur ne lui rendait pas, et force souhaits qu'on recevait froidement, remonte sur son cheval, et dit à son maître : « J'ai la plus profonde vénération pour cet homme que vous devez me faire connaître.

Le Maître. – Et pourquoi, Jacques, est-il vénérable à vos yeux ?

Jacques. – C'est que, n'attachant aucune importance aux services qu'il rend, il faut qu'il soit naturellement officieux* et qu'il ait une longue habitude de bienfaisance.

Le Maître. – Et à quoi jugez-vous cela ?

Jacques. – À l'air indifférent et froid avec lequel il a reçu mon remerciement ; il ne me salue point, il ne me dit pas un mot, il semble me méconnaître, et peut-être à présent se dit-il en lui-même avec un sentiment de mépris : Il faut que la bienfaisance soit fort étrangère à ce voyageur, et que l'exercice de la justice lui soit bien pénible, puisqu'il en est si touché… Qu'est-ce qu'il y a donc de si absurde dans ce que je vous dis, pour vous faire rire de si bon cœur !… Quoi qu'il en soit, dites-moi le nom de cet homme, afin que je l'écrive sur mes tablettes.

Le Maître. – Très volontiers ; écrivez.

Jacques. – Dites.

Le Maître. – Écrivez : l'homme auquel je porte la plus profonde vénération…

Jacques. – La plus profonde vénération…

Le Maître. – Est…

Jacques. – Est…

Le Maître. – Le bourreau de…

Jacques. – Le bourreau !

Le Maître. – Oui, oui, le bourreau.

JACQUES. – Pourriez-vous me dire où est le sel de cette plaisanterie ?

LE MAÎTRE. – Je ne plaisante point. Suivez les chaînons de votre gourmette*. Vous avez besoin d'un cheval, le sort vous adresse à un passant, et ce passant, c'est un bourreau. Ce cheval vous conduit deux fois entre des fourches patibulaires* ; la troisième, il vous dépose chez un bourreau ; là vous tombez sans vie, de là on vous apporte, où ? dans une auberge, un gîte, un asile commun. Jacques, savez-vous l'histoire de la mort de Socrate ?

JACQUES. – Non.

LE MAÎTRE. – C'était un sage d'Athènes. Il y a longtemps que le rôle de sage est dangereux parmi les fous. Ses concitoyens le condamnèrent à boire la ciguë[1]. Eh bien ! Socrate fit comme vous venez de faire ; il en usa* avec le bourreau qui lui présenta la ciguë aussi poliment que vous. Jacques, vous êtes une espèce de philosophe, convenez-en. Je sais bien que c'est une race d'hommes odieuse aux grands, devant lesquels ils ne fléchissent pas le genou ; aux magistrats, protecteurs par état des préjugés qu'ils poursuivent ; aux prêtres qui les voient rarement au pied de leurs autels ; aux poètes, gens sans principes et qui regardent sottement la philosophie comme la cognée des beaux-arts, sans compter que ceux même d'entre eux qui se sont exercés dans le genre odieux de la satire n'ont été que des flatteurs ; aux peuples, de tout temps les esclaves des tyrans qui les oppriment, des fripons qui les trompent, et des bouffons qui les amusent. Ainsi je connais, comme vous voyez, tout le péril de votre profession et toute l'importance de l'aveu que je vous demande ; mais je n'abuserai pas de votre secret. Jacques, mon ami, vous êtes un philosophe, j'en suis fâché pour vous ; et s'il est permis de lire dans les choses présentes celles qui doivent arriver un jour, et si ce qui est écrit là-haut se manifeste quelquefois aux hommes longtemps avant l'événement, je présume que votre mort sera philosophique, et que vous recevrez le lacet d'aussi bonne grâce que Socrate reçut la coupe de la ciguë.

---

1. Poison violent.

JACQUES. – Mon maître, un prophète ne dirait pas mieux ; mais heureusement…

LE MAÎTRE. – Vous n'y croyez pas trop ; ce qui achève de donner de la force à mon pressentiment.

JACQUES. – Et vous, monsieur, y croyez-vous ?

LE MAÎTRE. – J'y crois ; mais je n'y croirais pas que ce serait sans conséquence.

JACQUES. – Et pourquoi ?

LE MAÎTRE. – C'est qu'il n'y a du danger que pour ceux qui parlent ; et je me tais.

JACQUES. – Et aux pressentiments ?

LE MAÎTRE. – J'en ris, mais j'avoue que c'est en tremblant. Il y en a qui ont un caractère si frappant ! On a été bercé de ces contes*-là de si bonne heure ! Si vos rêves s'étaient réalisés cinq ou six fois, et qu'il vous arrivât de rêver* que votre ami est mort, vous iriez bien vite le matin chez lui pour savoir ce qui en est. Mais les pressentiments dont il est impossible de se défendre, ce sont surtout ceux qui se présentent au moment où la chose se passe loin de nous, et qui ont un air symbolique.

JACQUES. – Vous êtes quelquefois si profond et si sublime que je ne vous entends* pas. Ne pourriez-vous pas m'éclaircir cela par un exemple ?

LE MAÎTRE. – Rien de plus aisé. Une femme vivait à la campagne avec son mari octogénaire et attaqué de la pierre[1]. Le mari quitte sa femme et vient à la ville se faire opérer. La veille de l'opération il écrit à sa femme : "À l'heure où vous recevrez cette lettre, je serai sous le bistouri de frère Cosme[2]…" Tu connais ces anneaux de mariage qui se séparent en deux parties, sur chacune desquelles les noms de l'époux et de sa femme sont gravés. Eh bien ! cette femme en avait un pareil au doigt, lorsqu'elle ouvrit la lettre de son mari. À l'instant, les deux moitiés de cet anneau se séparent ; celle qui portait son nom reste à son doigt ; celle qui portait le nom de son mari tombe brisée sur la lettre qu'elle lisait… Dis-moi, Jacques, crois-tu

---

1. Calcul rénal.
2. Surnom de Jean Basilhac (1703-1781), chirurgien spécialiste des voies urinaires.

qu'il y ait de tête assez forte, d'âme assez ferme, pour n'être pas plus ou moins ébranlée d'un pareil incident, et dans une circonstance pareille ? Aussi cette femme en pensa mourir. Ses transes durèrent jusqu'au jour de la poste* suivante pour laquelle son mari lui écrivit que l'opération s'était faite heureusement, qu'il était hors de tout danger, et qu'il se flattait de l'embrasser avant la fin du mois.

JACQUES. – Et l'embrassa-t-il en effet ?

LE MAÎTRE. – Oui.

JACQUES. – Je vous ai fait cette question, parce que j'ai remarqué plusieurs fois que le destin était cauteleux[1]. On lui dit au premier moment qu'il en aura menti, et il se trouve au second moment, qu'il a dit vrai. Ainsi donc, Monsieur, vous me croyez dans le cas du pressentiment symbolique ; et, malgré vous, vous me croyez menacé de la mort du philosophe ?

LE MAÎTRE. – Je ne saurais te le dissimuler ; mais pour écarter cette triste idée, ne pourrais-tu pas ?...

JACQUES. – Reprendre l'histoire de mes amours ?... »

Jacques reprit l'histoire de ses amours. Nous l'avions laissé, je crois, avec le chirurgien.

LE CHIRURGIEN. – J'ai peur qu'il n'y ait de la besogne à votre genou pour plus d'un jour.

JACQUES. – Il y en aura tout juste pour tout le temps qui est écrit là-haut, qu'importe ?

LE CHIRURGIEN. – À tant par jour pour le logement, la nourriture et mes soins, cela fera une somme.

JACQUES. – Docteur, il ne s'agit pas de la somme pour tout ce temps ; mais combien par jour.

LE CHIRURGIEN. – Vingt-cinq sous*, serait-ce trop ?

JACQUES. – Beaucoup trop ; allons, docteur, je suis un pauvre diable : ainsi réduisons la chose à la moitié, et avisez le plus promptement que vous pourrez à me faire transporter chez vous.

LE CHIRURGIEN. – Douze sous et demi, ce n'est guère ; vous mettrez bien les treize sous !

JACQUES. – Douze sous et demi, treize sous... Tope.

LE CHIRURGIEN. – Et vous paierez tous les jours ?

---

1. Rusé, habile.

JACQUES. – C'est la condition.

LE CHIRURGIEN. – C'est que j'ai une diable de femme qui n'entend pas raillerie[1], voyez-vous.

JACQUES. – Eh! docteur, faites-moi transporter bien vite auprès de votre diable de femme.

LE CHIRURGIEN. – Un mois à treize sous par jour, c'est dix-neuf livres* dix sous. Vous mettrez bien vingt francs*?

JACQUES. – Vingt francs, soit.

LE CHIRURGIEN. – Vous voulez être bien nourri, bien soigné, promptement guéri. Outre la nourriture, le logement et les soins, il y aura peut-être les médicaments, il y aura des linges, il y aura…

JACQUES. – Après?

LE CHIRURGIEN. – Ma foi, le tout vaudra bien vingt-quatre francs.

JACQUES. – Va pour vingt-quatre francs; mais sans queue[2].

LE CHIRURGIEN. – Un mois à vingt-quatre francs; deux mois, cela fera quarante-huit livres; trois mois, cela fera soixante et douze. Ah! que la doctoresse serait contente, si vous pouviez lui avancer, en entrant, la moitié de ces soixante et douze livres!

JACQUES. – J'y consens.

LE CHIRURGIEN. – Elle serait bien plus contente encore…

JACQUES. – Si je payais le quartier[3]? Je le paierai.

Jacques ajouta : « Le chirurgien alla retrouver mes hôtes, les prévint de notre arrangement, et un moment après, l'homme, la femme et les enfants se rassemblèrent autour de mon lit avec un air serein; ce furent des questions sans fin sur ma santé et sur mon genou, des éloges sur le chirurgien, leur compère* et sa femme, des souhaits à perte de vue, la plus belle affabilité, un intérêt! un empressement à me servir! Cependant le chirurgien ne leur avait pas dit que j'avais quelque argent, mais ils connaissaient l'homme; il me prenait chez lui, et ils le savaient. Je payai ce que je devais à ces gens; je fis aux enfants de petites largesses que

---

1. Qui ne comprend pas la plaisanterie.
2. Expression signifiant « sans qu'il reste quelque chose à payer ».
3. Somme qui est échue pendant trois mois (soit le quart de l'année).

leur père et mère ne laissèrent pas longtemps entre leurs mains. C'était le matin. L'hôte partit pour s'en aller aux champs, l'hôtesse prit sa hotte sur ses épaules et s'éloigna ; les enfants, attristés et mécontents d'avoir été spoliés, disparurent, et quand il fut question de me tirer de mon grabat*, de me vêtir et de m'arranger sur mon brancard, il ne se trouva personne que le docteur, qui se mit à crier à tue-tête et que personne n'entendit.

LE MAÎTRE. – Et Jacques, qui aime à se parler à lui-même, se disait apparemment : Ne payez jamais d'avance, si vous ne voulez pas être mal servi.

JACQUES. – Non, mon maître ; ce n'était pas le temps de moraliser, mais bien celui de s'impatienter et de jurer. Je m'impatientai, je jurai, je fis de la morale ensuite : et tandis que je moralisais, le docteur, qui m'avait laissé seul, revint avec deux paysans qu'il avait loués pour mon transport et à mes frais, ce qu'il ne me laissa pas ignorer. Ces hommes me rendirent tous les soins préliminaires à mon installation sur l'espèce de brancard qu'on me fit avec un matelas étendu sur des perches.

LE MAÎTRE. – Dieu soit loué ! te voilà dans la maison du chirurgien, et amoureux de la femme ou de la fille du docteur.

JACQUES. – Je crois, mon maître, que vous vous trompez.

LE MAÎTRE. – Et tu crois que je passerai trois mois dans la maison du docteur avant que d'avoir entendu le premier mot de tes amours ? Ah ! Jacques, cela ne se peut. Fais-moi grâce, je te prie, et de la description de la maison, et du caractère du docteur, et de l'humeur de la doctoresse, et des progrès de ta guérison ; saute, saute par-dessus tout cela. Au fait ! allons au fait ! Voilà ton genou à peu près guéri, te voilà assez bien portant, et tu aimes.

JACQUES. – J'aime donc, puisque vous êtes si pressé.

LE MAÎTRE. – Et qui aimes-tu ?

JACQUES. – Une grande brune de dix-huit ans, faite au tour*, grands yeux noirs, petite bouche vermeille, beaux bras, jolies mains… Ah ! mon maître, les jolies mains !… C'est que ces mains-là…

LE MAÎTRE. – Tu crois encore les tenir.

JACQUES. – C'est que vous les avez prises et tenues plus

d'une fois à la dérobée, et qu'il n'a dépendu que d'elles que vous n'en ayez fait tout ce qu'il vous plairait.

LE MAÎTRE. – Ma foi, Jacques, je ne m'attendais pas à celui-là.

JACQUES. – Ni moi non plus.

LE MAÎTRE. – J'ai beau rêver*, je ne me rappelle ni grande brune, ni jolies mains : tâche de t'expliquer.

JACQUES. – J'y consens ; mais c'est à la condition que nous reviendrons sur nos pas et que nous rentrerons dans la maison du chirurgien.

LE MAÎTRE. – Crois-tu que cela soit écrit là-haut ?

JACQUES. – C'est vous qui me l'allez apprendre ; mais il est écrit ici-bas que *chi va piano va sano*.

LE MAÎTRE. – Et qui *chi va sano va lontano*[1] ; et je voudrais bien arriver.

JACQUES. – Eh bien ! qu'avez-vous résolu ?

LE MAÎTRE. – Ce que tu voudras.

JACQUES. – En ce cas, nous revoilà chez le chirurgien ; et il était écrit là-haut que nous y reviendrions. Le docteur, sa femme et ses enfants se concertèrent si bien pour épuiser ma bourse par toutes sortes de petites rapines, qu'ils y eurent bientôt réussi. La guérison de mon genou paraissait bien avancée sans l'être, la plaie était refermée à peu de chose près, je pouvais sortir à l'aide d'une béquille, et il me restait encore dix-huit francs*. Pas de gens qui aiment plus à parler que les bègues, pas de gens qui aiment plus à marcher que les boiteux. Un jour d'automne, une après-dîner* qu'il faisait beau, je projetai une longue course ; du village que j'habitais au village voisin, il y avait environ deux lieues*.

LE MAÎTRE. – Et ce village s'appelait ?

JACQUES. – Si je vous le nommais, vous sauriez tout. Arrivé là, j'entrai dans un cabaret, je me reposai, je me rafraîchis. Le jour commençait à baisser, et je me disposais à regagner le gîte lorsque, de la maison où j'étais, j'entendis une femme qui poussait les cris les plus aigus. Je sortis ; on s'était attroupé autour d'elle. Elle était à terre, elle

---

1. De l'italien : « qui va lentement va sûrement » et « qui va sûrement va loin ».

s'arrachait les cheveux ; elle disait, en montrant les débris d'une grande cruche : "Je suis ruinée, je suis ruinée pour un mois ; pendant ce temps qui est-ce qui nourrira mes pauvres enfants ? Cet intendant*, qui a l'âme plus dure qu'une pierre, ne me fera pas grâce d'un sou*. Que je suis malheureuse ! Je suis ruinée, je suis ruinée !..." Tout le monde la plaignait ; je n'entendais autour d'elle que : "La pauvre femme !" mais personne ne mettait la main dans la poche. Je m'approchai brusquement et lui dis : "Ma bonne, qu'est-ce qui vous est arrivé ? – Ce qui m'est arrivé ! est-ce que vous ne le voyez pas ? On m'avait envoyé acheter une cruche d'huile[1] : j'ai fait un faux pas, je suis tombée, ma cruche s'est cassée, et voilà l'huile dont elle était pleine..." Dans ce moment survinrent les petits enfants de cette femme, ils étaient presque nus, et les mauvais vêtements de leur mère montraient toute la misère de la famille ; et la mère et les enfants se mirent à crier. Tel que vous me voyez, il en fallait dix fois moins pour me toucher ; mes entrailles s'émurent de compassion, les larmes me vinrent aux yeux. Je demandai à cette femme, d'une voix entrecoupée, pour combien il y avait d'huile dans sa cruche. "Pour combien ? me répondit-elle en levant les mains en haut. Pour neuf francs*, pour plus que je ne saurais gagner en un mois..." À l'instant, déliant ma bourse et lui jetant deux gros écus*, "tenez, ma bonne, lui dis-je, en voilà douze..." et, sans attendre ses remerciements, je repris le chemin du village.

LE MAÎTRE. – Jacques, vous fîtes là une belle chose.

JACQUES. – Je fis une sottise, ne vous déplaise. Je ne fus pas à cent pas du village que je me le dis ; je ne fus pas à moitié chemin, que je me le dis bien mieux ; arrivé chez mon chirurgien, le gousset* vide, je le sentis bien autrement.

LE MAÎTRE. – Tu pourrais bien avoir raison, et mon éloge être aussi déplacé que ta commisération... Non, non, Jacques, je persiste dans mon premier jugement, et c'est l'oubli de ton propre besoin qui fait le principal mérite de

---

1. Le désespoir de la femme s'explique du fait que l'huile était une denrée très chère au XVIIIe siècle.

ton action. J'en vois les suites : tu vas être exposé à l'inhumanité de ton chirurgien et de sa femme ; ils te chasse-
ront de chez eux ; mais quand tu devrais mourir à leur porte
sur un fumier, sur ce fumier tu serais satisfait de toi.

JACQUES. – Mon maître, je ne suis pas de cette force-là ;
je m'acheminais cahin-caha ; et, puisqu'il faut vous
l'avouer, regrettant mes deux gros écus*, qui n'en étaient
pas moins donnés, et gâtant par mon regret l'œuvre que
j'avais faite. J'étais à une égale distance des deux villages,
et le jour était tout à fait tombé, lorsque trois bandits sortent d'entre les broussailles qui bordaient le chemin, se jettent sur moi, me renversent à terre, me fouillent, et sont
étonnés de me trouver aussi peu d'argent que j'en avais. Ils
avaient compté sur une meilleure proie ; témoins de l'aumône que j'avais faite au village, ils avaient imaginé que
celui qui peut se dessaisir aussi lestement d'un demi-louis*
devait en avoir encore une vingtaine. Dans la rage de voir
leur espérance trompée et de s'être exposés à avoir les os
brisés sur un échafaud pour une poignée de sous marqués[1],
si je les dénonçais, s'ils étaient pris et que je les reconnusse,
ils balancèrent* un moment s'ils ne m'assassineraient pas.
Heureusement ils entendirent du bruit ; ils s'enfuirent, et
j'en fus quitte pour quelques contusions que je me fis en
tombant et que je reçus tandis qu'on me volait. Les bandits éloignés, je me retirai ; je regagnai le village comme
je pus : j'y arrivai à deux heures de nuit, pâle, défait, la douleur de mon genou fort accrue et souffrant, en différents
endroits, des coups que j'avais remboursés*. Le docteur...
Mon maître, qu'avez-vous ? Vous serrez les dents, vous
vous agitez comme si vous étiez en présence d'un ennemi.

LE MAÎTRE. – J'y suis, en effet ; j'ai l'épée à la main ; je
fonds sur tes voleurs et je te venge. Dis-moi comment celui
qui a écrit le grand rouleau a pu écrire que telle serait la
récompense d'une action généreuse ? Pourquoi moi, qui ne
suis qu'un misérable composé[2] de défauts, je prends ta
défense, tandis que lui qui t'a vu tranquillement attaqué,

---

1. Le sou marqué est une pièce de métal marquée d'une croix et d'une
fleur de lys valant quinze deniers.
2. Un ensemble formé de parties différentes.

renversé, maltraité, foulé aux pieds, lui qu'on dit être l'assemblage de toute perfection !…

JACQUES. – Mon maître, paix, paix : ce que vous dites là sent le fagot[1] en diable.

LE MAÎTRE. – Qu'est-ce que tu regardes ?

JACQUES. – Je regarde s'il n'y a personne autour de nous qui vous ait entendu… Le docteur me tâta le pouls et me trouva de la fièvre. Je me couchai sans parler de mon aventure, rêvant* sur mon grabat*, ayant affaire à deux âmes… Dieu ! quelles âmes ! n'ayant pas le sou, et pas le moindre doute que le lendemain, à mon réveil, on n'exigeât le prix dont nous étions convenus par jour. »

En cet endroit, le maître jeta ses bras autour du cou de son valet, en s'écriant : « Mon pauvre Jacques, que vas-tu faire ? Que vas-tu devenir ? Ta position[2] m'effraie.

JACQUES. – Mon maître, rassurez-vous, me voilà.

LE MAÎTRE. – Je n'y pensais pas ; j'étais à demain, à côté de toi, chez le docteur, au moment où tu t'éveilles, et où l'on vient te demander de l'argent.

JACQUES. – Mon maître, on ne sait de quoi se réjouir, ni de quoi s'affliger dans la vie. Le bien amène le mal, le mal amène le bien. Nous marchons dans la nuit au-dessous de ce qui est écrit là-haut, également insensés dans nos souhaits, dans notre joie et dans notre affliction. Quand je pleure, je trouve souvent que je suis un sot.

LE MAÎTRE. – Et quand tu ris ?

JACQUES. – Je trouve encore que je suis un sot ; cependant, je ne puis m'empêcher de pleurer ni de rire : et c'est ce qui me fait enrager. J'ai cent fois essayé… Je ne fermai pas l'œil de la nuit…

LE MAÎTRE. – Non, non, dis-moi ce que tu as essayé.

JACQUES. – De me moquer de tout. Ah ! si j'avais pu y réussir.

---

1. C'est-à-dire pourrait vous mener au bûcher. Jacques trouve les propos de son maître dangereux : ils soulignent la contradiction entre l'existence du mal et la bonté supposée de Dieu. On a souvent vu dans ce passage une allusion au supplice du chevalier de La Barre en 1766, qui révolta les esprits éclairés du temps. Sur une simple accusation de blasphème, ce dernier avait en effet été condamné à avoir la langue arrachée, le poing coupé, la tête tranchée et le corps brûlé.
2. Ici, situation.

LE MAÎTRE. – À quoi cela t'aurait-il servi ?

JACQUES. – À me délivrer de souci, à n'avoir plus besoin de rien, à me rendre parfaitement maître de moi, à me trouver aussi bien la tête contre une borne, au coin de la rue, que sur un bon oreiller. Tel je suis quelquefois ; mais le diable est que cela ne dure pas, et que dur et ferme comme un rocher dans les grandes occasions, il arrive souvent qu'une petite contradiction, une bagatelle me déferre[1] ; c'est à se donner des soufflets*. J'y ai renoncé ; j'ai pris le parti d'être comme je suis ; et j'ai vu, en y pensant un peu, que cela revenait presque au même, en ajoutant : Qu'importe comme on soit ? C'est une autre résignation plus facile et plus commode.

LE MAÎTRE. – Pour plus commode, cela est sûr.

JACQUES. – Dès le matin, le chirurgien tira mes rideaux et me dit : "Allons, l'ami, votre genou ; car il faut que j'aille au loin.

– Docteur, lui dis-je d'un ton douloureux, j'ai sommeil.

– Tant mieux ! c'est bon signe.

– Laissez-moi dormir, je ne me soucie pas d'être pansé.

– Il n'y a pas grand inconvénient à cela, dormez…"

Cela dit, il referme mes rideaux ; et je ne dors pas. Une heure après, la doctoresse tira mes rideaux et me dit : "Allons, l'ami, prenez votre rôtie[2] au sucre.

– Madame la doctoresse, lui répondis-je d'un ton douloureux, je ne me sens pas d'appétit.

– Mangez, mangez, vous n'en paierez ni plus ni moins.

– Je ne veux pas manger.

– Tant mieux ! ce sera pour mes enfants et pour moi."

Et cela dit, elle referme mes rideaux, appelle ses enfants et les voilà qui se mettent à dépêcher[3] ma rôtie au sucre. »

Lecteur, si je faisais ici une pause, et que je reprisse l'histoire de l'homme à une seule chemise, parce qu'il

---

1. « Se dit figurément en choses morales. On dit qu'on a déferré un homme des quatre pieds pour dire, qu'on l'a rendu muet, qu'on l'a mis hors d'état de passer plus avant en quelque dispute. » (*Dictionnaire* de Furetière, 1690).

2. Boisson reconstituante à base de vin chaud et de pain.

3. Ici, engloutir.

n'avait qu'un corps à la fois, je voudrais bien savoir ce que vous en penseriez ? Que je me suis fourré dans une *impasse* à la Voltaire, ou vulgairement dans un cul-de-sac[1], d'où je ne sais comment sortir, et que je me jette dans un conte* fait à plaisir, pour gagner du temps et chercher quelque moyen de sortir de celui que j'ai commencé. Eh bien, lecteur, vous vous abusez de tout point. Je sais comment Jacques sera tiré de sa détresse, et ce que je vais vous dire de Gousse, l'homme à une seule chemise à la fois, parce qu'il n'avait qu'un corps à la fois, n'est point du tout un conte*.

C'était un jour de Pentecôte, le matin, que je reçus un billet de Gousse, par lequel il me suppliait de le visiter dans une prison où il était confiné. En m'habillant, je rêvais* à son aventure ; et je pensais que son tailleur, son boulanger, son marchand de vin ou son hôte, avaient obtenu et mis à exécution contre lui une prise de corps[2]. J'arrive, et je le trouve faisant chambrée commune avec d'autres personnages d'une figure omineuse[3]. Je lui demandai ce que c'étaient que ces gens-là.

« Le vieux que vous voyez avec ses lunettes sur le nez est un homme adroit qui sait supérieurement le calcul et qui cherche à faire cadrer les registres qu'il copie avec ses comptes. Cela est difficile, nous en avons causé, mais je ne doute point qu'il n'y réussisse.

– Et cet autre ?

– C'est un sot.

– Mais encore ?

– Un sot, qui avait inventé une machine à contrefaire les billets publics, mauvaise machine, machine vicieuse qui pèche par vingt endroits.

– Et ce troisième, qui est vêtu d'une livrée et qui joue de la basse ?

---

1. L'auteur égratigne ici Voltaire qui, s'élevant contre l'emploi de termes empruntés à la langue populaire, jugés indécents, préconisait, dans l'article « Cul » de son *Dictionnaire philosophique*, de remplacer le mot « cul-de-sac » par « impasse ».
2. Le fait, pour la justice, de s'assurer physiquement d'une personne contre laquelle est lancée une accusation (vocabulaire judiciaire).
3. De mauvais augure (déjà un archaïsme).

– Il n'est ici qu'en attendant ; ce soir peut-être ou demain matin, car son affaire n'est rien, il sera transféré à Bicêtre[1].

– Et vous ?

– Moi ? mon affaire est moindre encore. »

Après cette réponse, il se lève, pose son bonnet sur le lit, et à l'instant ses trois camarades de prison disparaissent. Quand j'entrai, j'avais trouvé Gousse en robe de chambre, assis à une petite table, traçant des figures de géométrie et travaillant aussi tranquillement que s'il eût été chez lui. Nous voilà seuls. « Et vous, que faites-vous ici ?

– Moi, je travaille, comme vous voyez.

– Et qui est-ce qui vous y a fait mettre ?

– Moi.

– Comment vous ?

– Oui, moi, monsieur.

– Et comment vous y êtes-vous pris ?

– Comme je m'y serais pris avec un autre. Je me suis fait un procès à moi-même ; je l'ai gagné, et en conséquence de la sentence que j'ai obtenue contre moi et du décret qui s'en est suivi, j'ai été appréhendé et conduit ici.

– Êtes-vous fou ?

– Non, monsieur, je vous dis la chose telle qu'elle est.

– Ne pourriez-vous pas vous faire un autre procès à vous-même, le gagner, et, en conséquence d'une autre sentence et d'un autre décret, vous faire élargir[2] ?

– Non, monsieur. »

Gousse avait une servante jolie, et qui lui servait de moitié plus souvent que la sienne. Ce partage inégal avait troublé la paix domestique. Quoique rien ne fût plus difficile que de tourmenter cet homme, celui de tous qui s'épouvantait le moins du bruit, il prit le parti de quitter sa femme et de vivre avec sa servante. Mais toute sa fortune consistait en meubles, en machines, en dessins, en outils et autres effets mobiliers ; et il aimait mieux laisser sa femme toute nue que de s'en aller les mains vides ; en conséquence, voici le projet qu'il conçut. Ce fut de faire des billets* à

---

1. Prison située au sud de Paris, qui était réservée aux vagabonds, aux déments et aux forçats en instance de transfert.
2. Vous faire libérer.

sa servante, qui en poursuivrait le paiement et obtiendrait la saisie et la vente de ses effets[1], qui iraient du pont Saint-Michel dans le logement où il se proposait de s'installer avec elle. Il est enchanté de l'idée, il fait les billets*, il s'assigne, il a deux procureurs. Le voilà courant chez l'un et chez l'autre, se poursuivant lui-même avec toute la vivacité possible, s'attaquant bien, se défendant mal ; le voilà condamné à payer sous les peines portées par la loi ; le voilà s'emparant en idée de tout ce qu'il pouvait y avoir dans sa maison ; mais il n'en fut pas tout à fait ainsi. Il avait affaire à une coquine très rusée qui, au lieu de le faire exécuter dans ses meubles[2], se jeta sur sa personne, le fit prendre et mettre en prison ; en sorte que quelques bizarres que fussent les réponses énigmatiques qu'il m'avait faites, elles n'en étaient pas moins vraies.

Tandis que je vous faisais cette histoire, que vous prendrez pour un conte*... – Et celle de l'homme à la livrée qui raclait de la basse ? – Lecteur, je vous la promets ; d'honneur, vous ne la perdrez pas ; mais permettez que je revienne à Jacques et à son maître. Jacques et son maître avaient atteint le gîte où ils avaient la nuit à passer. Il était tard ; la porte de la ville était fermée, et ils avaient été obligés de s'arrêter dans le faubourg. Là, j'entends un vacarme... – Vous entendez ! Vous n'y étiez pas ; il ne s'agit pas de vous. – Il est vrai. Eh bien ! Jacques... son maître... On entend un vacarme effroyable. Je vois deux hommes... – Vous ne voyez rien ; il ne s'agit pas de vous, vous n'y étiez pas. – Il est vrai. Il y avait deux hommes à table, causant assez tranquillement à la porte de la chambre qu'ils occupaient ; une femme, les deux poings sur les côtés, leur vomissait un torrent d'injures, et Jacques essayait d'apaiser cette femme, qui n'écoutait non plus ses remontrances pacifiques que les deux personnages à qui elle s'adressait ne faisaient attention à ses invectives. « Allons, ma bonne, lui disait Jacques, patience, remettez-vous ; voyons, de quoi s'agit-il ? Ces messieurs me semblent d'honnêtes* gens.

---

1. Ses biens.
2. C'est-à-dire lui faire payer sa dette par la saisie de ses meubles.

– Eux, d'honnêtes gens ? Ce sont des brutaux, des gens sans pitié, sans humanité, sans aucun sentiment. Eh ! quel mal leur faisait cette pauvre Nicole pour la maltraiter ainsi ? Elle en sera peut-être estropiée pour le reste de sa vie.

– Le mal n'est peut-être pas aussi grand que vous le croyez.

– Le coup a été effroyable, vous dis-je ; elle en sera estropiée.

– Il faut voir ; il faut envoyer chercher le chirurgien.

– On y est allé.

– La mettre au lit.

– Elle y est, et pousse des cris à fendre le cœur. Ma pauvre Nicole !… »

Au milieu de ces lamentations, on sonnait d'un côté, et l'on criait : « Notre hôtesse ! du vin… » Elle répondait : « On y va. » On sonnait d'un autre côté, et l'on criait : « Notre hôtesse ! du linge ! » Elle répondait : « On y va. – Les côtelettes et le canard ! – On y va. – Un pot à boire, un pot de chambre ! – On y va, on y va. » Et d'un autre coin du logis un homme forcené criait : « Maudit bavard ! enragé bavard ! de quoi te mêles-tu ? As-tu résolu de me faire attendre jusqu'à demain ? Jacques ! Jacques ! »

L'hôtesse, un peu remise de sa douleur et de sa fureur, dit à Jacques : « Monsieur, laissez-moi, vous êtes trop bon.

– Jacques ! Jacques !

– Courez vite. Ah ! si vous saviez tous les malheurs de cette pauvre créature !…

– Jacques ! Jacques !

– Allez donc, c'est, je crois, votre maître qui vous appelle.

– Jacques ! Jacques ! »

C'était en effet le maître de Jacques qui s'était déshabillé seul, qui se mourait de faim et qui s'impatientait de n'être pas servi. Jacques monta, et un moment après Jacques, l'hôtesse, qui avait vraiment l'air abattu : « Monsieur, dit-elle au maître de Jacques, mille pardons ; c'est qu'il y a des choses dans la vie qu'on ne saurait digérer. Que voulez-vous ? J'ai des poulets, des pigeons, un râble de lièvre excellent, des lapins : c'est le canton des bons lapins. Aimeriez-vous mieux un oiseau de rivière ? »

Jacques ordonna le souper* de son maître comme pour lui, selon son usage. On servit, et tout en dévorant, le maître disait à Jacques : « Eh ! que diable faisais-tu là-bas ?

JACQUES. – Peut-être un bien, peut-être un mal ; qui le sait ?

LE MAÎTRE. – Et quel bien ou quel mal faisais-tu là-bas ?

JACQUES. – J'empêchais cette femme de se faire assommer elle-même par deux hommes qui sont là-bas et qui ont cassé tout au moins un bras à sa servante.

LE MAÎTRE. – Et peut-être ç'aurait été pour elle un bien que d'être assommée…

JACQUES. – Par dix raisons meilleures les unes que les autres. Un des plus grands bonheurs qui me soient arrivés de ma vie, à moi qui vous parle…

LE MAÎTRE. – C'est d'avoir été assommé ?… À boire.

JACQUES. – Oui, monsieur, assommé, assommé sur le grand chemin, la nuit ; en revenant du village, comme je vous le disais, après avoir fait, selon moi, la sottise ; selon vous, la belle œuvre de donner mon argent.

LE MAÎTRE. – Je me rappelle… À boire… Et l'origine de la querelle que tu apaisais là-bas, et du mauvais traitement fait à la fille ou à la servante de l'hôtesse ?

JACQUES. – Ma foi, je l'ignore.

LE MAÎTRE. – Tu ignores le fond d'une affaire, et tu t'en mêles ! Jacques, cela n'est ni selon la prudence, ni selon la justice, ni selon les principes… À boire…

JACQUES. – Je ne sais ce que c'est que des principes, selon des règles qu'on prescrit aux autres pour soi. Je pense d'une façon, et je ne saurais m'empêcher de faire d'une autre. Tous les sermons ressemblent aux préambules des édits du roi ; tous les prédicateurs voudraient qu'on pratiquât leurs leçons, parce que nous nous en trouverions mieux peut-être ; mais eux à coup sûr… La vertu…

LE MAÎTRE. – La vertu, Jacques, c'est une bonne chose ; les méchants et les bons en disent du bien… À boire…

JACQUES. – Car ils y trouvent les uns et les autres leur compte.

LE MAÎTRE. – Et comment fut-ce un si grand bonheur pour toi d'être assommé ?

JACQUES. – Il est tard, vous avez bien soupé* et moi

aussi ; nous sommes fatigués tous les deux, croyez-moi, couchons-nous.

LE MAÎTRE. – Cela ne se peut, et l'hôtesse nous doit encore quelque chose. En attendant, reprends l'histoire de tes amours.

JACQUES. – Où en étais-je ? Je vous prie, mon maître, pour cette fois-ci, et pour toutes les autres, de me remettre sur la voie.

LE MAÎTRE. – Je m'en charge, et, pour entrer en ma fonction de souffleur, tu étais dans ton lit, sans argent, fort empêché de ta personne, tandis que la doctoresse et ses enfants mangeaient ta rôtie au sucre.

JACQUES. – Alors on entendit un carrosse s'arrêter à la porte de la maison. Un valet entre et demande : "N'est-ce pas ici que loge un pauvre homme, un soldat qui marche avec une béquille, qui revint hier au soir du village prochain*?

– Oui, répondit la doctoresse, que lui voulez-vous ?

– Le prendre dans ce carrosse et l'amener avec nous.

– Il est dans ce lit ; tirez les rideaux et parlez-lui." »

Jacques en était là, lorsque l'hôtesse entra et leur dit : « Que voulez-vous pour dessert ?

LE MAÎTRE. – Ce que vous avez. »

L'hôtesse, sans se donner la peine de descendre, cria de la chambre : « Nanon, apportez des fruits, des biscuits, des confitures… »

À ce mot de Nanon, Jacques dit à part lui : « Ah ! c'est sa fille qu'on a maltraitée, on se mettrait en colère à moins… »

Et le maître dit à l'hôtesse : « Vous étiez bien fâchée tout à l'heure ?

L'HÔTESSE. – Et qui est-ce qui ne se fâcherait pas ? La pauvre créature ne leur avait rien fait ; elle était à peine entrée dans leur chambre, que je l'entends jeter des cris, mais des cris… Dieu merci ! je suis un peu rassurée ; le chirurgien prétend que ce ne sera rien ; elle a cependant deux énormes contusions, l'une à la tête, l'autre à l'épaule.

LE MAÎTRE. – Y a-t-il longtemps que vous l'avez ?

L'HÔTESSE. – Une quinzaine au plus. Elle avait été abandonnée à la poste* voisine.

Le Maître. – Comment, abandonnée !

L'Hôtesse. – Eh ! mon Dieu, oui ! C'est qu'il y a des gens qui sont plus durs que des pierres. Elle a pensé être noyée en passant la rivière qui coule ici près ; elle est arrivée ici comme par miracle, et je l'ai reçue par charité.

Le Maître. – Quel âge a-t-elle ?

L'Hôtesse. – Je lui crois plus d'un an et demi... » À ce mot, Jacques part d'un éclat de rire et s'écrie : « C'est une chienne !

L'Hôtesse. – La plus jolie bête du monde ; je ne donnerais pas ma Nicole pour dix louis*. Ma pauvre Nicole !

Le Maître. – Madame a le cœur bon.

L'Hôtesse. – Vous l'avez dit, je tiens à mes bêtes et à mes gens.

Le Maître. – C'est fort bien fait. Et qui sont ceux qui ont si fort maltraité votre Nicole ?

L'Hôtesse. – Deux bourgeois de la ville prochaine. Ils se parlent sans cesse à l'oreille ; ils s'imaginent qu'on ne sait ce qu'ils disent, et qu'on ignore leur aventure. Il n'y a pas plus de trois heures qu'ils sont ici, et il ne me manque pas un mot de toute leur affaire. Elle est plaisante ; et si vous n'étiez pas plus pressé de vous coucher que moi, je vous la raconterais tout comme leur domestique l'a dite à ma servante, qui s'est trouvée par hasard être sa payse[1], qui l'a redite à mon mari, qui me l'a redite. La belle-mère du plus jeune a passé par ici il n'y a pas plus de trois mois ; elle s'en allait assez malgré elle dans un couvent de province où elle n'a pas fait vieux os ; elle y est morte ; et voilà pourquoi nos deux jeunes gens sont en deuil... Mais voilà que, sans m'en apercevoir, j'enfile[2] leur histoire. Bonsoir, messieurs, et bonne nuit. Vous avez trouvé le vin bon ?

Le Maître. Très bon.

L'Hôtesse. – Vous avez été contents de votre souper* ?

Le Maître. – Très contents. Vos épinards étaient un peu salés.

L'Hôtesse. – J'ai quelquefois la main lourde. Vous

---

1. Originaire du même village, de la même région que lui.
2. Je débite.

serez bien couché, et dans des draps de lessive ; ils ne servent jamais ici deux fois. »

Cela dit, l'hôtesse se retira, et Jacques et son maître se mirent au lit en riant du quiproquo qui leur avait fait prendre une chienne pour la fille ou la servante de la maison, et de la passion de l'hôtesse pour une chienne perdue qu'elle possédait depuis quinze jours. Jacques dit à son maître, en attachant le serre-tête à son bonnet de nuit : « Je gagerais* bien que de tout ce qui a vie dans l'auberge, cette femme n'aime que sa Nicole. » Son maître lui répondit : « Cela se peut, Jacques ; mais dormons. »

Tandis que Jacques et son maître reposent, je vais m'acquitter de ma promesse, par le récit de l'homme de la prison, qui raclait de la basse, ou plutôt de son camarade, le sieur Gousse.

« Ce troisième, me dit-il, est un intendant* de grande maison. Il était devenu amoureux d'une pâtissière de la rue de l'Université. Le pâtissier était un bon homme* qui regardait de plus près à son four qu'à la conduite de sa femme. Si ce n'était pas sa jalousie, c'était son assiduité qui gênait nos deux amants. Que firent-ils pour se délivrer de cette contrainte ? L'intendant présenta à son maître un placet[1] où le pâtissier était traduit comme un homme de mauvaises mœurs, un ivrogne qui ne sortait pas de la taverne, un brutal qui battait sa femme, la plus honnête* et la plus malheureuse des femmes. Sur ce placet il obtint une lettre de cachet[2], et cette lettre de cachet, qui disposait de la liberté du mari, fut mise entre les mains d'un exempt*, pour l'exécuter sans délai. Il arriva par hasard que cet exempt était l'ami du pâtissier. Ils allaient de temps en temps chez le marchand de vin ; le pâtissier fournissait les petits pâtés, l'exempt payait la bouteille. Celui-ci, muni de la lettre de cachet, passe devant la porte du pâtissier, et lui fait le signe convenu. Les voilà tous les deux occupés à manger et à arroser les petits pâtés ; et l'exempt demandant à son camarade comment allait son commerce ?

---

1. Requête écrite adressée au roi, à un ministre ou à un juge pour demander justice, ou pour se faire accorder une faveur.
2. Document au cachet du roi, contenant un ordre d'emprisonnement ou d'exil sans jugement préalable.

"Fort bien.

– S'il n'avait aucune mauvaise affaire ?

– Aucune.

– S'il n'avait point d'ennemis ?

– Il ne s'en connaissait pas.

– Comment il vivait avec ses parents, ses voisins, sa femme ?

– En amitié et en paix.

– D'où peut donc venir, ajouta l'exempt*, l'ordre que j'ai de t'arrêter ? Si je faisais mon devoir, je te mettrais la main au collet, il y aurait là un carrosse tout prêt, et je te conduirais au lieu prescrit par cette lettre de cachet. Tiens, lis…"

Le pâtissier lut et pâlit. L'exempt lui dit : "Rassure-toi, avisons seulement ensemble à ce que nous avons de mieux à faire pour ma sûreté et pour la tienne. Qui est-ce qui fréquente chez toi ?

– Personne.

– Ta femme est coquette et jolie.

– Je la laisse faire à sa tête.

– Personne ne la couche-t-il en joue[1] ?

– Ma foi, non, si ce n'est un certain intendant qui vient quelquefois lui serrer les mains et lui débiter des sornettes ; mais c'est dans ma boutique, devant moi, en présence de mes garçons, et je crois qu'il ne se passe rien entre eux qui ne soit en tout bien et en tout honneur.

– Tu es un bon homme* !

– Cela se peut ; mais le mieux de tout point est de croire sa femme honnête*, et c'est ce que je fais.

– Et cet intendant, à qui est-il ?

– À M. de Saint-Florentin[2].

– Et de quels bureaux crois-tu que vienne la lettre de cachet ?

– Des bureaux de M. de Saint-Florentin, peut-être.

– Tu l'as dit.

– Oh ! manger ma pâtisserie, baiser[3] ma femme et me faire enfermer, cela est trop noir, et je ne saurais le croire !

---

1. C'est-à-dire convoiter.
2. Louis Phelypeaux, comte de Saint-Florentin (1705-1777), fut d'abord ministre des affaires générales de la religion réformée puis, à partir de 1761, ministre d'État.
3. Donner des baisers à.

– Tu es un bon homme*! Depuis quelques jours, comment trouves-tu ta femme ?

– Plutôt triste que gaie.

– Et l'intendant, y a-t-il longtemps que tu ne l'as vu ?

– Hier, je crois ; oui, c'était hier.

– N'as-tu rien remarqué ?

– Je suis fort peu remarquant ; mais il m'a semblé qu'en se séparant ils se faisaient quelques signes de la tête, comme quand l'un dit oui et que l'autre dit non.

– Quelle était la tête qui disait oui ?

– Celle de l'intendant.

– Ils sont innocents ou ils sont complices. Écoute, mon ami, ne rentre pas chez toi ; sauve-toi en quelque lieu de sûreté, au Temple, dans l'Abbaye[1], où tu voudras, et cependant laisse-moi faire ; surtout souviens-toi bien…

– De ne pas me montrer et de me taire.

– C'est cela."

Au même moment la maison du pâtissier est entourée d'espions. Des mouchards, sous toutes sortes de vêtements, s'adressent à la pâtissière, et lui demandent son mari ; elle répond à l'un qu'il est malade, à un autre qu'il est parti pour une fête, à un troisième pour une noce. Quand il reviendra ? Elle n'en sait rien.

Le troisième jour, sur les deux heures du matin, on vient avertir l'exempt qu'on avait vu un homme, le nez enveloppé dans un manteau, ouvrir doucement la porte de la rue et se glisser doucement dans la maison du pâtissier. Aussitôt l'exempt, accompagné d'un commissaire, d'un serrurier, d'un fiacre* et de quelques archers*, se transporte sur les lieux. La porte est crochetée, l'exempt et le commissaire montent à petit bruit. On frappe à la chambre de la pâtissière : point de réponse ; on frappe encore : point de réponse ; à la troisième fois on demande du dedans : "Qui est-ce ?

– Ouvrez.

– Qui est-ce ?

– Ouvrez, c'est de la part du roi.

– Bon ! disait l'intendant à la pâtissière avec laquelle il

---

1. Lieux parisiens jouissant du droit d'asile.

était couché ; il n'y a point de danger : c'est l'exempt* qui vient pour exécuter son ordre. Ouvrez : je me nommerai ; il se retirera, et tout sera fini."

La pâtissière, en chemise, ouvre et se remet dans son lit.

L'EXEMPT. – Où est votre mari ?

LA PÂTISSIERE. – Il n'y est pas.

L'EXEMPT, *écartant le rideau*. – Qui est-ce qui est donc là ?

L'INTENDANT. – C'est moi ; je suis l'intendant de M. de Saint-Florentin.

L'EXEMPT. – Vous mentez, vous êtes le pâtissier, car le pâtissier est celui qui couche avec la pâtissière. Levez-vous, habillez-vous, et suivez-moi.

Il fallut obéir ; on le conduisit ici. Le ministre, instruit de la scélératesse de son intendant, a approuvé la conduite de l'exempt, qui doit venir ce soir à la chute du jour le prendre dans cette prison pour le transférer à Bicêtre, où, grâce à l'économie des administrateurs, il mangera son quarteron* de mauvais pain, son once* de vache, et raclera de sa basse du matin au soir… » Si j'allais aussi mettre ma tête sur un oreiller, en attendant le réveil de Jacques et de son maître ; qu'en pensez-vous ?

Le lendemain Jacques se leva de grand matin, mit la tête à la fenêtre pour voir quel temps il faisait, vit qu'il faisait un temps détestable, se recoucha, et nous laissa dormir, son maître et moi, tant qu'il nous plut.

Jacques, son maître et les autres voyageurs qui s'étaient arrêtés au même gîte, crurent que le ciel s'éclaircirait sur le midi ; il n'en fut rien ; et la pluie de l'orage ayant gonflé le ruisseau qui séparait le faubourg de la ville, au point qu'il eût été dangereux de le passer, tous ceux dont la route conduisait de ce côté prirent le parti de perdre une journée, et d'attendre. Les uns se mirent à causer ; d'autres à aller et venir, à mettre le nez à la porte, à regarder le ciel et à rentrer en jurant et frappant du pied ; plusieurs à politiquer[1] et à boire ; beaucoup à jouer ; le reste à fumer, à dormir et à ne rien faire. Le maître dit à Jacques : « J'espère

_____

1. Raisonner sur les affaires publiques (familier).

que Jacques va reprendre le récit de ses amours, et que le ciel, qui veut que j'aie la satisfaction d'en entendre la fin, nous retient ici par le mauvais temps.

JACQUES. – Le ciel qui veut! On ne sait jamais ce que le ciel veut ou ne veut pas, et il n'en sait peut-être rien lui-même. Mon pauvre capitaine qui n'est plus me l'a répété cent fois; et plus j'ai vécu, plus j'ai reconnu qu'il avait raison... À vous, mon maître.

LE MAÎTRE. – J'entends*. Tu en étais au carrosse et au valet, à qui la doctoresse a dit d'ouvrir ton rideau et de te parler.

JACQUES. – Ce valet s'approche de mon lit, et me dit: "Allons, camarade, debout, habillez-vous et partons." Je lui répondis d'entre les draps et la couverture dont j'avais la tête enveloppée, sans le voir, sans en être vu: "Camarade, laissez-moi dormir et partez." Le valet me réplique qu'il a des ordres de son maître, et qu'il faut qu'il les exécute.

"Et votre maître qui ordonne d'un homme qu'il ne connaît pas, a-t-il ordonné de payer ce que je dois ici?

– C'est une affaire faite. Dépêchez-vous, tout le monde vous attend au château, où je vous réponds que vous serez mieux qu'ici, si la suite répond à la curiosité qu'on a de vous."

Je me laisse persuader; je me lève, je m'habille, on me prend sous le bras. J'avais fait mes adieux à la doctoresse et j'allais monter en carrosse, lorsque cette femme, s'approchant de moi, me tire par la manche, et me prie de passer dans un coin de la chambre, qu'elle avait un mot à me dire. "Là, notre ami, ajouta-t-elle, vous n'avez point, je crois, à vous plaindre de nous; le docteur vous a sauvé une jambe, moi, je vous ai bien soigné, et j'espère qu'au château vous ne nous oublierez pas.

– Qu'y pourrais-je pour vous?

– Demander que ce fût mon mari qui vînt pour vous y panser; il y a du monde là! C'est la meilleure pratique* du canton; le seigneur est un homme généreux, on en est grassement payé; il ne tiendrait qu'à vous de faire notre fortune. Mon mari a bien tenté à plusieurs reprises de s'y fourrer, mais inutilement.

– Mais, madame la doctoresse, n'y a-t-il pas un chirurgien du château ?

– Assurément !

– Et si cet autre était votre mari, seriez-vous bien aise qu'on le desservît[1] et qu'il fût expulsé ?

– Ce chirurgien est un homme à qui vous ne devez rien, et je crois que vous devez quelque chose à mon mari : si vous allez à deux pieds comme ci-devant*, c'est son ouvrage.

– Et parce que votre mari m'a fait du bien, il faut que je fasse du mal à un autre ? Encore si la place était vacante…" »

Jacques allait continuer, lorsque l'hôtesse entra tenant entre ses bras Nicole emmaillotée, la baisant, la plaignant, la caressant*, lui parlant comme à son enfant : « Ma pauvre Nicole, elle n'a eu qu'un cri de toute la nuit. Et vous, messieurs, avez-vous bien dormi ?

LE MAÎTRE. – Très bien.

L'HÔTESSE. – Le temps est pris de tous côtés.

JACQUES. – Nous en sommes assez fâchés.

L'HÔTESSE. – Ces messieurs vont-ils loin ?

JACQUES. – Nous n'en savons rien.

L'HÔTESSE. – Ces messieurs suivent quelqu'un ?

JACQUES. – Nous ne suivons personne.

L'HÔTESSE. – Ils vont, ou ils s'arrêtent, selon les affaires qu'ils ont sur la route ?

JACQUES. – Nous n'en avons aucune.

L'HÔTESSE. – Ces messieurs voyagent pour leur plaisir ?

JACQUES. – Ou pour leur peine.

L'HÔTESSE. – Je souhaite que ce soit le premier.

JACQUES. – Votre souhait n'y fera pas un zeste[2] ; ce sera selon qu'il est écrit là-haut.

L'HÔTESSE. – Oh ! c'est un mariage ?

JACQUES. – Peut-être que oui, peut-être que non.

L'HÔTESSE. – Messieurs, prenez-y garde. Cet homme qui est là-bas, et qui a si rudement traité ma pauvre Nicole, en a fait un bien saugrenu… Viens, ma pauvre bête ; viens que

---

1. Desservir : nuire.
2. N'y changera rien.

je te baise ; je te promets que cela n'arrivera plus. Voyez comme elle tremble de tous ses membres !

LE MAÎTRE. – Et qu'a donc de si singulier le mariage de cet homme ? »

À cette question du maître de Jacques, l'hôtesse dit : « J'entends du bruit là-bas, je vais donner mes ordres, et je reviens vous conter tout cela… » Son mari, las de crier : « Ma femme, ma femme », monte, et avec lui son compère* qu'il ne voyait pas. L'hôte dit à sa femme : « Eh ! que diable faites-vous là ?… » Puis se retournant et apercevant son compère : « M'apportez-vous de l'argent ?

LE COMPÈRE. – Non, compère, vous savez bien que je n'en ai point.

L'HÔTE. – Tu n'en as point ? Je saurai bien en faire avec ta charrue, tes chevaux, tes bœufs et ton lit. Comment, gredin !

LE COMPÈRE. – Je ne suis point un gredin.

L'HÔTE. – Et qui es-tu donc ? Tu es dans la misère, tu ne sais où prendre de quoi ensemencer tes champs ; ton propriétaire, las de te faire des avances, ne te veut plus rien donner. Tu viens à moi ; cette femme intercède ; cette maudite bavarde, qui est la cause de toutes les sottises de ma vie, me résout à te prêter ; je te prête ; tu promets de me rendre ; tu me manques dix fois. Oh ! je te promets, moi, que je ne te manquerai pas. Sors d'ici… »

Jacques et son maître se préparaient à plaider pour ce pauvre diable ; mais l'hôtesse, en posant le doigt sur sa bouche, leur fit signe de se taire.

L'HÔTE. – Sors d'ici.

LE COMPÈRE. – Compère, tout ce que vous dites est vrai ; il l'est aussi que les huissiers sont chez moi, et que dans un moment nous serons réduits à la besace[1], ma fille, mon garçon et moi.

L'HÔTE. – C'est le sort que tu mérites. Qu'es-tu venu faire ici ce matin ? Je quitte le remplissage de mon vin, je remonte de ma cave et je ne te trouve point. Sors d'ici, te dis-je.

LE COMPÈRE. – Compère, j'étais venu ; j'ai craint la

---

1. C'est-à-dire ruinés.

réception que vous me faites ; je m'en suis retourné ; et je m'en vais.

L'Hôte. – Tu feras bien.

Le Compère. – Voilà donc ma pauvre Marguerite, qui est si sage et si jolie, qui s'en ira en condition[1] à Paris !

L'Hôte. – En condition à Paris ! Tu en veux donc faire une malheureuse[2] ?

Le Compère. – Ce n'est pas moi qui le veux ; c'est l'homme dur à qui je parle.

L'Hôte. – Moi, un homme dur ! Je ne le suis point : je ne le fus jamais ; et tu le sais bien.

Le Compère. – Je ne suis plus en état de nourrir ma fille ni mon garçon ; ma fille servira, mon garçon s'engagera[3].

L'Hôte. – Et c'est moi qui en serais la cause ! Cela ne sera pas. Tu es un cruel homme ; tant que je vivrai tu seras mon complice. Ça, voyons ce qu'il te faut.

Le Compère. – Il ne me faut rien. Je suis désolé de vous devoir, et je ne vous devrai de ma vie. Vous faites plus de mal par vos injures* que de bien par vos services. Si j'avais de l'argent, je vous le jetterais au visage ; mais je n'en ai point. Ma fille deviendra tout ce qu'il plaira à Dieu ; mon garçon se fera tuer s'il le faut ; moi, je mendierai ; mais ce ne sera pas à votre porte. Plus, plus d'obligations à un vilain homme comme vous. Empochez bien l'argent de mes bœufs, de mes chevaux et de mes ustensiles : grand bien vous fasse. Vous êtes né pour faire des ingrats, et je ne veux pas l'être. Adieu.

L'Hôte. – Ma femme, il s'en va ; arrête-le donc.

L'Hôtesse. – Allons, compère*, avisons au moyen de vous secourir.

Le Compère. – Je ne veux point de ses secours, ils sont trop chers…

L'hôte répétait tout bas à sa femme : « Ne le laisse pas aller, arrête-le donc. Sa fille à Paris ! son garçon à l'armée ! lui à la porte de la paroisse ! je ne saurais souffrir* cela. »

Cependant sa femme faisait des efforts inutiles ; le pay-

---

1. Se placera comme domestique.
2. L'hôte sous-entend ici que si la jeune fille se fait domestique à Paris, elle ne pourra échapper à la dépravation.
3. Sous-entendu, dans l'armée.

san, qui avait de l'âme[1], ne voulait rien accepter et se faisait tenir à quatre[2]. L'hôte, les larmes aux yeux, s'adressait à Jacques et à son maître, et leur disait : « Messieurs, tâchez de le fléchir... » Jacques et son maître se mêlèrent de la partie ; tous à la fois conjuraient le paysan. Si j'ai jamais vu... – Si vous avez jamais vu ! Mais vous n'y étiez pas. Dites si l'on a jamais vu ! – Eh bien ! soit. Si l'on a jamais vu un homme confondu d'un refus transporté qu'on voulût bien accepter son argent, c'était cet hôte, il embrassait sa femme, il embrassait son compère, il embrassait Jacques et son maître, il criait : « Qu'on aille bien vite chasser de chez lui ces exécrables huissiers.

LE COMPÈRE. – Convenez aussi...

L'HÔTE. – Je conviens que je gâte tout ; mais, compère, que veux-tu ? Comme je suis, me voilà. Nature m'a fait l'homme le plus dur et le plus tendre ; je ne sais ni accorder ni refuser.

LE COMPÈRE. – Ne pourriez-vous pas être autrement ?

L'HÔTE. – Je suis à l'âge où l'on ne se corrige guère ; mais si les premiers qui se sont adressés à moi m'avaient rabroué comme tu as fait, peut-être en serais-je devenu meilleur. Compère, je te remercie de ta leçon, peut-être en profiterai-je... Ma femme, va vite, descends et donne-lui ce qu'il lui faut. Que diable, marche donc, mordieu ! marche donc ; tu vas !... Ma femme, je te prie de te presser un peu et de ne le pas faire attendre ; tu reviendras ensuite retrouver ces messieurs avec lesquels il me semble que tu te trouves bien... »

La femme et le compère descendirent ; l'hôte resta encore un moment ; et lorsqu'il s'en fut allé, Jacques dit à son maître : « Voilà un singulier homme ! Le ciel qui avait envoyé ce mauvais temps qui nous retient ici, parce qu'il voulait que vous entendissiez mes amours, que veut-il à présent ? »

Le maître, en s'étendant dans son fauteuil, bâillant, frappant sur sa tabatière, répondit : « Jacques, nous avons plus d'un jour à vivre ensemble, à moins que...

---

1. De la fierté.
2. Se faisait fortement prier.

JACQUES. – C'est-à-dire que pour aujourd'hui le ciel veut que je me taise ou que ce soit l'hôtesse qui parle ; c'est une bavarde qui ne demande pas mieux ; qu'elle parle donc.

LE MAÎTRE. – Tu prends de l'humeur.

JACQUES. – C'est que j'aime à parler aussi.

LE MAÎTRE. – Ton tour viendra.

JACQUES. – Ou ne viendra pas. »

Je vous entends*, lecteur ; voilà, dites-vous, le vrai dénouement du *Bourru bienfaisant*[1]. Je le pense. J'aurais introduit dans cette pièce, si j'en avais été l'auteur, un personnage qu'on aurait pris pour épisodique, et qui ne l'aurait point été. Ce personnage se serait montré quelquefois, et sa présence aurait été motivée. La première fois il serait venu demander grâce ; mais la crainte d'un mauvais accueil l'aurait fait sortir avant l'arrivée de Géronte. Pressé par l'irruption des huissiers dans sa maison, il aurait eu la seconde fois le courage d'attendre Géronte ; mais celui-ci aurait refusé de le voir. Enfin, je l'aurais amené au dénouement, où il aurait fait exactement le rôle du paysan avec l'aubergiste ; il aurait eu, comme le paysan, une fille qu'il allait placer chez une marchande de modes[2], un fils qu'il allait retirer des écoles pour entrer en condition ; lui, il se serait déterminé à mendier jusqu'à ce qu'il se fût ennuyé de vivre. On aurait vu le Bourru bienfaisant aux pieds de cet homme ; on aurait entendu le Bourru bienfaisant gourmandé comme il le méritait ; il aurait été forcé de s'adresser à toute la famille qui l'aurait environné, pour fléchir son débiteur et le contraindre à accepter de nouveaux secours. Le Bourru bienfaisant aurait été puni ; il aurait promis de se corriger ; mais dans le moment même il serait revenu à son caractère, en s'impatientant contre les personnages en scène, qui se seraient fait des politesses pour rentrer dans la maison ; il aurait dit brusquement : *Que le diable emporte les cérém...* Mais il se serait arrêté court au milieu du mot, et, d'un ton radouci, il aurait dit à ses nièces : « Allons, mes nièces ; donnez-moi la main et passons. » – Et pour que ce person-

_____

1. *Le Bourru bienfaisant* est une pièce de Carlo Goldoni, qui fut représentée à Paris en 1771.
2. Qui vend des vêtements et accessoires féminins.

nage eût été lié au fond, vous en auriez fait un protégé du neveu de Géronte ? – Fort bien ! – Et ç'aurait été à la prière du neveu que l'oncle aurait prêté son argent ? – À merveille ! – Et ce prêt aurait été un grief de l'oncle contre son neveu ? – C'est cela même. – Et le dénouement de cette pièce agréable n'aurait pas été une répétition générale, avec toute la famille en corps, de ce qu'il a fait auparavant avec chacun d'eux en particulier ? – Vous avez raison. – Et si je rencontre jamais M. Goldoni, je lui réciterai la scène de l'auberge. – Et vous ferez bien ; il est plus habile homme qu'il ne faut pour en tirer bon parti.

L'hôtesse remonta, toujours Nicole entre ses bras, et dit : « J'espère que vous aurez un bon dîner*; le braconnier vient d'arriver ; le garde du seigneur ne tardera pas… » Et, tout en parlant ainsi, elle prenait une chaise. La voilà assise, et son récit qui commence.

L'HÔTESSE. – Il faut se méfier des valets ; les maîtres n'ont point de pires ennemis…

JACQUES. – Madame, vous ne savez pas ce que vous dites ; il y en a de bons, il y en a de mauvais, et l'on compterait peut-être plus de bons valets que de bons maîtres.

LE MAÎTRE. – Jacques, vous ne vous observez pas ; et vous commettez précisément la même indiscrétion qui vous a choqué.

JACQUES. – C'est que les maîtres…

LE MAÎTRE. – C'est que les valets…

Eh bien ! lecteur, à quoi tient-il que je n'élève une violente querelle entre ces trois personnages ? Que l'hôtesse ne soit prise par les épaules, et jetée hors de la chambre par Jacques ; que Jacques ne soit pris par les épaules et chassé par son maître ; que l'un ne s'en aille d'un côté, l'autre d'un autre ; et que vous n'entendiez ni l'histoire de l'hôtesse, ni la suite des amours de Jacques ? Rassurez-vous, je n'en ferai rien. L'hôtesse reprit donc :

« Il faut convenir que s'il y a de bien méchants hommes, il y a de bien méchantes femmes.

JACQUES. – Et qu'il ne faut pas aller loin pour les trouver.

L'HÔTESSE. – De quoi vous mêlez-vous ? Je suis femme, il me convient de dire des femmes tout ce qu'il me plaira ; je n'ai que faire de votre approbation.

JACQUES. – Mon approbation en vaut bien une autre.

L'HÔTESSE. – Vous avez là, monsieur, un valet qui fait l'entendu[1] et qui vous manque[2]. J'ai des valets aussi, mais je voudrais bien qu'ils s'avisassent !...

LE MAÎTRE. – Jacques, taisez-vous, et laissez parler madame. »

L'hôtesse, encouragée par ce propos de maître, se lève, entreprend Jacques, porte ses deux poings sur ses deux côtés, oublie qu'elle tient Nicole, la lâche, et voilà Nicole sur le carreau, froissée[3] et se débattant dans son maillot, aboyant à tue-tête, l'hôtesse mêlant ses cris aux aboiements de Nicole, Jacques mêlant ses éclats de rire aux aboiements de Nicole et aux cris de l'hôtesse, et le maître de Jacques ouvrant sa tabatière, reniflant sa prise de tabac et ne pouvant s'empêcher de rire. Voilà toute l'hôtellerie en tumulte. « Nanon, Nanon, vite, vite, apportez la bouteille à l'eau-de-vie... Ma pauvre Nicole est morte... Démaillotez-la... Que vous êtes gauche !

– Je fais de mon mieux.

– Comme elle crie ! Ôtez-vous de là, laissez-moi faire... Elle est morte !... Ris bien, grand nigaud ; il y a, en effet, de quoi rire... Ma pauvre Nicole est morte !

– Non, madame, non, je crois qu'elle en reviendra, la voilà qui remue. »

Et Nanon, de frotter d'eau-de-vie le nez de la chienne ; et de lui en faire avaler ; et l'hôtesse de se lamenter, de se déchaîner contre les valets impertinents ; et Nanon, de dire : « Tenez, madame, elle ouvre les yeux ; la voilà qui vous regarde.

– La pauvre bête, comme cela parle ! qui n'en serait touché ?

– Madame, caressez*-la donc un peu ; répondez-lui donc quelque chose.

– Viens, ma pauvre Nicole ; crie, mon enfant, crie si cela peut te soulager. Il y a un sort pour les bêtes comme pour les gens ; il envoie le bonheur à des fainéants hargneux,

---

1. Qui fait l'important, le malin.
2. Sous-entendu, de respect.
3. Contusionnée.

braillards et gourmands, le malheur à une autre qui sera la meilleure créature du monde.

– Madame a bien raison, il n'y a point de justice ici-bas.

– Taisez-vous, remmaillotez-la, portez-la sous mon oreiller, et songez qu'au moindre cri qu'elle fera, je m'en prends à vous. Viens, pauvre bête, que je t'embrasse encore une fois avant qu'on t'emporte. Approchez-la donc, sotte que vous êtes… Ces chiens, cela est si bon ; cela vaut mieux…

JACQUES. – Que père, mère, frères, sœurs, enfants, valets, époux…

L'HÔTESSE. – Mais oui, ne pensez pas rire, cela est innocent, cela vous est fidèle, cela ne vous fait jamais de mal, au lieu que le reste…

JACQUES. – Vivent les chiens ! il n'y a rien de plus parfait sous le ciel.

L'HÔTESSE. – S'il y a quelque chose de plus parfait, du moins ce n'est pas l'homme. Je voudrais bien que vous connussiez celui du meunier, c'est l'amoureux de ma Nicole ; il n'y en a pas un parmi vous, tous tant que vous êtes, qu'il ne fît rougir de honte. Il vient, dès la pointe du jour, de plus d'une lieue* ; il se plante devant cette fenêtre ; ce sont des soupirs, et des soupirs à faire pitié. Quelque temps qu'il fasse, il reste ; la pluie lui tombe sur le corps ; son corps s'enfonce dans le sable ; à peine lui voit-on les oreilles et le bout du nez. En feriez-vous autant pour la femme que vous aimeriez le plus ?

LE MAÎTRE. – Cela est très galant*.

JACQUES. – Mais aussi où est la femme aussi digne de ces soins que votre Nicole ?… »

La passion de l'hôtesse pour les bêtes n'était pourtant pas sa passion dominante, comme on pourrait l'imaginer ; c'était celle de parler. Plus on avait de plaisir et de patience à l'écouter, plus on avait de mérite ; aussi ne se fit-elle pas prier pour reprendre l'histoire interrompue du mariage singulier ; elle y mit seulement pour condition que Jacques se tairait. Le maître promit du silence pour Jacques. Jacques s'étala nonchalamment dans un coin, les yeux fermés, son bonnet renfoncé sur ses oreilles et le dos à demi tourné à l'hôtesse. Le maître toussa, cracha, se moucha, tira sa montre, vit l'heure qu'il était, tira sa tabatière, frappa sur le couvercle, prit sa prise de tabac ; et l'hôtesse se mit en devoir de goûter le plaisir délicieux de pérorer.

L'hôtesse allait débuter, lorsqu'elle entendit sa chienne crier.

– Nanon, voyez donc à cette pauvre bête... Cela me trouble, je ne sais plus où j'en étais.

JACQUES. – Vous n'avez encore rien dit.

L'HÔTESSE. – Ces deux hommes avec lesquels j'étais en querelle pour ma pauvre Nicole, lorsque vous êtes arrivé, monsieur...

JACQUES. – Dites, messieurs.

L'HÔTESSE. – Et pourquoi ?

JACQUES. – C'est qu'on nous a traités jusqu'à présent avec politesse, et que j'y suis fait. Mon maître m'appelle Jacques, les autres, monsieur Jacques.

L'HÔTESSE. – Je ne vous appelle ni Jacques, ni monsieur Jacques, je ne vous parle pas... *(Madame ? – Qu'est-ce ? – La carte[1] du numéro cinq. – Voyez sur le coin de la cheminée.)* Ces deux hommes sont bons gentilshommes ; ils viennent de Paris et s'en vont à la terre du plus âgé.

JACQUES. – Qui sait cela ?

L'HÔTESSE. – Eux, qui le disent.

JACQUES. – Belle raison !...

Le maître fit un signe à l'hôtesse, sur lequel elle comprit que Jacques avait la cervelle brouillée. L'hôtesse répondit au signe du maître par un mouvement compatissant des épaules, et ajouta : « À son âge ! Cela est très fâcheux. »

JACQUES. – Très fâcheux de ne savoir jamais où l'on va.

L'HÔTESSE. – Le plus âgé des deux s'appelle le marquis des Arcis. C'était un homme de plaisir, très aimable, croyant peu à la vertu des femmes.

JACQUES. – Il avait raison.

L'HÔTESSE. – Monsieur Jacques, vous m'interrompez.

JACQUES. – Madame l'hôtesse du *Grand-Cerf*, je ne vous parle pas.

L'HÔTESSE. – M. le marquis en trouva pourtant une assez

_____

1. L'addition.

bizarre pour lui tenir rigueur. Elle s'appelait Mme de La Pommeraye. C'était une veuve qui avait des mœurs, de la naissance, de la fortune et de la hauteur. M. des Arcis rompit avec toutes ses connaissances, s'attacha uniquement à Mme de La Pommeraye, lui fit sa cour avec la plus grande assiduité, tâcha par tous les sacrifices imaginables de lui prouver qu'il l'aimait, lui proposa même de l'épouser ; mais cette femme avait été si malheureuse avec un premier mari, qu'elle… *(Madame ? – Qu'est-ce ? – La clef du coffre à l'avoine ? – Voyez au clou, et si elle n'y est pas, voyez au coffre.)* qu'elle aurait mieux aimé s'exposer à toutes sortes de malheurs qu'au danger d'un second mariage.

JACQUES. – Ah ! si cela avait été écrit là-haut !

L'HÔTESSE. - Cette femme vivait très retirée. Le marquis était un ancien ami de son mari ; elle l'avait reçu, et elle continuait de le recevoir. Si on lui pardonnait son goût effréné pour la galanterie*, c'était ce qu'on appelle un homme d'honneur. La poursuite constante du marquis, secondée de ses qualités personnelles, de sa jeunesse, de sa figure, des apparences de la passion la plus vraie, de la solitude, du penchant à la tendresse, en un mot, de tout ce qui nous livre à la séduction des hommes… *(Madame ? – Qu'est-ce ? – C'est le courrier. – Mettez-le à la chambre verte, et servez-le à l'ordinaire.)* eut son effet, et Mme de La Pommeraye, après avoir lutté plusieurs mois contre le marquis, contre elle-même, exigé selon l'usage les serments les plus solennels, rendit heureux le marquis, qui aurait joui du sort le plus doux, s'il avait pu conserver pour sa maîtresse les sentiments qu'il avait jurés et qu'on avait pour lui. Tenez, monsieur, il n'y a que les femmes qui sachent aimer ; les hommes n'y entendent* rien… *(Madame ? – Qu'est-ce ? – Le Frère Quêteur. – Donnez-lui douze sous* pour ces messieurs qui sont ici, six sous pour moi, et qu'il aille dans les autres chambres.)* Au bout de quelques années, le marquis commença à trouver la vie de Mme de La Pommeraye trop unie. Il lui proposa de se répandre dans la société[1] : elle y consentit ; à recevoir quelques femmes et quelques hommes : et elle y consentit ;

---

1. Avoir une vie mondaine active.

à avoir un dîner-souper[1] : et elle y consentit. Peu à peu il passa un jour, deux jours sans la voir ; peu à peu il manqua au dîner-souper qu'il avait arrangé ; peu à peu il abrégea ses visites ; il eut des affaires qui l'appelaient : lorsqu'il arrivait, il disait un mot, s'étalait dans un fauteuil, prenait une brochure, la jetait, parlait à son chien ou s'endormait. Le soir, sa santé, qui devenait misérable, voulait qu'il se retirât de bonne heure : c'était l'avis de Tronchin[2]. « C'est un grand homme que Tronchin ! Ma foi ! je ne doute pas qu'il ne tire d'affaire notre amie dont les autres désespéraient. » Et tout en parlant ainsi, il prenait sa canne et son chapeau et s'en allait, oubliant quelquefois de l'embrasser. Mme de La Pommeraye… *(Madame ? – Qu'est-ce ? – Le tonnelier. – Qu'il descende à la cave, et qu'il visite les deux pièces de vin.)* Mme de La Pommeraye pressentit qu'elle n'était plus aimée ; il fallut s'en assurer, et voici comment elle s'y prit… *(Madame ? – J'y vais, j'y vais.)*

L'hôtesse, fatiguée de ces interruptions, descendit, et prit apparemment les moyens de les faire cesser.

L'Hôtesse. – Un jour, après dîner*, elle dit au marquis : « Mon ami, vous rêvez*.

– Vous rêvez aussi, marquise.

– Il est vrai et même assez tristement.

– Qu'avez-vous ?

– Rien.

– Cela n'est pas vrai. Allons, marquise, dit-il en bâillant, racontez-moi cela ; cela vous désennuiera et moi.

– Est-ce que vous vous ennuyez ?

– Non ; c'est qu'il y a des jours…

– Où l'on s'ennuie.

– Vous vous trompez, mon amie ; je vous jure que vous vous trompez : c'est qu'en effet il y a des jours… On ne sait à quoi cela tient.

– Mon ami, il y a longtemps que je suis tentée de vous faire une confidence ; mais je crains de vous affliger.

– Vous pourriez m'affliger, vous ?

---

1. Dîner pris tard, et qui par conséquent dispense de souper.
2. Théodore Tronchin (1709-1781), médecin genevois à la mode, qui compta Voltaire parmi ses patients.

– Peut-être ; mais le Ciel m'est témoin de mon innocence… » *(Madame ? Madame ? Madame ? – Pour qui et
pour quoi que ce soit, je vous ai défendu de m'appeler ;
appelez mon mari. – Il est absent.)* « Messieurs, je vous
demande pardon, je suis à vous dans un moment. »

Voilà l'hôtesse descendue, remontée et reprenant son
récit :

« … Cela s'est fait sans mon consentement, à mon insu,
par une malédiction à laquelle toute l'espèce humaine est
apparemment assujettie, puisque moi, moi-même, je n'y
ai pas échappé.

– Ah ! c'est de vous… Et avoir peur !… De quoi s'agit-
il ?

– Marquis, il s'agit… Je suis désolée ; je vais vous désoler, et, tout bien considéré, il vaut mieux que je me taise.

– Non, mon amie, parlez ; auriez-vous au fond de votre
cœur un secret pour moi ? La première de nos conventions
ne fut-elle pas que nos âmes s'ouvriraient l'une à l'autre
sans réserve ?

– Il est vrai, et voilà ce qui me pèse ; c'est un reproche
qui met le comble à un beaucoup plus important que je me
fais. Est-ce que vous ne vous apercevez pas que je n'ai plus
la même gaieté ? J'ai perdu l'appétit ; je ne bois et je ne
mange que par raison ; je ne saurais dormir. Nos sociétés
les plus intimes me déplaisent. La nuit, je m'interroge et
je me dis : Est-ce qu'il est moins aimable ? Non. Est-ce que
vous auriez à vous en plaindre ? Non. Auriez-vous à lui
reprocher quelques liaisons suspectes ? Non. Est-ce que sa
tendresse pour vous est diminuée ? Non. Pourquoi, votre
ami étant le même, votre cœur est-il donc changé ? car il
l'est : vous ne pouvez vous le cacher ; vous ne l'attendez
plus avec la même impatience ; vous n'avez plus le même
plaisir à le voir ; cette inquiétude quand il tardait à revenir ; cette douce émotion au bruit de sa voiture, quand on
l'annonçait, quand il paraissait, vous ne l'éprouvez plus.

– Comment, madame ! »

Alors la marquise de La Pommeraye se couvrit les yeux
de ses mains, pencha la tête et se tut un moment après
lequel elle ajouta : « Marquis, je me suis attendue à tout
votre étonnement, à toutes les choses amères que vous

m'allez dire. Marquis ! épargnez-moi... Non, ne m'épargnez pas, dites-les-moi ; je les écouterai avec résignation, parce que je les mérite. Oui, mon cher marquis, il est vrai... Oui, je suis... Mais, n'est-ce pas un assez grand malheur que la chose soit arrivée, sans y ajouter encore la honte, le mépris d'être fausse, en vous le dissimulant ? Vous êtes le même, mais votre amie est changée ; votre amie vous révère, vous estime autant et plus que jamais ; mais... mais une femme accoutumée comme elle à examiner de près ce qui se passe dans les replis les plus secrets de son âme et à ne s'en imposer sur rien[1], ne peut se cacher que l'amour en est sorti. La découverte est affreuse, mais elle n'en est pas moins réelle. La marquise de La Pommeraye, moi, moi, inconstante ! légère !... Marquis, entrez en fureur, cherchez les noms les plus odieux, je me les suis donnés d'avance : donnez-les-moi, je suis prête à les accepter tous..., tous, excepté celui de femme fausse, que vous m'épargnerez, je l'espère, car en vérité je ne le suis pas... » *(Ma femme ? – Qu'est-ce ? – Rien...)* - On n'a pas un moment de repos dans cette maison, même les jours qu'on n'a presque point de monde et que l'on croit n'avoir rien à faire. Qu'une femme de mon état* est à plaindre, surtout avec une bête de mari !... Cela dit, Mme de La Pommeraye se renversa sur son fauteuil et se mit à pleurer. Le marquis se précipita à ses genoux, et lui dit : « Vous êtes une femme charmante, une femme adorable, une femme comme il n'y en a point. Votre franchise, votre honnêteté* me confond et devrait me faire mourir de honte. Ah ! quelle supériorité ce moment vous donne sur moi ! Que je vous vois grande et que je me trouve petit ! C'est vous qui avez parlé la première, et c'est moi qui fus coupable le premier. Mon amie, votre sincérité m'entraîne ; je serais un monstre si elle ne m'entraînait pas, et je vous avouerai que l'histoire de votre cœur est mot à mot l'histoire du mien. Tout ce que vous vous êtes dit, je me le suis dit ; mais je me taisais, je souffrais, et je ne sais quand j'aurais eu le courage de parler.

– Vrai, mon ami ?

– Rien de plus vrai ; et il ne nous reste qu'à nous félici-

---

1. Ne s'abuser sur rien.

ter réciproquement d'avoir perdu en même temps le sentiment fragile et trompeur qui nous unissait.

– En effet, quel malheur que mon amour eût duré
lorsque le vôtre aurait cessé !

– Ou que ce fût en moi qu'il eût cessé le premier.

– Vous avez raison, je le sens.

– Jamais vous ne m'avez paru aussi aimable, aussi belle
que dans ce moment ; et si l'expérience du passé ne m'avait
rendu circonspect, je croirais vous aimer plus que jamais. »
Et le marquis en lui parlant ainsi lui prenait les mains, et
les lui baisait… *(Ma femme ? – Qu'est-ce ? – Le marchand
de paille. – Vois sur le registre. – Et le registre ?… reste,
reste, je l'ai.)* Mme de La Pommeraye, renfermant en elle-
même le dépit mortel dont elle était déchirée, reprit la
parole et dit au marquis : « Mais, marquis, qu'allons-nous
devenir ?

– Nous ne nous en sommes imposé ni l'un ni l'autre ;
vous avez droit à toute mon estime ; je ne crois pas avoir
entièrement perdu le droit que j'avais à la vôtre ; nous conti-
nuerons de nous voir, nous nous livrerons à la confiance de
la plus tendre amitié. Nous nous serons épargné tous ces
ennuis, toutes ces perfidies, tous ces reproches, toute cette
humeur, qui accompagnent communément les passions qui
finissent ; nous serons uniques dans notre espèce. Vous
recouvrerez toute votre liberté, vous me rendez la mienne ;
nous voyagerons dans le monde ; je serai le confident de
vos conquêtes ; je ne vous cèlerai rien des miennes, si j'en
fais quelques-unes, ce dont je doute fort, car vous m'avez
rendu difficile. Cela sera délicieux ! Vous m'aiderez de vos
conseils, je ne vous refuserai pas les miens dans les circonstances périlleuses où vous croirez en avoir besoin. Qui
sait ce qui peut arriver ? »

JACQUES. – Personne.

L'HÔTESSE. – « Il est très vraisemblable que plus j'irai,
plus vous gagnerez aux comparaisons, et que je vous
reviendrai plus passionné, plus tendre, plus convaincu que
jamais que Mme de La Pommeraye était la seule femme
faite pour mon bonheur ; et après ce retour, il y a tout à
parier que je vous resterai jusqu'à la fin de ma vie.

– S'il arrivait qu'à votre retour vous ne me trouvassiez

plus ? car enfin, marquis, on n'est pas toujours juste ; et il ne serait pas impossible que je ne me prisse de goût, de fantaisie, de passion même pour un autre qui ne vous vaudrait pas.

– J'en serais assurément désolé ; mais je n'aurais point à me plaindre ; je ne m'en plaindrais qu'au sort qui nous aurait séparés lorsque nous étions unis, et qui nous rapprocherait lorsque nous ne pourrions plus l'être[1]... »

Après cette conversation, ils se mirent à moraliser sur l'inconstance du cœur humain, sur la frivolité des serments, sur les liens du mariage... *(Madame ? – Qu'est-ce ? – Le coche.)* « Messieurs, dit l'hôtesse, il faut que je vous quitte. Ce soir, lorsque toutes mes affaires seront faites, je reviendrai, et je vous achèverai cette aventure, si vous en êtes curieux... » *(Madame ?... Ma femme ?... Notre hôtesse ?... – On y va, on y va.)*

L'hôtesse partie, le maître dit à son valet : « Jacques, as-tu remarqué une chose ?

JACQUES. – Quelle ?

LE MAÎTRE. – C'est que cette femme raconte beaucoup mieux qu'il ne convient à une femme d'auberge.

JACQUES. – Il est vrai. Les fréquentes interruptions des gens de cette maison m'ont impatienté plusieurs fois.

LE MAÎTRE. – Et moi aussi. »

Et vous, lecteur, parlez sans dissimulation ; car, vous voyez que nous sommes en beau train de franchise ; voulez-vous que nous laissions là cette élégante et prolixe bavarde d'hôtesse, et que nous reprenions les amours de Jacques ? Pour moi je ne tiens à rien. Lorsque cette femme remontera, Jacques le bavard ne demande pas mieux que de reprendre son rôle, et de lui fermer la porte au nez ; il en sera quitte pour lui dire par le trou de la serrure : « Bonsoir, madame ; mon maître dort ; je vais me coucher : il faut remettre le reste à notre passage. »

« Le premier serment que se firent deux êtres de chair, ce fut au pied d'un rocher qui tombait en poussière ; ils attestèrent de leur constance un ciel qui n'est pas un ins-

---

1. Sur le discours du marquis, voir l'extrait des *Liaisons dangereuses* proposé au chapitre 5 du dossier.

tant le même ; tout passait en eux et autour d'eux, et ils croyaient leurs cœurs affranchis de vicissitudes. Ô enfants ! toujours enfants[1] !... » Je ne sais de qui sont ces réflexions, de Jacques, de son maître ou de moi ; il est certain qu'elles sont de l'un des trois, et qu'elles furent précédées et suivies de beaucoup d'autres qui nous auraient menés, Jacques, son maître et moi, jusqu'au souper*, jusqu'après le souper, jusqu'au retour de l'hôtesse, si Jacques n'eût dit à son maître : « Tenez, monsieur, toutes ces grandes sentences que vous venez de débiter à propos de bottes[2] ne valent pas une vieille fable des écraignes[3] de mon village.

LE MAÎTRE. – Et quelle est cette fable ?

JACQUES. – C'est la fable de la Gaine et du Coutelet. Un jour la Gaine et le Coutelet se prirent de querelle ; le Coutelet dit à la Gaine : "Gaine, ma mie, vous êtes une friponne, car tous les jours, vous recevez de nouveaux Coutelets... La Gaine répondit au Coutelet : Mon ami Coutelet, vous êtes un fripon, car tous les jours vous changez de Gaine... Gaine, ce n'est pas là ce que vous m'avez promis... Coutelet, vous m'avez trompée le premier..." Ce débat s'était élevé à table ; Cil[4], qui était assis entre la Gaine et le Coutelet, prit la parole et leur dit : "Vous, Gaine, et vous, Coutelet, vous fîtes bien de changer, puisque changement vous duisait[5] ; mais vous eûtes tort de vous promettre que vous ne changeriez pas. Coutelet, ne voyais-tu pas que Dieu te fit pour aller à plusieurs Gaines ; et toi, Gaine, pour recevoir plus d'un Coutelet ? Vous regardiez comme fous certains Coutelets qui faisaient vœu de se passer à forfait de Gaines, et comme folles certaines Gaines qui faisaient vœu de se fermer pour tout Coutelet ; et vous ne pensiez pas que vous étiez presque aussi fous lorsque vous juriez, toi, Gaine, de t'en tenir à un seul Coutelet ; toi, Coutelet, de t'en tenir à une seule Gaine." »

Ici le maître dit à Jacques : « Ta fable n'est pas trop

---

1. Sur ce passage célèbre, se reporter au chapitre 5 du dossier.
2. Locution signifiant « à propos de rien ».
3. Huttes servant de lieu d'assemblée et de veillée ; par extension le terme désigne les veillées elles-mêmes (provincialisme bourguignon).
4. Ancien pronom signifiant « celui » (déjà un archaïsme).
5. Du verbe ancien « duire » signifiant « convenir, plaire ».

morale mais elle est gaie. Tu ne sais pas la singulière idée qui me passe par la tête. Je te marie avec notre hôtesse et je cherche comment un mari aurait fait, lorsqu'il aime à parler, avec une femme qui ne déparle* pas.

JACQUES. – Comme j'ai fait les douze premières années de ma vie, que j'ai passées chez mon grand-père et ma grand-mère.

LE MAÎTRE. – Comment s'appelaient-ils ? Quelle était leur profession ?

JACQUES. – Ils étaient brocanteurs. Mon grand-père Jason eut plusieurs enfants. Toute la famille était sérieuse ; ils se levaient, ils s'habillaient, ils allaient à leurs affaires ; ils revenaient, ils dînaient*, ils retournaient sans avoir dit un mot. Le soir, ils se jetaient sur des chaises ; la mère et les filles filaient, cousaient, tricotaient sans mot dire ; les garçons se reposaient ; le père lisait l'Ancien Testament.

LE MAÎTRE. – Et toi, que faisais-tu ?

JACQUES. – Je courais dans la chambre avec un bâillon.

LE MAÎTRE. – Avec un bâillon !

JACQUES. – Oui, avec un bâillon et c'est à ce maudit bâillon que je dois la rage de parler. La semaine se passait quelquefois sans qu'on eût ouvert la bouche dans la maison des Jason. Pendant toute sa vie, qui fut longue, ma grand-mère n'avait dit que *chapeaux à vendre*, et mon grand-père, qu'on voyait dans les inventaires[1], droit, les mains sous sa redingote, n'avait dit qu'*un sou*. Il y avait des jours où il était tenté de ne pas croire à la Bible.

LE MAÎTRE. – Et pourquoi ?

JACQUES. – À cause des redites, qu'il regardait comme un bavardage indigne de l'Esprit-Saint. Il disait que les rediseurs sont des sots, qui prennent ceux qui les écoutent pour des sots.

LE MAÎTRE. – Jacques, si pour te dédommager du long silence que tu as gardé pendant les douze années du bâillon chez ton grand-père et pendant que l'hôtesse a parlé…

JACQUES. – Je reprenais l'histoire de mes amours ?

LE MAÎTRE. – Non ; mais une autre sur laquelle tu m'as laissé, celle du camarade de ton capitaine.

---

1. Ventes publiques de meubles.

JACQUES. – Oh! mon maître, la cruelle mémoire que vous avez!

LE MAÎTRE. – Mon Jacques, mon petit Jacques...

JACQUES. – De quoi riez-vous?

LE MAÎTRE. – De ce qui me fera rire plus d'une fois; c'est de te voir dans ta jeunesse chez ton grand-père avec le bâillon.

JACQUES. – Ma grand-mère me l'ôtait lorsqu'il n'y avait plus personne; et lorsque mon grand-père s'en apercevait, il n'en était pas plus content; il lui disait: "Continuez, et cet enfant sera le plus effréné bavard qui ait encore existé." Sa prédiction s'est accomplie.

LE MAÎTRE. – Allons, mon Jacques, mon petit Jacques, l'histoire du camarade de ton capitaine.

JACQUES. – Je ne m'y refuserai pas; mais vous ne la croirez point.

LE MAÎTRE. – Elle est donc bien merveilleuse!

JACQUES. – Non, c'est qu'elle est déjà arrivée à un autre, à un militaire français, appelé, je crois, M. de Guerchy.

LE MAÎTRE. – Eh bien! je dirai comme un poète français, qui avait fait une assez bonne épigramme[1], disait à quelqu'un qui se l'attribuait en sa présence: "Pourquoi monsieur ne l'aurait-il pas faite? je l'ai bien faite, moi..." Pourquoi l'histoire de Jacques ne serait-elle pas arrivée au camarade de son capitaine, puisqu'elle est bien arrivée au militaire français de Guerchy? Mais, en me la racontant, tu feras d'une pierre deux coups, tu m'apprendras l'aventure de ces deux personnages, car je l'ignore.

JACQUES. – Tant mieux! mais jurez-le-moi.

LE MAÎTRE. – Je te le jure. »

Lecteur, je serais bien tenté d'exiger de vous le même serment; mais je vous ferai seulement remarquer dans le caractère de Jacques une bizarrerie qu'il tenait apparemment de son grand-père Jason, le brocanteur silencieux; c'est que Jacques, au rebours[2] des bavards, quoiqu'il aimât beaucoup à dire, avait en aversion les redites. Aussi disait-

---

1. Court poème satirique, mettant en valeur l'esprit et le sens de l'improvisation de son auteur.
2. À l'inverse.

il quelquefois à son maître : «Monsieur me prépare le plus triste avenir ; que deviendrai-je quand je n'aurai plus rien à dire ?

– Tu recommenceras.

– Jacques, recommencer ! Le contraire est écrit là-haut ; et s'il m'arrivait de recommencer, je ne pourrais m'empêcher de m'écrier : "Ah ! si ton grand-père t'entendait !…" et je regretterais le bâillon.

LE MAÎTRE. – Tu veux dire celui qu'il te mettait.

JACQUES. – Dans le temps qu'on jouait aux jeux de hasard aux foires de Saint-Germain et de Saint-Laurent[1]…

LE MAÎTRE. – Mais c'est à Paris, et le camarade de ton capitaine était commandant d'une place frontière.

JACQUES. – Pour Dieu, monsieur, laissez-moi dire… Plusieurs officiers entrèrent dans une boutique, et y trouvèrent un autre officier qui causait avec la maîtresse de la boutique. L'un d'eux proposa à celui-ci de jouer au passe-dix[2] ; car il faut que vous sachiez qu'après la mort de mon capitaine, son camarade, devenu riche, était aussi devenu joueur. Lui donc, ou M. de Guerchy, accepte. Le sort met le cornet[3] à la main de son adversaire qui passe, passe, passe, que cela ne finissait point. Le jeu s'était échauffé, et l'on avait joué le tout, le tout du tout, les petites moitiés, les grandes moitiés, le grand tout, le grand tout du tout[4], lorsqu'un des assistants s'avisa de dire à M. de Guerchy, ou au camarade de mon capitaine, qu'il ferait bien de s'en tenir là et de cesser de jouer, parce qu'on en savait plus que lui. Sur ce propos, qui n'était qu'une plaisanterie, le camarade de mon capitaine, ou M. de Guerchy, crut qu'il avait affaire à un filou ; il mit subtilement la main à sa poche, en tira un couteau bien pointu, et lorsque son antagoniste porta la main sur les dés pour les placer dans le cornet, il lui plante le couteau dans la main, et la lui cloue sur la table, en lui disant : "Si les dés sont pipés, vous êtes un fripon ; s'ils sont bons, j'ai tort…" Les dés se trouvèrent

---

1. Il s'agit des deux foires parisiennes les plus importantes de l'époque.
2. Jeu consistant à essayer d'obtenir plus de dix points avec trois dés.
3. Godet servant à agiter les dés.
4. Si un joueur perd deux parties consécutives, il peut tout regagner d'un coup : c'est le «tout», et ainsi de suite.

bons. M. de Guerchy dit : "J'en suis très fâché, et j'offre telle réparation qu'on voudra…" Ce ne fut pas le propos du camarade de mon capitaine ; il dit : "J'ai perdu mon argent ; j'ai percé la main à un galant* homme : mais en revanche j'ai recouvré le plaisir de me battre tant qu'il me plaira…" L'officier cloué se retire et va se faire panser. Lorsqu'il est guéri, il vient trouver l'officier cloueur et lui demande raison ; celui-ci, ou M. de Guerchy, trouve la demande juste. L'autre, le camarade de mon capitaine, jette les bras à son cou, et lui dit : "Je vous attendais avec une impatience que je ne saurais vous exprimer…" Ils vont sur le pré ; le cloueur, M. de Guerchy, ou le camarade de mon capitaine, reçoit un bon coup d'épée à travers le corps ; le cloué le relève, le fait porter chez lui et lui dit : "Monsieur, nous nous reverrons…" M. de Guerchy ne répondit rien ; le camarade de mon capitaine lui répondit : "Monsieur, j'y compte bien." Ils se battent une seconde, une troisième, jusqu'à huit ou dix fois, et toujours le cloueur reste sur place. C'étaient tous les deux des officiers de distinction, tous les deux gens de mérite ; leur aventure fit grand bruit ; le ministère s'en mêla. L'on retint l'un à Paris, et l'on fixa l'autre à son poste. M. de Guerchy se soumit aux ordres de la cour ; le camarade de mon capitaine en fut désolé ; et telle est la différence de deux hommes braves par caractère, mais dont l'un est sage, et l'autre a un grain de folie.

Jusqu'ici l'aventure de M. de Guerchy et du camarade de mon capitaine leur est commune : c'est la même ; et voilà la raison pour laquelle je les ai nommés tous deux, entendez*-vous, mon maître ? Ici je vais les séparer et je ne vous parlerai plus que du camarade de mon capitaine, parce que le reste n'appartient qu'à lui. Ah ! Monsieur, c'est ici que vous allez voir combien nous sommes peu maîtres de nos destinées, et combien il y a de choses bizarres écrites sur le grand rouleau !

Le camarade de mon capitaine, ou le cloueur, sollicite la permission de faire un tour dans sa province : il l'obtient. Sa route était par Paris. Il prend place dans une voiture publique. À trois heures du matin, cette voiture passe devant l'Opéra ; on sortait du bal. Trois ou quatre jeunes étourdis masqués projettent d'aller déjeuner* avec les voyageurs ; on arrive au point du jour à la déjeunée*. On se regarde. Qui fut bien étonné ! Ce fut le cloué de reconnaître son cloueur. Celui-ci présente la main, l'embrasse et lui témoigne combien il est enchanté d'une si heureuse rencontre ; à l'instant ils passent derrière une grange, mettent l'épée à la main, l'un en redingote, l'autre en domino[1] ; le cloueur, ou le camarade de mon capitaine, est encore jeté sur le carreau. Son adversaire envoie à son secours, se met à table avec ses amis et le reste de la carrossée, boit et mange gaiement. » Les uns se disposaient à suivre leur route, et les autres à retourner dans la capitale, en masque et sur des chevaux de poste*, lorsque l'hôtesse reparut et mit fin au récit de Jacques.

La voilà remontée, et je vous préviens, lecteur, qu'il n'est plus en mon pouvoir de la renvoyer. – Pourquoi donc ? – C'est qu'elle se présente avec deux bouteilles de champagne, une dans chaque main, et qu'il est écrit là-haut que tout orateur qui s'adressera à Jacques avec cet exorde[2] s'en fera nécessairement écouter.

Elle entre, pose ses deux bouteilles sur la table, et dit : « Allons, monsieur Jacques, faisons la paix... » L'hôtesse n'était pas de la première jeunesse ; c'était une femme grande et replète, ingambe, de bonne mine, pleine d'embonpoint*, la bouche un peu grande, mais de belles dents, des joues larges, des yeux à fleur de tête, le front carré, la plus belle peau, la physionomie ouverte, vive et gaie, une poitrine à s'y rouler pendant deux jours, des bras un peu forts, mais les mains superbes, des mains à peindre ou à modeler. Jacques la prit par le milieu du corps, et l'embrassa fortement ; sa rancune n'avait jamais tenu contre du bon vin et une belle femme ; cela était écrit là-haut de lui, de vous, lecteur, de moi et de beaucoup d'autres. « Monsieur, dit-elle au maître, est-ce que vous nous laisserez aller tout seuls ? Voyez, eussiez-vous encore cent lieues* à faire, vous n'en boirez pas de meilleur de toute la route. » En parlant ainsi elle avait placé une des deux bouteilles entre ses genoux, et elle en tirait le bou-

---

1. Costume de bal masqué, pourvu d'un capuchon.
2. En rhétorique, l'exorde est l'entrée en matière d'un discours. Son objet est de capter l'attention et la bienveillance de l'auditoire.

chon ; ce fut avec une adresse singulière qu'elle en couvrit le goulot avec le pouce, sans laisser échapper une goutte de vin. « Allons, dit-elle à Jacques ; vite, vite, votre verre. » Jacques approche son verre ; l'hôtesse, en écartant son pouce un peu de côté, donne vent à la bouteille, et voilà le visage de Jacques tout couvert de mousse. Jacques s'était prêté à cette espièglerie, et l'hôtesse de rire et Jacques et son maître de rire. On but quelques rasades les unes sur les autres pour s'assurer de la sagesse de la bouteille, puis l'hôtesse dit : « Dieu merci ! ils sont tous dans leurs lits, on ne m'interrompra plus, et je puis reprendre mon récit. » Jacques, en la regardant avec des yeux dont le vin de Champagne avait augmenté la vivacité naturelle, lui dit ou à son maître : « Notre hôtesse a été belle comme un ange ; qu'en pensez-vous, monsieur ?

LE MAÎTRE. – A été ! Pardieu, Jacques, c'est qu'elle l'est encore !

JACQUES. – Monsieur, vous avez raison ; c'est que je ne la compare pas à une autre femme, mais à elle-même quand elle était jeune.

L'HÔTESSE. – Je ne vaux pas grand-chose à présent ; c'est lorsqu'on m'aurait prise entre les deux premiers doigts de chaque main qu'il me fallait voir ! On se détournait de quatre lieues* pour séjourner ici. Mais laissons là les bonnes et les mauvaises têtes que j'ai tournées, et revenons à Mme de La Pommeraye.

JACQUES. – Si nous buvions d'abord un coup aux mauvaises têtes que vous avez tournées, ou à ma santé ?

L'HÔTESSE. – Très volontiers ; il y en avait qui en valaient la peine, en comptant ou sans compter la vôtre. Savez-vous que j'ai été pendant dix ans la ressource des militaires, en tout bien et tout honneur ? J'en ai obligé nombre qui auraient eu bien de la peine à faire leur campagne sans moi. Ce sont de braves gens, je n'ai à me plaindre d'aucun, ni eux de moi. Jamais de billets* ; ils m'ont fait quelquefois attendre ; au bout de deux, de trois, de quatre ans mon argent m'est revenu… »

Et puis la voilà qui se met à faire l'énumération des officiers qui lui avaient fait l'honneur de puiser dans sa bourse et M. un tel, colonel du régiment de***, et M. un tel, capitaine au régiment de***, et voilà Jacques qui se met à faire un cri : «Mon capitaine ! mon pauvre capitaine ! vous l'avez connu ?

L'Hôtesse. – Si je l'ai connu ? un grand homme, bien fait, un peu sec, l'air noble et sévère, le jarret bien tendu, deux petits points rouges à la tempe droite. Vous avez donc servi ?

Jacques. – Si j'ai servi !

L'Hôtesse. – Je vous en aime davantage ; il doit vous rester de bonnes qualités de votre premier état*. Buvons à la santé de votre capitaine.

Jacques. – S'il est encore vivant.

L'Hôtesse. – Mort ou vivant, qu'est-ce que cela fait ? Est-ce qu'un militaire n'est pas fait pour être tué ? Est-ce qu'il ne doit pas être enragé, après dix sièges et cinq ou six batailles, de mourir au milieu de cette canaille de gens noirs[1] !... Mais revenons à notre histoire, et buvons encore un coup.

Le Maître. – Ma foi, notre hôtesse, vous avez raison.

L'Hôtesse. – Je suis bien aise que vous pensiez ainsi.

Le Maître. – Car votre vin est excellent.

L'Hôtesse. – Ah ! c'est de mon vin que vous parliez ? Eh bien ! vous avez encore raison. Vous rappelez-vous où nous en étions ?

Le Maître. – Oui, à la conclusion de la plus perfide des confidences.

L'Hôtesse. – M. le marquis des Arcis et Mme de La Pommeraye s'embrassèrent, enchantés l'un de l'autre, et se séparèrent. Plus la dame s'était contrainte en sa présence, plus sa douleur fut violente quand il fut parti. "Il n'est donc que trop vrai, s'écria-t-elle, il ne m'aime plus !..." Je ne vous ferai point le détail de toutes nos extravagances quand on nous délaisse, vous en seriez trop vains*. Je vous ai dit que cette femme avait de la fierté ; mais elle était bien autrement vindicative. Lorsque les premières fureurs furent calmées, et qu'elle jouit de toute la tranquillité de son indignation, elle songea à se venger, mais à se venger d'une manière cruelle, d'une manière à effrayer tous ceux qui seraient tentés à l'ave-

---

1. C'est-à-dire de prêtres.

nir de séduire et de tromper une honnête* femme. Elle s'est vengée, elle s'est cruellement vengée ; sa vengeance a éclaté et n'a corrigé personne ; nous n'en avons pas été depuis moins vilainement séduites et trompées.

JACQUES. – Bon pour les autres, mais vous !…

L'HÔTESSE. – Hélas ! moi toute la première ! Oh ! que nous sommes sottes ! Encore si ces vilains hommes gagnaient au change ! Mais laissons cela. Que fera-t-elle ? Elle n'en sait encore rien ; elle y rêvera* ; elle y rêve.

JACQUES. – Si tandis qu'elle y rêve…

L'HÔTESSE. – C'est bien dit. Mais nos deux bouteilles sont vides… (*Jean. – Madame. – Deux bouteilles, de celles qui sont tout au fond, derrière les fagots. – J'entends*.*) À force d'y rêver, voici ce qui lui vint en idée. Mme de La Pommeraye avait autrefois connu une femme de province qu'un procès avait appelée à Paris, avec sa fille, jeune, belle et bien élevée. Elle avait appris que cette femme, ruinée par la perte de son procès, en avait été réduite à tenir tripot[1]. On s'assemblait chez elle, on jouait, on soupait*, et communément un ou deux des convives restaient, passaient la nuit avec madame ou mademoiselle, à leur choix. Elle mit un de ses gens en quête de ces créatures. On les déterra, on les invita à faire visite à Mme de La Pommeraye, qu'elles se rappelaient à peine. Ces femmes, qui avaient pris le nom de Mme et de Mlle d'Aisnon, ne se firent pas attendre ; dès le lendemain, la mère se rendit chez Mme de La Pommeraye. Après les premiers compliments, Mme de La Pommeraye demanda à la d'Aisnon ce qu'elle avait fait, ce qu'elle faisait depuis la perte de son procès.

"Pour vous parler avec sincérité, lui répondit la d'Aisnon, je fais un métier périlleux, infâme, peu lucratif, et qui me déplaît, mais la nécessité contraint la loi[2]. J'étais presque résolue à mettre ma fille à l'Opéra[3], mais elle n'a

---

1. Maison de jeu dont on accordait la direction aux femmes nobles ruinées, pour leur permettre de rétablir leur fortune.
2. Nécessité fait loi.
3. C'est-à-dire la prostituer. Les danseuses et chanteuses de l'Opéra constituaient en effet un vivier pour les hommes fortunés qui, en devenant leurs « protecteurs », leur permettaient de fréquenter la société la plus choisie, et pour certaines de faire fortune.

qu'une petite voix de chambre, et n'a jamais été qu'une danseuse médiocre. Je l'ai promenée, pendant et après mon procès, chez des magistrats, chez des grands, chez des prélats, chez des financiers*, qui s'en sont accommodés pour un terme et qui l'ont laissée là. Ce n'est pas qu'elle ne soit belle comme un ange, qu'elle n'ait de la finesse, de la grâce ; mais aucun esprit de libertinage*, rien de ces talents propres à réveiller la langueur d'hommes blasés. Je donne à jouer et à souper* ; et le soir, qui veut rester, reste. Mais ce qui nous a le plus nui, c'est qu'elle s'était entêtée d'un petit abbé de qualité[1], impie, incrédule, dissolu, hypocrite, antiphilosophe[2], que je ne vous nommerai pas ; mais c'est le dernier de ceux qui, pour arriver à l'épiscopat, ont pris la route qui est en même temps la plus sûre et qui demande le moins de talent. Je ne sais ce qu'il faisait entendre à ma fille, à qui il venait lire tous les matins les feuillets de son dîner*, de son souper*, de sa rhapsodie*. Sera-t-il évêque, ne le sera-t-il pas ? Heureusement ils se sont brouillés. Ma fille lui ayant demandé un jour s'il connaissait ceux contre lesquels il écrivait, et l'abbé lui ayant répondu que non ; s'il avait d'autres sentiments que ceux qu'il ridiculisait, et l'abbé lui ayant répondu que non, elle se laissa emporter à sa vivacité et lui représenta* que son rôle était celui du plus méchant et du plus faux des hommes."

Mme de La Pommeraye lui demanda si elles étaient fort connues.

"Beaucoup trop, malheureusement.

– À ce que je vois, vous ne tenez point à votre état* ?

– Aucunement, et ma fille me proteste* tous les jours que la condition la plus malheureuse lui paraît préférable à la sienne ; elle en est d'une mélancolie* qui achève d'éloigner d'elle…

– Si je me mettais en tête de vous faire à l'une et à l'autre le sort le plus brillant, vous y consentiriez donc ?

– À bien moins.

– Mais il s'agit de savoir si vous pouvez me promettre de vous conformer à la rigueur des conseils que je vous donnerai.

---

1. Abbé de condition noble.
2. Adversaire du parti des philosophes*.

– Quels qu'ils soient vous pouvez y compter.

– Et vous serez à mes ordres quand il me plaira ?

– Nous les attendrons avec impatience.

– Cela me suffit ; retournez-vous-en ; vous ne tarderez pas à les recevoir. En attendant, défaites-vous de vos meubles, vendez tout, ne réservez pas même vos robes, si vous en avez des voyantes : cela ne cadrerait point à mes vues." »

Jacques, qui commençait à s'intéresser, dit à l'hôtesse : « Et si nous buvions à la santé de Mme de La Pommeraye ?

L'Hôtesse. – Volontiers.

Jacques. – Et à celle de Mme d'Aisnon.

L'Hôtesse. – Tope.

Jacques. – Et vous ne refuserez pas celle de Mlle d'Aisnon, qui a une jolie voix de chambre, peu de talent pour la danse, et une mélancolie* qui la réduit à la triste nécessité d'accepter un nouvel amant tous les soirs.

L'Hôtesse. – Ne riez pas, c'est la plus cruelle chose. Si vous saviez le supplice quand on n'aime pas !...

Jacques. – À Mlle d'Aisnon, à cause de son supplice.

L'Hôtesse. – Allons.

Jacques. – Notre hôtesse, aimez-vous votre mari ?

L'Hôtesse. – Pas autrement.

Jacques. – Vous êtes donc bien à plaindre ; car il me semble d'une belle santé.

L'Hôtesse. – Tout ce qui reluit n'est pas or.

Jacques. – À la belle santé de notre hôte.

L'Hôtesse. – Buvez tout seul.

Le Maître. – Jacques, Jacques, mon ami, tu te presses beaucoup.

L'Hôtesse. – Ne craignez rien, monsieur, il est loyal[1] ; et demain il n'y paraîtra pas.

Jacques. – Puisqu'il n'y paraîtra pas demain, et que je ne fais pas ce soir grand cas de ma raison, mon maître, ma belle hôtesse, encore une santé, une santé qui me tient fort à cœur, c'est celle de l'abbé de Mlle d'Aisnon.

L'Hôtesse. – Fi donc, monsieur Jacques ; un hypocrite,

---

1. « Se dit de la bonne qualité des choses » (*Dictionnaire* de Furetière, 1690). L'hôtesse parle ici du vin.

un ambitieux, un ignorant, un calomniateur, un intolérant ; car c'est comme cela qu'on appelle, je crois, ceux qui égorgeraient volontiers quiconque ne pense pas comme eux.

LE MAÎTRE. – C'est que vous ne savez pas, notre hôtesse, que Jacques que voilà est une espèce de philosophe*, et qu'il fait un cas infini de ces petits imbéciles qui se déshonorent eux-mêmes et la cause qu'ils défendent si mal. Il dit que son capitaine les appelait le contrepoison des Huet, des Nicole, des Bossuet[1]. Il n'entendait* rien à cela, ni vous non plus… Votre mari est-il couché ?

L'HÔTESSE. – Il y a belle heure !

LE MAÎTRE. – Et il vous laisse causer comme cela ?

L'HÔTESSE. – Nos maris sont aguerris… Mme de La Pommeraye monte dans son carrosse, court les faubourgs les plus éloignés du quartier de la d'Aisnon, loue un petit appartement en maison honnête*, dans le voisinage de la paroisse, le fait meubler le plus succinctement qu'il est possible, invite la d'Aisnon et sa fille à dîner*, et les installe, ou le jour même, ou quelques jours après, leur laissant un précis[2] de la conduite qu'elles ont à tenir.

JACQUES. – Notre hôtesse, nous avons oublié la santé de Mme de La Pommeraye, celle du marquis des Arcis ; ah ! cela n'est pas honnête*.

L'HÔTESSE. – Allez, allez, monsieur Jacques, la cave n'est pas vide… Voici ce précis, ou ce que j'en ai retenu :

"Vous ne fréquenterez point les promenades publiques, car il ne faut pas qu'on vous découvre.

"Vous ne recevrez personne, pas même vos voisins et vos voisines, parce qu'il faut que vous affectiez la plus profonde retraite.

"Vous prendrez, dès demain, l'habit de dévotes*, parce qu'il faut qu'on vous croie telles.

"Vous n'aurez chez vous que des livres de dévotion,

---

1. Il s'agit de trois ecclésiastiques du XVIIe siècle. La qualité de leurs écrits et de leur pensée contraste avec la médiocrité de ceux des pamphlétaires antiphilosophes du XVIIIe siècle, évoqués ici à travers la figure du « petit abbé », qui desservent leur propre cause, à savoir la défense de la religion contre la « philosophie ».
2. Un abrégé.

parce qu'il ne faut rien autour de vous qui puisse vous trahir.

"Vous serez de la plus grande assiduité aux offices de la paroisse, jours de fêtes et jours ouvrables.

"Vous vous intriguerez pour avoir entrée au parloir de quelque couvent ; le bavardage de ces recluses ne nous sera pas inutile.

"Vous ferez connaissance étroite avec le curé et les prêtres de la paroisse, parce que je puis avoir besoin de leur témoignage.

"Vous n'en recevrez d'habitude aucun.

"Vous irez à confesse et vous approcherez des sacrements au moins deux fois le mois.

"Vous reprendrez votre nom de famille, parce qu'il est honnête*, et qu'on fera tôt ou tard des informations dans votre province.

"Vous ferez de temps en temps quelques petites aumônes, et vous n'en recevrez point, sous quelque prétexte que ce puisse être. Il faut qu'on ne vous croie ni pauvres ni riches.

"Vous filerez, vous coudrez, vous tricoterez, vous broderez, et vous donnerez aux dames de charité votre ouvrage à vendre.

"Vous vivrez de la plus grande sobriété ; deux petites portions d'auberge ; et puis c'est tout.

"Votre fille ne sortira jamais sans vous, ni vous sans elle. De tous les moyens d'édifier à peu de frais, vous n'en négligerez aucun.

"Surtout jamais chez vous, je vous le répète, ni prêtres, ni moines, ni dévotes*.

"Vous irez dans les rues les yeux baissés ; à l'église, vous ne verrez que Dieu.

"J'en conviens, cette vie est austère, mais elle ne durera pas, et je vous en promets la plus signalée récompense. Voyez, consultez-vous : si cette contrainte vous paraît au-dessus de vos forces, avouez-le-moi ; je n'en serai ni offensée, ni surprise. J'oubliais de vous dire qu'il serait à propos que vous vous fissiez un verbiage de la mysticité, et que l'histoire de l'Ancien et du Nouveau Testament vous devînt familière, afin qu'on vous prenne pour des dévotes* d'ancienne date. Faites-vous jansénistes ou molinistes[1], comme il vous plaira ; mais le mieux sera d'avoir l'opinion de votre curé. Ne manquez pas, à tort et à travers, dans toute occasion de vous déchaîner contre les philosophes* ; criez que Voltaire est l'Antéchrist[2], sachez par cœur l'ouvrage de votre petit abbé, et colportez-le, s'il le faut…"

Mme de La Pommeraye ajouta : "Je ne vous verrai point chez vous ; je ne suis pas digne du commerce d'aussi saintes femmes ; mais n'en ayez aucune inquiétude : vous viendrez ici clandestinement quelquefois, et nous nous dédommagerons, en petit comité, de votre régime pénitent. Mais, tout en jouant la dévotion, n'allez pas vous en empêtrer. Quant aux dépenses de votre petit ménage, c'est mon affaire. Si mon projet réussit, vous n'aurez plus besoin de moi ; s'il manque sans qu'il y ait de votre faute, je suis assez riche pour vous assurer un sort honnête* et meilleur que l'état* que vous m'aurez sacrifié. Mais surtout soumission, soumission absolue, illimitée à mes volontés, sans quoi je ne réponds de rien pour le présent, et ne m'engage à rien pour l'avenir." »

LE MAÎTRE, *en frappant sur sa tabatière et regardant à sa montre l'heure qu'il est.* – Voilà une terrible tête de femme ! Dieu me garde d'en rencontrer une pareille.

L'HÔTESSE. – Patience, patience, vous ne la connaissez pas encore.

JACQUES. – En attendant, ma belle, notre charmante hôtesse, si nous disions un mot à la bouteille ?

L'HÔTESSE. – Monsieur Jacques, mon vin de Champagne m'embellit à vos yeux.

---

1. Par « molinistes » sont ici désignés les jésuites en général, et non les seuls partisans de la doctrine de Molina. Jansénistes et jésuites représentaient les deux principaux courants doctrinaux catholiques du temps, en lutte violente depuis le siècle précédent et que l'auteur renvoie ici ironiquement dos à dos. Les premiers, défenseurs d'une spiritualité austère et sans compromis, libérée de tout intérêt temporel, s'opposaient aux seconds, accusés de transiger hypocritement avec la morale chrétienne et de chercher avant tout à asseoir leur puissance économique et politique.
2. Voltaire, dont le mot d'ordre était « écrasons l'Infâme », c'est-à-dire le christianisme, caractérisé selon lui par l'intolérance fanatique et les préjugés obscurantistes, était en effet la bête noire des hommes d'Église de tous bords.

LE MAÎTRE. – Je suis pressé depuis si longtemps de vous faire une question, peut-être indiscrète*, que je n'y saurais plus tenir.

L'HÔTESSE. – Faites votre question.

LE MAÎTRE. – Je suis sûr que vous n'êtes pas née dans une hôtellerie.

L'HÔTESSE. – Il est vrai.

LE MAÎTRE. – Que vous y avez été conduite d'un état* plus élevé par des circonstances extraordinaires.

L'HÔTESSE. – J'en conviens.

LE MAÎTRE. – Et si nous suspendions un moment l'histoire de Mme de La Pommeraye…

L'HÔTESSE. – Cela ne se peut. Je raconte volontiers les aventures des autres, mais non pas les miennes. Sachez seulement que j'ai été élevée à Saint-Cyr[1], où j'ai peu lu l'Évangile et beaucoup de romans. De l'abbaye royale à l'auberge que je tiens il y a loin.

LE MAÎTRE. – Il suffit ; prenez que je ne vous aie rien dit.

L'HÔTESSE. – Tandis que nos deux dévotes* édifiaient, et que la bonne odeur de leur piété et de la sainteté de leurs mœurs se répandait à la ronde, Mme de La Pommeraye observait avec le marquis les démonstrations extérieures de l'estime, de l'amitié, de la confiance la plus parfaite. Toujours bien venu, jamais ni grondé, ni boudé, même après de longues absences : il lui racontait toutes ses petites bonnes fortunes[2], et elle paraissait s'en amuser franchement. Elle lui donnait ses conseils dans les occasions d'un succès difficile ; elle lui jetait quelquefois des mots de mariage, mais c'était d'un ton si désintéressé, qu'on ne pouvait la soupçonner de parler pour elle. Si le marquis lui adressait quelques-uns de ces propos tendres ou galants* dont on ne peut guère se dispenser avec une femme qu'on a connue, ou elle en souriait, ou elle les laissait tomber. À l'en croire, son cœur était paisible ; et, ce qu'elle n'aurait jamais imaginé, elle éprouvait qu'un ami tel que lui suffisait au bonheur de la vie ; et puis elle n'était

---

1. Pensionnat destiné aux jeunes filles de familles nobles mais pauvres, fondé par Mme de Maintenon – l'épouse morganatique de Louis XIV – en 1685.
2. Succès amoureux.

plus de la première jeunesse, et ses goûts étaient bien émoussés.

« Quoi ! vous n'avez rien à me confier ?

– Non.

– Mais le petit comte, mon amie, qui vous pressait si vivement de mon règne ?

– Je lui ai fermé ma porte, et je ne le vois plus.

– C'est d'une bizarrerie ! Et pourquoi l'avoir éloigné ?

– C'est qu'il ne me plaît pas.

– Ah ! madame, je crois vous deviner : vous m'aimez encore.

– Cela se peut.

– Vous comptez sur un retour.

– Pourquoi non ?

– Et vous vous ménagez tous les avantages d'une conduite sans reproche.

– Je le crois.

– Et si j'avais le bonheur ou le malheur de reprendre, vous vous feriez au moins un mérite du silence que vous garderiez sur mes torts.

– Vous me croyez bien délicate et bien généreuse.

– Mon amie, après ce que vous avez fait, il n'est aucune sorte d'héroïsme dont vous ne soyez capable.

– Je ne suis pas trop fâchée que vous le pensiez.

– Ma foi, je cours le plus grand danger avec vous, j'en suis sûr. »

JACQUES. – Et moi aussi.

L'HÔTESSE. – Il y avait environ trois mois qu'ils en étaient au même point, lorsque Mme de La Pommeraye crut qu'il était temps de mettre en jeu ses grands ressorts. Un jour d'été qu'il faisait beau et qu'elle attendait le marquis à dîner*, elle fit dire à la d'Aisnon et à sa fille de se rendre au Jardin du Roi[1]. Le marquis vint, on servit de bonne heure ; on dîna : on dîna gaiement. Après dîner, Mme de La Pommeraye propose une promenade au marquis, s'il n'avait rien de plus agréable à faire. Il n'y avait ce jour-là ni Opéra, ni comédie[2] ; ce fut le marquis qui en fit la

1. Voir note 3, p. 99.
2. C'est-à-dire la Comédie-Française.

remarque ; et pour se dédommager d'un spectacle amusant par un spectacle utile, le hasard voulut que ce fut lui-même qui invita la marquise à aller voir le Cabinet du Roi[1]. Il ne fut pas refusé, comme vous pensez bien. Voilà les chevaux mis ; les voilà partis ; les voilà arrivés au Jardin du Roi ; et les voilà mêlés dans la foule, regardant tout, et ne voyant rien, comme les autres.

Lecteur, j'avais oublié de vous peindre le site[2] des trois personnages dont il s'agit ici : Jacques, son maître et l'hôtesse ; faute de cette attention, vous les avez entendus parler, mais vous ne les avez point vus ; il vaut mieux tard que jamais. Le maître, à gauche, en bonnet de nuit, en robe de chambre, était étalé nonchalamment dans un grand fauteuil de tapisserie, son mouchoir jeté sur le bras du fauteuil, et sa tabatière à la main. L'hôtesse sur le fond, en face de la porte, proche la table, son verre devant elle. Jacques, sans chapeau, à sa droite, les deux coudes appuyés sur la table, et la tête penchée entre deux bouteilles : deux autres étaient à terre à côté de lui.

« Au sortir du Cabinet, le marquis et sa bonne amie se promenèrent dans le jardin. Ils suivaient la première allée qui est à droite en entrant, proche l'école des arbres, lorsque Mme de La Pommeraye fit un cri de surprise, en disant : "Je ne me trompe pas, je crois que ce sont elles ; oui, ce sont elles-mêmes."

Aussitôt on quitte le marquis, et l'on s'avance à la rencontre de nos deux dévotes*. La d'Aisnon fille était à ravir sous ce vêtement simple, qui, n'attirant point le regard, fixe l'attention tout entière sur la personne.

"Ah ! c'est vous, madame ?

– Oui, c'est moi.

– Et comment vous portez-vous, et qu'êtes-vous devenue depuis une éternité ?

– Vous savez nos malheurs ; il a fallu s'y résigner, et vivre retirées comme il convenait à notre petite fortune ; sortir du monde*, quand on ne peut plus s'y montrer décemment.

---

1. Le Cabinet du Roi contenait les collections d'histoire naturelle du Jardin du Roi.
2. Situation (vocabulaire de la peinture).

– Mais, moi, me délaisser, moi qui ne suis pas du monde, et qui ai toujours de bon esprit de le trouver aussi maussade qu'il l'est !

– Un des inconvénients de l'infortune, c'est la méfiance qu'elle inspire : les indigents craignent d'être importuns.

– Vous, importunes pour moi ! ce soupçon est une bonne injure*.

– Madame, j'en suis tout à fait innocente, je vous ai rappelée dix fois à maman, mais elle me disait : Mme de La Pommeraye… personne, ma fille, ne pense plus à nous.

– Quelle injustice ! Asseyons-nous, nous causerons. Voilà M. le marquis des Arcis ; c'est mon ami ; et sa présence ne nous gênera pas. Comme mademoiselle est grandie ! comme elle est embellie depuis que nous ne nous sommes vues !

– Notre position a cela d'avantageux qu'elle nous prive de tout ce qui nuit à la santé : voyez son visage, voyez ses bras ; voilà ce qu'on doit à la vie frugale et réglée, au sommeil, au travail, à la bonne conscience ; et c'est quelque chose…"

On s'assit, on s'entretint d'amitié[1]. La d'Aisnon mère parla bien, la d'Aisnon fille parla peu. Le ton de la dévotion fut celui de l'une et de l'autre, mais avec aisance et sans pruderie. Longtemps avant la chute du jour nos deux dévotes* se levèrent. On leur représenta* qu'il était encore de bonne heure ; la d'Aisnon mère dit assez haut, à l'oreille de Mme de La Pommeraye, qu'elles avaient encore un exercice de piété à remplir, et qu'il leur était impossible de rester plus longtemps. Elles étaient déjà à quelque distance, lorsque Mme de La Pommeraye se reprocha de ne leur avoir pas demandé leur demeure, et de ne leur avoir pas appris la sienne : "C'est une faute, ajouta-t-elle, que je n'aurais pas commise autrefois." Le marquis courut pour la réparer ; elles acceptèrent l'adresse de Mme de La Pommeraye, mais, quelles que furent les instances du marquis, il ne put obtenir la leur. Il n'osa pas leur offrir sa voiture, en avouant à Mme de La Pommeraye qu'il en avait été tenté.

---

1. Avec amitié.

Le marquis ne manqua pas de demander à Mme de La Pommeraye ce que c'étaient que ces deux femmes.

"Ce sont deux créatures plus heureuses que nous. Voyez la belle santé dont elles jouissent ! la sérénité qui règne sur leur visage ! l'innocence, la décence qui dictent leurs propos ! On ne voit point cela, on n'entend point cela dans nos cercles. Nous plaignons les dévots ; les dévots nous plaignent [1] : et à tout prendre, je penche à croire qu'ils ont raison.

– Mais, marquise, est-ce que vous seriez tentée de devenir dévote ?

– Pourquoi pas ?

– Prenez-y garde, je ne voudrais pas que notre rupture, si c'en est une, vous menât jusque-là.

– Et vous aimeriez mieux que je rouvrisse ma porte au petit comte ?

– Beaucoup mieux.

– Et vous me le conseilleriez ?

– Sans balancer*…"

Mme de La Pommeraye dit au marquis ce qu'elle savait du nom, de la province, du premier état* et du procès des deux dévotes, y mettant tout l'intérêt et tout le pathétique possible, puis elle ajouta : "Ce sont deux femmes d'un mérite rare, la fille surtout. Vous concevez qu'avec une figure comme la sienne on ne manque de rien ici quand on veut en faire ressource ; mais elles ont préféré une honnête* modicité à une aisance honteuse ; ce qui leur reste est si mince, qu'en vérité je ne sais comment elles font pour subsister. Cela travaille nuit et jour. Supporter l'indigence quand on y est né, c'est ce qu'une multitude d'hommes savent faire ; mais passer de l'opulence au plus étroit nécessaire, s'en contenter, y trouver la félicité, c'est ce que je ne comprends pas. Voilà à quoi sert la religion. Nos philosophes* auront beau dire, la religion est une bonne chose.

– Surtout pour les malheureux.

– Et qui est-ce qui ne l'est pas plus ou moins ?

– Je veux mourir si vous ne devenez dévote.

---

1. Les « dévots » s'opposent ici aux « mondains » représentés par le marquis des Arcis et Mme de La Pommeraye.

– Le grand malheur ! Cette vie est si peu de chose quand on la compare à une éternité à venir !

– Mais vous parlez déjà comme un missionnaire.

– Je parle comme une femme persuadée. Là, marquis, répondez-moi vrai ; toutes nos richesses ne seraient-elles pas de bien pauvres guenilles à nos yeux, si nous étions plus pénétrés de l'attente des biens et de la crainte des peines d'une autre vie ? Corrompre une jeune fille ou une femme attachée à son mari, avec la croyance qu'on peut mourir entre ses bras, et tomber tout à coup dans des supplices sans fin, convenez que ce serait le plus incroyable délire.

– Cela se fait pourtant tous les jours.

– C'est qu'on n'a point de foi, c'est qu'on s'étourdit.

– C'est que nos opinions religieuses ont peu d'influence sur nos mœurs. Mais, mon amie, je vous jure que vous vous acheminez à toutes jambes au confessionnal.

– C'est bien ce que je pourrais faire de mieux.

– Allez, vous êtes folle ; vous avez encore une vingtaine d'années de jolis péchés à faire : n'y manquez pas ; ensuite vous vous en repentirez, et vous irez vous en vanter aux pieds du prêtre, si cela vous convient… Mais voilà une conversation d'un tour bien sérieux ; votre imagination se noircit furieusement*, et c'est l'effet de cette abominable solitude où vous vous êtes renfoncée. Croyez-moi, rappelez au plus tôt le petit comte, vous ne verrez plus ni diable, ni enfer, et vous serez charmante comme auparavant. Vous craignez que je vous le reproche si nous nous raccommodons jamais ; mais d'abord nous ne nous raccommoderons peut-être pas ; et par une appréhension bien ou mal fondée, vous vous privez du plaisir le plus doux ; et, en vérité, l'honneur de valoir mieux que moi ne vaut pas ce sacrifice.

– Vous dites bien vrai, aussi n'est-ce pas là ce qui me retient…"

Ils dirent encore beaucoup d'autres choses que je ne me rappelle pas.

JACQUES. – Notre hôtesse, buvons un coup : cela rafraîchit la mémoire.

L'HÔTESSE. – Buvons un coup… Après quelques tours d'allées, Mme de La Pommeraye et le marquis remontèrent en voiture. Mme de La Pommeraye dit : "Comme cela me vieillit ! Quand cela vint à Paris, cela n'était pas plus haut qu'un chou.

– Vous parlez de la fille de cette dame que nous avons trouvée à la promenade ?

– Oui. C'est comme dans un jardin où les roses fanées font place aux roses nouvelles. L'avez-vous regardée ?

– Je n'y ai pas manqué.

– Comment la trouvez-vous ?

– C'est la tête d'une vierge de Raphaël sur le corps de sa *Galatée*[1] ; et puis une douceur dans la voix !

– Une modestie dans le regard !

– Une bienséance dans le maintien !

– Une décence dans le propos qui ne m'a frappée dans aucune fille comme dans celle-là. Voilà l'effet de l'éducation.

– Lorsqu'il est préparé par un beau naturel."

Le marquis déposa Mme de La Pommeraye à sa porte ; et Mme de La Pommeraye n'eut rien de plus pressé que de témoigner à nos deux dévotes* combien elle était satisfaite de la manière dont elles avaient rempli leur rôle.

JACQUES. – Si elles continuent comme elles ont débuté, monsieur le marquis des Arcis, fussiez-vous le diable, vous ne vous en tirerez pas.

LE MAÎTRE. – Je voudrais bien savoir quel est leur projet.

JACQUES. – Moi, j'en serais bien fâché : cela gâterait tout.

L'HÔTESSE. – De ce jour, le marquis devint plus assidu chez Mme de La Pommeraye, qui s'en aperçut sans lui en demander la raison. Elle ne lui parlait jamais la première des deux dévotes* ; elle attendait qu'il entamât ce texte* : ce que le marquis faisait toujours d'impatience et avec une indifférence mal simulée.

LE MARQUIS. – Avez-vous vu vos amies ?

MME DE LA POMMERAYE. – Non.

LE MARQUIS. – Savez-vous que cela n'est pas trop bien ? Vous êtes riche : elles sont dans le malaise ; et vous ne les invitez pas même à manger quelquefois !

MME DE LA POMMERAYE. – Je me croyais un peu mieux

---

1. Fresque du palais de la Farnésine à Rome.

connue de monsieur le marquis. L'amour autrefois me prêtait des vertus ; aujourd'hui l'amitié me prête des défauts. Je les ai invitées dix fois sans avoir pu les obtenir une. Elles refusent de venir chez moi, par des idées singulières ; et quand je les visite, il faut que je laisse mon carrosse à l'entrée de la rue et que j'aille en déshabillé, sans rouge[1] et sans diamants. Il ne faut pas trop s'étonner de leur circonspection : un faux rapport suffirait pour aliéner l'esprit d'un certain nombre de personnes bienfaisantes et les priver de leurs secours. Marquis, le bien apparemment coûte beaucoup à faire.

LE MARQUIS. – Surtout aux dévots*.

MME DE LA POMMERAYE. – Puisque le plus léger prétexte suffit pour les en dispenser. Si l'on savait que j'y prends intérêt, bientôt on dirait : Mme de La Pommeraye les protège : elles n'ont besoin de rien… Et voilà les charités supprimées.

LE MARQUIS. – Les charités ?

MME DE LA POMMERAYE. – Oui, monsieur, les charités !

LE MARQUIS. – Vous les connaissez, et elles en sont aux charités ?

MME DE LA POMMERAYE. – Encore une fois, marquis, je vois bien que vous ne m'aimez plus, et qu'une partie de votre estime s'en est allée avec votre tendresse. Et qui est-ce qui vous a dit que, si ces femmes étaient dans le besoin des aumônes de la paroisse, c'était de ma faute ?

LE MARQUIS. – Pardon, madame, mille pardons, j'ai tort. Mais quelle raison de se refuser à la bienveillance d'une amie ?

MME DE LA POMMERAYE. – Ah ! marquis, nous sommes bien loin, nous autres gens du monde*, de connaître les délicatesses scrupuleuses des âmes timorées[2]. Elles ne croient pas pouvoir accepter les secours de toute personne indistinctement.

LE MARQUIS. – C'est nous ôter le meilleur moyen d'expier nos folles dissipations.

MME DE LA POMMERAYE. – Point du tout. Je suppose, par

---

1. En déshabillé : sans apprêt. Sans rouge : sans fard.
2. Ici, scrupuleuses.

exemple, que monsieur le marquis des Arcis fût touché de compassion pour elles ; que ne fait-il passer ces secours par des mains plus dignes ?

LE MARQUIS. – Et moins sûres.

MME DE LA POMMERAYE. – Cela se peut.

LE MARQUIS. – Dites-moi, si je leur envoyais une vingtaine de louis*, croyez-vous qu'elles les refuseraient ?

MME DE LA POMMERAYE. – J'en suis sûre ; et ce refus vous semblerait déplacé dans une mère qui a un enfant charmant ?

LE MARQUIS. – Savez-vous que j'ai été tenté de les aller voir ?

MME DE LA POMMERAYE. – Je le crois. Marquis, marquis, prenez garde à vous ; voilà un mouvement de compassion bien subit et bien suspect.

LE MARQUIS. – Quoi qu'il en soit, m'auraient-elles reçu ?

MME DE LA POMMERAYE. – Non certes ! Avec l'éclat de votre voiture, de vos habits, de vos gens et les charmes de la jeune personne, il n'en fallait pas davantage pour apprêter au caquet[1] des voisins, des voisines et les perdre.

LE MARQUIS. – Vous me chagrinez ; car, certes, ce n'était pas mon dessein. Il faut donc renoncer à les secourir et à les voir ?

MME DE LA POMMERAYE. – Je le crois.

LE MARQUIS. – Mais si je leur faisais passer mes secours par votre moyen ?

MME DE LA POMMERAYE. – Je ne crois pas ces secours-là assez purs pour m'en charger.

LE MARQUIS. – Voilà qui est cruel !

MME DE LA POMMERAYE. – Oui, cruel : c'est le mot.

LE MARQUIS. – Quelle vision ! marquise, vous vous moquez. Une jeune fille que je n'ai jamais vue qu'une fois…

MME DE LA POMMERAYE. – Mais du petit nombre de celles qu'on n'oublie pas quand on les a vues.

LE MARQUIS. – Il est vrai que ces figures-là vous suivent.

MME DE LA POMMERAYE. – Marquis, prenez garde à

---

1. Donner lieu aux commérages.

vous ; vous vous préparez des chagrins ; et j'aime mieux avoir à vous en garantir que d'avoir à vous en consoler. N'allez pas confondre celle-ci avec celles que vous avez connues : cela ne se ressemble pas ; on ne les tente pas, on ne les séduit pas, on n'en approche pas, elles n'écoutent pas, on n'en vient pas à bout.

Après cette conversation, le marquis se rappela tout à coup qu'il avait une affaire pressée ; il se leva brusquement et sortit soucieux.

Pendant un assez long intervalle de temps, le marquis ne passa presque pas un jour sans voir Mme de La Pommeraye ; mais il arrivait, il s'asseyait, il gardait le silence ; Mme de La Pommeraye parlait seule ; le marquis, au bout d'un quart d'heure, se levait et s'en allait.

Il fit ensuite une éclipse de près d'un mois, après laquelle il reparut ; mais triste, mais mélancolique*, mais défait. La marquise, en le voyant, lui dit : "Comme vous voilà fait ! d'où sortez-vous ? Est-ce que vous avez passé tout ce temps en petite maison[1] ?

LE MARQUIS. – Ma foi, à peu près. De désespoir, je me suis précipité dans un libertinage* affreux.

MME DE LA POMMERAYE. – Comment ! de désespoir ?

LE MARQUIS. – Oui, de désespoir…"

Après ce mot, il se mit à se promener en long et en large sans mot dire ; il allait aux fenêtres, il regardait le ciel, il s'arrêtait devant Mme de La Pommeraye ; il allait à la porte, il appelait ses gens à qui il n'avait rien à dire ; il les renvoyait ; il rentrait ; il revenait à Mme de La Pommeraye, qui travaillait sans l'apercevoir ; il voulait parler, il n'osait ; enfin Mme de La Pommeraye en eut pitié, et lui dit : "Qu'avez-vous ? On est un mois sans vous voir ; vous reparaissez avec un visage de déterré et vous rôdez comme une âme en peine.

LE MARQUIS. – Je n'y puis plus tenir, il faut que je vous dise tout. J'ai été vivement frappé de la fille de votre amie ; j'ai tout, mais tout fait pour l'oublier ; et plus j'ai fait, plus

---

1. On appelait ainsi les maisons achetées ou édifiées dans les faubourgs de Paris par des membres de la haute société (nobles ou riches roturiers), destinées à abriter leurs plaisirs en toute discrétion.

je m'en suis souvenu. Cette créature angélique m'obsède ; rendez-moi un service important.

MME DE LA POMMERAYE. – Quel ?

LE MARQUIS. – Il faut absolument que je la revoie et que je vous en aie l'obligation. J'ai mis mes grisons[1] en campagne. Toute leur venue, toute leur allée est de chez elles à l'église et de l'église chez elles. Dix fois je me suis présenté à pied sur leur chemin ; elles ne m'ont seulement pas aperçu ; je me suis planté sur leur porte inutilement. Elles m'ont d'abord rendu libertin* comme un sapajou[2], puis dévot* comme un ange ; je n'ai pas manqué la messe une fois depuis quinze jours. Ah ! mon amie, quelle figure ! qu'elle est belle !…"

Mme de La Pommeraye savait tout cela. "C'est-à-dire, répondit-elle au marquis, qu'après avoir tout mis en œuvre pour guérir, vous n'avez rien omis pour devenir fou, et que c'est le dernier parti qui vous a réussi ?

LE MARQUIS. – Et réussi, je ne saurais vous exprimer à quel point. N'aurez-vous pas compassion de moi et ne vous devrai-je pas le bonheur de la revoir ?

MME DE LA POMMERAYE. – La chose est difficile, et je m'en occuperai, mais à une condition : c'est que vous laisserez ces infortunées en repos et que vous cesserez de les tourmenter. Je ne vous cèlerai point qu'elles m'ont écrit de votre persécution avec amertume, et voilà leur lettre…"

La lettre qu'on donnait à lire au marquis avait été concertée entre elles. C'était la d'Aisnon fille qui paraissait l'avoir écrite par ordre de sa mère : et l'on y avait mis, d'honnête*, de doux, de touchant, d'élégance et d'esprit, tout ce qui pouvait renverser la tête du marquis. Aussi en accompagnait-il chaque mot d'une exclamation ; pas une phrase qu'il ne relût ; il pleurait de joie ; il disait à Mme de La Pommeraye : "Convenez donc, madame, qu'on n'écrit pas mieux que cela.

MME DE LA POMMERAYE. – J'en conviens.

LE MARQUIS. – Et qu'à chaque ligne on se sent pénétré

---

1. Se dit par raillerie de domestiques employés à des missions secrètes et qui, à cet effet, ne portent pas de livrée de couleur, mais sont vêtus de gris afin de ne pas être remarqués.
2. Espèce de singe.

d'admiration et de respect pour des femmes de ce caractère !

MME DE LA POMMERAYE. – Cela devrait être.

LE MARQUIS. – Je vous tiendrai ma parole ; mais songez, je vous en supplie, à ne pas manquer à la vôtre.

MME DE LA POMMERAYE. – En vérité, marquis, je suis aussi folle que vous. Il faut que vous ayez conservé un terrible empire[1] sur moi ; cela m'effraye.

LE MARQUIS. – Quand la verrai-je ?

MME DE LA POMMERAYE. – Je n'en sais rien. Il faut s'occuper premièrement du moyen d'arranger la chose, et d'éviter tout soupçon. Elles ne peuvent ignorer vos vues ; voyez la couleur que ma complaisance aurait à leurs yeux, si elles s'imaginaient que j'agis de concert avec vous... Mais, marquis, entre nous, qu'ai-je besoin de cet embarras-là ? Que m'importe que vous aimiez, que vous n'aimiez pas ? que vous extravaguiez ? Démêlez votre fusée[2] vous-même. Le rôle que vous me faites faire est aussi trop singulier.

LE MARQUIS. – Mon amie, si vous m'abandonnez, je suis perdu ! Je ne vous parlerai point de moi, puisque je vous offenserais ; mais je vous conjurerai par ces intéressantes et dignes créatures qui vous sont si chères ; vous me connaissez, épargnez-leur toutes les folies dont je suis capable. J'irai chez elles ; oui, j'irai, je vous en préviens ; je forcerai leur porte, j'entrerai malgré elles, je m'asseyerai, je ne sais ce que je dirai, ce que je ferai ; car que n'avez-vous point à craindre de l'état violent où je suis ?..."

Vous remarquerez, messieurs, dit l'hôtesse, que depuis le commencement de cette aventure jusqu'à ce moment, le marquis des Arcis n'avait pas dit un mot qui ne fût un coup de poignard dirigé au cœur de Mme de La Pommeraye. Elle étouffait d'indignation et de rage ; aussi répondit-elle au marquis, d'une voix tremblante et entrecoupée :

"Mais vous avez raison. Ah ! si j'avais été aimée comme cela, peut-être que... Passons là-dessus... Ce n'est pas pour

---

1. Pouvoir.
2. Littéralement, fil qui s'est dévidé autour d'un fuseau ; au sens figuré, affaires.

vous que j'agirai, mais je me flatte du moins, monsieur le marquis, que vous me donnerez du temps.

LE MARQUIS. – Le moins, le moins que je pourrai."

JACQUES. – Ah ! notre hôtesse, quel diable de femme ! Lucifer n'est pas pire. J'en tremble : et il faut que je boive un coup pour me rassurer... Est-ce que vous me laisserez boire tout seul ?

L'HÔTESSE. – Moi, je n'ai pas peur... Mme de La Pommeraye disait : "Je souffre, mais je ne souffre pas seule. Cruel homme ! j'ignore quelle sera la durée de mon tourment ; mais j'éterniserai le tien..." Elle tint le marquis près d'un mois dans l'attente de l'entrevue qu'elle avait promise, c'est-à-dire qu'elle lui laissa tout le temps de pâtir[1], de se bien enivrer, et que sous prétexte d'adoucir la longueur du délai, elle lui permit de l'entretenir de sa passion.

LE MAÎTRE. – Et de la fortifier en en parlant.

JACQUES. – Quelle femme ! quel diable de femme ! Notre hôtesse, ma frayeur redouble.

L'HÔTESSE. – Le marquis venait donc tous les jours causer avec Mme de La Pommeraye, qui achevait de l'irriter, de l'endurcir et de le perdre par les discours les plus artificieux. Il s'informait de la patrie, de la naissance, de l'éducation, de la fortune et du désastre de ces femmes ; il y revenait sans cesse, et ne se croyait jamais assez instruit et touché. La marquise lui faisait remarquer le progrès de ses sentiments, et lui en familiarisait le terme, sous prétexte de lui en inspirer de l'effroi. "Marquis, lui disait-elle, prenez-y garde, cela vous mènera loin ; il pourrait arriver un jour que mon amitié, dont vous faites un étrange abus, ne m'excusât ni à mes yeux ni aux vôtres. Ce n'est pas que tous les jours on ne fasse de plus grandes folies. Marquis, je crains fort que vous n'obteniez cette fille qu'à des conditions qui, jusqu'à présent, n'ont pas été de votre goût."

Lorsque Mme de La Pommeraye crut le marquis bien préparé pour le succès de son dessein, elle arrangea avec les deux femmes qu'elles viendraient dîner* chez elle ; et avec le marquis que, pour leur donner le change, il les surprendrait en habit de campagne : ce qui fut exécuté.

---

1. Souffrir.

On en était au second service lorsqu'on annonça le marquis. Le marquis, Mme de La Pommeraye et les deux d'Aisnon, jouèrent supérieurement l'embarras. "Madame, dit-il à Mme de La Pommeraye, j'arrive de ma terre ; il est trop tard pour aller chez moi où l'on ne m'attend que ce soir, et je me suis flatté que vous ne me refuseriez pas à dîner…" Et tout en parlant, il avait pris une chaise, et s'était mis à table. On avait disposé le couvert de manière qu'il se trouvât à côté de la mère et en face de la fille. Il remercia d'un clin d'œil Mme de La Pommeraye de cette attention délicate. Après le trouble du premier instant, nos deux dévotes* se rassurèrent. On causa, on fut même gai. Le marquis fut de la plus grande attention pour la mère, et de la politesse la plus réservée pour la fille. C'était un amusement secret bien plaisant pour ces trois femmes, que le scrupule du marquis à ne rien dire, à ne se rien permettre qui pût les effaroucher. Elles eurent l'inhumanité de le faire parler dévotion pendant trois heures de suite, et Mme de La Pommeraye lui disait : "Vos discours font merveilleusement l'éloge de vos parents ; les premières leçons qu'on en reçoit ne s'effacent jamais. Vous entendez toutes les subtilités de l'amour divin, comme si vous n'aviez été qu'à saint François de Sales[1] pour toute nourriture. N'auriez-vous pas été un peu quiétiste[2] ?

– Je ne m'en souviens plus…"

Il est inutile de dire que nos dévotes* mirent dans la conversation tout ce qu'elles avaient de grâces, d'esprit, de séduction et de finesse. On toucha en passant le chapitre des passions, et Mlle Duquênoi (c'était son nom de famille) prétendit qu'il n'y en avait qu'une seule de dangereuse. Le marquis fut de son avis. Entre les six et sept heures, les deux femmes se retirèrent, sans qu'il fût possible de les arrêter ; Mme de La Pommeraye prétendant avec Mme Duquênoi qu'il fallait aller de préférence à son devoir, sans

---

1. Évêque et docteur de l'Église, auteur de l'*Introduction à la vie dévote* (1604).
2. Le quiétisme est une doctrine mystique à laquelle Fénelon notamment adhéra. Elle préconise, pour atteindre l'état de perfection chrétienne, l'union de l'âme avec Dieu grâce au renoncement à tout désir permettant de parvenir à un état de « quiétude » absolue.

quoi il n'y aurait presque point de journée dont la douceur ne fût altérée par le remords. Les voilà parties au grand regret du marquis, et le marquis en tête à tête avec Mme de La Pommeraye.

MME DE LA POMMERAYE. – Eh bien ! marquis, ne faut-il pas que je sois bien bonne ? Trouvez-moi à Paris une autre femme qui en fasse autant.

LE MARQUIS, *en se jetant à ses genoux.* – J'en conviens ; il n'y en a pas une qui vous ressemble. Votre bonté me confond : vous êtes la seule véritable amie qu'il y ait au monde.

MME DE LA POMMERAYE. – Êtes-vous bien sûr de sentir toujours également le prix de mon procédé ?

LE MARQUIS. – Je serais un monstre d'ingratitude, si j'en rabattais.

MME DE LA POMMERAYE. – Changeons de texte*. Quel est l'état de votre cœur ?

LE MARQUIS. – Faut-il vous l'avouer franchement ? Il faut que j'aie cette fille-là, ou que j'en périsse.

MME DE LA POMMERAYE. – Vous l'aurez sans doute, mais il faut savoir comme quoi.

LE MARQUIS. – Nous verrons.

MME DE LA POMMERAYE. – Marquis, marquis, je vous connais, je les connais : tout est vu.

Le marquis fut environ deux mois sans se montrer chez Mme de La Pommeraye ; et voici ses démarches dans cet intervalle. Il fit connaissance avec le confesseur de la mère et de la fille. C'était un ami du petit abbé dont je vous ai parlé. Ce prêtre, après avoir mis toutes les difficultés hypocrites qu'on peut apporter à une intrigue malhonnête*, et vendu le plus chèrement qu'il fut possible la sainteté de son ministère, se prêta à tout ce que le marquis voulut.

La première scélératesse de l'homme de Dieu, ce fut d'aliéner la bienveillance du curé, et de lui persuader que ces deux protégées de Mme de La Pommeraye obtenaient de la paroisse une aumône dont elles privaient des indigents plus à plaindre qu'elles. Son but était de les amener à ses vues par la misère.

Ensuite il travailla au tribunal de la confession à jeter la division entre la mère et la fille. Lorsqu'il entendait la mère se plaindre de sa fille, il aggravait les torts de celle-ci, et irritait le ressentiment de l'autre. Si c'était la fille qui se plaignît de sa mère, il lui insinuait que la puissance des pères et mères sur leurs enfants était limitée, et que, si la persécution de sa mère était poussée jusqu'à un certain point, il ne serait peut-être pas impossible de la soustraire à une autorité tyrannique. Puis il lui donnait pour pénitence de revenir à confesse.

Une autre fois il lui parlait de ses charmes, mais leste-ment* : c'était un des plus dangereux présents que Dieu pût faire à une femme ; de l'impression qu'en avait éprouvée un honnête* homme qu'il ne nommait pas, mais qui n'était pas difficile à deviner. Il passait de là à la miséricorde infi-nie du ciel et à son indulgence pour des fautes que certaines circonstances nécessitaient ; à la faiblesse de la nature, dont chacun trouve l'excuse en soi-même ; à la violence et à la généralité de certains penchants, dont les hommes les plus saints n'étaient pas exempts. Il lui demandait ensuite si elle n'avait point de désirs, si le tempérament ne lui parlait pas en rêves, si la présence des hommes ne la troublait pas. Ensuite, il agitait la question si une femme devait céder ou résister à un homme passionné, et laisser mourir et dam-ner celui pour qui le sang de Jésus-Christ a été versé : et il n'osait la décider. Puis il poussait de profonds soupirs ; il levait les yeux au ciel, il priait pour la tranquillité des âmes en peine… La jeune fille le laissait aller. Sa mère et Mme de La Pommeraye, à qui elle rendait fidèlement les propos du directeur*, lui suggéraient des confidences qui toutes tendaient à l'encourager.

JACQUES. – Votre Mme de La Pommeraye est une méchante femme.

LE MAÎTRE. – Jacques, c'est bientôt dit. Sa méchanceté, d'où lui vient-elle ? Du marquis des Arcis. Rends celui-ci tel qu'il avait juré et qu'il devait être, et trouve-moi quelque défaut dans Mme de La Pommeraye. Quand nous serons en route, tu l'accuseras, et je me chargerai de la défendre. Pour ce prêtre, vil et séducteur, je te l'abandonne.

JACQUES. – C'est un si méchant homme, que je crois que de cette affaire-ci je n'irai plus à confesse. Et vous, notre hôtesse ?

L'HÔTESSE. – Pour moi je continuerai mes visites à mon vieux curé, qui n'est pas curieux, et qui n'entend que ce qu'on lui dit.

JACQUES. – Si nous buvions à la santé de votre curé ?

L'HÔTESSE. – Pour cette fois-ci je vous ferai raison ; car c'est un bon homme* qui, les dimanches et jours de fêtes, laisse danser les filles et les garçons, et qui permet aux hommes et aux femmes de venir chez moi, pourvu qu'ils n'en sortent pas ivres. À mon curé !

JACQUES. – À votre curé.

L'HÔTESSE. – Nos femmes ne doutaient pas qu'incessamment l'homme de Dieu ne hasardât de remettre une lettre à sa pénitente : ce qui fut fait ; mais avec quel ménagement ! Il ne savait de qui elle était ; il ne doutait point que ce ne fût de quelque âme bienfaisante et charitable qui avait découvert leur misère, et qui leur proposait des secours ; il en remettait assez souvent de pareilles. "Au demeurant vous êtes sage, madame votre mère est prudente, et j'exige que vous ne l'ouvriez qu'en sa présence." Mlle Duquênoi accepta la lettre et la remit à sa mère, qui la fit passer sur-le-champ à Mme de La Pommeraye. Celle-ci, munie de ce papier, fit venir le prêtre, l'accabla des reproches qu'il méritait, et le menaça de le déférer à ses supérieurs, si elle entendait encore parler de lui.

Dans cette lettre, le marquis s'épuisait en éloges de sa propre personne, en éloges de Mlle Duquênoi ; peignait sa passion aussi violente qu'elle l'était, et proposait des conditions fortes, même un enlèvement.

Après avoir fait la leçon au prêtre, Mme de La Pommeraye appela le marquis chez elle ; lui représenta* combien sa conduite était peu digne d'un galant* homme ; jusqu'où elle pouvait être compromise ; lui montra sa lettre, et protesta* que, malgré la tendre amitié qui les unissait, elle ne pouvait se dispenser de la produire au tribunal des lois, ou de la remettre à Mme Duquênoi, s'il arrivait quelque aventure éclatante à sa fille. "Ah ! marquis, lui dit-elle, l'amour vous corrompt ; vous êtes mal né, puisque le faiseur de grandes choses ne vous en inspire que d'avilissantes. Et que vous ont fait ces pauvres femmes, pour ajouter l'ignominie à la misère ? Faut-il que, parce que cette fille est belle, et veut rester vertueuse, vous en deveniez le persécuteur ? Est-ce à vous à lui faire détester un des plus beaux présents du ciel ? Par où ai-je mérité, moi, d'être votre complice ? Allons, marquis, jetez-vous à mes pieds, demandez-moi pardon, et faites serment de laisser mes tristes amies en repos." Le marquis lui promit de ne plus rien entreprendre sans son aveu*; mais qu'il fallait qu'il eût cette fille à quelque prix que ce fût.

Le marquis ne fut point du tout fidèle à sa parole. La mère était instruite ; il ne balança* pas à s'adresser à elle. Il avoua le crime de son projet ; il offrit une somme considérable, des espérances que le temps pourrait amener ; et sa lettre fut accompagnée d'un écrin de riches pierreries.

Les trois femmes tinrent conseil. La mère et la fille inclinaient à accepter ; mais ce n'était pas là le compte de Mme de La Pommeraye. Elle revint sur la parole qu'on lui avait donnée ; elle menaça de tout révéler ; et au grand regret de nos deux dévotes*, dont la jeune détacha de ses oreilles des girandoles[1] qui lui allaient si bien, l'écrin et la lettre furent renvoyés avec une réponse pleine de fierté et d'indignation.

Mme de La Pommeraye se plaignit au marquis du peu de fond qu'il y avait à faire sur ses promesses. Le marquis s'excusa sur l'impossibilité de lui proposer une commission si indécente. "Marquis, marquis, lui dit Mme de La Pommeraye, je vous ai déjà prévenu, et je vous le répète : vous n'en êtes pas où vous voudriez ; mais il n'est plus temps de vous prêcher, ce seraient paroles perdues : il n'y a plus de ressources."

Le marquis avoua qu'il le pensait comme elle, et lui demanda la permission de faire une dernière tentative ; c'était d'assurer des rentes considérables sur les deux têtes, de partager sa fortune avec les deux femmes, et de les rendre propriétaires à vie d'une de ses maisons à la ville, et d'une autre à la campagne. "Faites, lui dit la marquise ; je n'interdis que la violence ; mais croyez, mon ami, que l'honneur et la vertu, quand elle est vraie, n'ont point de prix aux yeux de ceux qui ont le bonheur de les posséder. Vos nouvelles offres ne réussiront pas mieux que les

---

1. Boucles d'oreille.

précédentes : je connais ces femmes et j'en ferais la gageure*."

Les nouvelles propositions sont faites. Autre conciliabule des trois femmes. La mère et la fille attendaient en silence la décision de Mme de La Pommeraye. Celle-ci se promena un moment sans parler. "Non, non, dit-elle, cela ne suffit pas à mon cœur ulcéré." Et aussitôt elle prononça le refus ; et aussitôt ces deux femmes fondirent en larmes, se jetèrent à ses pieds, et lui représentèrent* combien il était affreux pour elles de repousser une fortune immense, qu'elles pouvaient accepter sans aucune fâcheuse conséquence. Mme de La Pommeraye leur répondit sèchement : "Est-ce que vous imaginez que ce que je fais, je le fais pour vous ? Qui êtes-vous ? Que vous dois-je ? À quoi tient-il que je ne vous renvoie l'une et l'autre à votre tripot ? Si ce que l'on vous offre est trop pour vous, c'est trop peu pour moi. Écrivez, madame, la réponse que je vais vous dicter, et qu'elle parte sous mes yeux." Ces femmes s'en retournèrent encore plus effrayées qu'affligées.

JACQUES. – Cette femme a le diable au corps, et que veut-elle donc ? Quoi ! un refroidissement d'amour n'est pas assez puni par le sacrifice de la moitié d'une grande fortune ?

LE MAÎTRE. – Jacques, vous n'avez jamais été femme, encore moins honnête* femme, et vous jugez d'après votre caractère qui n'est pas celui de Mme de La Pommeraye ! Veux-tu que je te dise ? J'ai bien peur que le mariage du marquis des Arcis et d'une catin ne soit écrit là-haut.

JACQUES. – S'il est écrit là-haut, il se fera.

L'HÔTESSE. – Le marquis ne tarda pas à reparaître chez Mme de La Pommeraye. "Eh bien, lui dit-elle, vos nouvelles offres ?

LE MARQUIS. – Faites et rejetées. J'en suis désespéré. Je voudrais arracher cette malheureuse passion de mon cœur ; je voudrais m'arracher le cœur, et je ne saurais. Marquise, regardez-moi ; ne trouvez-vous pas qu'il y a entre cette jeune fille et moi quelques traits de ressemblance ?

MME DE LA POMMERAYE. – Je ne vous en avais rien dit ; mais je m'en étais aperçue. Il ne s'agit pas de cela : que résolvez-vous ?

LE MARQUIS. – Je ne puis me résoudre à rien. Il me prend des envies de me jeter dans une chaise de poste*, et de courir tant que terre me portera ; un moment après la force m'abandonne ; je suis comme anéanti, ma tête s'embarrasse : je deviens stupide, et ne sais que devenir.

MME DE LA POMMERAYE. – Je ne vous conseille pas de voyager ; ce n'est pas la peine d'aller jusqu'à Villejuif[1] pour revenir."

Le lendemain, le marquis écrivit à la marquise qu'il partait pour sa campagne[2] ; qu'il y resterait tant qu'il pourrait, et qu'il la suppliait de le servir auprès de ses amies, si l'occasion s'en présentait ; son absence fut courte : il revint avec la résolution d'épouser.

JACQUES. – Ce pauvre marquis me fait pitié.

LE MAÎTRE. – Pas trop à moi.

L'HÔTESSE. – Il descendit à la porte de Mme de La Pommeraye. Elle était sortie. En rentrant elle trouva le marquis étendu dans un fauteuil, les yeux fermés, et absorbé dans la plus profonde rêverie. "Ah ! marquis, vous voilà ? la campagne n'a pas eu de longs charmes pour vous.

– Non, lui répondit-il, je ne suis bien nulle part, et j'arrive déterminé à la plus haute sottise qu'un homme de mon état*, de mon âge et de mon caractère puisse faire. Mais il vaut mieux épouser que de souffrir. J'épouse.

MME DE LA POMMERAYE. – Marquis, l'affaire est grave, et demande de la réflexion.

LE MARQUIS. – Je n'en ai fait qu'une, mais elle est solide : c'est que je ne puis jamais être plus malheureux que je le suis.

MME DE LA POMMERAYE. – Vous pourriez vous tromper.

JACQUES. – La traîtresse !

LE MARQUIS. – Voici donc enfin, mon amie, une négociation dont je puis, ce me semble, vous charger honnêtement*. Voyez la mère et la fille ; interrogez la mère, sondez le cœur de la fille, et dites-leur mon dessein.

MME DE LA POMMERAYE. – Tout doucement, marquis. J'ai cru les connaître assez pour ce que j'en avais à faire ;

---

1. Village situé au sud de Paris.
2. C'est-à-dire sa demeure à la campagne.

mais à présent qu'il s'agit du bonheur de mon ami, il me permettra d'y regarder de plus près. Je m'informerai dans leur province, et je vous promets de les suivre pas à pas pendant toute la durée de leur séjour à Paris.

LE MARQUIS. – Ces précautions me semblent assez superflues. Des femmes dans la misère, qui résistent aux appâts que je leur ai tendus, ne peuvent être que les créatures les plus rares. Avec mes offres, je serais venu à bout d'une duchesse. D'ailleurs, ne m'avez-vous pas dit vous-même...

MME DE LA POMMERAYE. – Oui, j'ai dit tout ce qu'il vous plaira ; mais avec tout cela, permettez que je me satisfasse."

JACQUES. – La chienne ! la coquine ! l'enragée ! et pourquoi aussi s'attacher à une pareille femme ?

LE MAÎTRE. – Et pourquoi aussi la séduire et s'en détacher ?

L'HÔTESSE. – Pourquoi cesser de l'aimer sans rime ni raison ?

JACQUES, *montrant le ciel du doigt.* – Ah ! mon maître !

LE MARQUIS. – Pourquoi, marquise, ne vous mariez-vous pas aussi ?

MME DE LA POMMERAYE. – À qui, s'il vous plaît ?

LE MARQUIS. – Au petit comte ; il a de l'esprit, de la naissance, de la fortune.

MME DE LA POMMERAYE. – Et qui est-ce qui me répondra de sa fidélité ? C'est vous peut-être !

LE MARQUIS. – Non ; mais il me semble qu'on se passe aisément de la fidélité d'un mari.

MME DE LA POMMERAYE. – D'accord ; mais si le mien m'était infidèle, je serais peut-être assez bizarre pour m'en offenser ; et je suis vindicative.

LE MARQUIS. – Eh bien ! vous vous vengeriez, cela s'en va sans dire. C'est que nous prendrions un hôtel [1] commun, et que nous formerions tous quatre la plus agréable société.

MME DE LA POMMERAYE. – Tout cela est fort beau ; mais je ne me marie pas. Le seul homme que j'aurais peut-être été tentée d'épouser...

LE MARQUIS. – C'est moi ?

---

1. L'hôtel est la demeure citadine d'un particulier.

MME DE LA POMMERAYE. – Je puis vous l'avouer à présent sans conséquence.

LE MARQUIS. – Et pourquoi ne me l'avoir pas dit ?

MME DE LA POMMERAYE. – Par l'événement, j'ai bien fait. Celle que vous allez avoir vous convient de tout point mieux que moi.

L'HÔTESSE. – Mme de La Pommeraye mit à ses informations toute l'exactitude et la célérité qu'elle voulut. Elle produisit au marquis les attestations les plus flatteuses ; il y en avait de Paris, il y en avait de la province. Elle exigea du marquis encore une quinzaine, afin qu'il s'examinât derechef*. Cette quinzaine lui parut éternelle ; enfin la marquise fut obligée de céder à son impatience et à ses prières. La première entrevue se fait chez ses amies ; on y convient de tout, les bans se publient ; le contrat se passe ; le marquis fait présent à Mme de La Pommeraye d'un superbe diamant, et le mariage est consommé.

JACQUES. – Quelle trame[1] et quelle vengeance !

LE MAÎTRE. – Elle est incompréhensible.

JACQUES. – Délivrez-moi du souci de la première nuit des noces, et jusqu'à présent je n'y vois pas un grand mal.

LE MAÎTRE. – Tais-toi, nigaud.

L'HÔTESSE. – La nuit des noces se passa fort bien.

JACQUES. – Je croyais…

L'HÔTESSE. – Croyez à ce que votre maître vient de vous dire… » Et en parlant ainsi elle souriait, et en souriant, elle passait sa main sur le visage de Jacques, et lui serrait le nez… « Mais ce fut le lendemain…

JACQUES. – Le lendemain, ne fut-ce pas comme la veille ?

L'HÔTESSE. – Pas tout à fait. Le lendemain, Mme de La Pommeraye écrivit au marquis un billet qui l'invitait à se rendre chez elle au plus tôt, pour affaire importante. Le marquis ne se fit pas attendre.

On le reçut avec un visage où l'indignation se peignait dans toute sa force ; le discours[2] qu'on lui tint ne fut pas long ; le voici : "Marquis, lui dit-elle, apprenez à me

---

1. Ici, intrigue, complot.
2. Sur ce discours, voir les extraits de *Madame de La Carlière*, au chapitre 5 du dossier.

connaître. Si les autres femmes s'estimaient assez pour éprouver mon ressentiment, vos semblables seraient moins communs. Vous aviez acquis une honnête* femme que vous n'avez pas su conserver ; cette femme, c'est moi ; elle s'est vengée en vous en faisant épouser une digne de vous. Sortez de chez moi, et allez-vous-en rue Traversière, à l'hôtel de Hambourg, où l'on vous apprendra le sale métier que votre femme et votre belle-mère ont exercé pendant dix ans, sous le nom de d'Aisnon."

La surprise et la consternation de ce pauvre marquis ne peuvent se rendre. Il ne savait qu'en penser ; mais son incertitude ne dura que le temps d'aller d'un bout de la ville à l'autre. Il ne rentra point chez lui de tout le jour ; il erra dans les rues. Sa belle-mère et sa femme eurent quelque soupçon de ce qui s'était passé. Au premier coup de marteau, la belle-mère se sauva dans son appartement, et s'y enferma à la clef ; sa femme l'attendit seule. À l'approche de son époux, elle lut sur son visage la fureur qui le possédait. Elle se jeta à ses pieds, la face collée contre le parquet, sans mot dire. "Retirez-vous, lui dit-il, infâme ! loin de moi…" Elle voulut se relever ; mais elle retomba sur son visage, les bras étendus à terre entre les pieds du marquis. "Monsieur, lui dit-elle, foulez-moi aux pieds, écrasez-moi, car je l'ai mérité ; faites de moi tout ce qu'il vous plaira ; mais épargnez ma mère…

– Retirez-vous, reprit le marquis ; retirez-vous ! c'est assez de l'infamie dont vous m'avez couvert ; épargnez-moi un crime."

La pauvre créature resta dans l'attitude où elle était et ne lui répondit rien. Le marquis était assis dans un fauteuil, la tête enveloppée de ses bras, et le corps à demi penché sur les pieds de son lit, hurlant par intervalles, sans la regarder : "Retirez-vous !…" Le silence et l'immobilité de la malheureuse le surprirent ; il lui répéta d'une voix plus forte encore : "Qu'on se retire ; est-ce que vous ne m'entendez pas ?…" Ensuite il se baissa, la repoussa durement, et reconnaissant qu'elle était sans sentiment et presque sans vie, il la prit par le milieu du corps, l'étendit sur un canapé, attacha un moment sur elle des regards où se peignaient alternativement la commisération et le courroux. Il sonna :

des valets entrèrent ; on appela ses femmes, à qui il dit : "Prenez votre maîtresse qui se trouve mal ; portez-la dans son appartement, et secourez-la..." Peu d'instants après il envoya secrètement savoir de ses nouvelles. On lui dit qu'elle était revenue de son premier évanouissement ; mais que, les défaillances se succédant rapidement, elles étaient si fréquentes et si longues qu'on ne pouvait lui répondre de rien. Une ou deux heures après il renvoya secrètement savoir son état. On lui dit qu'elle suffoquait, et qu'il lui était survenu une espèce de hoquet qui se faisait entendre jusque dans les cours. À la troisième fois, c'était sur le matin, on lui rapporta qu'elle avait beaucoup pleuré, que le hoquet s'était calmé, et qu'elle paraissait s'assoupir.

Le jour suivant, le marquis fit mettre ses chevaux à sa chaise, et disparut pendant quinze jours, sans qu'on sût ce qu'il était devenu. Cependant, avant de s'éloigner, il avait pourvu à tout ce qui était nécessaire à la mère et à la fille, avec ordre d'obéir à madame comme à lui-même.

Pendant cet intervalle, ces deux femmes restèrent l'une en présence de l'autre, sans presque se parler, la fille sanglotant, poussant quelquefois des cris, s'arrachant les cheveux, se tordant les bras, sans que sa mère osât s'approcher d'elle et la consoler. L'une montrait la figure du désespoir, l'autre la figure de l'endurcissement. La fille vingt fois dit à sa mère : "Maman, sortons d'ici ; sauvons-nous." Autant de fois la mère s'y opposa, et lui répondit : "Non, ma fille, il faut rester ; il faut voir ce que cela deviendra : cet homme ne nous tuera pas..." "Eh ! plût à Dieu, lui répondait sa fille, qu'il l'eût déjà fait !..." Sa mère lui répliquait : "Vous feriez mieux de vous taire, que de parler comme une sotte."

À son retour, le marquis s'enferma dans son cabinet, et écrivit deux lettres, l'une à sa femme, l'autre à sa belle-mère. Celle-ci partit dans la même journée, et se rendit au couvent des Carmélites de la ville prochaine, où elle est morte il y a quelques jours. Sa fille s'habilla, et se traîna dans l'appartement de son mari où il lui avait apparemment enjoint de venir. Dès la porte, elle se jeta à genoux. "Levez-vous", lui dit le marquis...

Au lieu de se lever, elle s'avança vers lui sur ses genoux ;

elle tremblait de tous ses membres : elle était échevelée ; elle avait le corps un peu penché, les bras portés de son côté, la tête relevée, le regard attaché sur ses yeux, et le visage inondé de pleurs. "Il me semble", lui dit-elle, un sanglot séparant chacun de ses mots, "que votre cœur justement irrité s'est radouci, et que peut-être avec le temps j'obtiendrai miséricorde. Monsieur, de grâce, ne vous hâtez pas de me pardonner. Tant de filles honnêtes* sont devenues de malhonnêtes* femmes, que peut-être serai-je un exemple contraire. Je ne suis pas encore digne que vous vous rapprochiez de moi ; attendez, laissez-moi seulement l'espoir du pardon. Tenez-moi loin de vous ; vous verrez ma conduite ; vous la jugerez : trop heureuse mille fois, trop heureuse si vous daignez quelquefois m'appeler ! Marquez-moi le recoin obscur de votre maison où vous permettez que j'habite ; j'y resterai sans murmure. Ah ! si je pouvais m'arracher le nom et le titre qu'on m'a fait usurper, et mourir après, à l'instant vous seriez satisfait ! Je me suis laissé conduire par faiblesse, par séduction, par autorité, par menaces, à une action infâme ; mais ne croyez pas, monsieur, que je sois méchante : je ne le suis pas, puisque je n'ai pas balancé* à paraître devant vous quand vous m'avez appelée, et que j'ose à présent lever les yeux sur vous et vous parler. Ah ! si vous pouviez lire au fond de mon cœur, et voir combien mes fautes passées sont loin de moi ; combien les mœurs de mes pareilles me sont étrangères ! La corruption s'est posée sur moi ; mais elle ne s'y est point attachée. Je me connais, et une justice que je me rends, c'est que par mes goûts, par mes sentiments, par mon caractère, j'étais née digne de l'honneur de vous appartenir. Ah ! s'il m'eût été libre de vous voir, il n'y avait qu'un mot à dire, et je crois que j'en aurais eu le courage. Monsieur, disposez de moi comme il vous plaira ; faites entrer vos gens : qu'ils me dépouillent, qu'ils me jettent la nuit dans la rue : je souscris à tout. Quel que soit le sort que vous me préparez, je m'y soumets : le fond d'une campagne, l'obscurité d'un cloître peut me dérober pour jamais à vos yeux : parlez, et j'y vais. Votre bonheur n'est point perdu sans ressources, et vous pouvez m'oublier…

– Levez-vous, lui dit doucement le marquis ; je vous ai

pardonné : au moment même de l'injure* j'ai respecté ma
femme en vous ; il n'est pas sorti de ma bouche une parole
qui l'ait humiliée, ou du moins je m'en repens, et je proteste* qu'elle n'en entendra plus aucune qui l'humilie, si
elle se souvient qu'on ne peut rendre son époux malheureux sans le devenir. Soyez honnête*, soyez heureuse, et
faites que je le sois. Levez-vous, je vous en prie, ma femme,
levez-vous et embrassez-moi ; madame la marquise, levez-
vous, vous n'êtes pas à votre place ; madame des Arcis,
levez-vous…"

Pendant qu'il parlait ainsi, elle était restée le visage
caché dans ses mains, et la tête appuyée sur les genoux du
marquis ; mais au mot de ma femme, au mot de Mme des
Arcis, elle se leva brusquement, et se précipita sur le marquis, elle le tenait embrassé, à moitié suffoquée par la douleur et par la joie ; puis elle se séparait de lui, se jetait à
terre, et lui baisait les pieds.

"Ah ! lui disait le marquis, je vous ai pardonné ; je vous
l'ai dit ; et je vois que vous n'en croyez rien.

– Il faut, lui répondait-elle, que cela soit, et que je ne le
croie jamais."

Le marquis ajoutait : "En vérité, je crois que je ne me
repens de rien ; et que cette Pommeraye, au lieu de se venger, m'aura rendu un grand service. Ma femme, allez vous
habiller, tandis qu'on s'occupera à faire vos malles. Nous
partons pour ma terre, où nous resterons jusqu'à ce que
nous puissions reparaître ici sans conséquence pour vous
et pour moi…"

Ils passèrent presque trois ans de suite absents de la capitale. »

JACQUES. – Et je gagerais* bien que ces trois ans s'écou-
lèrent comme un jour, et que le marquis des Arcis fut un
des meilleurs maris et eut une des meilleures femmes qu'il
y eût au monde.

LE MAÎTRE. – Je serais de moitié[1] ; mais en vérité je ne
sais pourquoi, car je n'ai point été satisfait de cette fille pendant tout le cours des menées de la dame de La Pommeraye et de sa mère. Pas un instant de crainte, pas le moindre

---

1. Sous-entendu, je serais de moitié d'accord avec toi

signe d'incertitude, pas un remords ; je l'ai vue se prêter, sans aucune répugnance, à cette longue horreur. Tout ce qu'on a voulu d'elle, elle n'a jamais hésité à le faire ; elle va à confesse ; elle communie ; elle joue la religion et ses ministres. Elle m'a semblé aussi fausse, aussi méprisable, aussi méchante que les deux autres... Notre hôtesse, vous narrez assez bien ; mais vous n'êtes pas encore profonde dans l'art dramatique. Si vous vouliez que cette jeune fille intéressât*, il fallait lui donner de la franchise[1], et nous la montrer victime innocente et forcée de sa mère et de La Pommeraye, il fallait que les traitements les plus cruels l'entraînassent, malgré qu'elle en eût, à concourir à une suite de forfaits continus pendant une année ; il fallait préparer ainsi le raccommodement de cette femme avec son mari. Quand on introduit un personnage sur la scène, il faut que son rôle soit un : or je vous demanderai, notre charmante hôtesse, si la fille qui complote avec deux scélérates est bien la femme suppliante que nous avons vue aux pieds de son mari ? Vous avez péché contre les règles d'Aristote, d'Horace, de Vida et de Le Bossu[2].

L'HÔTESSE. – Je ne connais ni bossu ni droit : je vous ai dit la chose comme elle s'est passée, sans en rien omettre, sans y rien ajouter. Et qui sait ce qui se passait au fond du cœur de cette jeune fille, et si, dans les moments où elle nous paraissait agir le plus lestement*, elle n'était pas secrètement dévorée de chagrin ?

JACQUES. – Notre hôtesse, pour cette fois, il faut que je sois de l'avis de mon maître qui me le pardonnera, car cela m'arrive si rarement ; de son Bossu, que je ne connais point ; et de ces autres messieurs qu'il a cités, et que je ne connais pas davantage. Si Mlle Duquênoi, ci-devant* la d'Aisnon, avait été une jolie enfant, il y aurait paru.

L'HÔTESSE. – Jolie enfant ou non, tant y a que c'est une excellente femme ; que son mari est avec elle content comme un roi, et qu'il ne la troquerait pas contre une autre.

LE MAÎTRE. – Je l'en félicite : il a été plus heureux[3] que sage.

---

1. Ici, droiture.
2. Il s'agit de quatre théoriciens des règles de la littérature.
3. Ici, chanceux.

L'Hôtesse. – Et moi, je vous souhaite une bonne nuit. Il est tard, et il faut que je sois la dernière couchée et la première levée. Quel maudit métier ! Bonsoir, messieurs, bonsoir. Je vous avais promis, je ne sais plus à propos de quoi, l'histoire d'un mariage saugrenu : et je crois vous avoir tenu parole. Monsieur Jacques, je crois que vous n'aurez pas de peine à vous endormir ; car vos yeux sont plus qu'à demi fermés. Bonsoir, monsieur Jacques.

Le Maître. – Eh bien, notre hôtesse, il n'y a donc pas moyen de savoir vos aventures ?

L'Hôtesse. – Non.

Jacques. – Vous avez un furieux* goût pour les contes* !

Le Maître. – Il est vrai ; ils m'instruisent et m'amusent. Un bon conteur est un homme rare.

Jacques. – Et voilà tout juste pourquoi je n'aime pas les contes, à moins que je ne les fasse.

Le Maître. – Tu aimes mieux parler mal que te taire.

Jacques. – Il est vrai.

Le Maître. – Et moi, j'aime mieux entendre mal parler que de ne rien entendre.

Jacques. – Cela nous met tous deux fort à notre aise.

Je ne sais où l'hôtesse, Jacques et son maître avaient mis leur esprit, pour n'avoir pas trouvé une seule fois des choses qu'il y avait à dire en faveur de Mlle Duquênoi. Est-ce que cette fille comprit rien aux artifices de la dame de La Pommeraye, avant le dénouement ? Est-ce qu'elle n'aurait pas mieux aimé accepter les offres que la main du marquis, et l'avoir pour amant que pour époux ? Est-ce qu'elle n'était pas continuellement sous les menaces et le despotisme de la marquise ? Peut-on la blâmer de son horrible aversion pour un état* infâme ? et si l'on prend le parti de l'en estimer davantage, peut-on exiger d'elle bien de la délicatesse, bien du scrupule dans le choix des moyens de s'en tirer ?

Et vous croyez, lecteur, que l'apologie de Mme de La Pommeraye est plus difficile à faire ? Il vous aurait été peut-être plus agréable d'entendre là-dessus Jacques et son maître ; mais ils avaient à parler de tant d'autres choses plus intéressantes, qu'ils auraient vraisemblablement négligé celle-ci. Permettez donc que je m'en occupe un moment.

Vous entrez en fureur au nom de Mme de La Pommeraye, et vous vous écriez : « Ah ! la femme horrible ! ah !
l'hypocrite ! ah ! la scélérate !... » Point d'exclamation,
point de courroux, point de partialité : raisonnons. Il se fait
tous les jours des actions plus noires, sans aucun génie.
Vous pouvez haïr ; vous pouvez redouter Mme de La Pommeraye : mais vous ne la mépriserez pas. Sa vengeance est
atroce ; mais elle n'est souillée d'aucun motif d'intérêt. On
ne vous a pas dit qu'elle avait jeté au nez du marquis le beau
diamant dont il lui avait fait présent ; mais elle le fit : je le
sais par les voies les plus sûres. Il ne s'agit ni d'augmenter
sa fortune, ni d'acquérir quelques titres d'honneur. Quoi !
si cette femme en avait fait autant, pour obtenir à un mari
la récompense de ses services ; si elle s'était prostituée à
un ministre ou même à un premier commis [1] pour un cordon* ou pour une colonelle [2] ; au dépositaire de la feuille
des Bénéfices [3], pour une riche abbaye, cela vous paraîtrait
tout simple, l'usage* serait pour vous ; et lorsqu'elle se
venge d'une perfidie, vous vous révoltez contre elle au lieu
de voir que son ressentiment ne vous indigne que parce que
vous êtes incapable d'en éprouver un aussi profond, ou que
vous ne faites presque aucun cas de la vertu des femmes.
Avez-vous un peu réfléchi sur les sacrifices que Mme de
La Pommeraye avait faits au marquis ? Je ne vous dirai pas
que sa bourse lui avait été ouverte en toute occasion, et que
pendant plusieurs années il n'avait eu d'autre maison,
d'autre table que la sienne : cela vous ferait hocher de la
tête ; mais elle s'était assujettie à toutes ses fantaisies, à tous
ses goûts ; pour lui plaire elle avait renversé le plan de sa
vie. Elle jouissait de la plus haute considération dans le
monde*, par la pureté de ses mœurs : et elle s'était rabais-
sée sur la ligne commune. On dit d'elle, lorsqu'elle eut
agréé l'hommage du marquis des Arcis : « Enfin cette merveilleuse Mme de La Pommeraye s'est donc faite comme
une d'entre nous... » Elle avait remarqué autour d'elle les

---

1. Le fonctionnaire supérieur du Trésor royal.
2. C'est-à-dire compagnie colonelle, nom de la première compagnie d'un
régiment d'infanterie.
3. Registre sur lequel sont inscrits les patrimoines et dignités ecclésiastiques (assurant un certain revenu) que le roi peut accorder.

souris* ironiques ; elle avait entendu les plaisanteries, et souvent elle en avait rougi et baissé les yeux ; elle avait avalé tout le calice de l'amertume préparé aux femmes dont la conduite réglée[1] a fait trop longtemps la satire des mauvaises mœurs de celles qui les entourent ; elle avait supporté tout l'éclat scandaleux par lequel on se venge des imprudentes bégueules[2] qui affichent de l'honnêteté*. Elle était vaine* ; et elle serait morte de douleur plutôt que de promener dans le monde, après la honte de la vertu abandonnée, le ridicule d'une délaissée. Elle touchait au moment où la perte d'un amant ne se répare plus. Tel était son caractère, que cet événement la condamnait à l'ennui et à la solitude. Un homme en poignarde un autre pour un geste, pour un démenti ; et il ne sera pas permis à une honnête* femme perdue, déshonorée, trahie, de jeter le traître entre les bras d'une courtisane ? Ah ! lecteur, vous êtes bien léger dans vos éloges, et bien sévère dans votre blâme. Mais, me direz-vous, c'est plus encore la manière que la chose que je reproche à la marquise. Je ne me fais pas à un ressentiment d'une si longue tenue ; à un tissu de fourberies, de mensonges, qui dure près d'un an. Ni moi non plus, ni Jacques, ni son maître, ni l'hôtesse. Mais vous pardonnez tout à un premier mouvement ; et je vous dirai que, si le premier mouvement des autres est court, celui de Mme de La Pommeraye et des femmes de son caractère est long. Leur âme reste quelquefois toute leur vie comme au premier moment de l'injure* ; et quel inconvénient, quelle injustice y a-t-il à cela ? Je n'y vois que des trahisons moins communes ; et j'approuverais fort une loi qui condamnerait aux courtisanes celui qui aurait séduit et abandonné une honnête* femme : l'homme commun aux femmes communes.

Tandis que je disserte, le maître de Jacques ronfle comme s'il m'avait écouté, et Jacques, à qui les muscles des jambes refusaient le service, rôde dans la chambre, en chemise et pieds nus, culbute tout ce qu'il rencontre et réveille son maître qui lui dit d'entre ses rideaux : « Jacques, tu es ivre.

---

1. Dont la vie est disciplinée et sage.
2. Terme dépréciatif pour désigner une femme prude.

– Ou peu s'en faut.

– À quelle heure as-tu résolu de te coucher ?

– Tout à l'heure[1], Monsieur, c'est qu'il y a... c'est qu'il y a...

– Qu'est-ce qu'il y a ?

– Dans cette bouteille un reste qui s'éventerait. J'ai en horreur les bouteilles en vidange ; cela me reviendrait en tête, quand je serais couché ; et il n'en faudrait pas davantage pour m'empêcher de fermer l'œil. Notre hôtesse est, par ma foi, une excellente femme, et son vin de Champagne un excellent vin ; ce serait dommage de le laisser éventer... Le voilà bientôt à couvert... et il ne s'éventera plus... »

Et tout en balbutiant, Jacques, en chemise et pieds nus, avait sablé[2] deux ou trois rasades sans ponctuation, comme il s'exprimait, c'est-à-dire de la bouteille au verre, du verre à la bouche. Il y a deux versions sur ce qui suivit après qu'il eut éteint les lumières. Les uns prétendant qu'il se mit à tâtonner le long des murs sans pouvoir retrouver son lit, et qu'il disait : « Ma foi, il n'y est plus, ou, s'il y est, il est écrit là-haut que je ne le retrouverai pas ; dans l'un et l'autre cas, il faut s'en passer » ; et qu'il prit le parti de s'étendre sur des chaises. D'autres, qu'il était écrit là-haut qu'il s'embarrasserait les pieds dans les chaises, qu'il tomberait sur le carreau et qu'il y resterait. De ces deux versions, demain, après-demain, vous choisirez, à tête reposée, celle qui vous conviendra le mieux.

Nos deux voyageurs, qui s'étaient couchés tard et la tête un peu chaude de vin, dormirent la grasse matinée ; Jacques à terre ou sur des chaises, selon la version que vous aurez préférée ; son maître plus à son aise dans son lit. L'hôtesse monta, et leur annonça que la journée ne serait pas belle ; mais que, quand le temps leur permettrait de continuer leur route, ils risqueraient leur vie ou seraient arrêtés par le gonflement des eaux du ruisseau qu'ils auraient à traverser ; et que plusieurs hommes à cheval, qui n'avaient pas voulu l'en croire, avaient été forcés de rebrousser chemin. Le maître dit à Jacques : « Jacques, que ferons-nous ? »

---

1. Tout de suite.
2. Avait avalé d'un trait.

Jacques répondit : « Nous déjeunerons* d'abord avec notre hôtesse : ce qui nous avisera. » L'hôtesse jura que c'était sagement pensé. On servit à déjeuner*. L'hôtesse ne demandait pas mieux que d'être gaie ; le maître de Jacques s'y serait prêté ; mais Jacques commençait à souffrir ; il mangea de mauvaise grâce, il but peu, il se tut. Ce dernier symptôme était surtout fâcheux ; c'était la suite de la mauvaise nuit qu'il avait passée et du mauvais lit qu'il avait eu. Il se plaignait de douleurs dans les membres ; sa voix rauque annonçait un mal de gorge. Son maître lui conseilla de se coucher : il n'en voulut rien faire. L'hôtesse lui proposait une soupe à l'oignon. Il demanda qu'on fît du feu dans la chambre, car il ressentait du frisson ; qu'on lui préparât de la tisane et qu'on lui apportât une bouteille de vin blanc : ce qui fut exécuté sur-le-champ. Voilà l'hôtesse partie et Jacques en tête à tête avec son maître. Celui-ci allait à la fenêtre, disait : « Quel diable de temps ! » regardait à sa montre (car c'était la seule en qui il eût confiance) quelle heure il était, prenait sa prise de tabac, recommençait la même chose d'heure en heure, s'écriant à chaque fois : « Quel diable de temps ! » se tournant vers Jacques et ajoutant : « La belle occasion pour reprendre et achever l'histoire de tes amours ! mais on parle mal d'amour et d'autre chose quand on souffre. Vois, tâte-toi, si tu peux continuer, continue ; sinon, bois ta tisane et dors. »

Jacques prétendit que le silence lui était malsain ; qu'il était un animal jaseur ; et que le principal avantage de sa condition, celui qui le touchait le plus, c'était la liberté de se dédommager des douze années de bâillon qu'il avait passées chez son grand-père, à qui Dieu fasse miséricorde.

LE MAÎTRE. – Parle donc, puisque cela nous fait plaisir à tous deux. Tu en étais à je ne sais quelle proposition malhonnête* de la femme du chirurgien ; il s'agissait, je crois, d'expulser celui qui servait au château et d'y installer son mari.

JACQUES. – M'y voilà ; mais un moment, s'il vous plaît. Humectons.

Jacques remplit un grand gobelet de tisane, y versa un peu de vin blanc et l'avala. C'était une recette qu'il tenait de son capitaine et que M. Tissot[1], qui la tenait de Jacques, recommande dans son traité des maladies populaires. Le vin blanc, disaient Jacques et M. Tissot, fait pisser, est diurétique, corrige la fadeur de la tisane et soutient le ton[2] de l'estomac et des intestins. Son verre de tisane bu, Jacques continua :

« Me voilà sorti de la maison du chirurgien, monté dans la voiture, arrivé au château et entouré de tous ceux qui l'habitaient.

LE MAÎTRE. – Est-ce que tu y étais connu ?

JACQUES. – Assurément ! Vous rappelleriez-vous une certaine femme à la cruche d'huile ?

LE MAÎTRE. – Fort bien !

JACQUES. – Cette femme était la commissionnaire de l'intendant* et des domestiques. Jeanne avait prôné dans le château l'acte de commisération que j'avais exercé envers elle ; ma bonne œuvre était parvenue aux oreilles du maître : on ne lui avait pas laissé ignorer les coups de pied et de poing dont elle avait été récompensée la nuit sur le grand chemin. Il avait ordonné qu'on me découvrît et qu'on me transportât chez lui. M'y voilà. On me regarde ; on m'interroge, on m'admire. Jeanne m'embrassait et me remerciait. "Qu'on le loge commodément, disait le maître à ses gens, et qu'on ne le laisse manquer de rien" ; au chirurgien de la maison : "Vous le visiterez avec assiduité…" Tout fut exécuté de point en point. Eh bien ! mon maître, qui sait ce qui est écrit là-haut ? Qu'on dise à présent que c'est bien ou mal fait de donner son argent ; que c'est un malheur d'être assommé… Sans ces deux événements, M. Desglands n'aurait jamais entendu parler de Jacques.

LE MAÎTRE. – M. Desglands seigneur de Miremont ! C'est au château de Miremont que tu es ? chez mon vieil ami, le père de M. Desforges, l'intendant* de ma province ?

---

1. Simon-André Tissot (1728-1797), médecin de Lausanne, est l'auteur de l'*Avis au peuple sur sa santé* (1761), traité de vulgarisation médicale écrit en français, et non en latin comme c'était l'habitude, et par conséquent accessible à un grand nombre de lecteurs.
2. « Le ton de la fibre n'est autre chose que son état habituel » (Diderot, *Eléments de physiologie*).

JACQUES. – Tout juste. Et la jeune brune à la taille légère, aux yeux noirs…

LE MAÎTRE. – Est Denise, la fille de Jeanne ?

JACQUES. – Elle-même.

LE MAÎTRE. – Tu as raison, c'est une des plus belles et des plus honnêtes* créatures qu'il y ait à vingt lieues* à la ronde. Moi et la plupart de ceux qui fréquentaient le château de Desglands avaient tout mis en œuvre inutilement pour la séduire ; et il n'y en avait pas un de nous qui n'eût fait de grandes sottises pour elle, à condition d'en faire une petite pour lui. »

Jacques cessant ici de parler, son maître lui dit : « À quoi penses-tu ? Que fais-tu ?

JACQUES. – Je fais ma prière.

LE MAÎTRE. – Est-ce que tu pries ?

JACQUES. – Quelquefois.

LE MAÎTRE. – Et que dis-tu ?

JACQUES. – Je dis : "Toi qui as fait le grand rouleau, quel que tu sois, et dont le doigt a tracé toute l'écriture qui est là-haut, tu as su de tous les temps ce qu'il me fallait ; que ta volonté soit faite. *Amen.*"

LE MAÎTRE. – Est-ce que tu ne ferais pas aussi bien de te taire ?

JACQUES. – Peut-être que oui, peut-être que non. Je prie à tout hasard ; et quoi qu'il m'advînt, je ne m'en réjouirais ni m'en plaindrais, si je me possédais ; mais c'est que je suis inconséquent et violent, que j'oublie mes principes ou les leçons de mon capitaine et que je ris et pleure comme un sot.

LE MAÎTRE. – Est-ce que ton capitaine ne pleurait point, ne riait jamais ?

JACQUES. – Rarement… Jeanne m'amena sa fille un matin ; et s'adressant d'abord à moi, elle me dit : "Monsieur, vous voilà dans un beau château, où vous serez un peu mieux que chez votre chirurgien. Dans les commencements surtout, oh ! vous serez soigné à ravir ; mais je connais les domestiques, il y a assez longtemps que je le suis ; peu à peu leur beau zèle se ralentira. Les maîtres ne penseront plus à vous ; et si votre maladie dure, vous serez oublié, mais si parfaitement oublié, que s'il vous prenait fantaisie de mourir de faim, cela vous réussirait…" Puis se tournant vers sa fille : "Écoute, Denise, lui dit-elle, je veux que tu visites cet honnête* homme-là quatre fois par jour : le matin, à l'heure du dîner*, sur les cinq heures et à l'heure du souper*. Je veux que tu lui obéisses comme à moi. Voilà qui est dit, et n'y manque pas."

LE MAÎTRE. – Sais-tu ce qui lui est arrivé à ce pauvre Desglands ?

JACQUES. – Non, monsieur ; mais si les souhaits que j'ai faits pour sa prospérité n'ont pas été remplis, ce n'est pas faute d'avoir été sincères. C'est lui qui me donna[1] au commandeur de La Boulaye, qui périt en passant à Malte ; c'est le commandeur de La Boulaye qui me donna à son frère aîné le capitaine, qui est peut-être mort à présent de la fistule[2] ; c'est ce capitaine qui me donna à son frère le plus jeune, l'avocat général de Toulouse, qui devint fou, et que la famille fit enfermer. C'est M. Pascal, avocat général de Toulouse, qui me donna au comte de Tourville, qui aima mieux laisser croître sa barbe sous un habit de capucin[3] que d'exposer sa vie ; c'est le comte de Tourville qui me donna à la marquise du Belloy, qui s'est sauvée à Londres avec un étranger ; c'est la marquise du Belloy qui me donna à un de ses cousins, qui s'est ruiné avec les femmes et qui a passé aux îles[4] ; c'est ce cousin-là qui me recommanda à un M. Hérissant, usurier de profession, qui faisait valoir l'argent de M. de Rusai, docteur de Sorbonne, qui me fit entrer chez Mlle Isselin, que vous entreteniez, et qui me plaça chez vous, à qui je devrai un morceau de pain sur mes vieux jours, car vous me l'avez promis si je vous restais attaché : et il n'y a pas d'apparence que nous nous séparions. Jacques a été fait pour vous, et vous fûtes fait pour Jacques.

LE MAÎTRE. – Mais, Jacques, tu as parcouru bien des maisons en assez peu de temps.

JACQUES. – Il est vrai ; on m'a renvoyé quelquefois.

LE MAÎTRE. – Pourquoi ?

---

1. C'est-à-dire me fit entrer au service de.
2. Ulcère d'où il coule du pus.
3. Ordre religieux mendiant.
4. Les Antilles.

JACQUES. – C'est que je suis né bavard, et que tous ces gens-là voulaient qu'on se tût. Ce n'était pas comme vous, qui me remercieriez[1] demain si je me taisais. J'avais tout juste le vice qui vous convenait. Mais qu'est-ce donc qui est arrivé à M. Desglands ? Dites-moi cela, tandis que je m'apprêterai un coup de tisane.

LE MAÎTRE. – Tu as demeuré dans son château et tu n'as jamais entendu parler de son emplâtre*?

JACQUES. – Non.

LE MAÎTRE. – Cette aventure-là sera pour la route ; l'autre est courte. Il avait fait sa fortune au jeu. Il s'attacha à une femme que tu auras pu voir dans son château, femme d'esprit, mais sérieuse, taciturne, originale[2] et dure. Cette femme lui dit un jour : "Ou vous m'aimez mieux que le jeu, et en ce cas donnez-moi votre parole d'honneur que vous ne jouerez jamais ; ou vous aimez mieux le jeu que moi, et en ce cas ne me parlez plus de votre passion, et jouez tant qu'il vous plaira…" Desglands donna sa parole d'honneur qu'il ne jouerait plus. – Ni gros ni petit jeu ? – Ni gros ni petit jeu. Il y avait environ dix ans qu'ils vivaient ensemble dans le château que tu connais, lorsque Desglands, appelé à la ville par une affaire d'intérêt, eut le malheur de rencontrer chez son notaire une de ses anciennes connaissances de brelan[3], qui l'entraîna à dîner dans un tripot, où il perdit en une seule séance tout ce qu'il possédait. Sa maîtresse fut inflexible ; elle était riche ; elle fit à Desglands une pension modique et se sépara de lui pour toujours.

JACQUES. – J'en suis fâché, c'était un galant* homme.

LE MAÎTRE. – Comment va la gorge ?

JACQUES. – Mal.

LE MAÎTRE. – C'est que tu parles trop, et que tu ne bois pas assez.

JACQUES. – C'est que je n'aime pas la tisane, et que j'aime à parler.

LE MAÎTRE. – Eh bien ! Jacques, te voilà chez Desglands,

---

1. Me congédieriez.
2. Sur ce mot, voir le chapitre 4 du dossier.
3. Jeu de cartes.

près de Denise, et Denise autorisée par sa mère à te faire au moins quatre visites par jour. La coquine ! préférer un Jacques[1] !

JACQUES. – Un Jacques ! un Jacques, Monsieur, est un homme comme un autre.

LE MAÎTRE. – Jacques, tu te trompes, un Jacques n'est point un homme comme un autre.

JACQUES. – C'est quelquefois mieux qu'un autre.

LE MAÎTRE. – Jacques, vous vous oubliez. Reprenez l'histoire de vos amours, et souvenez-vous que vous n'êtes et que vous ne serez jamais qu'un Jacques.

JACQUES. – Si, dans la chaumière où nous trouvâmes les coquins, Jacques n'avait pas valu un peu mieux que son maître…

LE MAÎTRE. – Jacques, vous êtes un insolent : vous abusez de ma bonté. Si j'ai fait la sottise de vous tirer de votre place, je saurai bien vous y remettre. Jacques, prenez votre bouteille et votre coquemar[2], et descendez là-bas.

JACQUES. – Cela vous plaît à dire, Monsieur ; je me trouve bien ici, et je ne descendrai pas là-bas.

LE MAÎTRE. – Je te dis que tu descendras.

JACQUES. – Je suis sûr que vous ne dites pas vrai. Comment, Monsieur, après m'avoir accoutumé pendant dix ans à vivre de pair à compagnon[3]…

LE MAÎTRE. – Il me plaît que cela cesse.

JACQUES. – Après avoir souffert* toutes mes impertinences…

LE MAÎTRE. – Je n'en veux plus souffrir*.

JACQUES. – Après m'avoir fait asseoir à table à côté de vous, m'avoir appelé votre ami…

LE MAÎTRE. – Vous ne savez pas ce que c'est que le nom d'ami donné par un supérieur à son subalterne.

JACQUES. – Quand on sait que tous vos ordres ne sont que des clous à soufflet[4], s'ils n'ont été ratifiés par Jacques ;

---

1. Employé comme nom commun, Jacques est un sobriquet pour « paysan ».
2. Bouilloire à anse.
3. D'égal à égal.
4. « On dit d'une chose qu'on estime peu qu'on n'en donnerait pas un clou à soufflet » (*Dictionnaire de l'Académie*, 1786).

après avoir si bien accolé votre nom au mien, que l'un ne va jamais sans l'autre, et que tout le monde dit Jacques et son maître ; tout à coup il vous plaira de les séparer ! Non, Monsieur, cela ne sera pas. Il est écrit là-haut que tant que Jacques vivra, que tant que son maître vivra, et même après qu'ils seront morts tous deux, on dira Jacques et son maître.

LE MAÎTRE. – Et je dis, Jacques, que vous descendrez, et que vous descendrez sur-le-champ, parce que je vous l'ordonne.

JACQUES. – Monsieur, commandez-moi tout autre chose, si vous voulez que je vous obéisse. »

Ici, le maître de Jacques se leva, le prit à la boutonnière et lui dit gravement :

« Descendez. »

Jacques lui répondit froidement :

« Je ne descends pas. »

Le maître le secoua fortement, lui dit :

« Descendez, maroufle*! obéissez-moi. »

Jacques lui répliqua froidement encore :

« Maroufle, tant qu'il vous plaira ; mais le maroufle ne descendra pas. Tenez, monsieur, ce que j'ai à la tête, comme on dit, je ne l'ai pas au talon. Vous vous échauffez inutilement, Jacques restera où il est, et ne descendra pas. »

Et puis Jacques et son maître, après s'être modérés jusqu'à ce moment, s'échappent tous les deux à la fois, et se mettent à crier à tue-tête :

« Tu descendras.

– Je ne descendrai pas.

– Tu descendras.

– Je ne descendrai pas. »

À ce bruit, l'hôtesse monta, et s'informa de ce que c'était ; mais ce ne fut pas dans le premier instant qu'on lui répondit ; on continua à crier : « Tu descendras. – Je ne descendrai pas. » Ensuite le maître, le cœur gros, se promenant dans la chambre, disait en grommelant : « A-t-on jamais rien vu de pareil ? » L'hôtesse ébahie et debout : « Eh bien ! messieurs, de quoi s'agit-il ? »

Jacques, sans s'émouvoir, à l'hôtesse : « C'est mon maître à qui la tête tourne ; il est fou.

LE MAÎTRE. – C'est bête que tu veux dire.

JACQUES. – Tout comme il vous plaira.

LE MAÎTRE, *à l'hôtesse*. – L'avez-vous entendu ?

L'HÔTESSE. -- Il a tort ; mais la paix, la paix ; parlez l'un ou l'autre, et que je sache ce dont il s'agit.

LE MAÎTRE, *à Jacques*. – Parle, maroufle*.

JACQUES, *à son maître*. – Parlez vous-même.

L'HÔTESSE, *à Jacques*. – Allons, monsieur Jacques, parlez, votre maître vous l'ordonne ; après tout, un maître est un maître… »

Jacques expliqua la chose à l'hôtesse. L'hôtesse, après avoir entendu, leur dit : « Messieurs, voulez-vous m'accepter pour arbitre ?

JACQUES ET SON MAÎTRE, *tous les deux à la fois*. – Très volontiers, très volontiers, notre hôtesse.

L'HÔTESSE. – Et vous vous engagez d'honneur [1] à exécuter ma sentence ?

JACQUES ET SON MAÎTRE. – D'honneur, d'honneur… »

Alors l'hôtesse s'asseyant sur la table, et prenant le ton et le maintien d'un grave magistrat, dit :

« Ouï la déclaration de M. Jacques, et d'après des faits tendant à prouver que son maître est un bon, un très bon, un trop bon maître ; et que Jacques n'est point un mauvais serviteur, quoiqu'un peu sujet à confondre la possession absolue et inamovible avec la concession passagère et gratuite, j'annule l'égalité qui s'est établie entre eux par laps de temps, et la recrée sur-le-champ. Jacques descendra, et quand il aura descendu, il remontera : il rentrera dans toutes les prérogatives dont il a joui jusqu'à ce jour. Son maître lui tendra la main, et lui dira d'amitié : "Bonjour, Jacques, je suis bien aise de vous revoir…" Jacques lui répondra : "Et moi, monsieur, je suis enchanté de vous retrouver…" Et je défends qu'il soit question entre eux de cette affaire et que la prérogative de maître et de serviteur soit agitée à l'avenir. Voulons que l'un ordonne et que l'autre obéisse, chacun de son mieux ; et qu'il soit laissé, entre ce que l'un peut et ce que l'autre doit, la même obscurité que ci-devant*. »

---

1. Sur l'honneur.

En achevant ce prononcé, qu'elle avait pillé dans quelque ouvrage du temps, publié à l'occasion d'une querelle toute pareille, et où l'on avait entendu, de l'une des extrémités du royaume à l'autre, le maître crier à son serviteur : « Tu descendras ! » et le serviteur crier de son côté : « Je ne descendrai pas ! » « Allons, dit-elle à Jacques, vous, donnez-moi le bras sans parlementer davantage[1]... »

Jacques s'écria douloureusement : « Il était donc écrit là-haut que je descendrais !... »

L'HÔTESSE, *à Jacques*. – Il était écrit là-haut qu'au moment où l'on prend maître, on descendra, on montera, on avancera, on reculera, on restera, et cela sans qu'il soit jamais libre aux pieds de se refuser aux ordres de la tête. Qu'on me donne le bras, et que mon ordre s'accomplisse... »

Jacques donna le bras à l'hôtesse ; mais à peine eurent-ils passé le seuil de la chambre, que le maître se précipita sur Jacques, et l'embrassa ; quitta Jacques pour embrasser l'hôtesse ; et les embrassant l'un et l'autre, il disait : « Il est écrit là-haut que je ne me déferai jamais de cet original-là, et que tant que je vivrai il sera mon maître et que je serai son serviteur... » L'hôtesse ajouta : « Et qu'à vue de pays, vous ne vous en trouverez pas plus mal tous deux. »

L'hôtesse, après avoir apaisé cette querelle, qu'elle prit pour la première, et qui n'était pas la centième de la même espèce, et réinstallé Jacques à sa place, s'en alla à ses affaires, et le maître dit à Jacques : « À présent que nous voilà de sang-froid et en état de juger sainement, ne conviendras-tu pas ?

---

1. Toute la scène qui précède constitue une parodie burlesque des conflits qui opposèrent, tout au long du XVIIIe siècle, le pouvoir royal (le maître) et les Parlements (le serviteur), ces derniers cherchant à asseoir leur pouvoir et à affirmer leurs prérogatives. Le point culminant de la crise fut atteint dans les années 1770-1771 à l'occasion de l'« affaire Maupeou » qui vit la démission du Parlement de Paris, bientôt suivie par celle des Parlements des provinces. Le chancelier Maupeou exila alors les parlementaires. En 1774, Louis XVI, au début de son règne, rappela les parlementaires. Bien que critiques à l'égard du système judiciaire (et notamment de la vénalité des charges judiciaires et de l'esprit de caste des magistrats), les philosophes * soutinrent les Parlements dans leur lutte contre l'absolutisme royal.

JACQUES. – Je conviendrai que quand on a donné sa parole d'honneur, il faut la tenir ; et puisque nous avons promis au juge sur notre parole d'honneur de ne pas revenir sur cette affaire, qu'il n'en faut plus parler.

LE MAÎTRE. – Tu as raison.

JACQUES. – Mais sans revenir sur cette affaire, ne pourrions-nous pas en prévenir cent autres par quelque arrangement raisonnable ?

LE MAÎTRE. – J'y consens.

JACQUES. – Stipulons : 1° qu'attendu qu'il est écrit là-haut que je vous suis essentiel, et que je sens, que je sais que vous ne pouvez pas vous passer de moi, j'abuserai de ces avantages toutes et quantes fois que l'occasion s'en présentera.

LE MAÎTRE. – Mais, Jacques, on n'a jamais rien stipulé de pareil.

JACQUES. – Stipulé ou non stipulé, cela s'est fait de tous les temps, se fait aujourd'hui, et se fera tant que le monde durera. Croyez-vous que les autres n'aient pas cherché comme vous à se soustraire à ce décret, et que vous serez plus habile qu'eux ? Défaites-vous de cette idée, et soumettez-vous à la loi d'un besoin dont il n'est pas en votre pouvoir de vous affranchir.

Stipulons : 2° qu'attendu qu'il est aussi impossible à Jacques de ne pas connaître son ascendant et sa force sur son maître, qu'à son maître de méconnaître sa faiblesse et de se dépouiller de son indulgence, il faut que Jacques soit insolent, et que, pour la paix, son maître ne s'en aperçoive pas. Tout cela s'est arrangé à notre insu, tout cela fut scellé là-haut au moment où la nature fit Jacques et son maître. Il fut arrêté* que vous auriez le titre, et que j'aurais la chose. Si vous vouliez vous opposer à la volonté de nature, vous n'y feriez que de l'eau claire.

LE MAÎTRE. – Mais, à ce compte, ton lot vaudrait mieux que le mien.

JACQUES. – Qui vous le dispute[1] ?

LE MAÎTRE. – Mais, à ce compte, je n'ai qu'à prendre ta place et te mettre à la mienne.

---

1. Qui cherche à vous contredire sur ce point ?

JACQUES. – Savez-vous ce qui en arriverait ? Vous y perdriez le titre, et vous n'auriez pas la chose. Restons comme
nous sommes, nous sommes fort bien tous deux ; et que le
reste de notre vie soit employé à faire un proverbe.

LE MAÎTRE. – Quel proverbe ?

JACQUES. – Jacques mène son maître. Nous serons les
premiers dont on l'aura dit ; mais on le répétera de mille
autres qui valent mieux que vous et moi.

LE MAÎTRE. – Cela me semble dur, très dur.

JACQUES. – Mon maître, mon cher maître, vous allez
regimber contre un aiguillon qui n'en piquera que plus
vivement. Voilà donc qui est convenu entre nous.

LE MAÎTRE. – Et que fait notre consentement à une loi
nécessaire ?

JACQUES. – Beaucoup. Croyez-vous qu'il soit inutile de
savoir une bonne fois, nettement, clairement, à quoi s'en
tenir ? Toutes nos querelles ne sont venues jusqu'à présent
que parce que nous ne nous étions pas encore bien dit, vous,
que vous vous appelleriez mon maître, et que c'est moi qui
serais le vôtre. Mais voilà qui est entendu*; et nous n'avons
plus qu'à cheminer en conséquence.

LE MAÎTRE. – Mais où diable as-tu appris tout cela ?

JACQUES. – Dans le grand livre. Ah ! mon maître, on a
beau réfléchir, méditer, étudier dans tous les livres du
monde, on n'est jamais qu'un petit clerc quand on n'a pas
lu dans le grand livre… »

L'après-dîner*, le soleil s'éclaircit. Quelques voyageurs
assurèrent que le ruisseau était guéable[1]. Jacques descendit ; son maître paya l'hôtesse très largement. Voilà à la
porte de l'auberge un assez grand nombre de passagers[2]
que le mauvais temps y avait retenus, se préparant à continuer leur route ; parmi ces passagers, Jacques et son maître,
l'homme au mariage saugrenu et son compagnon. Les pié-
tons ont pris leurs bâtons et leurs bissacs[3] ; d'autres s'ar-
rangent dans leurs fourgons ou leurs voitures ; les cavaliers
sont sur leurs chevaux, et boivent le vin de l'étrier[4]. L'hô-

---

1. Qu'il pouvait être passé à gué.
2. Ceux qui sont de passage.
3. Besaces.
4. Le coup de l'étrier, qu'on boit au moment du départ.

tesse affable tient une bouteille à la main, présente des verres, et les remplit, sans oublier le sien ; on lui dit des choses obligeantes ; elle y répond avec politesse et gaieté. On pique des deux*, on se salue et l'on s'éloigne.

Il arriva que Jacques et son maître, le marquis des Arcis et son compagnon de voyage, avaient la même route à faire. De ces quatre personnages il n'y a que ce dernier qui ne vous soit pas connu. Il avait à peine atteint l'âge de vingt-deux ou de vingt-trois ans. Il était d'une timidité qui se peignait sur son visage ; il portait sa tête un peu penchée sur l'épaule gauche ; il était silencieux, et n'avait presque aucun usage du monde*. S'il faisait la révérence, il inclinait la partie supérieure de son corps sans remuer ses jambes ; assis, il avait le tic de prendre les basques de son habit et de les croiser sur ses cuisses ; de tenir ses mains dans les fentes, et d'écouter ceux qui parlaient, les yeux presque fermés. À cette allure singulière, Jacques le déchiffra ; et s'approchant de l'oreille de son maître, il lui dit : « Je gage* que ce jeune homme a porté l'habit de moine !

– Et pourquoi cela, Jacques ?

– Vous verrez. »

Nos quatre voyageurs allèrent de compagnie, s'entretenant de la pluie, du beau temps, de l'hôtesse, de l'hôte, de la querelle du marquis des Arcis, au sujet de Nicole. Cette chienne affamée et malpropre venait sans cesse s'essuyer à ses bas ; après l'avoir inutilement chassée plusieurs fois avec sa serviette, d'impatience il lui avait détaché un assez violent coup de pied… Et voilà tout de suite la conversation tournée sur cet attachement singulier des femmes pour les animaux. Chacun en dit son avis. Le maître de Jacques, s'adressant à Jacques, lui dit : « Et toi, Jacques, qu'en penses-tu ? »

Jacques demanda à son maître s'il n'avait pas remarqué que, quelle que fût la misère des petites gens, n'ayant pas de pain pour eux, ils avaient tous des chiens ; s'il n'avait pas remarqué que ces chiens, étant tous instruits à faire des tours, à marcher à deux pattes, à danser, à rapporter, à sauter pour le roi, pour la reine, à faire le mort, cette éducation les avait rendus les plus malheureuses bêtes du monde. D'où il conclut que tout homme voulait commander à un autre ; et que l'animal se trouvant dans la société immédiatement au-dessous de la classe des derniers citoyens commandés par toutes les autres classes, ils prenaient un animal pour commander aussi à quelqu'un. « Eh bien ! dit Jacques, chacun a son chien. Le ministre est le chien du roi, le premier commis[1] est le chien du ministre, la femme est le chien du mari, ou le mari le chien de la femme ; Favori est le chien de celle-ci, et Thibaud est le chien de l'homme du coin. Lorsque mon maître me fait parler quand je voudrais me taire, ce qui, à la vérité, m'arrive rarement, continua Jacques ; lorsqu'il me fait taire quand je voudrais parler, ce qui est très difficile ; lorsqu'il me demande l'histoire de mes amours, et que j'aimerais mieux causer d'autre chose ; lorsque j'ai commencé l'histoire de mes amours, et qu'il l'interrompt : que suis-je autre chose que son chien ? Les hommes faibles sont les chiens des hommes fermes[2].

LE MAÎTRE. – Mais, Jacques, cet attachement pour les animaux, je ne le remarque pas seulement dans les petites gens, je connais de grandes dames entourées d'une meute de chiens, sans compter les chats, les perroquets, les oiseaux.

JACQUES. – C'est leur satire et celle de ce qui les entoure. Elles n'aiment personne ; personne ne les aime : et elles jettent aux chiens un sentiment dont elles ne savent que faire.

LE MARQUIS DES ARCIS. – Aimer les animaux ou jeter son cœur aux chiens, cela est singulièrement vu.

LE MAÎTRE. – Ce qu'on donne à ces animaux-là suffirait à la nourriture de deux ou trois malheureux.

JACQUES. – À présent en êtes-vous surpris ?

LE MAÎTRE. – Non. »

Le marquis des Arcis tourna les yeux sur Jacques, sourit de ses idées ; puis, s'adressant à son maître, il lui dit : « Vous avez là un serviteur qui n'est pas ordinaire.

LE MAÎTRE. – Un serviteur, vous avez bien de la bonté : c'est moi qui suis le sien ; et peu s'en est fallu que ce matin, pas plus tard, il ne me l'ait prouvé en forme[3]. »

Tout en causant on arriva à la couchée, et l'on fit cham-

---

1. Voir note 1, p. 186.
2. Sur le passage, voir les extraits du *Neveu de Rameau* et de l'*Émile*, au chapitre 6 du dossier.
3. Dans les formes.

brée commune. Le maître de Jacques et le marquis des Arcis soupèrent ensemble. Jacques et le jeune homme furent servis à part. Le maître ébaucha en quatre mots au marquis l'histoire de Jacques et de son tour de tête fataliste. Le marquis parla du jeune homme qui le suivait. Il avait été prémontré[1]. Il était sorti de sa maison par une aventure bizarre ; des amis le lui avaient recommandé ; et il en avait fait son secrétaire en attendant mieux. Le maître de Jacques dit : « Cela est plaisant.

LE MARQUIS DES ARCIS. – Et que trouvez-vous de plaisant à cela ?

LE MAÎTRE. – Je parle de Jacques. À peine sommes-nous entrés dans le logis que nous venons de quitter, que Jacques m'a dit à voix basse : "Monsieur, regardez bien ce jeune homme, je gagerais* qu'il a été moine."

LE MARQUIS. – Il a rencontré juste[2], je ne sais sur quoi. Vous couchez-vous de bonne heure ?

LE MAÎTRE. – Non, pas ordinairement ; et ce soir j'en suis d'autant moins pressé que nous n'avons fait que demi-journée.

LE MARQUIS DES ARCIS. – Si vous n'avez rien qui vous occupe plus utilement ou plus agréablement je vous raconterai l'histoire de mon secrétaire ; elle n'est pas commune.

LE MAÎTRE. – Je l'écouterai volontiers. »

Je vous entends, lecteur : vous me dites : « Et les amours de Jacques ?... » Croyez-vous que je n'en sois pas aussi curieux que vous ? Avez-vous oublié que Jacques aimait à parler, et surtout à parler de lui ; manie générale des gens de son état*; manie qui les tire de leur abjection, qui les place dans la tribune, et qui les transforme tout à coup en personnages intéressants ? Quel est, à votre avis, le motif qui attire la populace aux exécutions publiques ? L'inhumanité ? Vous vous trompez : le peuple n'est point inhumain ; ce malheureux autour de l'échafaud duquel il s'attroupe, il l'arracherait des mains de la justice s'il le pouvait. Il va chercher en Grève[3] une scène qu'il puisse raconter à son retour dans le

---

1. Du toponyme « Prémontré » : ordre religieux riche et puissant, dont les membres étaient vêtus de blanc.
2. Il a deviné juste.
3. La place de Grève, à Paris, sur laquelle avaient lieu les exécutions publiques (l'actuelle place de l'Hôtel de Ville).

faubourg ; celle-là ou une autre, cela lui est indifférent, pourvu qu'il fasse un rôle, qu'il rassemble ses voisins, et qu'il s'en fasse écouter. Donnez au boulevard une fête amusante ; et vous verrez que la place des exécutions sera vide. Le peuple est avide de spectacle, et y court, parce qu'il est amusé quand il en jouit, et qu'il est encore amusé par le récit qu'il en fait quand il en est revenu. Le peuple est terrible dans sa fureur ; mais elle ne dure pas. Sa misère propre l'a rendu compatissant ; il détourne les yeux du spectacle d'horreur qu'il est allé chercher ; il s'attendrit, il s'en retourne en pleurant... Tout ce que je vous débite là, lecteur, je le tiens de Jacques, je vous l'avoue, parce que je n'aime pas à me faire honneur de l'esprit d'autrui. Jacques ne connaissait ni le nom de vice, ni le nom de vertu ; il prétendait qu'on était heureusement ou malheureusement né. Quand il entendait prononcer les mots récompenses ou châtiments, il haussait les épaules. Selon lui la récompense était l'encouragement des bons ; le châtiment, l'effroi des méchants. « Qu'est-ce autre chose, disait-il, s'il n'y a point de liberté, et que notre destinée soit écrite là-haut ? » Il croyait qu'un homme s'acheminait aussi nécessairement à la gloire ou à l'ignominie, qu'une boule qui aurait la conscience d'elle-même suit la pente d'une montagne ; et que, si l'enchaînement des causes et des effets qui forment la vie d'un homme depuis le premier instant de sa naissance jusqu'à son dernier soupir nous était connu, nous resterions convaincus qu'il n'a fait que ce qu'il était nécessaire de faire. Je l'ai plusieurs fois contredit, mais sans avantage et sans fruit. En effet, que répliquer à celui qui vous dit : « Quelle que soit la somme des éléments dont je suis composé, je suis un ; or, une cause n'a qu'un effet ; j'ai toujours été une cause une ; je n'ai donc jamais eu qu'un effet à produire ; ma durée n'est donc qu'une suite d'effets nécessaires. » C'est ainsi que Jacques raisonnait d'après son capitaine. La distinction d'un monde physique et d'un monde moral lui semblait vide de sens. Son capitaine lui avait fourré dans la tête toutes ces opinions qu'il avait puisées, lui, dans son Spinoza [1] qu'il savait

---

1. Baruch Spinoza (1632-1677), métaphysicien hollandais, auteur du *Tractatus theologico-politicus* (1670) et de l'*Éthique* (1677). Sur le « spinozisme » de *Jacques le Fataliste*, voir le chapitre 3 du dossier.

par cœur. D'après ce système, on pourrait imaginer que Jacques ne se réjouissait, ne s'affligeait de rien ; cela n'était pourtant pas vrai. Il se conduisait à peu près comme vous et moi. Il remerciait son bienfaiteur, pour qu'il lui fît encore du bien. Il se mettait en colère contre l'homme injuste ; et quand on lui objectait qu'il ressemblait alors au chien qui mord la pierre qui l'a frappé : « Nenni, disait-il, la pierre mordue par le chien ne se corrige pas ; l'homme injuste est modifié par le bâton. » Souvent il était inconséquent comme vous et moi, et sujet à oublier ses principes, excepté dans quelques circonstances où sa philosophie le dominait évidemment ; c'était alors qu'il disait : « Il fallait que cela fût, car cela était écrit là-haut. » Il tâchait à prévenir le mal ; il était prudent avec le plus grand mépris pour la prudence. Lorsque l'accident était arrivé, il en revenait à son refrain ; et il était consolé. Du reste, bon homme*, franc, honnête*, brave, attaché, fidèle, très têtu, encore plus bavard, et affligé comme vous et moi d'avoir commencé l'histoire de ses amours sans presque aucun espoir de la finir. Ainsi je vous conseille, lecteur, de prendre votre parti ; et au défaut des amours de Jacques, de vous accommoder des aventures du secrétaire du marquis des Arcis. D'ailleurs, je le vois, ce pauvre Jacques, le cou entortillé d'un large mouchoir ; sa gourde, ci-devant* pleine de bon vin, ne contenant que de la tisane ; toussant, jurant contre l'hôtesse qu'ils ont quittée, et contre son vin de Champagne, ce qu'il ne ferait pas s'il se ressouvenait que tout est écrit là-haut, même son rhume.

Et puis, lecteur, toujours des contes* d'amour ; un, deux, trois, quatre contes d'amour que je vous ai faits ; trois ou quatre autres contes d'amour qui vous reviennent encore : ce sont beaucoup de contes d'amour. Il est vrai d'un autre côté que, puisqu'on écrit pour vous, il faut ou se passer de votre applaudissement, ou vous servir à votre goût, et que vous l'avez bien décidé pour[1] les contes d'amour. Toutes vos nouvelles en vers ou en prose sont des contes d'amour ; presque tous vos poèmes, élégies, églogues, idylles, chansons, épîtres, comédies, tragédies, opéras, sont des contes d'amour. Presque toutes vos peintures et vos sculptures ne

---

1. Vous avez un goût certain pour.

sont que des contes d'amour. Vous êtes aux contes d'amour pour toute nourriture depuis que vous existez, et vous ne vous en lassez point. L'on vous tient à ce régime et l'on vous y tiendra longtemps encore, hommes et femmes, grands et petits enfants, sans que vous vous en lassiez. En vérité, cela est merveilleux. Je voudrais que l'histoire du secrétaire du marquis des Arcis fût encore un conte d'amour, mais j'ai peur qu'il n'en soit rien, et que vous n'en soyez ennuyé. Tant pis pour le marquis des Arcis, pour le maître de Jacques, pour vous, lecteur, et pour moi.

« Il vient un moment où presque toutes les jeunes filles et les jeunes garçons tombent dans la mélancolie*; ils sont tourmentés d'une inquiétude vague qui se promène sur tout, et qui ne trouve rien qui la calme. Ils cherchent la solitude ; ils pleurent ; le silence des cloîtres les touche ; l'image de la paix qui semble régner dans les maisons religieuses les séduit. Ils prennent pour la voix de Dieu qui les appelle à lui les premiers efforts d'un tempérament qui se développe : et c'est précisément lorsque la nature les sollicite, qu'ils embrassent un genre de vie contraire au vœu dc la nature. L'erreur ne dure pas ; l'expression de la nature devient plus claire ; on la reconnaît, et l'être séquestré tombe dans les regrets, la langueur, les vapeurs, la folie ou le désespoir… » Tel fut le préambule du marquis des Arcis. « Dégoûté du monde à l'âge de dix-sept ans, Richard (c'est le nom de mon secrétaire) se sauva de la maison paternelle et prit l'habit de prémontré.

LE MAÎTRE. – De prémontré ? Je lui en sais gré. Ils sont blancs comme des cygnes, et saint Norbert qui les fonda n'omit qu'une chose dans ses constitutions…

LE MARQUIS DES ARCIS. – D'assigner un vis-à-vis[1] à chacun de ses religieux.

LE MAÎTRE. – Si ce n'était pas l'usage des amours d'aller tout nus, ils se déguiseraient en prémontrés. Il règne dans cet ordre une politique singulière[2]. On vous permet la duchesse, la marquise, la comtesse, la présidente, la conseillère, même la financière, mais point la bourgeoise ;

---

1. Le vis-à-vis était une voiture à deux places, facilitant en l'occurrence les déplacements galants.
2. En effet, dans la règle quelque peu relâchée des prémontrés, seuls les dortoirs étaient interdits aux femmes.

quelque jolie que soit la marchande, vous verrez rarement un prémontré dans une boutique[1].

LE MARQUIS DES ARCIS. – C'est ce que Richard m'avait dit. Richard aurait fait ses vœux après deux ans de noviciat, si ses parents ne s'y étaient opposés. Son père exigea qu'il rentrerait dans la maison, et que là il lui serait permis d'éprouver sa vocation en observant toutes les règles de la vie monastique pendant une année ; traité qui fut fidèlement rempli de part et d'autre. L'année d'épreuve sous les yeux de sa famille, écoulée, Richard demanda à faire ses vœux. Son père lui répondit : « Je vous ai accordé une année pour prendre une dernière résolution, j'espère que vous ne m'en refuserez pas une pour la même chose ; je consens seulement que vous alliez la passer où il vous plaira. » En attendant la fin de ce second délai, l'abbé de l'ordre se l'attacha. C'est dans cet intervalle qu'il fut impliqué dans une des aventures qui n'arrivent que dans les couvents. Il y avait alors à la tête d'une des maisons de l'ordre un supérieur d'un caractère extraordinaire : il s'appelait le père Hudson. Le père Hudson avait la figure la plus intéressante* : un grand front, un visage ovale, un nez aquilin, de grands yeux bleus, de belles joues larges, une belle bouche, de belles dents, le souris* le plus fin, une tête couverte d'une forêt de cheveux blancs, qui ajoutaient la dignité à l'intérêt* de sa figure ; de l'esprit, des connaissances, de la gaieté, le maintien et le propos le plus honnête*, l'amour de l'ordre, celui du travail ; mais les passions les plus fougueuses, mais le goût le plus effréné des plaisirs et des femmes, mais le génie de l'intrigue porté au dernier point, mais les mœurs les plus dissolues, mais le despotisme le plus absolu dans sa maison. Lorsqu'on lui en donna l'administration, elle était infectée d'un jansénisme[2] ignorant ; les études s'y faisaient mal, les affaires temporelles étaient en désordre, les devoirs religieux y étaient tombés en désuétude, les offices divins s'y célébraient avec indécence, les logements superflus y étaient

---

1. Énumération par ordre décroissant des rangs de la hiérarchie sociale de l'Ancien Régime : noblesse d'épée (la marquise et la comtesse), noblesse de robe (les femmes du président et du conseiller), riches roturiers au service de l'État (la femme du financier*), bourgeoisie.

2. Voir note 1, p. 157.

occupés par des pensionnaires dissolus. Le père Hudson convertit ou éloigna les jansénistes, présida lui-même aux études, rétablit le temporel, remit la règle en vigueur, expulsa les pensionnaires scandaleux, introduisit dans la célébration des offices la régularité et la bienséance, et fit de sa communauté une des plus édifiantes. Mais cette austérité à laquelle il assujettissait les autres, lui, s'en dispensait ; ce joug de fer sous lequel il tenait ses subalternes, il n'était pas assez dupe pour le partager ; aussi étaient-ils animés contre le père Hudson d'une fureur renfermée qui n'en était que plus violente et plus dangereuse. Chacun était son ennemi et son espion ; chacun s'occupait, en secret, à percer les ténèbres de sa conduite ; chacun tenait un état séparé de ses désordres cachés ; chacun avait résolu de le perdre ; il ne faisait pas une démarche qui ne fût suivie ; ses intrigues étaient à peine nouées, qu'elles étaient connues.

L'abbé de l'ordre avait une maison attenante au monastère. Cette maison avait deux portes, l'une qui s'ouvrait dans la rue, l'autre dans le cloître ; Hudson en avait forcé les serrures ; l'abbatiale était devenue le réduit de ses scènes nocturnes, et le lit de l'abbé celui de ses plaisirs. C'était par la porte de la rue, lorsque la nuit était avancée, qu'il introduisait lui-même dans les appartements de l'abbé, des femmes de toutes les conditions : c'était là qu'on faisait des soupers* délicats. Hudson avait un confessionnal, et il avait corrompu toutes celles d'entre ses pénitentes qui en valaient la peine. Parmi ces pénitentes, il y avait une petite confiseuse qui faisait bruit dans le quartier, par sa coquetterie et ses charmes ; Hudson, qui ne pouvait fréquenter chez elle, l'enferma dans son sérail. Cette espèce de rapt ne se fit pas sans donner des soupçons aux parents et à l'époux. Ils lui rendirent visite. Hudson les reçut avec un air consterné. Comme ces bonnes gens étaient en train de lui exposer leur chagrin, la cloche sonne ; c'était à six heures du soir : Hudson leur impose silence, ôte son chapeau, se lève, fait un grand signe de croix, et dit d'un ton affectueux et pénétré : *Angelus Domini nuntiavit Mariæ*[1]... Et voilà le père de la confiseuse et ses

---

1. Le choix du verset « L'ange du Seigneur porta l'annonce à Marie », dont la réponse est « Et elle conçut du Saint-Esprit » (« *Et concepit de Spiritu sancto* »), souligne le sens de l'humour et le sang-froid du père Hudson.

frères honteux de leur soupçon, qui disaient, en descendant l'escalier, à l'époux : « Mon fils, vous êtes un sot… Mon frère, n'avez-vous point de honte ? Un homme qui dit l'*Angelus*, un saint ! »

Un soir, en hiver, qu'il s'en retournait à son couvent, il fut attaqué par une des créatures qui sollicitent les passants ; elle lui paraît jolie : il la suit ; à peine est-il entré, que le guet[1] survient. Cette aventure en aurait perdu un autre ; mais Hudson était un homme de tête, et cet accident lui concilia la bienveillance et la protection du magistrat de police. Conduit en sa présence, voici comme il lui parla : « Je m'appelle Hudson, je suis le supérieur de ma maison. Quand j'y suis entré tout était en désordre ; il n'y avait ni science, ni discipline, ni mœurs ; le spirituel y était négligé jusqu'au scandale ; le dégât du temporel menaçait la maison d'une ruine prochaine. J'ai tout rétabli ; mais je suis homme, et j'ai mieux aimé m'adresser à une femme corrompue, que de m'adresser à une honnête* femme. Vous pouvez à présent disposer de moi comme il vous plaira… » Le magistrat lui recommanda d'être plus circonspect à l'avenir, lui promit le secret sur cette aventure, et lui témoigna le désir de le connaître plus intimement.

Cependant les ennemis dont il était environné avaient, chacun de leur côté, envoyé au général de l'ordre[2] des mémoires, où ce qu'ils savaient de la mauvaise conduite d'Hudson était exposé. La confrontation de ces mémoires en augmentait la force. Le général était janséniste, et par conséquent disposé à tirer vengeance de l'espèce de persécution qu'Hudson avait exercée contre les adhérents à ses opinions. Il aurait été enchanté d'étendre le reproche des mœurs corrompues d'un seul défenseur de la bulle[3] et de la morale relâchée sur la secte entière. En conséquence il

---

1. Patrouille de surveillance.
2. Chef de toutes les maisons et congrégations d'un même ordre religieux.
3. C'est-à-dire la bulle *Unigenitus* promulguée en 1713 par le pape Clément XI, qui condamnait cent une propositions extraites d'un ouvrage du janséniste Quesnel, faisant ainsi rebondir les controverses religieuses et politiques du siècle précédent sur le jansénisme. En 1730, la bulle *Unigenitus* fut proclamée en France loi de l'Église et de l'État, opposant violemment ceux qui s'y soumettaient et ceux qui la refusaient.

remit les différents mémoires des faits et gestes d'Hudson entre les mains de deux commissaires qu'il dépêcha secrètement avec ordre de procéder à leur vérification et de la constater juridiquement ; leur enjoignant surtout de mettre à la conduite de cette affaire la plus grande circonspection, le seul moyen d'accabler subitement le coupable et de le soustraire à la protection de la cour et du Mirepoix [1], aux yeux duquel le jansénisme était le plus grand de tous les crimes, et la soumission à la bulle *Unigenitus*, la première des vertus. Richard, mon secrétaire, fut un des deux commissaires.

Voilà ces deux hommes partis du noviciat, installés dans la maison d'Hudson et procédant sourdement aux informations. Ils eurent bientôt recueilli une liste de plus de forfaits qu'il n'en fallait pour mettre cinquante moines dans *l'in-pace* [2]. Leur séjour avait été long, mais leur menée si adroite qu'il n'en était rien transpiré. Hudson, tout fin qu'il était, touchait au moment de sa perte, qu'il n'en avait pas le moindre soupçon. Cependant le peu d'attention de ces nouveaux venus à lui faire la cour, le secret de leur voyage, leurs fréquentes conférences avec les autres religieux, leurs sorties tantôt ensemble, tantôt séparés ; l'espèce de gens qu'ils visitaient et dont ils étaient visités, lui causèrent quelque inquiétude. Il les épia, il les fit épier ; et bientôt l'objet de leur mission fut évident pour lui. Il ne se déconcerta point ; il s'occupa profondément de la manière, non d'échapper à l'orage qui le menaçait, mais de l'attirer sur la tête des deux commissaires : et voici le parti très extraordinaire auquel il s'arrêta :

Il avait séduit une jeune fille qu'il tenait cachée dans un petit logement du faubourg Saint-Médard. Il court chez elle, et lui tient le discours suivant : « Mon enfant, tout est découvert, nous sommes perdus ; avant huit jours vous serez renfermée, et j'ignore ce qu'il sera fait de moi. Point de désespoir, point de cris ; remettez-vous de votre trouble. Écoutez-moi, faites ce que je vous dirai, faites-le bien, je

---

1. Jean-François Boyer, évêque de Mirepoix, ministre chargé de la feuille des Bénéfices ecclésiastiques (voir note 3, p. 186) de 1742 à 1755, était un farouche défenseur de la bulle *Unigenitus*.
2. Prison d'un couvent.

me charge du reste. Demain je pars pour la campagne. Pendant mon absence, allez trouver deux religieux que je vais vous nommer. (Et il lui nomma les deux commissaires.) Demandez à leur parler en secret. Seule avec eux, jetez-vous à leurs genoux, implorez leurs secours, implorez leur justice, implorez leur médiation auprès du général, sur l'esprit duquel vous savez qu'ils peuvent beaucoup ; pleurez, sanglotez, arrachez-vous les cheveux ; et en pleurant, sanglotant, vous arrachant les cheveux, racontez-leur toute notre histoire, et la racontez de la manière la plus propre à inspirer de la commisération pour vous, de l'horreur contre moi…

– Comment, Monsieur, je leur dirai…

– Oui, vous leur direz qui vous êtes, à qui vous appartenez, que je vous ai séduite au tribunal de la confession, enlevée d'entre les bras de vos parents, et reléguée dans la maison où vous êtes. Dites qu'après vous avoir ravi l'honneur et précipitée dans le crime, je vous ai abandonnée à la misère ; dites que vous ne savez plus que devenir.

– Mais, Père…

– Exécutez ce que je vous prescris, et ce qui me reste à vous prescrire, ou résolvez votre perte et la mienne. Ces deux moines ne manqueront pas de vous plaindre, de vous assurer de leur assistance et de vous demander un second rendez-vous que vous leur accorderez. Ils s'informeront de vous et de vos parents, et comme vous ne leur aurez rien dit qui ne soit vrai, vous ne pouvez leur devenir suspecte. Après cette première et leur seconde entrevue, je vous prescrirai ce que vous aurez à faire à la troisième. Songez seulement à bien jouer votre rôle. »

Tout se passa comme Hudson l'avait imaginé. Il fit un second voyage. Les deux commissaires en instruisirent la jeune fille ; elle revint dans la maison. Ils lui redemandèrent le récit de sa malheureuse histoire. Tandis qu'elle racontait à l'un, l'autre prenait des notes sur ses tablettes. Ils gémirent sur son sort, l'instruisirent de la désolation de ses parents, qui n'était que trop réelle, et lui promirent sûreté pour sa personne et prompte vengeance de son séducteur ; mais à la condition qu'elle signerait sa déclaration. Cette proposition parut d'abord la révolter ; on insista : elle consentit. Il n'était plus question que du jour, de l'heure et de l'endroit où se dresserait cet acte, qui demandait du temps et de la commodité... « Où nous sommes, cela ne se peut ; si le prieur revenait, et qu'il m'aperçût... Chez moi, je n'oserais vous le proposer... » Cette fille et les commissaires se séparèrent, s'accordant réciproquement du temps pour lever ces difficultés.

Dès le jour même, Hudson fut informé de ce qui s'était passé. Le voilà au comble de la joie ; il touche au moment de son triomphe ; bientôt il apprendra à ces blancs-becs-là à quel homme ils ont affaire. « Prenez la plume, dit-il à la jeune fille, et donnez-leur rendez-vous dans l'endroit que je vais vous indiquer. Ce rendez-vous leur conviendra, j'en suis sûr. La maison est honnête*, et la femme qui l'occupe jouit, dans son voisinage, et parmi les autres locataires, de la meilleure réputation. »

Cette femme était cependant une de ces intrigantes secrètes qui jouent la dévotion, qui s'insinuent dans les meilleures maisons, qui ont le don doux, affectueux, patelin, et qui surprennent la confiance des mères et des filles, pour les amener au désordre. C'était l'usage qu'Hudson faisait de celle-ci ; c'était sa marcheuse[1]. Mit-il, ne mit-il pas l'intrigante dans son secret ? c'est ce que j'ignore.

En effet, les deux envoyés du général acceptent le rendez-vous. Les y voilà avec la jeune fille. L'intrigante se retire. On commençait à verbaliser, lorsqu'il se fait un grand bruit dans la maison.

« Messieurs, à qui en voulez-vous ? – Nous en voulons à la dame Simion. (C'était le nom de l'intrigante.) – Vous êtes à sa porte. »

On frappe violemment à la porte. « Messieurs, dit la jeune fille aux deux religieux, répondrai-je ?

– Répondez.

– Ouvrirai-je ?

– Ouvrez... »

Celui qui parlait ainsi était un commissaire avec lequel Hudson était en liaison intime ; car qui ne connaissait-il pas ? Il lui avait révélé son péril et dicté son rôle. « Ah ! ah !

---

1. Entremetteuse (argot de la prostitution).

dit le commissaire en entrant, deux religieux en tête à tête avec une fille*! Elle n'est pas mal. » La jeune fille s'était si indécemment vêtue, qu'il était impossible de se méprendre à son état* et à ce qu'elle pouvait avoir à démêler avec deux moines dont le plus âgé n'avait pas trente ans. Ceux-ci protestaient* de leur innocence. Le commissaire ricanait en passant la main sous le menton de la jeune fille qui s'était jetée à ses pieds et qui demandait grâce. « Nous sommes en lieu honnête*, disaient les moines.

– Oui, oui, en lieu honnête, disait le commissaire.

– Qu'ils étaient venus pour affaire importante.

– L'affaire importante qui conduit ici, nous la connaissons. Mademoiselle, parlez.

– Monsieur le commissaire, ce que ces messieurs vous assurent est la pure vérité. »

Cependant le commissaire verbalisait à son tour, et comme il n'y avait rien dans son procès-verbal que l'exposition pure et simple du fait, les deux moines furent obligés de signer. En descendant ils trouvèrent tous les locataires sur les paliers de leurs appartements, à la porte de la maison une populace nombreuse, un fiacre*, des archers* qui les mirent dans le fiacre, au bruit confus de l'invective et des huées. Ils s'étaient couvert le visage de leurs manteaux, ils se désolaient. Le commissaire perfide s'écriait : « Eh ! pourquoi, mes Pères, fréquenter ces endroits et ces créatures-là ? Cependant ce ne sera rien ; j'ai ordre de la police de vous déposer entre les mains de votre supérieur, qui est un galant* homme, indulgent, il ne mettra pas à cela plus d'importance que cela ne vaut. Je ne crois pas qu'on use dans vos maisons comme chez les cruels capucins. Si vous aviez affaire à des capucins, ma foi, je vous plaindrais. »

Tandis que le commissaire leur parlait, le fiacre s'acheminait vers le couvent, la foule grossissait, l'entourait, le précédait, et le suivait à toutes jambes. On entendait ici : Qu'est-ce ?… Là : Ce sont des moines… Qu'ont-ils fait ? On les a pris chez des filles*… Des prémontrés chez des filles*! Eh oui ; ils courent sur les brisées des carmes et des cordeliers… Les voilà arrivés. Le commissaire descend, frappe à la porte, frappe encore, frappe une troisième fois ;

enfin elle s'ouvre. On avertit le supérieur Hudson, qui se fait attendre une demi-heure au moins, afin de donner au scandale tout son éclat. Il paraît enfin. Le commissaire lui parle à l'oreille ; le commissaire a l'air d'intercéder ; Hudson de rejeter rudement sa prière ; enfin, celui-ci prenant un visage sévère et un ton ferme, lui dit : « Je n'ai point de religieux dissolus dans ma maison ; ces gens-là sont deux étrangers qui me sont inconnus, peut-être deux coquins déguisés, dont vous pouvez faire tout ce qu'il vous plaira. »

À ces mots, la porte se ferme ; le commissaire remonte dans la voiture, et dit à nos deux pauvres diables plus morts que vifs : « J'y ai fait tout ce que j'ai pu ; je n'aurais jamais cru le père Hudson si dur. Aussi, pourquoi diable aller chez des filles*?

– Si celle avec laquelle vous nous avez trouvés en est une, ce n'est point le libertinage* qui nous a menés chez elle.

– Ah ! ah ! mes Pères ; et c'est à un vieux commissaire que vous dites cela ! Qui êtes-vous ?

– Nous sommes religieux ; et l'habit que nous portons est le nôtre.

– Songez que demain il faudra que votre affaire s'éclaircisse ; parlez-moi vrai ; je puis peut-être vous servir.

– Nous vous avons dit vrai… Mais où allons-nous ?

– Au petit Châtelet[1].

– Au petit Châtelet ! En prison !

– J'en suis désolé. »

Ce fut en effet là que Richard et son compagnon furent déposés ; mais le dessein d'Hudson n'était pas de les y laisser. Il était monté en chaise de poste*, il était arrivé à Versailles[2] ; il parlait au ministre[3] ; il lui traduisait cette affaire comme il lui convenait. « Voilà, monseigneur, à quoi l'on s'expose lorsqu'on introduit la réforme dans une maison dissolue, et qu'on en chasse les hérétiques. Un moment plus tard, j'étais perdu, j'étais déshonoré. La persécution n'en restera pas là ; toutes les horreurs dont il est possible de

---

1. Prison parisienne destinée principalement aux condamnés pour dettes.
2. Le roi, sa cour et son gouvernement sont installés à Versailles depuis 1682.
3. C'est-à-dire l'évêque de Mirepoix.

noircir un homme de bien vous les entendrez ; mais j'espère, monseigneur, que vous vous rappellerez que notre général...

– Je sais, je sais, et je vous plains. Les services que vous avez rendus à l'Église et à votre ordre ne seront point oubliés. Les élus du Seigneur ont de tous les temps été exposés à des disgrâces : ils ont su les supporter ; il faut savoir imiter leur courage. Comptez sur les bienfaits et la protection du roi. Les moines ! les moines ! je l'ai été, et j'ai connu par expérience ce dont ils sont capables.

– Si le bonheur de l'Église et de l'État voulait que votre Éminence me survécût, je persévérerais sans crainte.

– Je ne tarderai pas à vous tirer de là. Allez.

– Non, monseigneur, non, je ne m'éloignerai pas sans un ordre exprès qui délivre ces deux mauvais religieux...

– Je crois que l'honneur de la religion et de votre habit vous touche au point d'oublier des injures personnelles ; cela est tout à fait chrétien, et j'en suis édifié sans être surpris d'un homme tel que vous. Cette affaire n'aura point d'éclat.

– Ah ! monseigneur, vous comblez mon âme de joie ! Dans ce moment c'est tout ce que je redoutais.

– Je vais travailler à cela. »

Dès le soir même Hudson eut l'ordre d'élargissement[1], et le lendemain Richard et son compagnon, dès la pointe du jour, étaient à vingt lieues* de Paris, sous la conduite d'un exempt* qui les remit dans la maison professe[2]. Il était aussi porteur d'une lettre qui enjoignait au général de cesser de pareilles menées, et d'imposer la peine claustrale[3] à nos deux religieux.

Cette aventure jeta la consternation parmi les ennemis d'Hudson ; il n'y avait pas un moine dans sa maison que son regard ne fît trembler. Quelques mois après il fut pourvu d'une riche abbaye. Le général en conçut un dépit mortel. Il était vieux, et il y avait tout à craindre que l'abbé Hudson ne lui succédât. Il aimait tendrement Richard.

---

1. De mise en liberté.
2. Maison où demeurent les religieux profès, qui ont prononcé leurs vœux dans un couvent.
3. Peine d'enfermement.

« Mon pauvre ami, lui dit-il un jour, que deviendras-tu si tu tombais sous l'autorité du scélérat Hudson ? J'en suis effrayé. Tu n'es point engagé ; si tu m'en croyais, tu quitterais l'habit... » Richard suivit ce conseil, et revint dans la maison paternelle, qui n'était pas éloignée de l'abbaye possédée par Hudson.

Hudson et Richard fréquentant les mêmes maisons, il était impossible qu'ils ne se rencontrassent pas, et en effet ils se rencontrèrent. Richard était un jour chez la dame d'un château situé entre Châlons et Saint-Dizier, mais plus près de Saint-Dizier que de Châlons, et à une portée de fusil de l'abbaye d'Hudson. La dame lui dit : « Nous avons ici votre ancien prieur : il est très aimable, mais au fond, quel homme est-ce ?

– Le meilleur des amis et le plus dangereux des ennemis.

– Est-ce que vous ne seriez pas tenté de le voir ?

– Nullement... »

À peine eut-il fait cette réponse qu'on entendit le bruit d'un cabriolet qui entrait dans les cours, et qu'on en vit descendre Hudson avec une des plus belles femmes du canton. « Vous le verrez malgré que vous en ayez[1], lui dit la dame du château, car c'est lui. »

La dame du château et Richard vont au-devant de la dame du cabriolet et de l'abbé Hudson. Les dames s'embrassent : Hudson en s'approchant de Richard, et le reconnaissant, s'écrie : « Eh ! c'est vous, mon cher Richard ? vous avez voulu me perdre, je vous le pardonne ; pardonnez-moi votre visite au petit Châtelet, et n'y pensons plus.

– Convenez, monsieur l'abbé, que vous étiez un grand vaurien.

– Cela se peut.

– Que, si l'on vous avait rendu justice, la visite au Châtelet, ce n'est pas moi, c'est vous qui l'auriez faite.

– Cela se peut... C'est, je crois, au péril que je courus alors, que je dois mes nouvelles mœurs. Ah ! mon cher Richard, combien cela m'a fait réfléchir, et que je suis changé !

---

1. Malgré vos réticences.

– Cette femme avec laquelle vous êtes venu est charmante.

– Je n'ai plus d'yeux pour ces attraits-là.

– Quelle taille !

– Cela m'est devenu bien indifférent.

– Quel embonpoint*!

– On revient tôt ou tard d'un plaisir qu'on ne prend que sur le faîte d'un toit, au péril à chaque mouvement de se rompre le cou.

– Elle a les plus belles mains du monde.

– J'ai renoncé à l'usage de ces mains-là. Une tête bien faite revient à l'esprit de son état*, au seul vrai bonheur.

– Et ces yeux qu'elle tourne sur vous à la dérobée ; convenez que vous, qui êtes connaisseur, vous n'en avez guère attaché de plus brillants et de plus doux. Quelle grâce, quelle légèreté et quelle noblesse dans sa démarche, dans son maintien !

– Je ne pense plus à ces vanités ; je lis l'Écriture, je médite les Pères[1].

– Et de temps en temps les perfections de cette dame. Demeure-t-elle loin du Moncetz ? Son époux est-il jeune ?… »

Hudson, impatienté de ces questions, et bien convaincu que Richard ne le prendrait pas pour un saint, lui dit brusquement : « Mon cher Richard, vous vous foutez de moi, et vous avez raison. »

Mon cher lecteur, pardonnez-moi la propriété de cette expression ; et convenez qu'ici comme dans une infinité de bons contes*, tels, par exemple, que celui de la conversation de Piron et de feu l'abbé Vatri, le mot honnête* gâterait tout. – Qu'est-ce que c'est que cette conversation de Piron et de l'abbé Vatri ? – Allez la demander à l'éditeur de ses ouvrages, qui n'a pas osé l'écrire ; mais qui ne se fera pas tirer l'oreille pour vous la dire[2].

Nos quatre personnages se rejoignirent au château ; on

---

1. Les Pères de l'Église, dont les écrits sont considérés par l'Église catholique comme fondateurs de son orthodoxie.
2. Alexis Piron (1689-1773), auteur dramatique et poète, est surtout connu pour ses épigrammes. Ses œuvres complètes posthumes, publiées en 1776, furent en effet expurgées par leur éditeur.

dîna bien, on dîna gaiement, et sur le soir on se sépara avec promesse de se revoir… Mais tandis que le marquis des Arcis causait avec le maître de Jacques, Jacques de son côté n'était pas muet avec M. le secrétaire Richard, qui le trouvait un franc original, ce qui arriverait plus souvent parmi les hommes, si l'éducation d'abord, ensuite le grand usage du monde, ne les usaient comme ces pièces d'argent qui, à force de circuler, perdent leur empreinte. Il était tard ; la pendule avertit les maîtres et les valets qu'il était l'heure de se reposer, et ils suivirent son avis.

Jacques, en déshabillant son maître, lui dit : « Monsieur, aimez-vous les tableaux ?

LE MAÎTRE. – Oui, mais en récit ; car en couleur et sur la toile, quoique j'en juge aussi décidément qu'un amateur, je t'avouerai que je n'y entends rien du tout ; que je serais bien embarrassé de distinguer une école d'une autre ; qu'on me donnerait un Boucher pour un Rubens ou pour un Raphaël ; que je prendrais une mauvaise copie pour un sublime original ; que j'apprécierais mille écus* une croûte de six francs* ; et six francs un morceau de mille écus ; et que je ne me suis jamais pourvu qu'au pont Notre-Dame[1], chez un certain Tremblin, qui était de mon temps la ressource de la misère ou du libertinage*, et la ruine du talent des jeunes élèves de Vanloo[2].

JACQUES. – Et comment cela ?

LE MAÎTRE. – Qu'est-ce que cela te fait ? Raconte-moi ton tableau, et sois bref, car je tombe de sommeil.

JACQUES. – Placez-vous devant la fontaine des Innocents ou proche la porte Saint-Denis ; ce sont deux accessoires qui enrichiront la composition.

LE MAÎTRE. – M'y voilà.

JACQUES. – Voyez au milieu de la rue un fiacre*, la soupente* cassée, et renversé sur le côté.

LE MAÎTRE. – Je le vois.

JACQUES. – Un moine et deux filles* en sont sortis. Le

---

1. Pont sur lequel les élèves de l'école de l'Académie de peinture vendaient des copies d'œuvres des grands maîtres.
2. Carle Vanloo (1705-1765) fut premier peintre du roi et professeur, puis directeur de l'Académie de peinture. Diderot taxa ses œuvres de froideur et d'académisme.

moine s'enfuit à toutes jambes. Le cocher se hâte de descendre de son siège. Un caniche du fiacre* s'est mis à la poursuite du moine, et l'a saisi par sa jaquette ; le moine fait tous ses efforts pour se débarrasser du chien. Une des filles, débraillée, la gorge découverte, se tient les côtés à force de rire. L'autre fille, qui s'est fait une bosse au front, est appuyée contre la portière, et se presse la tête à deux mains. Cependant la populace s'est attroupée, les polissons[1] accourent et poussent des cris, les marchands et les marchandes ont bordé le seuil de leurs boutiques, et d'autres spectateurs sont à leurs fenêtres.

LE MAÎTRE. – Comment diable ! Jacques, ta composition est bien ordonnée, riche, plaisante, variée et pleine de mouvement. À notre retour à Paris, porte ce sujet à Fragonard[2] ; et tu verras ce qu'il en saura faire.

JACQUES. – Après ce que vous m'avez confessé de vos lumières en peinture, je puis accepter votre éloge sans baisser les yeux.

LE MAÎTRE. – Je gage* que c'est une des aventures de l'abbé Hudson ?

JACQUES. – Il est vrai. »

Lecteur, tandis que ces bonnes gens dorment, j'aurais une petite question à vous proposer à discuter sur votre oreiller : c'est ce qu'aurait été l'enfant né de l'abbé Hudson et de la dame de La Pommeraye ? – Peut-être un honnête* homme. – Peut-être un sublime coquin. – Vous me direz cela demain matin.

Ce matin, le voilà venu, et nos voyageurs séparés ; car le marquis des Arcis ne suivait plus la même route que Jacques et son maître. – Nous allons donc reprendre la suite des amours de Jacques ? – Je l'espère ; mais ce qu'il y a de bien certain, c'est que le maître sait l'heure qu'il est, qu'il a pris sa prise de tabac et qu'il a dit à Jacques : « Eh bien ! Jacques, tes amours ? »

Jacques, au lieu de répondre à cette question, disait : « N'est-ce pas le diable ! Du matin au soir ils disent du mal

---

1. Voyous.
2. Jean-Honoré Fragonard (1732-1786). Ce peintre apprécié de Diderot est l'auteur d'un portrait célèbre de l'écrivain.

de la vie, et ils ne peuvent se résoudre à la quitter ! Serait-ce que la vie présente n'est pas, à tout prendre, une si mauvaise chose, ou qu'ils en craignent une pire à venir ?

LE MAÎTRE. – C'est l'un et l'autre. À propos, Jacques, crois-tu à la vie à venir ?

JACQUES. – Je n'y crois ni décrois*; je n'y pense pas. Je jouis de mon mieux de celle qui nous a été accordée en avancement d'hoirie[1].

LE MAÎTRE. – Pour moi, je me regarde comme en chrysalide ; et j'aime à me persuader que le papillon, ou mon âme, venant un jour à percer sa coque, s'envolera à la justice divine.

JACQUES. – Votre image est charmante.

LE MAÎTRE. – Elle n'est pas de moi ; je l'ai lue, je crois, dans un poète italien appelé Dante, qui a fait un ouvrage intitulé : *La Comédie de l'Enfer, du Purgatoire et du Paradis*[2].

JACQUES. – Voilà un singulier sujet de comédie !

LE MAÎTRE. – Il y a, pardieu, de belles choses, surtout dans son enfer. Il enferme les hérésiarques[3] dans des tombeaux de feu, dont la flamme s'échappe et porte le ravage au loin ; les ingrats, dans des niches où ils versent des larmes qui se glacent sur leurs visages ; et les paresseux, dans d'autres niches ; et il dit de ces derniers que le sang s'échappe de leurs veines, et qu'il est recueilli par des vers dédaigneux... Mais à quel propos ta sortie contre notre mépris d'une vie que nous craignons de perdre ?

JACQUES. – À propos de ce que le secrétaire du marquis des Arcis m'a raconté du mari de la jolie femme au cabriolet.

LE MAÎTRE. – Elle est veuve !

JACQUES. – Elle a perdu son mari dans un voyage qu'elle a fait à Paris ; et le diable d'homme ne voulait pas entendre parler des sacrements. Ce fut la dame du château où Richard rencontra l'abbé Hudson qu'on chargea de le réconcilier avec le béguin.

---

1. Donation anticipée faite à un héritier. L'emploi du vocabulaire juridique teinte de désinvolture cette réflexion épicurienne sur la vie future.
2. L'image est empruntée au chant X du « Purgatoire » de *La Divine Comédie* de Dante (1321).
3. Partisans d'une doctrine condamnée par l'Église.

LE MAÎTRE. – Que veux-tu dire avec ton béguin ?

JACQUES. – Le béguin est la coiffure qu'on met aux enfants nouveau-nés[1] !

LE MAÎTRE. – Je t'entends*. Et comment s'y prit-elle pour l'embéguiner[2] ?

JACQUES. – On fit cercle autour du feu. Le médecin, après avoir tâté le pouls du malade, qu'il trouva bien bas, vint s'asseoir à côté des autres. La dame dont il s'agit s'approcha de son lit, et lui fit plusieurs questions ; mais sans élever la voix plus qu'il ne le fallait pour que cet homme ne perdît pas un mot de ce qu'on avait à lui faire entendre ; après quoi la conversation s'engagea entre la dame, le docteur et quelques-uns des autres assistants, comme je vais vous la rendre.

LA DAME. – Eh bien ! docteur, nous direz-vous des nouvelles de Mme de Parme[3] ?

LE DOCTEUR. – Je sors d'une maison où l'on m'a assuré qu'elle était si mal qu'on n'en espérait plus rien.

LA DAME. – Cette princesse a toujours donné des marques de piété. Aussitôt qu'elle s'est sentie en danger, elle a demandé à se confesser et à recevoir ses sacrements.

LE DOCTEUR. – Le curé de Saint-Roch lui porte aujourd'hui une relique à Versailles ; mais elle arrivera trop tard.

LA DAME. – Madame Infante n'est pas la seule qui donne de ces exemples. M. le duc de Chevreuse[4], qui a été bien malade, n'a pas attendu qu'on lui proposât les sacrements, il les a appelés de lui-même : ce qui a fait grand plaisir à sa famille…

LE DOCTEUR. – Il est beaucoup mieux.

UN DES ASSISTANTS. – Il est certain que cela ne fait pas mourir ; au contraire.

LA DAME. – En vérité, dès qu'il y a du danger on devrait satisfaire à ces devoirs-là. Les malades ne conçoivent* pas apparemment combien il est dur pour ceux qui les entou-

---

1. Qu'on se prépare donc à baptiser. Une analogie ironique est établie ici entre les premiers et les derniers sacrements.
2. « Se dit figurément des mauvaises opinions qui nous entêtent, des folles amours qui nous gouvernent, qui maîtrisent notre esprit » (*Dictionnaire de Trévoux*, 1771).
3. La fille aînée de Louis XV, qui mourut de la petite vérole en 1759.
4. Mort en 1771.

rent, et combien cependant il est indispensable de leur en faire la proposition !

LE DOCTEUR. – Je sors de chez un malade qui me dit, il y a deux jours : « Docteur, comment me trouvez-vous ?

– Monsieur, la fièvre est forte, et les redoublements fréquents.

– Mais croyez-vous qu'il en survienne un bientôt ?

– Non, je le crains seulement pour ce soir.

– Cela étant, je vais faire avertir un certain homme avec lequel j'ai une petite affaire particulière[1], afin de la terminer pendant que j'ai encore toute ma tête… » Il se confessa, il reçut tous ses sacrements. Je revins le soir, point de redoublement. Hier il était mieux ; aujourd'hui il est hors d'affaire. J'ai vu beaucoup de fois dans le courant de ma pratique cet effet-là des sacrements.

LE MALADE, *à son domestique*. – Apportez-moi mon poulet.

JACQUES. – On le lui sert, il veut le couper et n'en a pas la force ; on lui en dépèce l'aile en petits morceaux ; il demande du pain, se jette dessus, fait des efforts pour en mâcher une bouchée qu'il ne saurait avaler, et qu'il rend dans sa serviette ; il demande du vin pur ; il y mouille les bords de ses lèvres, et dit : « Je me porte bien… » Oui, mais une demi-heure après il n'était plus.

LE MAÎTRE. – Cette dame s'y était pourtant assez bien prise… et tes amours ?

JACQUES. – Et la condition que vous avez acceptée ?

LE MAÎTRE. – J'entends… Tu es installé au château de Desglands, et la vieille commissionnaire Jeanne a ordonné à sa jeune fille Denise de te visiter quatre fois le jour, et de te soigner. Mais avant que d'aller en avant, dis-moi, Denise avait-elle son pucelage ?

JACQUES, *en toussant.* – Je le crois.

LE MAÎTRE. – Et toi ?

JACQUES. – Le mien, il y avait beaux jours qu'il courait les champs.

LE MAÎTRE. – Tu n'en étais donc pas à tes premières amours ?

---

1. Une affaire privée.

JACQUES. – Pourquoi donc ?

LE MAÎTRE. – C'est qu'on aime celle à qui on le donne, comme on est aimé de celle à qui on le ravit.

JACQUES. – Quelquefois oui, quelquefois non.

LE MAÎTRE. – Et comment le perdis-tu ?

JACQUES. – Je ne le perdis pas ; je le troquai bel et bien.

LE MAÎTRE. – Dis-moi un mot de ce troc-là.

JACQUES. – Ce sera le premier chapitre de saint Luc, une kyrielle de *genuit* à ne point finir[1], depuis la première jusqu'à Denise la dernière.

LE MAÎTRE. – Qui crut l'avoir et qui ne l'eut point.

JACQUES. – Et avant Denise, les deux voisines de notre chaumière.

LE MAÎTRE. – Qui crurent l'avoir et qui ne l'eurent point.

JACQUES. – Non.

LE MAÎTRE. – Manquer un pucelage à deux, cela n'est pas trop adroit.

JACQUES. – Tenez, mon maître, je devine, au coin de votre lèvre droite qui se relève, et à votre narine gauche qui se crispe, qu'il vaut autant que je fasse la chose de bonne grâce, que d'en être prié ; d'autant que je sens augmenter mon mal de gorge, que la suite de mes amours sera longue, et que je n'ai guère de courage que pour un ou deux petits contes*.

LE MAÎTRE. – Si Jacques voulait me faire un grand plaisir…

JACQUES. – Comment s'y prendrait-il ?

LE MAÎTRE. – Il débuterait par la perte de son pucelage. Veux-tu que je te le dise ? J'ai toujours été friand du récit de ce grand événement.

JACQUES. – Et pourquoi, s'il vous plaît ?

LE MAÎTRE. – C'est que de tous ceux du même genre, c'est le seul qui soit piquant ; les autres n'en sont que d'insipides et communes répétitions. De tous les péchés d'une jolie pénitente, je suis sûr que le confesseur n'est attentif qu'à celui-là.

---

1. Il s'agit en fait du prologue de l'Évangile selon saint Matthieu où se trouve retracée la généalogie de Jésus-Christ, et dans laquelle le verbe « *genuit* » (« engendra » en latin) est répété une quarantaine de fois.

JACQUES. – Mon maître, mon maître, je vois que vous avez la tête corrompue, et qu'à votre agonie le diable pourrait bien se montrer à vous sous la même forme de parenthèse qu'à Ferragus[1].

LE MAÎTRE. – Cela se peut. Mais tu fus déniaisé, je gage*, par quelque vieille impudique de ton village ?

JACQUES. – Ne gagez pas, vous perdriez.

LE MAÎTRE. – Ce fut par la servante de ton curé ?

JACQUES. – Ne gagez pas, vous perdriez encore.

LE MAÎTRE. – Ce fut donc par sa nièce ?

JACQUES. – Sa nièce crevait d'humeur et de dévotion, deux qualités qui vont fort bien ensemble, mais qui ne me vont pas.

LE MAÎTRE. – Pour cette fois, je crois que j'y suis.

JACQUES. – Moi, je n'en crois rien.

LE MAÎTRE. – Un jour de foire ou de marché…

JACQUES. – Ce n'était ni un jour de foire, ni un jour de marché.

LE MAÎTRE. – Tu allas à la ville.

JACQUES. – Je n'allai point à la ville.

LE MAÎTRE. – Et il était écrit là-haut que tu rencontrerais dans une taverne quelqu'une de ces créatures obligeantes ; que tu t'enivrerais…

JACQUES. – J'étais à jeun ; et ce qui était écrit là-haut, c'est qu'à l'heure qu'il est vous vous épuiseriez en fausses conjectures ; et que vous gagneriez un défaut dont vous m'avez corrigé, la fureur de deviner, et toujours de travers. Tel que vous me voyez, monsieur, j'ai été une fois baptisé.

LE MAÎTRE. – Si tu te proposes d'entamer la perte de ton pucelage au sortir des fonts baptismaux, nous n'y serons pas de si tôt.

JACQUES. – J'eus donc un parrain et une marraine. Maître Bigre, le plus fameux charron[2] du village, avait un fils. Bigre le père fut mon parrain, et Bigre le fils était mon ami.

---

1. Voir note 1, p. 97. Au chant X du *Ricciardetto* de Fortiguerra, le paladin Ferragus, après avoir été castré pour avoir tenté de violer une religieuse, vit en délire pendant son agonie Lucifer « lui présenter avec un rire ignoble les lambeaux affreux, les restes lamentables de la virilité perdue qu'il regrettait tant ».

2. Artisan fabricant des roues, des charrettes, des chariots.

À l'âge de dix-huit à dix-neuf ans nous nous amourachâmes tous les deux à la fois d'une petite couturière appelée Justine. Elle ne passait pas pour autrement cruelle ; mais elle jugea à propos de se signaler par un premier dédain, et son choix tomba sur moi.

LE MAÎTRE. – Voilà une de ces bizarreries des femmes auxquelles on ne comprend rien.

JACQUES. – Tout le logement du charron maître Bigre, mon parrain, consistait en une boutique et une soupente*. Son lit était au fond de la boutique. Bigre le fils, mon ami, couchait sur la soupente, à laquelle on grimpait par une petite échelle, placée à peu près à égale distance du lit de son père et de la porte de la boutique.

Lorsque Bigre mon parrain était bien endormi, Bigre mon ami ouvrait doucement la porte, et Justine montait à la soupente par une petite échelle. Le lendemain, dès la pointe du jour, avant que Bigre le père fût éveillé, Bigre le fils descendait de la soupente, rouvrait la porte, et Justine s'évadait comme elle était entrée.

LE MAÎTRE. – Pour aller ensuite visiter quelque soupente*, la sienne ou une autre.

JACQUES. – Pourquoi non ? Le commerce de Bigre et de Justine était assez doux ; mais il fallait qu'il fût troublé : cela était écrit là-haut ; il le fut donc.

LE MAÎTRE. – Par le père ?

JACQUES. – Non.

LE MAÎTRE. – Par la mère ?

JACQUES. – Non, elle était morte.

LE MAÎTRE. – Par un rival ?

JACQUES. – Eh ! non, non, de par tous les diables ! non. Mon maître, il est écrit là-haut que vous en avez pour le reste de vos jours ; tant que vous vivrez vous devinerez, je vous le répète, et vous devinerez de travers.

Un matin, que mon ami Bigre, plus fatigué qu'à l'ordinaire ou du travail de la veille, ou du plaisir de la nuit, reposait doucement entre les bras de Justine, voilà une voix formidable qui se fait entendre au pied du petit escalier : « Bigre ! Bigre ! maudit paresseux ! L'*Angelus* est sonné, il est près de cinq heures et demie, et te voilà encore dans ta soupente ! As-tu résolu d'y rester jusqu'à midi ? Faut-il que j'y monte et que je t'en fasse descendre plus vite que tu ne voudrais ? Bigre ! Bigre !

– Mon père ?

– Et cet essieu après lequel ce vieux bourru* de fermier attend ; veux-tu qu'il revienne encore ici recommencer son tapage ?

– Son essieu est prêt, et avant qu'il soit un quart d'heure il l'aura… »

Je vous laisse à juger des transes de Justine et de mon ami Bigre le fils.

LE MAÎTRE. – Je suis sûr que Justine se promit bien de ne plus se retrouver sur la soupente, et qu'elle y était le soir même. Mais comment en sortira-t-elle ce matin ?

JACQUES. – Si vous vous mettez en devoir de le deviner, je me tais… Cependant Bigre le fils s'était précipité du lit, jambes nues, sa culotte à la main, et sa veste sur son bras. Tandis qu'il s'habille, Bigre le père grommelle entre ses dents : « Depuis qu'il s'est entêté de cette petite coureuse, tout va de travers. Cela finira ; cela ne saurait durer ; cela commence à me lasser. Encore si c'était une fille qui en valût la peine ; mais une créature ! Dieu sait quelle créature ! Ah ! si la pauvre défunte, qui avait de l'honneur jusqu'au bout des ongles, voyait cela, il y a longtemps qu'elle eût bâtonné l'un, et arraché les yeux de l'autre au sortir de la grand-messe sous le porche, devant tout le monde ; car rien ne l'arrêtait : mais si j'ai été trop bon jusqu'à présent, et qu'ils s'imaginent que je continuerai, ils se trompent. »

LE MAÎTRE. – Et ces propos, Justine les entendait de la soupente ?

JACQUES. – Je n'en doute pas. Cependant Bigre le fils s'en était allé chez le fermier, avec son essieu sur l'épaule, et Bigre le père s'était mis à l'ouvrage. Après quelques coups de doloire[1], son nez lui demande une prise de tabac ; il cherche sa tabatière dans ses poches, au chevet de son lit ; il ne la trouve point. « C'est ce coquin, dit-il, qui s'en est saisi comme de coutume ; voyons s'il ne l'aura pas laissée là-haut… » Et le voilà qui monte à la soupente. Un

---

1. Instrument de tonnelier.

moment après il s'aperçoit que sa pipe et son couteau lui manquent et il remonte à la soupente.

LE MAÎTRE. – Et Justine ?

JACQUES. – Elle avait ramassé ses vêtements à la hâte, et s'était glissée sous le lit, où elle était étendue à plat ventre, plus morte que vive.

LE MAÎTRE. – Et ton ami Bigre le fils ?

JACQUES. – Son essieu rendu, mis en place et payé, il était accouru chez moi, et m'avait exposé le terrible embarras où il se trouvait. Après m'en être un peu amusé, « Écoute, lui dis-je, Bigre, va te promener par le village, où tu voudras, je te tirerai d'affaire. Je ne te demande qu'une chose, c'est de m'en laisser le temps… » Vous souriez, monsieur, qu'est-ce qu'il y a ?

LE MAÎTRE. – Rien.

JACQUES. – Mon ami Bigre sort. Je m'habille, car je n'étais pas encore levé. Je vais chez son père, qui ne m'eut pas plus tôt aperçu, que, poussant un cri de surprise et de joie, il me dit : « Eh ! filleul, te voilà ! d'où sors-tu et que viens-tu faire ici de si grand matin ?… » Mon parrain Bigre avait vraiment de l'amitié pour moi ; aussi lui répondis-je avec franchise : « Il ne s'agit pas de savoir d'où je sors, mais comment je rentrerai chez nous.

– Ah ! filleul, tu deviens libertin* ; j'ai bien peur que Bigre et toi vous ne fassiez la paire. Tu as passé la nuit dehors.

– Et mon père n'entend pas raison sur ce point.

– Ton père a raison, filleul, de ne pas entendre raison là-dessus. Mais commençons par déjeuner*, la bouteille nous avisera[1]. »

LE MAÎTRE. – Jacques, cet homme était dans les bons principes.

JACQUES. – Je lui répondis que je n'avais ni besoin ni envie de boire ou de manger, et que je tombais de lassitude et de sommeil. Le vieux Bigre, qui de son temps n'en cédait pas à son camarade, ajouta en ricanant : « Filleul, elle était jolie, et tu t'en es donné. Écoute : Bigre est sorti, monte à la soupente*, et jette-toi sur son lit… Mais un mot

----

1. Nous conseillera.

avant qu'il revienne. C'est ton ami ; lorsque vous vous trouverez tête à tête, dis-lui que je suis mécontent, très mécontent. C'est une petite Justine que tu dois connaître (car quel est le garçon du village qui ne la connaisse pas ?) qui me l'a débauché ; tu me rendrais un vrai service, si tu le détachais de cette créature. Auparavant c'était ce qu'on appelle un joli garçon, mais depuis qu'il a fait cette malheureuse connaissance… Tu ne m'écoutes pas ; tes yeux se ferment ; monte, et va te reposer. »

Je monte, je me déshabille, je lève la couverture et les draps, je tâte partout, point de Justine. Cependant Bigre, mon parrain, disait : « Les enfants ! les maudits enfants ! n'en voilà-t-il pas encore un qui désole son père ? » Justine n'étant pas dans le lit, je me doutai qu'elle était dessous. Le bouge était tout à fait aveugle. Je me baisse, je promène mes mains, je rencontre un de ses bras, je la saisis, je la tire à moi ; elle sort de dessous la couchette en tremblant. Je l'embrasse, je la rassure, je lui fais signe de se coucher. Elle joint ses deux mains, elle se jette à mes pieds, elle serre mes genoux. Je n'aurais peut-être pas résisté à cette scène muette, si le jour l'eût éclairée ; mais lorsque les ténèbres ne rendent pas timide, elles rendent entreprenant. D'ailleurs j'avais ses anciens mépris sur le cœur. Pour toute réponse je la poussai vers l'escalier qui conduisait à la boutique. Elle en poussa un cri de frayeur. Bigre qui l'entendit, dit : « Il rêve… » Justine s'évanouit ; ses genoux se dérobent sous elle ; dans son délire elle disait d'une voix étouffée : « Il va venir… il vient… je l'entends qui monte… je suis perdue !… » « Non, non, lui répondis-je d'une voix étouffée, remettez-vous, taisez-vous, et couchez-vous… » Elle persiste dans son refus ; je tiens ferme : elle se résigne : et nous voilà l'un à côté de l'autre.

LE MAÎTRE. – Traître ! scélérat ! sais-tu quel crime tu vas commettre ? Tu vas violer cette fille, sinon par la force, du moins par la terreur. Poursuivi au tribunal des lois, tu en éprouverais toute la rigueur réservée aux ravisseurs.

JACQUES. – Je ne sais si je la violai, mais je sais bien que je ne lui fis pas de mal, et qu'elle ne m'en fit point. D'abord en détournant sa bouche de mes baisers, elle l'approcha de mon oreille et me dit tout bas : « Non, non,

Jacques, non… » À ce mot, je fais semblant de sortir du lit, et de m'avancer vers l'escalier. Elle me retint, et me dit encore à l'oreille : « Je ne vous aurais jamais cru si méchant ; je vois qu'il ne faut attendre de vous aucune pitié ; mais du moins, promettez-moi, jurez-moi…

– Quoi ?

– Que Bigre n'en saura rien. »

LE MAÎTRE. – Tu promis, tu juras, et tout alla fort bien.

JACQUES. – Et puis très bien encore.

LE MAÎTRE. – Et puis encore très bien ?

JACQUES. – C'est précisément comme si vous y aviez été. Cependant, Bigre mon ami, impatient, soucieux et las de rôder autour de la maison sans me rencontrer, rentre chez son père qui lui dit avec humeur : « Tu as été bien long-temps pour rien… » Bigre lui répondit avec plus d'humeur encore : « Est-ce qu'il n'a pas fallu allégir[1] par les deux bouts ce diable d'essieu qui s'est trouvé trop gros ?

– Je t'en avais averti ; mais tu n'en veux jamais faire qu'à ta tête.

– C'est qu'il est plus aisé d'en ôter que d'en remettre.

– Prends cette jante, et va finir à la porte.

– Pourquoi à la porte ?

– C'est que le bruit de l'outil réveillerait Jacques, ton ami.

– Jacques !…

– Oui ! Jacques, il est là-haut sur la soupente*, qui repose. Ah ! que les pères sont à plaindre ; si ce n'est d'une chose, c'est d'une autre ! Eh bien ! te remueras-tu ? Tandis que tu restes là comme un imbécile, la tête baissée, la bouche béante, et les bras pendants, la besogne ne se fait pas… » Bigre mon ami, furieux, s'élance vers l'escalier ; Bigre mon parrain le retient en lui disant : « Où vas-tu ? laisse dormir ce pauvre diable, qui est excédé de fatigue. À sa place, serais-tu bien aise qu'on troublât ton repos ? »

LE MAÎTRE. – Et Justine entendait encore tout cela ?

JACQUES. – Comme vous m'entendez.

LE MAÎTRE. – Et que faisais-tu ?

JACQUES. – Je riais.

---

1. Terme technique signifiant « amenuiser, diminuer en volume ».

LE MAÎTRE. – Et Justine ?

JACQUES. – Elle avait arraché sa cornette* ; elle se tirait par les cheveux ; elle levait les yeux au ciel, du moins je le présume ; elle se tordait les bras.

LE MAÎTRE. – Jacques, vous êtes un barbare ; vous avez un cœur de bronze.

JACQUES. – Non, monsieur, non, j'ai de la sensibilité ; mais je la réserve pour une meilleure occasion. Les dissipateurs de cette richesse en ont tant prodigué lorsqu'il en fallait être économe, qu'ils ne s'en trouvent plus quand il faudrait en être prodigue... Cependant je m'habille, et je descends. Bigre le père me dit : « Tu avais besoin de cela, cela t'a bien fait ; quand tu es venu, tu avais l'air d'un déterré ; et te revoilà ! vermeil et frais comme l'enfant qui vient de téter. Le sommeil est une bonne chose !... Bigre, descends à la cave, et apporte une bouteille, afin que nous déjeunions*. À présent, filleul, tu déjeuneras volontiers ? – Très volontiers... » La bouteille est arrivée et placée sur l'établi ; nous sommes debout autour. Bigre le père remplit son verre et le mien, Bigre le fils, en écartant le sien, dit d'un ton farouche : « Pour moi, je ne suis pas altéré si matin.

– Tu ne veux pas boire ?

– Non.

– Ah ! je sais ce que c'est ; tiens, filleul, il y a de la Justine là-dedans ; il aura passé chez elle, ou il ne l'aura pas trouvée, ou il l'aura surprise avec un autre ; cette bouderie contre la bouteille n'est pas naturelle : c'est ce que je te dis.

MOI. – Mais vous pourriez bien avoir deviné juste.

BIGRE LE FILS. – Jacques, trêve de plaisanteries, placées ou déplacées, je ne les aime pas.

BIGRE LE PÈRE. – Puisqu'il ne veut pas boire, il ne faut pas que cela nous en empêche. À ta santé, filleul.

MOI. – À la vôtre, parrain ; Bigre, mon ami, bois avec nous. Tu te chagrines trop pour peu de chose.

BIGRE LE FILS. – Je vous ai déjà dit que je ne buvais pas.

MOI. – Eh bien ! si ton père a rencontré*, que diable, tu la reverras, vous vous expliquerez, et tu conviendras que tu as tort.

BIGRE LE PÈRE. – Eh ! laisse-le faire ; n'est-il pas juste

que cette créature le châtie de la peine qu'il me cause ? Ça, encore un coup, et venons à ton affaire. Je conçois* qu'il faut que je te mène chez ton père ; mais que veux-tu que je lui dise ?

Moi. – Tout ce que vous voudrez, tout ce que vous lui avez entendu dire cent fois lorsqu'il vous a ramené votre fils.

Bigre le Père. – Allons… »

Il sort, je le suis, nous arrivons à la porte de la maison ; je le laisse entrer seul. Curieux de la conversation de Bigre le père et du mien, je me cache dans un recoin, derrière une cloison, d'où je ne perdis pas un mot.

Bigre le Père. – Allons, compère*, il faut encore lui pardonner cette fois.

– Lui pardonner, et de quoi ?

– Tu fais l'ignorant.

– Je ne le fais point, je le suis.

– Tu es fâché, et tu as raison de l'être.

– Je ne suis point fâché.

– Tu l'es, te dis-je.

– Si tu veux que je le sois, je ne demande pas mieux ; mais que je sache auparavant la sottise qu'il a faite.

– D'accord, trois fois, quatre fois ; mais ce n'est pas coutume. On se trouve une bande de jeunes garçons et de jeunes filles ; on boit, on rit, on danse ; les heures se passent vite ; et cependant la porte de la maison se ferme…

Bigre, en baissant la voix, ajouta : « Ils ne nous entendent pas ; mais, de bonne foi, est-ce que nous avons été plus sages qu'eux à leur âge ? Sais-tu qui sont les mauvais pères ? Les mauvais pères, ce sont ceux qui ont oublié les fautes de leur jeunesse. Dis-moi, est-ce que nous n'avons jamais découché ?

– Et toi, Bigre, mon compère*, dis-moi, est-ce que nous n'avons jamais pris d'attachement qui déplaisait à nos parents ?

– Aussi je crie plus haut que je ne souffre. Fais de même.

– Mais Jacques n'a point découché, du moins cette nuit, j'en suis sûr.

– Eh bien ! si ce n'est pas celle-ci, c'est une autre. Tant y a que tu n'en veux point à ton garçon ?

– Non.

– Et quand je serai parti tu ne le maltraiteras pas ?

– Aucunement.

– Tu m'en donnes ta parole ?

– Je te la donne.

– Ta parole d'honneur ?

– Ma parole d'honneur.

– Tout est dit, et je m'en retourne… »

Comme mon parrain Bigre était sur le seuil, mon père, lui frappant doucement sur l'épaule, lui disait : « Bigre, mon ami, il y a ici quelque anguille sous roche ; ton garçon et le mien sont deux futés matois ; et je crains bien qu'ils ne nous en aient donné d'une à garder[1] aujourd'hui ; mais avec le temps cela se découvrira. Adieu, compère*. »

LE MAÎTRE. – Et quelle fut la fin de l'aventure entre Bigre ton ami et Justine ?

JACQUES. – Comme elle devait être. Il se fâcha, elle se fâcha plus fort que lui ; elle pleura, il s'attendrit ; elle lui jura que j'étais le meilleur ami qu'il eût ; je lui jurai qu'elle était la plus honnête* fille du village. Il nous crut, nous demanda pardon, nous en aima et nous en estima davantage tous deux. Et voilà le commencement, le milieu et la fin de la perte de mon pucelage. À présent, Monsieur, je voudrais bien que vous m'apprissiez le but moral de cette impertinente histoire.

LE MAÎTRE. – À mieux connaître les femmes.

JACQUES. – Et vous aviez besoin de cette leçon ?

LE MAÎTRE. – À mieux connaître les amis.

JACQUES. – Et vous avez jamais cru qu'il y en eût un seul qui tînt rigueur à votre femme ou à votre fille, si elle s'était proposé sa défaite ?

LE MAÎTRE. – À mieux connaître les pères et les enfants.

JACQUES. – Allez, Monsieur, ils ont été de tout temps, et seront à jamais, alternativement dupes les uns des autres.

LE MAÎTRE. – Ce que tu dis là sont autant de vérités éternelles, mais sur lesquelles on ne saurait trop insister. Quel que soit le récit que tu m'as promis après celui-ci, sois sûr qu'il ne sera vide d'instruction que pour un sot ; et continue. »

---

1. En donner d'une à garder : en faire accroire.

Lecteur, il me vient un scrupule, c'est d'avoir fait honneur à Jacques ou à son maître de quelques réflexions qui vous appartiennent de droit ; si cela est, vous pouvez les reprendre sans qu'ils s'en formalisent. J'ai cru m'apercevoir que le mot *Bigre* vous déplaisait[1]. Je voudrais bien savoir pourquoi. C'est le vrai nom de famille de mon charron ; les extraits baptistaires, extraits mortuaires, contrats de mariage en sont signés Bigre. Les descendants de Bigre, qui occupent aujourd'hui la boutique, s'appellent Bigre. Quand leurs enfants, qui sont jolis, passent dans la rue, on dit : « Voilà les petits Bigres. » Quand vous prononcez le nom de *Boule*[2], vous vous rappelez le plus grand ébéniste que vous ayez eu. On ne prononce point encore dans la contrée de Bigre le nom de Bigre sans se rappeler le plus grand charron dont on ait mémoire. Le Bigre, dont on lit le nom à la fin de tous les livres d'offices pieux du commencement de ce siècle, fut un de ses parents. Si jamais un arrière-neveu de Bigre se signale par quelque grande action, le nom personnel de Bigre ne sera pas moins imposant pour vous que celui de César ou de Condé[3]. C'est qu'il y a Bigre et Bigre, comme Guillaume et Guillaume. Si je dis Guillaume tout court, ce ne sera ni le conquérant de la Grande-Bretagne, ni le marchand de drap de l'*Avocat Patelin*[4] ; le nom de Guillaume tout court ne sera ni héroïque ni bourgeois : ainsi de Bigre. Bigre tout court n'est ni le fameux charron ni quelqu'un de ses plats ancêtres ou de ses plats descendants. En bonne foi, un nom personnel peut-il être de bon ou de mauvais goût ? Les rues sont pleines de mâtins[5] qui s'appellent Pompée. Défaites-vous donc de votre fausse délicatesse, ou j'en userai avec vous comme milord Chatham avec les membres du parlement ; il leur dit : « Sucre, Sucre, Sucre ; qu'est-ce qu'il y a de ridicule

_____

1. « Bigre » est un euphémisme pour « bougre », homosexuel.
2. André-Charles Boule ou Boulle (1642-1732) : ébéniste, créateur du type de meubles luxueux, recouverts d'une marqueterie incrustée de cuivre et d'écaille, qui porte son nom.
3. Louis II, prince de Condé, dit le grand Condé (1621-1686), fut l'un des plus grands généraux du règne de Louis XIV.
4. Le drapier Guillaume est un personnage de *La Farce de maître Patelin*, pièce anomyme composée autour de 1460.
5. Chiens.

là-dedans[1]?...» Et moi, je vous dirai : « Bigre, Bigre, Bigre ; pourquoi ne s'appellerait-on pas Bigre ? » C'est, comme le disait un officier à son général le grand Condé, qu'il y a un fier Bigre, comme Bigre le charron ; un bon Bigre, comme vous et moi ; de plats Bigres, comme une infinité d'autres.

JACQUES. – C'était un jour de noces ; frère Jean avait marié la fille d'un de ses voisins. J'étais garçon de fête[2]. On m'avait placé à table entre les deux goguenards[3] de la paroisse ; j'avais l'air d'un grand nigaud, quoique je ne le fusse pas tant qu'ils le croyaient. Ils me firent quelques questions sur la nuit de la mariée ; j'y répondis assez bêtement, et les voilà qui éclatent de rire, et les femmes de ces deux plaisants à crier de l'autre bout : « Qu'est-ce qu'il y a donc ? vous êtes bien joyeux là-bas ? – C'est que c'est par trop drôle, répondit un de nos maris à sa femme ; je te conterai cela ce soir. » L'autre, qui n'était pas moins curieuse, fit la même question à son mari, qui lui fit la même réponse. Le repas continue, et les questions et mes balourdises, et les éclats de rire et la surprise des femmes. Après le repas, la danse ; après la danse, le coucher des époux, le don de la jarretière, moi dans mon lit, et mes goguenards dans les leurs, racontant à leurs femmes la chose incompréhensible, incroyable, c'est qu'à vingt-deux ans, grand et vigoureux comme je l'étais, assez bien de figure, alerte et point sot, j'étais aussi neuf, mais aussi neuf qu'au sortir du ventre de ma mère, et les deux femmes de s'en émerveiller ainsi que leurs maris. Mais, dès le lendemain, Suzanne me fit signe et me dit : « Jacques, n'as-tu rien à faire ?

– Non, voisine ! qu'est-ce qu'il y a pour votre service ?

– Je voudrais… je voudrais… », et en disant je voudrais, elle me serrait la main et me regardait si singulièrement ;

---

1. Sans doute une allusion à un discours prononcé en 1759 aux Communes par l'homme politique anglais William Pitt, comte de Chatham, à l'occasion d'une crise entre l'Angleterre et la colonie américaine sur la taxation du sucre importé des Antilles.
2. Nom donné à un garçon nommé chef de la Jeunesse pendant une année, et chargé d'organiser les divertissements du village.
3. Qui a coutume de plaisanter.

« je voudrais que tu prisses notre serpe et que tu vinsses dans la commune* m'aider à couper deux ou trois bourrées [1], car c'est une besogne trop forte pour moi seule.

– Très volontiers, madame Suzanne… »

Je prends la serpe, et nous allons. Chemin faisant, Suzanne se laissait tomber la tête sur mon épaule, me prenait le menton, me tirait les oreilles, me pinçait les côtés. Nous arrivons. L'endroit était en pente. Suzanne se couche à terre tout de son long à la place la plus élevée, les pieds éloignés l'un de l'autre et les bras passés par-dessus la tête. J'étais au-dessous d'elle, jouant de la serpe sur le taillis, et Suzanne repliait ses jambes, approchant ses talons de ses fesses ; ses genoux élevés rendaient ses jupons fort courts, et je jouais toujours de la serpe sur le taillis, ne regardant guère où je frappais et frappant souvent à côté. Enfin, Suzanne me dit : « Jacques, est-ce que tu ne finiras pas bientôt ?

– Quand vous voudrez, madame Suzanne.

– Est-ce que tu ne vois pas, dit-elle à demi-voix, que je veux que tu finisses ?… » Je finis donc, je repris haleine, et je finis encore ; et Suzanne…

LE MAÎTRE. – T'ôtait ton pucelage que tu n'avais pas ?

JACQUES. – Il est vrai ; mais Suzanne ne s'y méprit pas, et de sourire et de me dire : « Tu en as donné d'une bonne à garder [2] à notre homme ; et tu es un fripon.

– Que voulez-vous dire, madame Suzanne ?

– Rien, rien ; tu m'entends* de reste. Trompe-moi encore quelquefois de même, et je te le pardonne… » Je reliai ses bourrées, je les pris sur mon dos et nous revînmes, elle à sa maison, moi à la nôtre.

LE MAÎTRE. – Sans faire une pause en chemin ?

JACQUES. – Non.

LE MAÎTRE. – Il n'y avait donc pas loin de la commune* au village ?

JACQUES. – Pas plus loin que du village à la commune.

LE MAÎTRE. – Elle ne valait que cela ?

JACQUES. – Elle valait peut-être davantage pour un autre, pour un autre jour : chaque moment a son prix.

---

1. Fagots de branches.
2. Voir note 1, p. 231.

À quelque temps de là, dame Marguerite, c'était la femme de notre autre goguenard, avait du grain à faire moudre et n'avait pas le temps d'aller au moulin ; elle vint demander à mon père un de ses garçons qui y allât pour elle. Comme j'étais le plus grand, elle ne doutait pas que le choix de mon père ne tombât sur moi, ce qui ne manqua pas d'arriver. Dame Marguerite sort ; je la suis ; je charge le sac sur son âne et je le conduis seul au moulin. Voilà son grain moulu, et nous nous en revenions, l'âne et moi, assez tristes, car je pensais que j'en serais pour ma corvée. Je me trompais. Il y avait entre le village et le moulin un petit bois à passer ; ce fut là que je trouvai dame Marguerite assise au bord de la voie. Le jour commençait à tomber. « Jacques, me dit-elle, enfin te voilà ! Sais-tu qu'il y a plus d'une mortelle heure que je t'attends ?... »

Lecteur, vous êtes aussi trop pointilleux. D'accord, la mortelle heure est des dames de la ville et la grande heure, de dame Marguerite.

JACQUES. – C'est que l'eau était basse, que le moulin allait lentement, que le meunier était ivre et que, quelque diligence[1] que j'aie faite, je n'ai pu revenir plus tôt.

MARGUERITE. – Assieds-toi là, et jasons un peu.

JACQUES. – Dame Marguerite, je le veux bien...

Me voilà assis à côté d'elle pour jaser et cependant nous gardions le silence tous deux. Je lui dis donc : « Mais, dame Marguerite, vous ne me dites mot, et nous ne jasons pas.

MARGUERITE. – C'est que je rêve* à ce que mon mari m'a dit de toi.

JACQUES. – Ne croyez rien de ce que votre mari vous a dit ; c'est un gausseur[2].

MARGUERITE. – Il m'a assuré que tu n'avais jamais été amoureux.

JACQUES. – Oh ! pour cela il a dit vrai.

MARGUERITE. – Quoi ! Jamais de ta vie ?

JACQUES. – De ma vie.

MARGUERITE. – Comment ! à ton âge, tu ne saurais pas ce que c'est qu'une femme ?

1. Hâte.
2. Un railleur.

JACQUES. – Pardonnez-moi, dame Marguerite.

MARGUERITE. – Et qu'est-ce que c'est qu'une femme ?

JACQUES. – Une femme ?

MARGUERITE. – Oui, une femme.

JACQUES. – Attendez… C'est un homme qui a un cotillon, une cornette* et de gros tétons. »

LE MAÎTRE. – Ah ! scélérat !

JACQUES. – L'autre ne s'y était pas trompée ; et je voulais que celle-ci s'y trompât. À ma réponse, dame Marguerite fit des éclats de rire qui ne finissaient point ; et moi, tout ébahi, je lui demandai ce qu'elle avait tant à rire. Dame Marguerite me dit qu'elle riait de ma simplicité. « Comment ! grand comme tu es, vrai, tu n'en saurais pas davantage ?

– Non, dame Marguerite. »

Là-dessus dame Marguerite se tut, et moi aussi. « Mais, dame Marguerite, lui dis-je encore, nous nous sommes assis pour jaser et voilà que vous ne dites mot et que nous ne jasons pas. Dame Marguerite, qu'avez-vous ? vous rêvez*.

MARGUERITE. – Oui, je rêve… je rêve… je rêve… »

En prononçant ces je rêve, sa poitrine s'élevait, sa voix s'affaiblissait, ses membres tremblaient, ses yeux s'étaient fermés, sa bouche était entrouverte ; elle poussa un profond soupir ; elle défaillit, et je fis semblant de croire qu'elle était morte, et me mis à crier du ton de l'effroi : « Dame Marguerite ! dame Marguerite ! parlez-moi donc ! dame Marguerite, est-ce que vous vous trouvez mal ?

MARGUERITE. – Non, mon enfant ; laisse-moi un moment en repos… Je ne sais ce qui m'a prise… Cela m'est venu subitement.

LE MAÎTRE. – Elle mentait.

JACQUES. – Oui, elle mentait.

MARGUERITE. – C'est que je rêvais*.

JACQUES. – Rêvez-vous comme cela la nuit à côté de votre mari ?

MARGUERITE. – Quelquefois.

JACQUES. – Cela doit l'effrayer.

MARGUERITE. – Il y est fait…

Marguerite revint peu à peu de sa défaillance, et dit : Je rêvais qu'à la noce, il y a huit jours, notre homme et celui de la Suzanne se sont moqués de toi ; cela m'a fait pitié, et je me suis trouvée toute je ne sais comment.

JACQUES. – Vous êtes trop bonne.

MARGUERITE. – Je n'aime pas qu'on se moque. Je rêvais qu'à la première occasion ils recommenceraient de plus belle, et que cela me fâcherait encore.

JACQUES. – Mais il ne tiendrait qu'à vous que cela n'arrivât plus.

MARGUERITE. – Et comment ?

JACQUES. – En m'apprenant…

MARGUERITE. – Et quoi ?

JACQUES. – Ce que j'ignore, et ce qui faisait tant rire votre homme et celui de la Suzanne, qui ne riraient plus.

MARGUERITE. – Oh ! non, non. Je sais bien que tu es un bon garçon, et que tu ne le dirais à personne ; mais je n'oserais.

JACQUES. – Et pourquoi ?

MARGUERITE. – C'est que je n'oserais.

JACQUES. – Ah ! dame Marguerite, apprenez-moi, je vous prie, je vous en aurai la plus grande obligation, apprenez-moi… » En la suppliant ainsi, je lui serrais les mains et elle me les serrait aussi ; je lui baisais les yeux, et elle me baisait la bouche. Cependant il faisait tout à fait nuit. Je lui dis donc : « Je vois bien, dame Marguerite, que vous ne me voulez pas assez de bien pour m'apprendre ; j'en suis tout à fait chagrin*. Allons, levons-nous, retournons-nous-en… » Dame Marguerite se tut ; elle reprit une de mes mains, je ne sais où elle la conduisit, mais le fait est que je m'écriai : « Il n'y a rien ! il n'y a rien ! »

LE MAÎTRE. – Scélérat ! double scélérat !

JACQUES. – Le fait est qu'elle était fort déshabillée, et que je l'étais beaucoup aussi. Le fait est que j'avais toujours la main où il n'y avait rien chez elle, et qu'elle avait placé sa main où cela n'était pas tout à fait de même chez moi. Le fait est que je me trouvai sous elle et par conséquent elle sur moi. Le fait est que, ne la soulageant d'aucune fatigue, il fallait bien qu'elle la prît tout entière. Le fait est qu'elle se livrait à mon instruction de si bon cœur, qu'il vint un instant où je crus qu'elle en mourrait. Le fait est qu'aussi troublé qu'elle, et ne sachant ce que je disais, je m'écriai : Ah ! dame Suzanne, que vous me faites aise ! »

LE MAÎTRE. – Tu veux dire dame Marguerite.

JACQUES. – Non, non. Le fait est que je pris un nom pour un autre et qu'au lieu de dire dame Marguerite, je dis dame Suzon. Le fait est que j'avouai à dame Marguerite que ce qu'elle croyait m'apprendre ce jour-là, dame Suzon me l'avait appris, un peu diversement, à la vérité, il y avait trois ou quatre jours. Le fait est qu'elle me dit : « Quoi ! c'est Suzon et non pas moi ?… » Le fait est que je répondis : « Ce n'est ni l'une ni l'autre. » Le fait est que, tout en se moquant d'elle-même, de Suzon, des deux maris, et qu'en me disant de petites injures, je me trouvai sur elle, et par conséquent elle sous moi, et qu'en m'avouant que cela lui avait fait bien du plaisir, mais pas autant que de l'autre manière, elle se retrouva sur moi, et par conséquent moi sous elle. Le fait est qu'après quelque temps de repos et de silence, je ne me trouvai ni elle dessous, ni moi dessus, ni elle dessus, ni moi dessous ; car nous étions l'un et l'autre sur le côté ; qu'elle avait la tête penchée en devant et les deux fesses collées contre mes deux cuisses. Le fait est que, si j'avais été moins savant, la bonne dame Marguerite m'aurait appris tout ce qu'on peut apprendre. Le fait est que nous eûmes bien de la peine à regagner le village. Le fait est que mon mal de gorge est fort augmenté, et qu'il n'y a pas d'apparences que je puisse parler de quinze jours.

LE MAÎTRE. – Et tu n'as pas revu ces femmes ?

JACQUES. – Pardonnez-moi, plus d'une fois.

LE MAÎTRE. – Toutes deux ?

JACQUES. – Toutes deux.

LE MAÎTRE. – Elles ne se sont pas brouillées ?

JACQUES. – Utiles l'une à l'autre, elles s'en sont aimées davantage.

LE MAÎTRE. – Les nôtres en auraient bien fait autant, mais chacune avec son chacun… Tu ris.

JACQUES. – Toutes les fois que je me rappelle le petit homme criant, jurant, écumant, se débattant de la tête, des pieds, des mains, de tout le corps, et prêt à se jeter du haut du fenil[1] en bas, au hasard de se tuer, je ne saurais m'empêcher d'en rire.

---

1. Grenier en hauteur où l'on range les foins.

LE MAÎTRE. – Et ce petit homme, qui est-il ? Le mari de la dame Suzon ?

JACQUES. – Non.

LE MAÎTRE. – Le mari de la dame Marguerite ?

JACQUES. – Non... Toujours le même : il en a, pour tant qu'il vivra.

LE MAÎTRE. – Qui est-il donc ?

Jacques ne répondit point à cette question, et le maître ajouta :

« Dis-moi seulement qui était le petit homme.

JACQUES. – Un jour un enfant, assis au pied du comptoir d'une lingère, criait de toute sa force. La marchande importunée de ses cris, lui dit : "Mon ami, pourquoi criez-vous ?

– C'est qu'ils veulent me faire dire A.

– Et pourquoi ne voulez-vous pas dire A ?

– C'est que je n'aurai pas si tôt dit A, qu'ils voudront me faire dire B..."

C'est que je ne vous aurai pas si tôt dit le nom du petit homme, qu'il faudra que je vous dise le reste.

LE MAÎTRE. – Peut-être.

JACQUES. – Cela est sûr.

LE MAÎTRE. – Allons, mon ami Jacques, nomme-moi le petit homme. Tu t'en meurs d'envie, n'est-ce pas ? Satisfais-toi.

JACQUES. – C'était une espèce de nain, bossu, crochu, bègue, borgne, jaloux, paillard, amoureux et peut-être aimé de Suzon. C'était le vicaire du village. »

Jacques ressemblait à l'enfant de la lingère comme deux gouttes d'eau, avec cette différence que, depuis son mal de gorge, on avait de la peine à lui faire dire A, mais une fois en train, il allait de lui-même jusqu'à la fin de l'alphabet.

« J'étais dans la grange de Suzon, seul avec elle.

LE MAÎTRE. – Et tu n'y étais pas pour rien ?

JACQUES. – Non. Lorsque le vicaire arrive, il prend de l'humeur, il gronde, il demande impérieusement à Suzon ce qu'elle faisait en tête à tête avec le plus débauché des garçons du village, dans l'endroit le plus reculé de la chaumière.

LE MAÎTRE. – Tu avais déjà de la réputation, à ce que je vois.

JACQUES. – Et assez bien méritée. Il était vraiment fâché ; à ce propos il en ajouta d'autres encore moins obligeants. Je me fâche de mon côté. D'injure en injure nous en venons aux mains. Je saisis une fourche, je la lui passe entre les jambes, fourchon[1] d'ici, fourchon de là, et le lance sur le fenil, ni plus ni moins, comme une botte de paille.

LE MAÎTRE. – Et ce fenil était haut ?

JACQUES. – De dix pieds* au moins, et le petit homme n'en serait pas descendu sans se rompre le cou.

LE MAÎTRE. – Après ?

JACQUES. – Après, j'écarte le fichu de Suzon, je lui prends la gorge, je la caresse*, elle se défend comme cela. Il y avait là un bât d'âne dont la commodité nous était connue ; je la pousse sur ce bât.

LE MAÎTRE. – Tu relèves ses jupons ?

JACQUES. – Je relève ses jupons.

LE MAÎTRE. – Et le vicaire voyait cela ?

JACQUES. – Comme je vous vois.

LE MAÎTRE. – Et il se taisait ?

JACQUES. – Non pas, s'il vous plaît. Ne se contenant plus de rage, il se mit à crier : "Au meu… meu… meurtre ! au feu… feu… feu !… au vo… au vo… au voleur !…" Et voilà le mari que nous croyions loin qui accourt.

LE MAÎTRE. – J'en suis fâché : je n'aime pas les prêtres.

JACQUES. – Et vous auriez été enchanté que sous les yeux de celui-ci…

LE MAÎTRE. – J'en conviens.

JACQUES. – Suzon avait eu le temps de se relever ; je me rajuste, me sauve, et c'est Suzon qui m'a raconté ce qui suit. Le mari qui voit le vicaire perché sur le fenil, se met à rire. Le vicaire lui disait : "Ris… ris… ris bien… so… so… sot que tu es…" Le mari de lui obéir, de rire de plus belle, et de lui demander qui est-ce qui l'a niché là. – Le vicaire : "Met… met… mets-moi à te… te…, terre." Le mari de rire encore, et de lui demander comment il faut qu'il s'y prenne. – Le vicaire : "Co… co… comme j'y…

---

1. Pointe d'une fourche.

j'y… j'y suis mon… mon… monté, a… a… avec la fou…
fou… fourche… – Par sanguienne, vous avez raison ;
voyez ce que c'est que d'avoir étudié ?…" Le mari prend
la fourche, la présente au vicaire ; celui-ci s'enfourche
comme je l'avais enfourché ; le mari lui fait faire un ou
deux tours de grange au bout de l'instrument de basse-
cour, accompagnant cette promenade d'une espèce de
chant en faux-bourdon[1] ; et le vicaire criait : "Dé… dé…
descends-moi, ma… ma… maraud*, me… me dé… dé…
descendras… dras-tu ?…" Et le mari lui disait : "À quoi
tient-il, monsieur le vicaire, que je ne vous montre ainsi
dans toutes les rues du village ? On n'y aurait jamais vu
une aussi belle procession…" Cependant le vicaire en fut
quitte pour la peur, et le mari le mit à terre. Je ne sais ce
qu'il dit alors au mari, car Suzon s'était évadée ; mais j'entendis : "Ma… ma… malheureux ! tu… tu… fra… fra…
frappes un… un… prê… prê… prêtre ; je… je… t'e…
t'ex… co… co… communie ; tu… tu… se… seras da…
da… damné…" C'était le petit homme qui parlait : et
c'était le mari qui le pourchassait à coups de fourche. J'arrive avec beaucoup d'autres ; d'aussi loin que le mari
m'aperçut, mettant sa fourche en arrêt. "Approche,
approche", me dit-il.

LE MAÎTRE. – Et Suzon ?

JACQUES. – Elle s'en tira.

LE MAÎTRE. – Mal ?

JACQUES. – Non ; les femmes s'en tirent toujours bien
quand on ne les a pas surprises en flagrant délit… De quoi
riez-vous ?

LE MAÎTRE. – De ce qui me fera rire, comme toi, toutes
les fois que je me rappellerai le petit prêtre au bout de la
fourche du mari.

JACQUES. – Ce fut peu de temps après cette aventure, qui
vint aux oreilles de mon père et qui en rit aussi, que je
m'engageai, comme je vous ai dit… »

Après quelques moments de silence ou de toux de la part
de Jacques, disent les uns, ou après avoir encore ri, disent
les autres, le maître s'adressant à Jacques, lui dit : « Et l'his-

---

1. Chant d'église qui se répète de verset en verset.

toire de tes amours ? » – Jacques hocha de la tête et ne répondit pas.

Comment un homme de sens, qui a des mœurs, qui se pique de philosophie*, peut-il s'amuser à débiter des contes* de cette obscénité ? – Premièrement, lecteur, ce ne sont pas des contes, c'est une histoire, et je ne me sens pas plus coupable, et peut-être moins, quand j'écris les sottises de Jacques, que Suétone[1] quand il nous transmet les débauches de Tibère. Cependant vous lisez Suétone, et vous ne lui faites aucun reproche. Pourquoi ne froncez-vous pas le sourcil à Catulle, à Martial, à Horace, à Juvénal, à Pétrone[2], à La Fontaine[3] et à tant d'autres ? Pourquoi ne dites-vous pas au stoïcien Sénèque : « Quel besoin avons-nous de la crapule de votre esclave aux miroirs concaves[4] ? » Pourquoi n'avez-vous de l'indulgence que pour les morts ? Si vous réfléchissiez un peu à cette partialité, vous verriez qu'elle naît de quelque principe vicieux. Si vous êtes innocent, vous ne me lirez pas ; si vous êtes corrompu, vous me lirez sans conséquence. Et puis, si ce que je vous dis là ne vous satisfait pas, ouvrez la préface de Jean-Baptiste Rousseau[5], et vous y trouverez mon apologie. Quel est celui d'entre vous qui osât blâmer Voltaire d'avoir composé *La Pucelle*[6] ? Aucun. Vous avez donc deux balances pour les actions des hommes ? « Mais, dites-vous, *La Pucelle* de Voltaire est un chef-d'œuvre ! – Tant pis, puisqu'on ne l'en lira que davantage. – Et votre *Jacques* n'est qu'une insipide rhapsodie* de faits les uns réels, les autres imaginés, écrits sans grâce et distribués sans ordre. – Tant mieux, mon *Jacques* en sera moins lu. De quelque côté que vous vous tourniez, vous avez tort.

---

1. Historien latin, auteur des *Vies des douze Césars*.
2. Poètes latins ayant pour point commun d'avoir composé des écrits érotiques.
3. La Fontaine a publié entre 1665 et 1685 des *Contes et nouvelles en vers* de veine gaillarde et libertine.
4. Le philosophe stoïcien latin du Ier siècle décrit en effet, dans les *Questiones naturales*, l'emploi par l'esclave Hostius Quadra de miroirs grossissants dans le cadre de ses pratiques homosexuelles.
5. Ce poète, mort en 1756, dut s'exiler en 1707 après avoir été accusé d'être l'auteur de vers obscènes.
6. Poème héroï-comique antireligieux de Voltaire, datant de 1762.

Si mon ouvrage est bon, il vous fera plaisir ; s'il est mauvais, il ne fera point de mal. Point de livre plus innocent qu'un mauvais livre. Je m'amuse à écrire sous des noms empruntés les sottises que vous faites ; vos sottises me font rire ; mon écrit vous donne de l'humeur. Lecteur, à vous parler franchement, je trouve que le plus méchant de nous deux, ce n'est pas moi. Que je serais satisfait s'il m'était aussi facile de me garantir de vos noirceurs, qu'à vous de l'ennui ou du danger de mon ouvrage ! Vilains hypocrites, laissez-moi en repos. Foutez comme des ânes débâtés ; mais permettez-moi que je dise foutre ; je vous passe l'action, passez-moi le mot. Vous prononcez hardiment tuer, voler, trahir, et l'autre vous ne l'oseriez qu'entre les dents ! Est-ce que moins vous exhalez de ces prétendues impuretés en paroles, plus il vous en reste dans la pensée ? Et que vous a fait l'action génitale, si naturelle, si nécessaire et si juste, pour en exclure le signe de vos entretiens, et pour imaginer que votre bouche, vos yeux et vos oreilles en seraient souillés ? Il est bon que les expressions les moins usitées, les moins écrites, les mieux tues soient les mieux sues et les plus généralement connues ; aussi cela est ; aussi le mot *futuo* n'est-il pas moins familier que le mot pain ; nul âge ne l'ignore, nul idiome n'en est privé ! Il a mille synonymes dans toutes les langues, il s'imprime en chacune sans être exprimé, sans voix, sans figure, et le sexe qui le fait le plus a usage de le taire le plus. Je vous entends encore, vous vous écriez : « Fi, le cynique ! Fi, l'impudent ! Fi, le sophiste[1] !… » Courage, insultez bien un auteur estimable que vous avez sans cesse entre les mains, et dont je ne suis ici que le traducteur. La licence de son style m'est presque un garant de la pureté de ses mœurs ; c'est Montaigne. *Lasciva est nobis pagina, vita proba*[2].

Jacques et son maître passèrent le reste de la journée sans desserrer les dents. Jacques toussait, et son maître disait : « Voilà une cruelle toux ! » regardait à sa montre l'heure qu'il était sans le savoir, ouvrait sa tabatière sans

---

1. Ici, qui use d'arguments spécieux.
2. « Ma page est licencieuse, mais ma vie est pure », Martial, *Épigrammes* (I, 4-8).

s'en douter, et prenait sa prise de tabac sans le sentir ; ce qui me le prouve, c'est qu'il faisait ces choses trois ou quatre fois de suite et dans le même ordre. Un moment après, Jacques toussait encore, et son maître disait : « Quelle diable de toux ! Aussi tu t'en es donné du vin de l'hôtesse jusqu'au nœud de la gorge. Hier au soir, avec le secrétaire, tu ne t'es pas ménagé davantage ; quand tu remontas tu chancelais, tu ne savais pas ce que tu disais ; et aujourd'hui tu as fait dix haltes, et je gage* qu'il ne te reste pas une goutte de vin dans ta gourde ?... » Puis il grommelait entre ses dents, regardait à sa montre, et régalait ses narines.

J'ai oublié de vous dire, lecteur, que Jacques n'allait jamais sans une gourde remplie du meilleur ; elle était suspendue à l'arçon de sa selle. À chaque fois que son maître interrompait son récit par quelque question un peu longue, il détachait sa gourde, en buvait un coup à la régalade[1], et ne la remettait à sa place que quand son maître avait cessé de parler. J'avais encore oublié de vous dire que, dans les cas qui demandaient de la réflexion, son premier mouvement était d'interroger sa gourde[2]. Fallait-il résoudre une question de morale, discuter un fait, préférer un chemin à un autre, entamer, suivre ou abandonner une affaire, peser les avantages ou les désavantages d'une opération de politique, d'une spéculation de commerce ou de finance, la sagesse ou la folie d'une loi, le sort d'une guerre, le choix d'une auberge, dans une auberge le choix d'un appartement, dans un appartement le choix d'un lit, son premier mot était : « Interrogeons la gourde. » Son dernier était : « C'est l'avis de la gourde et le mien. » Lorsque le destin était muet dans sa tête, il s'expliquait par sa gourde, c'était une espèce de Pythie[3] portative, silencieuse aussitôt qu'elle était vide. À Delphes, la Pythie, ses cotillons retroussés, assise à cul nu sur le trépied, recevait son inspiration de bas en haut ; Jacques, sur son cheval, la tête tournée vers

---

1. Boire en renversant la tête en arrière, sans que le bord du récipient touche les lèvres.
2. Le passage qui suit constitue un hommage direct au *Cinquième Livre* de Rabelais (1564). Voir le chapitre 1 du dossier.
3. Prêtresse de l'oracle d'Apollon à Delphes.

le ciel, sa gourde débouchée et le goulot incliné vers sa bouche, recevait son inspiration de haut en bas. Lorsque la Pythie et Jacques prononçaient leurs oracles, ils étaient ivres tous les deux. Il prétendait que l'Esprit-Saint était descendu sur les apôtres dans une gourde ; il appelait la Pentecôte la fête des gourdes[1]. Il a laissé un petit traité de toutes sortes de divinations, traité profond dans lequel il donne la préférence à la divination de Bacbuc ou par la gourde. Il s'inscrit en faux, malgré toute la vénération qu'il lui portait, contre le curé de Meudon qui interrogeait la dive Bacbuc par le choc de la panse. « J'aime Rabelais, dit-il, mais j'aime mieux la vérité que Rabelais. » Il l'appelle hérétique *Engastrimute*[2] ; et il prouve par cent raisons, meilleures les unes que les autres, que les vrais oracles de Bacbuc ou de la gourde ne se faisaient entendre que par le goulot. Il compte au rang des sectateurs[3] distingués de Bacbuc, des vrais inspirés de la gourde dans ces derniers siècles, Rabelais, La Fare, Chapelle, Chaulieu, La Fontaine, Molière, Panard, Gallet, Vadé[4]. Platon et Jean-Jacques Rousseau, qui prônèrent le bon vin sans en boire, sont à son avis de faux frères de la gourde. La gourde eut autrefois quelques sanctuaires célèbres ; la Pomme-de-pin, le Temple de la Guinguette[5], sanctuaires dont il écrit l'histoire séparément. Il fait la peinture la plus magnifique de l'enthousiasme, de la chaleur, du feu dont les Bacbuciens

---

1. Analogie particulièrement blasphématoire entre l'effet du vin, associé un peu plus bas, à l'exemple de Rabelais, à l'inspiration poétique, et celui de l'Esprit-Saint descendu sur les apôtres.
2. Ventriloque en grec. Souvenir d'un passage du *Tiers Livre* de Rabelais (1546) où se trouvent énumérées les pratiques divinatoires les plus fantaisistes.
3. Partisans d'une doctrine.
4. Lignée d'écrivains dont les œuvres s'inscrivent dans la tradition épicurienne. Charles-Auguste de La Fare (1644-1713) est un poète galant. Claude Chapelle (1626-1686), ami de Molière et de La Fontaine, fut proches des milieux libertins. Guillaume Chaulieu (1639-1720) composa des poèmes libertins. Charles-François Panard (1694-1765) et Pierre Gallet (1700-1757) sont des auteurs de parodies et de chansons satiriques. Jean-Joseph Vadé (1720-1757) inventa le genre « poissard », reproduisant le parler populaire des Halles.
5. Tavernes littéraires parisiennes fréquentées par les écrivains énumérés plus haut.

ou Périgourdins[1] étaient et furent encore saisis de nos jours, lorsque sur la fin du repas, les coudes appuyés sur la table, la dive Bacbuc ou la gourde sacrée leur apparaissait, était déposée au milieu d'eux, sifflait, jetait sa coiffe loin d'elle, et couvrait ses adorateurs de son écume prophétique. Son manuscrit est décoré de deux portraits, au bas desquels on lit : *Anacréon*[2] *et Rabelais, l'un parmi les anciens, l'autre parmi les modernes, souverains pontifes de la gourde.*

Et Jacques s'est servi du terme engastrimute ?... Pourquoi pas, lecteur ? Le capitaine de Jacques était Bacbucien ; il a pu connaître cette expression, et Jacques, qui recueillait tout ce qu'il disait, se la rappeler ; mais la vérité, c'est que l'*Engastrimute* est de moi, et qu'on lit sur le texte original : *Ventriloque.*

Tout cela est fort beau, ajoutez-vous ; mais les amours de Jacques ? – Les amours de Jacques, il n'y a que Jacques qui les sache ; et le voilà tourmenté d'un mal de gorge qui réduit son maître à sa montre et à sa tabatière ; indigence qui l'afflige autant que vous. – Qu'allons-nous donc devenir ? – Ma foi, je n'en sais rien. Ce serait bien ici le cas d'interroger la dive Bacbuc ou la gourde sacrée ; mais son culte tombe, ses temples sont déserts. Ainsi qu'à la naissance de notre divin Sauveur, les oracles du paganisme cessèrent ; à la mort de Gallet, les oracles de Bacbuc furent muets ; aussi plus de grands poèmes, plus de ces morceaux d'une éloquence sublime ; plus de ces productions marquées au coin de l'ivresse et du génie ; tout est raisonné, compassé, académique et plat. Ô dive Bacbuc ! ô gourde sacrée ! ô divinité de Jacques ! Revenez au milieu de nous !... Il me prend envie, lecteur, de vous entretenir de la naissance de la dive Bacbuc, des prodiges qui l'accompagnèrent et qui la suivirent, des merveilles de son règne et des désastres de sa retraite ; et si le mal de gorge de notre ami Jacques dure, et que son maître s'opiniâtre à garder le silence, il faudra bien que vous vous contentiez de cet épisode, que je tâcherai de pousser jusqu'à ce que Jacques guérisse et reprenne l'histoire de ses amours…

---

1. Selon Yvon Bélaval, sans doute un jeu de mots entre le sens habituel « habitants du Périgord » et un néologisme fantaisiste signifiant « ceux qui entourent la gourde ».
2. Poète grec (VIᵉ siècle av. J.-C.) ayant célébré le plaisir dans ses *Odes*.

Il y a ici une lacune vraiment déplorable dans la conversation de Jacques et de son maître. Quelque jour un descendant de Nodot, du président de Brosses, de Freinshémius, ou du père Brottier[1], la remplira peut-être : et les descendants de Jacques ou de son maître, propriétaires du manuscrit, en riront beaucoup.

Il paraît que Jacques, réduit au silence par son mal de gorge, suspendit l'histoire de ses amours ; et que son maître commença l'histoire des siennes. Ce n'est ici qu'une conjecture que je donne pour ce qu'elle vaut. Après quelques lignes ponctuées qui annoncent la lacune, on lit : « Rien n'est plus triste dans ce monde que d'être un sot... » Est-ce Jacques qui profère cet apophtegme[2] ? Est-ce son maître ? Ce serait le sujet d'une longue et épineuse dissertation. Si Jacques était assez insolent pour adresser ces mots à son maître, celui-ci était assez franc pour se les adresser à lui-même. Quoi qu'il en soit, il est évident, il est très évident que c'est le maître qui continue.

LE MAÎTRE. – C'était la veille de sa fête, et je n'avais point d'argent. Le chevalier de Saint-Ouin, mon intime ami, n'était jamais embarrassé de rien. « Tu n'as point d'argent ? me dit-il.

– Non.

– Eh bien ! il n'y a qu'à en faire.

– Et tu sais comme on en fait ?

– Sans doute. » Il s'habille, nous sortons, et il me conduit à travers plusieurs rues détournées dans une petite maison obscure, où nous montons par un petit escalier sale, à un troisième, où j'entre dans un appartement assez spacieux et singulièrement meublé. Il y avait entre autres choses trois commodes de front, toutes trois de formes différentes ; par-derrière celle du milieu, un grand miroir à chapiteau trop haut pour le plafond, en sorte qu'un bon demi-pied de ce miroir était caché par la commode ; sur ces commodes des marchandises de toute espèce ; deux trictracs[3] ; autour de l'appartement, des chaises assez belles, mais pas une qui

---

1. Traducteurs et commentateurs d'auteurs latins.
2. Maxime, sentence.
3. Trictrac : ici, plateau de bois à hauts rebords sur lequel on joue au jeu de dés du même nom.

eût sa pareille ; au pied d'un lit sans rideaux une superbe duchesse[1] ; contre une des fenêtres une volière sans oiseaux, mais toute neuve ; à l'autre fenêtre un lustre suspendu par un manche à balai, et le manche à balai portant des deux bouts sur les dossiers de deux mauvaises chaises de paille ; et puis de droite et de gauche des tableaux, les uns attachés aux murs, les autres en pile.

JACQUES. – Cela sent le faiseur d'affaires[2] d'une lieue* à la ronde.

LE MAÎTRE. – Tu l'as deviné. Et voilà le chevalier et M. Le Brun (c'est le nom de notre brocanteur et courtier d'usure) qui se précipitent dans les bras l'un de l'autre…
« Eh ! c'est vous, monsieur le chevalier ?

– Et oui, c'est moi, mon cher Le Brun.

– Mais que devenez-vous donc ? Il y a une éternité qu'on ne vous a vu. Les temps sont bien tristes ; n'est-il pas vrai ?

– Très tristes, mon cher Le Brun. Mais il ne s'agit pas de cela ; écoutez-moi, j'aurais un mot à vous dire… »

Je m'assieds. Le chevalier et Le Brun se retirent dans un coin, et se parlent. Je ne puis te rendre de leur conversation que quelques mots que je surpris à la volée…

« Il est bon ?

– Excellent.

– Majeur ?

– Très majeur.

– C'est le fils ?

– Le fils.

– Savez-vous que nos deux dernières affaires ?…

– Parlez plus bas.

– Le père ?

– Riche.

– Vieux ?

– Et caduc[3]. »

Le Brun à haute voix : « Tenez, monsieur le chevalier, je ne veux plus me mêler de rien, cela a toujours des suites

---

1. Lit de repos pourvu d'un dossier.
2. Intermédiaire plus ou moins honnête dans les transactions commerciales.
3. Qui touche à sa fin.

fâcheuses. C'est votre ami, à la bonne heure ! Monsieur a tout à fait l'air d'un galant* homme ; mais...

– Mon cher Le Brun !

– Je n'ai point d'argent.

– Mais vous avez des connaissances !

– Ce sont tous des gueux, de fieffés fripons. Monsieur le chevalier, n'êtes-vous point las de passer par ces mains-là ?

– Nécessité n'a point de loi.

– La nécessité qui vous presse est une plaisante nécessité, une bouillotte, une partie de la belle[1], quelque fille*.

– Cher ami !...

– C'est toujours moi, je suis faible comme un enfant ; et puis vous, je ne sais pas à qui vous ne feriez pas fausser un serment. Allons, sonnez donc, afin que je sache si Fourgeot est chez lui... Non, ne sonnez pas, Fourgeot vous mènera chez Merval.

– Pourquoi pas vous ?

– Moi ! j'ai juré que cet abominable Merval ne travaillerait jamais ni pour moi ni pour mes amis. Il faudra que vous répondiez pour monsieur, qui peut-être, qui est sans doute un honnête* homme ; que je réponde pour vous à Fourgeot, et que Fourgeot réponde pour moi à Merval... »

Cependant la servante était entrée en disant : « C'est chez M. Fourgeot ? »

Le Brun à sa servante : « Non, ce n'est chez personne... Monsieur le chevalier, je ne saurais absolument, je ne saurais. »

Le chevalier l'embrasse, le caresse*: « Mon cher Le Brun ! mon cher ami !... » Je m'approche, je joins mes instances à celles du chevalier : « Monsieur Le Brun ! mon cher monsieur !... »

Le Brun se laisse persuader.

La servante qui souriait de cette momerie[2] part, et dans un clin d'œil reparaît avec un petit homme boiteux, vêtu de noir, canne à la main, bègue, le visage sec et ridé, l'œil

---

1. Noms de jeux de cartes.
2. « Bouffonnerie, ou maintien hypocrite et ridicule, ou cérémonie vile, misérable et risible » (*Encyclopédie*).

vif. Le chevalier se tourne de son côté et lui dit : « Allons, monsieur Mathieu de Fourgeot, nous n'avons plus un moment à perdre, conduisez-nous vite… »

Fourgeot, sans avoir l'air de l'écouter, déliait une petite bourse de chamois.

Le chevalier à Fourgeot : « Vous vous moquez, cela nous regarde… » Je m'approche, je tire un petit écu* que je glisse au chevalier qui le donne à la servante en lui passant la main sous le menton. Cependant Le Brun disait à Fourgeot : « Je vous le défends ; ne conduisez point là ces messieurs.

FOURGEOT. – Monsieur Le Brun, pourquoi donc ?

LE BRUN. – C'est un fripon, c'est un gueux.

FOURGEOT. – Je sais bien que M. de Merval… mais à tout péché miséricorde ; et puis, je ne connais que lui qui ait de l'argent pour le moment.

LE BRUN. – Monsieur Fourgeot, faites comme il vous plaira ; messieurs, je m'en lave les mains.

FOURGEOT, *à Le Brun*. – Monsieur Le Brun, est-ce que vous ne venez pas avec nous ?

LE BRUN. – Moi ! Dieu m'en préserve. C'est un infâme que je ne reverrai de ma vie.

FOURGEOT. – Mais, sans vous, nous ne finirons rien.

LE CHEVALIER. – Il est vrai. Allons, mon cher Le Brun, il s'agit de me servir, il s'agit d'obliger un galant* homme qui est dans la presse* ; vous ne me refuserez pas ; vous viendrez.

LE BRUN. – Aller chez un Merval ! moi ! moi !

LE CHEVALIER. – Oui, vous, vous viendrez pour moi… »

À force de sollicitations Le Brun se laisse entraîner, et nous voilà, lui Le Brun, le chevalier, Mathieu de Fourgeot, en chemin, le chevalier frappant amicalement dans la main de Le Brun et me disant : « C'est le meilleur homme, l'homme du monde le plus officieux*, la meilleure connaissance…

LE BRUN. – Je crois que M. le chevalier me ferait faire de la fausse monnaie. »

Nous voilà chez Merval.

JACQUES. – Mathieu de Fourgeot…

LE MAÎTRE. – Eh bien ! qu'en veux-tu dire ?

JACQUES. – Mathieu de Fourgeot… Je veux dire que M. le chevalier de Saint-Ouin connaît ces gens-là par nom et surnom : et que c'est un gueux, d'intelligence avec toute cette canaille-là.

LE MAÎTRE. – Tu pourrais bien avoir raison… Il est impossible de connaître un homme plus doux, plus civil, plus honnête*, plus poli, plus humain, plus compatissant, plus désintéressé que M. de Merval. Mon âge de majorité et ma solvabilité bien constatée, M. de Merval prit un air tout à fait affectueux et triste et nous dit avec le ton de la componction qu'il était au désespoir ; qu'il avait été dans cette même matinée obligé de secourir un de ses amis pressé des besoins les plus urgents et qu'il était tout à fait à sec. Puis s'adressant à moi, il ajouta : « Monsieur, n'ayez point de regret de ne pas être venu plus tôt ; j'aurais été affligé de vous refuser, mais je l'aurais fait : l'amitié passe avant tout… »

Nous voilà bien ébahis ; voilà le chevalier, Le Brun même et Fourgeot aux genoux de Merval, et M. de Merval qui leur disait : « Messieurs, vous me connaissez tous ; j'aime à obliger et tâche de ne pas gâter les services que je rends en les faisant solliciter : mais, foi d'homme d'honneur, il n'y a pas quatre louis* dans la maison… »

Moi, je ressemblais, au milieu de ces gens-là, à un patient qui a entendu sa sentence. Je disais au chevalier : « Chevalier, allons-nous-en, puisque ces messieurs ne peuvent rien… » Et le chevalier me tirant à l'écart : « Tu n'y penses pas, c'est la veille de sa fête. Je l'ai prévenue, je t'en avertis ; et elle s'attend à une galanterie* de ta part. Tu la connais : ce n'est pas qu'elle soit intéressée ; mais elle est comme les autres, qui n'aiment pas à être trompées dans leur attente. Elle s'en sera déjà vantée à son père, à sa mère, à ses tantes, à ses amies ; et, après cela, n'avoir rien à leur montrer, cela est mortifiant… » Et puis le voilà revenu à Merval, et le pressant plus vivement encore. Merval, après s'être bien fait tirailler, dit : « J'ai la plus sotte âme du monde ; je ne saurais voir les gens en peine. Je rêve* ; et il me vient une idée.

LE CHEVALIER. – Et quelle idée ?

MERVAL. – Pourquoi ne prendriez-vous pas des marchandises ?

LE CHEVALIER. – En avez-vous ?

MERVAL. – Non ; mais je connais une femme qui vous en fournira ; une brave femme, une honnête* femme.

LE BRUN. – Oui, mais qui nous fournira des guenilles qu'elle nous vendra au poids de l'or, et dont nous ne retirerons rien.

MERVAL. – Point du tout, ce seront de très belles étoffes, des bijoux en or et en argent, des soieries de toute espèce, des perles, quelques pierreries ; il y aura très peu de chose à perdre sur ces effets[1]. C'est une bonne créature à se contenter de peu, pourvu qu'elle ait ses sûretés ; ce sont des marchandises d'affaires qui lui reviennent à très bon prix. Au reste, voyez-les, la vue ne vous en coûtera rien... »

Je représentai* à Merval et au chevalier, que mon état* n'était pas de vendre ; et que, quand cet arrangement ne me répugnerait pas, ma position ne me laisserait pas le temps d'en tirer parti. Les officieux* Le Brun et Mathieu de Fourgeot dirent tous à la fois : « Qu'à cela ne tienne, nous vendrons pour vous : c'est l'embarras d'une demi-journée... » Et la séance fut remise à l'après-midi chez M. de Merval, qui, me frappant doucement sur l'épaule, me disait d'un ton onctueux et pénétré : « Monsieur, je suis charmé de vous obliger ; mais croyez-moi, faites rarement de pareils emprunts ; ils finissent toujours par ruiner. Ce serait un miracle, dans ce pays-ci, que vous eussiez encore à traiter une fois avec d'aussi honnêtes* gens que MM. Le Brun et Mathieu de Fourgeot... »

Le Brun et Fourgeot de Mathieu, ou Mathieu de Fourgeot, le remercièrent en s'inclinant, et lui disant qu'il avait bien de la bonté, qu'ils avaient tâché jusqu'à présent de faire leur petit commerce en conscience, et qu'il n'y avait pas de quoi les louer.

MERVAL. – Vous vous trompez, messieurs, car qui est-ce qui a de la conscience à présent ? Demandez à M. le chevalier de Saint-Ouin, qui doit en savoir quelque chose... »

Nous voilà sortis de chez Merval, qui nous demande, du haut de son escalier, s'il peut compter sur nous et faire avertir sa marchande. Nous lui répondons que oui ; et nous

---

1. Ici, marchandises.

allons tous quatre dîner* dans une auberge voisine, en attendant l'heure du rendez-vous.

Ce fut Mathieu de Fourgeot qui commanda le dîner, et qui le commanda bon. Au dessert, deux marmottes[1] s'approchèrent de notre table avec leurs vielles[2]; Le Brun les fit asseoir. On les fit boire, on les fit jaser, on les fit jouer. Tandis que mes trois convives s'amusaient à en chiffonner une, sa compagne, qui était à côté de moi, me dit tout bas : « Monsieur, vous êtes là en bien mauvaise compagnie : il n'y a pas un de ces gens-là qui n'ait son nom sur le livre rouge[3]. »

Nous quittâmes l'auberge à l'heure indiquée, et nous nous rendîmes chez Merval. J'oubliais de te dire que ce dîner épuisa la bourse du chevalier et la mienne, et qu'en chemin Le Brun dit au chevalier, qui me le redit, que Mathieu de Fourgeot exigeait dix louis* pour sa commission, que c'était le moins qu'on pût lui donner ; que s'il était satisfait de nous, nous aurions les marchandises à meilleur prix, et que nous retrouverions aisément cette somme sur la vente.

Nous voilà chez Merval, où sa marchande nous avait précédés avec ses marchandises. Mlle Bridoie (c'est son nom) nous accabla de politesses et de révérences, et nous étala des étoffes, des toiles, des dentelles, des bagues, des diamants, des boîtes d'or. Nous prîmes de tout. Ce furent Le Brun, Mathieu de Fourgeot et le chevalier qui mirent le prix aux choses ; et c'est Merval qui tenait la plume. Le total se monta à dix-neuf mille sept cent soixante et quinze livres*, dont j'allais faire mon billet*, lorsque Mlle Bridoie me dit, en faisant une révérence (car elle ne s'adressait jamais à personne sans le révérencier) : « Monsieur, votre dessein est de payer vos billets à leurs échéances ?

– Assurément, lui répondis-je.

– En ce cas, me répliqua-t-elle, il vous est indifférent de me faire des billets* ou des lettres de change*. »

Le mot de lettre de change me fit pâlir. Le chevalier s'en

---

1. Le terme peut désigner soit le féminin de « marmot » (« enfant » dans le vocabulaire familier), soit une jeune fille habillée en savoyarde.
2. Instrument de musique à cordes.
3. Le registre de la police.

aperçut et dit à Mlle Bridoie : « Des lettres de change, mademoiselle ! mais ces lettres de change courront, et l'on ne sait en quelles mains elles pourraient aller.

– Vous vous moquez, monsieur le chevalier ; on sait un peu les égards dus aux personnes de votre rang... » Et puis une révérence... « On tient ces papiers-là dans son porte-feuille ; on ne les produit qu'à temps. Tenez, voyez... » Et puis une révérence... Elle tire son portefeuille de sa poche ; elle lit une multitude de noms de tout état et de toutes conditions. Le chevalier s'était approché de moi, et me disait : « Des lettres de change ! cela est diablement sérieux ! Vois ce que tu veux faire. Cette femme me paraît honnête*, et puis, avant l'échéance, tu seras en fonds ou j'y serai. »

JACQUES. – Et vous signâtes les lettres de change ?

LE MAÎTRE. – Il est vrai.

JACQUES. – C'est l'usage des pères, lorsque leurs enfants partent pour la capitale, de leur faire un petit sermon. Ne fréquentez point mauvaise compagnie ; rendez-vous agréable à vos supérieurs, par de l'exactitude à remplir vos devoirs ; conservez votre religion ; fuyez les filles* de mauvaise vie, les chevaliers d'industrie[1], et surtout ne signez jamais de lettres de change.

LE MAÎTRE. – Que veux-tu, je fis comme les autres ; la première chose que j'oubliai, ce fut la leçon de mon père. Me voilà pourvu de marchandises à vendre, mais c'est de l'argent qu'il nous fallait. Il y avait quelques paires de manchettes à dentelle, très belles : le chevalier s'en saisit au prix coûtant, en me disant : « Voilà déjà une partie de tes emplettes, sur laquelle tu ne perdras rien. » Mathieu de Fourgeot prit une montre et deux boîtes d'or, dont il allait sur-le-champ m'apporter la valeur ; Le Brun prit en dépôt le reste chez lui. Je mis dans ma poche une superbe garniture avec les manchettes ; c'était une des fleurs du bouquet que j'avais à donner. Mathieu de Fourgeot revint en un clin d'œil avec soixante louis* : de ces soixante louis, il en retint dix pour lui, et je reçus les cinquante autres. Il me dit qu'il n'avait vendu ni la montre ni les deux boîtes, mais qu'il les avait mises en gage.

---

1. Escrocs, aigrefins.

JACQUES. – En gage ?

LE MAÎTRE. – Oui.

JACQUES. – Je sais où.

LE MAÎTRE. – Où ?

JACQUES. – Chez la demoiselle aux révérences, la Bridoie.

LE MAÎTRE. – Il est vrai. Avec la paire de manchettes et sa garniture, je pris encore une jolie bague, avec une boîte à mouches*, doublée d'or. J'avais cinquante louis* dans ma bourse ; et nous étions, le chevalier et moi, de la plus belle gaieté.

JACQUES. – Voilà qui est fort bien. Il n'y a dans tout ceci qu'une chose qui m'intrigue : c'est le désintéressement du sieur Le Brun ; est-ce que celui-là n'eut aucune part à la dépouille ?

LE MAÎTRE. – Allons donc, Jacques, vous vous moquez ; vous ne connaissez pas M. Le Brun. Je lui proposai de reconnaître ses bons offices : il se fâcha, il me répondit que je le prenais apparemment pour un Mathieu de Fourgeot ; qu'il n'avait jamais tendu la main. « Voilà mon cher Le Brun, s'écria le chevalier, c'est toujours lui-même ; mais nous rougirions qu'il fût plus honnête* que nous... » Et à l'instant il prit parmi nos marchandises deux douzaines de mouchoirs, une pièce de mousseline, qu'il lui fit accepter pour sa femme et pour sa fille. Le Brun se mit à considérer les mouchoirs, qui lui parurent si beaux, la mousseline qu'il trouva si fine, cela lui était offert de si bonne grâce, il avait une si prochaine occasion de prendre sa revanche avec nous par la vente des effets qui restaient entre ses mains, qu'il se laissa vaincre ; et nous voilà partis, et nous acheminant à toutes jambes de fiacre* vers la demeure de celle que j'aimais, et à qui la garniture, les manchettes et la bague étaient destinées. Le présent réussit à merveille. On fut charmante. On essaya sur-le-champ la garniture et les manchettes ; la bague semblait avoir été faite pour le doigt. On soupa*, et gaiement comme tu penses bien.

JACQUES. – Et vous couchâtes là.

LE MAÎTRE. – Non.

JACQUES. – Ce fut donc le chevalier ?

LE MAÎTRE. – Je le crois.

JACQUES. – Du train dont on vous menait, vos cinquante louis* ne durèrent pas longtemps.

LE MAÎTRE. – Non. Au bout de huit jours nous nous rendîmes chez Le Brun pour voir ce que le reste de nos effets avait produit.

JACQUES. – Rien, ou peu de chose. Le Brun fut triste, il se déchaîna contre le Merval et la demoiselle aux révérences, les appela gueux, infâmes, fripons, jura derechef* de n'avoir jamais rien à démêler avec eux, et vous remit sept à huit cents francs*.

LE MAÎTRE. – À peu près ; huit cent soixante et dix livres*.

JACQUES. – Ainsi, si je sais un peu calculer, huit cent soixante et dix livres de Le Brun, cinquante louis* de Merval ou de Fourgeot, la garniture, les manchettes et la bague, allons, encore cinquante louis, et voilà ce qui vous est rentré de vos dix-neuf mille sept cent soixante et treize livres, en marchandises. Diable ! Cela est honnête*. Merval avait raison, on n'a pas tous les jours à traiter avec d'aussi dignes gens.

LE MAÎTRE. – Tu oublies les manchettes prises au prix coûtant par le chevalier.

JACQUES. – C'est que le chevalier ne vous en a jamais parlé.

LE MAÎTRE. – J'en conviens. Et les deux boîtes d'or et la montre mises en gage par Mathieu, tu n'en dis rien.

JACQUES. – C'est que je ne sais qu'en dire.

LE MAÎTRE. – Cependant l'échéance des lettres de change* arriva.

JACQUES. – Et vos fonds ni ceux du chevalier n'arrivèrent point.

LE MAÎTRE. – Je fus obligé de me cacher. On instruisit mes parents ; un de mes oncles vint à Paris. Il présenta un mémoire à la police contre tous ces fripons. Ce mémoire fut renvoyé à un des commis ; ce commis était un protecteur gagé de Merval. On répondit que, l'affaire étant en justice réglée, la police n'y pouvait rien. Le prêteur sur gages à qui Mathieu avait confié les deux boîtes fit assigner Mathieu. J'intervins dans ce procès. Les frais de justice furent si énormes, qu'après la vente de la montre et des

boîtes, il s'en manquait encore cinq ou six cents francs*
qu'il n'y eût de quoi tout payer.

Vous ne croirez pas cela, lecteur. Et si je vous disais
qu'un limonadier, décédé il y a quelque temps dans mon
voisinage, laissa deux pauvres orphelins en bas âge. Le
commissaire se transporte chez le défunt; on appose un
scellé. On lève ce scellé, on fait un inventaire, une vente;
la vente produit huit à neuf cents francs. De ces neuf cents
francs, les frais de justice prélevés, il reste deux sous* pour
chaque orphelin; on leur met à chacun ces deux sous dans
la main, et on les conduit à l'hôpital[1].

LE MAÎTRE. – Cela fait horreur.

JACQUES. – Et cela dure.

LE MAÎTRE. – Mon père mourut dans ces entrefaites.
J'acquittai les lettres de change*, et je sortis de ma retraite,
où, pour l'honneur du chevalier et de mon amie, j'avouerai qu'ils me tinrent assez fidèle compagnie.

JACQUES. – Et vous voilà tout aussi féru qu'auparavant
du chevalier et de votre belle; votre belle vous tenant la
dragée plus haute que jamais.

LE MAÎTRE. – Et pourquoi cela, Jacques?

JACQUES. – Pourquoi? C'est que maître de votre personne et possesseur d'une fortune honnête*, il fallait faire
de vous un sot complet, un mari.

LE MAÎTRE. – Ma foi, je crois que c'était leur projet;
mais il ne leur réussit pas.

JACQUES. – Vous êtes bien heureux, ou ils ont été bien
maladroits.

LE MAÎTRE. – Mais il me semble que ta voix est moins
rauque, et que tu parles plus librement.

JACQUES. – Cela vous semble, mais cela n'est pas.

LE MAÎTRE. – Tu ne pourrais donc pas reprendre l'histoire de tes amours?

JACQUES. – Non.

LE MAÎTRE. – Et ton avis est que je continue l'histoire
des miennes?

JACQUES. – C'est mon avis de faire une pause, et de hausser la gourde.

---

1. Hospice.

LE MAÎTRE. – Comment ! avec ton mal de gorge tu as fait remplir ta gourde ?

JACQUES. – Oui, mais, de par tous les diables, c'est de tisane ; aussi je n'ai point d'idées, je suis bête ; et tant qu'il n'y aura dans la gourde que de la tisane, je serai bête.

LE MAÎTRE. – Que fais-tu ?

JACQUES. – Je verse la tisane à terre ; je crains qu'elle ne nous porte malheur.

LE MAÎTRE. – Tu es fou.

JACQUES. – Sage ou fou, il n'en restera pas la valeur d'une larme dans la gourde.

Tandis que Jacques vide à terre sa gourde, son maître regarde à sa montre, ouvre sa tabatière, et se dispose à continuer l'histoire de ses amours. Et moi, lecteur, je suis tenté de lui fermer la bouche en lui montrant de loin ou un vieux militaire sur son cheval, le dos voûté, et s'acheminant à grands pas ; ou une jeune paysanne en petit chapeau de paille, en cotillons rouges, faisant son chemin à pied ou sur un âne. Et pourquoi le vieux militaire ne serait-il pas ou le capitaine de Jacques ou le camarade de son capitaine ? – Mais il est mort. – Vous le croyez… ? Pourquoi la jeune paysanne ne serait-elle pas ou la dame Suzon, ou la dame Marguerite, ou l'hôtesse du *Grand-Cerf*, ou la mère Jeanne, ou même Denise, sa fille ? Un faiseur de romans n'y manquerait pas ; mais je n'aime pas les romans, à moins que ce ne soit ceux de Richardson [1]. Je fais l'histoire, cette histoire intéressera ou n'intéressera pas : c'est le moindre de mes soucis. Mon projet est d'être vrai, je l'ai rempli. Ainsi, je ne ferai point revenir frère Jean de Lisbonne ; ce gros prieur qui vient à nous dans un cabriolet, à côté d'une jeune et jolie femme, ce ne sera point l'abbé Hudson. – Mais l'abbé Hudson est mort ? – Vous le croyez ? Avez-vous assisté à ses obsèques ? – Non. – Vous ne l'avez point vu mettre en terre ? – Non. – Il est donc mort ou vivant, comme il me plaira. Il ne tiendrait qu'à moi d'arrêter ce cabriolet, et d'en faire sortir avec le prieur et sa compagne de voyage une suite d'événements en conséquence desquels vous ne sauriez ni les amours de Jacques, ni celles de son

---

1. Voir note 4, p. 73.

maître ; mais je dédaigne toutes ces ressources-là, je vois seulement qu'avec un peu d'imagination et de style, rien n'est plus aisé que de filer un roman. Demeurons dans le vrai, et en attendant que le mal de gorge de Jacques se passe, laissons parler son maître.

LE MAÎTRE. – Un matin, le chevalier m'apparut fort triste ; c'était le lendemain d'un jour que nous avions passé à la campagne, le chevalier, son amie ou la mienne, ou peut-être de tous les deux, le père, la mère, les tantes, les cousines et moi. Il me demanda si je n'avais commis aucune indiscrétion* qui eût éclairé les parents sur ma passion. Il m'apprit que le père et la mère, alarmés de mes assiduités, avaient fait des questions à leur fille ; que si j'avais des vues honnêtes*, rien n'était plus simple que de les avouer ; qu'on se ferait honneur de me recevoir à ces conditions ; mais que si je ne m'expliquais pas nettement sous quinzaine, on me prierait de cesser des visites qui se remarquaient, sur lesquelles on tenait des propos, et qui faisaient tort à leur fille en écartant d'elle des partis avantageux qui pouvaient se présenter sans la crainte d'un refus.

JACQUES. – Eh bien ! mon maître, Jacques a-t-il du nez ?

LE MAÎTRE. – Le chevalier ajouta : « Dans une quinzaine ! le terme est assez court. Vous aimez, on vous aime ; dans quinze jours que ferez-vous ? » Je répondis net au chevalier que je me retirerais.

« Vous vous retirerez ! Vous n'aimez donc pas ?

– J'aime, et beaucoup ; mais j'ai des parents, un nom, un état*, des prétentions, et je ne me résoudrai jamais à enfouir tous ces avantages dans le magasin d'une petite bourgeoise.

– Et leur déclarerai-je cela ?

– Si vous le voulez. Mais, chevalier, la subite et scrupuleuse délicatesse de ces gens-là m'étonne. Ils ont permis à leur fille d'accepter mes cadeaux ; ils m'ont laissé vingt fois en tête à tête avec elle ; elle court les bals, les assemblées, les spectacles, les promenades aux champs et à la ville, avec le premier qui a un bon équipage à lui offrir ; ils dorment profondément tandis qu'on fait de la musique ou de la conversation chez elle ; tu fréquentes dans la maison tant qu'il te plaît ; et, entre nous, chevalier, quand tu es admis dans une maison, on peut y en admettre un autre.

Leur fille est notée. Je ne croirai pas, je ne nierai pas tout ce qu'on en dit ; mais tu conviendras que ces parents-là auraient pu s'aviser plus tôt d'être jaloux de l'honneur de leur enfant. Veux-tu que je te parle vrai ? On m'a pris pour une espèce de benêt qu'on se promettait de mener par le nez aux pieds du curé de la paroisse. Ils se sont trompés. Je trouve Mlle Agathe charmante ; j'en ai la tête tournée : et il y paraît, je crois, aux effroyables dépenses que j'ai faites pour elle. Je ne refuse pas de continuer, mais encore faut-il que ce soit avec la certitude de la trouver un peu moins sévère à l'avenir.

« Mon projet n'est pas de perdre éternellement à ses genoux un temps, une fortune et des soupirs que je pourrais employer plus utilement ailleurs. Tu diras ces derniers mots à Mlle Agathe, et tout ce qui les a précédés à ses parents... Il faut que notre liaison cesse, ou que je sois admis sur un nouveau pied, et que Mlle Agathe fasse de moi quelque chose de mieux que ce qu'elle en a fait jusqu'à présent. Lorsque vous m'introduisîtes chez elle, convenez, chevalier, que vous me fîtes espérer des facilités que je n'ai point trouvées. Chevalier, vous m'en avez un peu imposé. »

LE CHEVALIER. – Ma foi, je m'en suis un peu imposé le premier à moi-même. Qui diable aurait jamais imaginé qu'avec l'air leste*, le ton libre et gai de cette jeune folle, ce serait un petit dragon de vertu ?

JACQUES. – Comment, diable ! Monsieur, cela est bien fort. Vous avez donc été brave une fois dans votre vie ?

LE MAÎTRE. – Il y a des jours comme cela. J'avais sur le cœur l'aventure des usuriers, ma retraite à Saint-Jean-de-Latran[1], devant la demoiselle Bridoie, et plus que tout, les rigueurs de Mlle Agathe. J'étais un peu las d'être lanterné.

JACQUES. – Et, d'après ce courageux discours, adressé à votre cher ami le chevalier de Saint-Ouin, que fîtes-vous ?

LE MAÎTRE. – Je tins parole, je cessai mes visites.

---

1. Expression figurée signifiant « se soustraire à la loi ». L'église parisienne de Saint-Jean-de-Latran échappait à la juridiction de l'archevêque de Paris.

JACQUES. – *Bravo ! Bravo ! mio caro maestro !*

LE MAÎTRE. – Il se passa une quinzaine sans que j'entendisse parler de rien, si ce n'était par le chevalier qui m'instruisait fidèlement des effets de mon absence dans la famille, et qui m'encourageait à tenir ferme. Il me disait : « On commence à s'étonner, on se regarde, on parle ; on se questionne sur les sujets de mécontentement qu'on a pu te donner. La petite fille joue la dignité ; elle dit avec une indifférence affectée à travers laquelle on voit aisément qu'elle est piquée : « On ne voit plus ce monsieur ; c'est qu'apparemment il ne veut plus qu'on le voie ; à la bonne heure, c'est son affaire... » Et puis elle fait une pirouette, elle se met à chantonner, elle va à la fenêtre, elle revient, mais les yeux rouges ; tout le monde s'aperçoit qu'elle a pleuré.

– Qu'elle a pleuré !

– Ensuite elle s'assied ; elle prend son ouvrage ; elle veut travailler, mais elle ne travaille pas. On cause, elle se tait ; on cherche à l'égayer, elle prend de l'humeur ; on lui propose un jeu, une promenade, un spectacle : elle accepte ; et lorsque tout est prêt, c'est une autre chose qui lui plaît et qui lui déplaît le moment d'après... Oh ! ne voilà-t-il pas que tu te troubles ! Je ne te dirai plus rien.

– Mais, chevalier, vous croyez donc que, si je reparaissais...

– Je crois que tu serais un sot. Il faut tenir bon, il faut avoir du courage. Si tu reviens sans être rappelé, tu es perdu. Il faut apprendre à vivre à ce petit monde-là.

– Mais si l'on ne me rappelle pas ?

– On te rappellera.

– Si l'on tarde beaucoup à me rappeler ?

– On te rappellera bientôt. Peste ! un homme comme toi ne se remplace pas aisément. Si tu reviens de toi-même, on te boudera, on te fera payer chèrement ton incartade, on t'imposera la loi qu'on voudra t'imposer ; il faudra t'y soumettre ; il faudra fléchir le genou. Veux-tu être le maître ou l'esclave, et l'esclave le plus malmené ? Choisis. À te parler vrai, ton procédé a été un peu leste* ; on n'en peut pas conclure un homme bien épris ; mais ce qui est fait est fait ; et s'il est possible d'en tirer bon parti, il n'y faut pas manquer.

– Elle a pleuré !

– Eh bien ! elle a pleuré. Il vaut encore mieux qu'elle pleure que toi.

– Mais si l'on ne me rappelle pas ?

– On te rappellera, te dis-je. Lorsque j'arrive, je ne parle pas plus de toi que si tu n'existais pas. On me tourne, je me laisse tourner ; enfin on me demande si je t'ai vu ; je réponds indifféremment, tantôt oui, tantôt non ; puis on parle d'autre chose ; mais on ne tarde pas de revenir à ton éclipse. Le premier mot vient, ou du père, ou de la mère, ou de la tante, ou d'Agathe, et l'on dit : « Après tous les égards que nous avons eus pour lui ! l'intérêt que nous avons tous pris à sa dernière affaire ! les amitiés que ma nièce lui a faites ! les politesses dont je l'ai comblé ! tant de protestations d'attachement que nous en avons reçues ! et puis fiez-vous aux hommes !… Après cela, ouvrez votre maison à ceux qui se présentent !… Croyez aux amis ! »

– Et Agathe ?

– La consternation y est, c'est moi qui t'en assure.

– Et Agathe ?

– Agathe me tire à l'écart, et dit : « Chevalier, concevez*-vous quelque chose à votre ami ? Vous m'avez assurée tant de fois que j'en étais aimée ; vous le croyiez, sans doute, et pourquoi ne l'auriez-vous pas cru ? Je le croyais bien, moi… » Et puis elle s'interrompt, sa voix s'altère, ses yeux se mouillent… Eh bien ! ne voilà-t-il pas que tu en fais autant ! Je ne te dirai plus rien, cela est décidé. Je vois ce que tu désires, mais il n'en sera rien, absolument rien. Puisque tu as fait la sottise de te retirer sans rime ni raison, je ne veux pas que tu la doubles en allant te jeter à leur tête. Il faut tirer parti de cet incident pour avancer tes affaires avec Mlle Agathe ; il faut qu'elle voie qu'elle ne te tient pas si bien qu'elle ne puisse te perdre, à moins qu'elle ne s'y prenne mieux pour te garder. Après ce que tu as fait, en être encore à lui baiser la main ! Mais là, chevalier, la main sur la conscience, nous sommes amis ; et tu peux, sans indiscrétion*, t'expliquer avec moi ; vrai, tu n'en as jamais rien obtenu ?

– Non.

– Tu mens, tu fais le délicat.

– Je le ferais peut-être, si j'en avais raison ; mais je te jure que je n'ai pas le bonheur de mentir.

– Cela est inconcevable, car enfin tu n'es pas maladroit. Quoi ! on n'a pas eu le moindre petit moment de faiblesse ?

– Non.

– C'est qu'il sera venu, que tu ne l'auras pas aperçu, et que tu l'auras manqué. J'ai peur que tu n'aies été un peu benêt ; les gens honnêtes*, délicats et tendres comme toi, y sont sujets.

– Mais vous, chevalier, lui dis-je, que faites-vous là ?

– Rien.

– Vous n'avez point eu de prétentions ?

– Pardonnez-moi, s'il vous plaît, elles ont même duré assez longtemps ; mais tu es venu, tu as vu et tu as vaincu. Je me suis aperçu qu'on te regardait beaucoup, et qu'on ne me regardait plus guère ; je me le suis tenu pour dit. Nous sommes restés bons amis ; on me confie ses petites pensées, on suit quelquefois mes conseils ; et faute de mieux, j'ai accepté le rôle de subalterne auquel tu m'as réduit. »

JACQUES. – Monsieur, deux choses : l'une c'est que je n'ai jamais pu suivre mon histoire sans qu'un diable ou un autre m'interrompît, et que la vôtre va tout de suite. Voilà le train de la vie ; l'un court à travers les ronces sans se piquer ; l'autre a beau regarder où il met le pied, il trouve des ronces dans le plus beau chemin, et arrive au gîte écorché tout vif.

LE MAÎTRE. – Est-ce que tu as oublié ton refrain ; et le grand rouleau, et l'écriture d'en haut ?

JACQUES. – L'autre chose, c'est que je persiste dans l'idée que votre chevalier de Saint-Ouin est un grand fripon ; et qu'après avoir partagé votre argent avec les usuriers Le Brun, Merval, Mathieu de Fourgeot ou Fourgeot de Mathieu, la Bridoie, il cherche à vous embâter[1] de sa maîtresse, en tout bien et tout honneur s'entend, par-devant notaire et curé, afin de partager encore avec vous votre femme… Ahi ! la gorge !…

LE MAÎTRE. – Sais-tu ce que tu fais là ? une chose très commune et très impertinente.

---

1. Charger quelqu'un d'une chose qui l'incommode.

JACQUES. – J'en suis bien capable.

LE MAÎTRE. – Tu te plains d'avoir été interrompu, et tu interromps.

JACQUES. – C'est l'effet du mauvais exemple que vous m'avez donné. Une mère veut être galante*, et veut que sa fille soit sage ; un père veut être dissipateur, et veut que son fils soit économe ; un maître veut…

LE MAÎTRE. – Interrompre son valet, l'interrompre tant qu'il lui plaît, et n'en pas être interrompu.

Lecteur, est-ce que vous ne craignez pas de voir se renouveler ici la scène de l'auberge où l'un criait : « Tu descendras » ; l'autre : « Je ne descendrai pas » ? À quoi tient-il que je ne vous fasse entendre : « J'interromprai ; tu n'interrompras pas » ? Il est certain que, pour peu que j'agace Jacques ou son maître, voilà la querelle engagée ; et si je l'engage une fois, qui sait comment elle finira ? Mais la vérité est que Jacques répondit modestement à son maître : « Monsieur, je ne vous interromps pas ; mais je cause avec vous, comme vous m'en avez donné la permission.

LE MAÎTRE. – Passe ; mais ce n'est pas tout.

JACQUES. – Quelle autre incongruité puis-je avoir commise ?

LE MAÎTRE. – Tu vas anticipant sur le raconteur, et tu lui ôtes le plaisir qu'il s'est promis de ta surprise ; en sorte qu'ayant, par une ostentation de sagacité très déplacée, deviné ce qu'il avait à te dire, il ne lui reste plus qu'à se taire, et je me tais.

JACQUES. – Ah ! mon maître !

LE MAÎTRE. – Que maudits soient les gens d'esprit !

JACQUES. – D'accord ; mais vous n'aurez pas la cruauté…

LE MAÎTRE. – Conviens du moins que tu le mériterais.

JACQUES. – D'accord ; mais avec tout cela vous regarderez à votre montre l'heure qu'il est, vous prendrez votre prise de tabac, votre humeur cessera, et vous continuerez votre histoire.

LE MAÎTRE. – Ce drôle*-là fait de moi tout ce qu'il veut… »

Quelques jours après cet entretien avec le chevalier, il reparut chez moi ; il avait l'air triomphant. « Eh bien ! l'ami,

me dit-il, une autre fois croirez-vous à mes almanachs[1]?
Je vous l'avais bien dit, nous sommes les plus forts, et voici
une lettre de la petite ; oui, une lettre, une lettre d'elle... »

Cette lettre était fort douce ; des reproches, des plaintes
et cætera ; et me voilà réinstallé dans la maison.

Lecteur, vous suspendez ici votre lecture ; qu'est-ce qu'il
y a ? Ah ! je crois vous comprendre, vous voudriez voir
cette lettre. Mme Riccoboni[2] n'aurait pas manqué de vous
la montrer. Et celle que Mme de La Pommeraye dicta aux
deux dévotes*, je suis sûr que vous l'avez regrettée. Quoiqu'elle fût autrement difficile à faire que celle d'Agathe, et
que je ne présume pas infiniment de mon talent, je crois
que je m'en serais tiré, mais elle n'aurait pas été originale ;
ç'aurait été comme ces sublimes harangues de Tite-Live,
dans son *Histoire de Rome*, ou du cardinal Bentivoglio dans
ses *Guerres de Flandre*[3]. On les lit avec plaisir, mais elles
détruisent l'illusion. Un historien, qui suppose à ses personnages des discours qu'ils n'ont pas tenus, peut aussi leur
supposer des actions qu'ils n'ont pas faites. Je vous supplie
donc de vouloir bien vous passer de ces deux lettres, et de
continuer votre lecture.

LE MAÎTRE. – On me demanda raison de mon éclipse,
je dis ce que je voulus ; on se contenta de ce que je dis, et
tout reprit son train accoutumé.

JACQUES. – C'est-à-dire que vous continuâtes vos
dépenses, et que vos affaires amoureuses n'en avançaient
pas davantage.

LE MAÎTRE. – Le chevalier m'en demandait des nouvelles, et avait l'air de s'en impatienter.

JACQUES. – Et il s'en impatientait peut-être réellement.

LE MAÎTRE. – Et pourquoi cela ?

JACQUES. – Pourquoi ? Parce qu'il...

---

1. À mes prédictions.
2. Marie-Jeanne Riccoboni (1713-1792). Cette amie de Diderot fut actrice
et romancière. En dehors des romans proprement épistolaires qu'elle composa, elle marquait une prédilection appuyée pour le procédé consistant
à émailler ses récits de lettres.
3. Allusions aux nombreux discours de personnages qui alternent avec le
récit dans les œuvres des historiens évoqués ici : Tite-Live, historien latin
(59 av. J.-C.-17 ap. J.-C.), et le cardinal Guido Bentivoglio (1579-1644)
dont les *Guerres de Flandre* avaient été traduites de l'italien en 1769.

LE MAÎTRE. – Achève donc.

JACQUES. – Je m'en garderai bien ; il faut laisser au conteur.

LE MAÎTRE. – Mes leçons te profitent, je m'en réjouis… Un jour le chevalier me proposa une promenade en tête à tête. Nous allâmes passer la journée à la campagne. Nous partîmes de bonne heure. Nous dînâmes* à l'auberge ; nous y soupâmes* ; le vin était excellent, nous en bûmes beaucoup, causant de gouvernement, de religion et de galanterie*. Jamais le chevalier ne m'avait marqué tant de confiance, tant d'amitié ; il m'avait raconté toutes les aventures de sa vie, avec la plus incroyable franchise, ne me celant ni le bien ni le mal. Il buvait, il m'embrassait, il pleurait de tendresse ; je buvais, je l'embrassais, je pleurais à mon tour. Il n'y avait dans toute sa conduite passée qu'une seule action qu'il se reprochât ; il en porterait le remords jusqu'au tombeau.

« Chevalier, confessez-vous-en à votre ami, cela vous soulagera. Eh bien ! de quoi s'agit-il ? de quelque peccadille dont votre délicatesse vous exagère la valeur ?

– Non, non, s'écriait le chevalier en penchant sa tête sur ses deux mains, et se couvrant le visage de honte ; c'est une noirceur, une noirceur impardonnable. Le croirez-vous ? Moi, le chevalier de Saint-Ouin, a une fois trompé, oui, trompé son ami !

– Et comment cela s'est-il fait ?

– Hélas ! nous fréquentions l'un et l'autre dans la même maison, comme vous et moi. Il y avait une jeune fille comme Mlle Agathe ; il en était amoureux, et moi j'en étais aimé ; il se ruinait en dépenses pour elle, et c'est moi qui jouissais de ses faveurs. Je n'ai jamais eu le courage de lui en faire l'aveu ; mais si nous nous retrouvons ensemble, je lui dirai tout. Cet effroyable secret que je porte au fond de mon cœur l'accable, c'est un fardeau dont il faut absolument que je me délivre.

– Chevalier, vous ferez bien.

– Vous me le conseillez ?

– Assurément, je vous le conseille.

– Et comment croyez-vous que mon ami prenne la chose ?

– S'il est votre ami, s'il est juste, il trouvera votre excuse en lui-même ; il sera touché de votre franchise et de votre repentir ; il jettera ses bras autour de votre cou ; il fera ce que je ferais à sa place.

– Vous le croyez ?

– Je le crois.

– Et c'est ainsi que vous en useriez* ?

– Je n'en doute pas... »

À l'instant le chevalier se lève, s'avance vers moi, les larmes aux yeux, les deux bras ouverts, et me dit : « Mon ami, embrassez-moi donc.

– Quoi ! chevalier, lui dis-je, c'est vous ? c'est moi ? c'est cette coquine d'Agathe ?

– Oui, mon ami ; je vous rends encore votre parole, vous êtes le maître d'en agir avec moi comme il vous plaira. Si vous pensez, comme moi, que mon offense soit sans excuse, ne m'excusez point ; levez-vous, quittez-moi, ne me revoyez jamais qu'avec mépris, et abandonnez-moi à ma douleur et à ma honte. Ah ! mon ami, si vous saviez tout l'empire que la petite scélérate avait pris sur mon cœur ! Je suis né honnête* ; jugez combien j'ai dû souffrir du rôle indigne auquel je me suis abaissé. Combien de fois j'ai détourné mes yeux de dessus elle, pour les attacher sur vous, en gémissant de sa trahison et de la mienne. Il est inouï que vous ne vous en soyez jamais aperçu... »

Cependant j'étais immobile comme un Terme[1] pétrifié ; à peine entendais-je le discours du chevalier. Je m'écriai : « Ah ! l'indigne ! Ah ! chevalier ! vous, vous, mon ami !

– Oui, je l'étais, et je le suis encore, puisque je dispose, pour vous tirer des liens de cette créature, d'un secret qui est plus le sien que le mien. Ce qui me désespère, c'est que vous n'en ayez rien obtenu qui vous dédommage de tout ce que vous avez fait pour elle. » *(Ici Jacques se met à rire et à siffler.)*

Mais c'est *La Vérité dans le vin*, de Collé[2]... Lecteur,

---

1. Statue servant de borne, composée d'un pilastre surmonté d'une tête ou d'un buste.
2. En effet, à la scène XII de cette pièce du chansonnier Charles Collé (1709-1783), un personnage avoue la vérité à son interlocuteur, tout en feignant de délirer sous l'effet du vin.

vous ne savez ce que vous dites ; à force de vouloir montrer de l'esprit, vous n'êtes qu'une bête. C'est si peu la vérité dans le vin, que tout au contraire, c'est la fausseté dans le vin. Je vous ai dit une grossièreté, j'en suis fâché, et je vous en demande pardon.

LE MAÎTRE. – Ma colère tomba peu à peu. J'embrassai le chevalier ; il se remit sur sa chaise, les coudes appuyés sur la table, les poings fermés sur les yeux ; il n'osait me regarder.

JACQUES. – Il était si affligé ! et vous eûtes la bonté de le consoler ?... *(Et Jacques de siffler encore.)*

LE MAÎTRE. – Le parti qui me parut le meilleur, ce fut de tourner la chose en plaisanterie. À chaque propos gai, le chevalier confondu me disait : « Il n'y a point d'homme comme vous ; vous êtes unique ; vous valez cent fois mieux que moi. Je doute que j'eusse eu la générosité ou la force de vous pardonner une pareille injure*, et vous en plaisantez ; cela est sans exemple. Mon ami, que ferai-je jamais qui puisse réparer ?... Ah ! non, non, cela ne se répare pas. Jamais, jamais je n'oublierai ni mon crime ni votre indulgence ; ce sont deux traits profondément gravés là. Je me rappellerai l'un pour me détester, l'autre pour vous admirer, pour redoubler d'attachement pour vous.

– Allons, chevalier, vous n'y pensez pas, vous vous surfaites votre action et la mienne. Buvons à votre santé. Chevalier, à la mienne donc, puisque vous ne voulez pas que ce soit à la vôtre... » Le chevalier peu à peu reprit courage. Il me raconta tous les détails de sa trahison, s'accablant lui-même des épithètes les plus dures ; il mit en pièces, et la fille, et la mère, et le père, et les tantes, et toute la famille qu'il me montra comme un ramas [1] de canailles indignes de moi, mais bien dignes de lui ; ce sont ses propres mots.

JACQUES. – Et voilà pourquoi je conseille aux femmes de ne jamais coucher avec des gens qui s'enivrent. Je ne méprise guère moins votre chevalier pour son indiscrétion* en amour que pour sa perfidie en amitié. Que diable ! il n'avait qu'à... être un honnête* homme, et vous parler

---

1. Ramassis.

d'abord… Mais tenez, monsieur, je persiste, c'est un gueux, c'est un fieffé gueux. Je ne sais plus comment cela finira ; j'ai peur qu'il ne vous trompe encore en vous détrompant. Tirez-moi, tirez-vous bien vite vous-même de cette auberge et de la compagnie de cet homme-là…

Ici Jacques reprit sa gourde, oubliant qu'il n'y avait ni tisane ni vin. Son maître se mit à rire. Jacques toussa un demi-quart d'heure de suite. Son maître tira sa montre et sa tabatière, et continua son histoire que j'interromprai, si cela vous convient ; ne fût-ce que pour faire enrager Jacques, en lui prouvant qu'il n'était pas écrit là-haut, comme il le croyait, qu'il serait toujours interrompu et que son maître ne le serait jamais.

LE MAÎTRE, *au chevalier.* – Après ce que vous m'en dites là, j'espère que vous ne les reverrez plus.

– Moi, les revoir !… Mais ce qui me désespère c'est de s'en aller sans se venger. On aura trahi, joué, bafoué, dépouillé un galant* homme ; on aura abusé de la passion et de la faiblesse d'un autre galant homme, car j'ose encore me regarder comme tel, pour l'engager dans une suite d'horreurs ; on aura exposé deux amis à se haïr et peut-être à s'entr'égorger, car enfin, mon cher, convenez que, si vous eussiez découvert mon indigne menée, vous êtes brave, vous en eussiez peut-être conçu un tel ressentiment…

– Non, cela n'aurait pas été jusque-là. Et pourquoi donc ? Et pour qui ? pour une faute que personne ne saurait se répondre de ne pas commettre ? Est-ce ma femme ? Et quand elle le serait ? Est-ce ma fille ? Non, c'est une petite gueuse ; et vous croyez que pour une petite gueuse… Allons, mon ami, laissons cela et buvons. Agathe est jeune, vive, blanche, grasse, potelée ; ce sont les chairs les plus fermes, n'est-ce pas ? et la peau la plus douce ? La jouissance en doit être délicieuse, et j'imagine que vous étiez assez heureux entre ses bras pour ne guère penser à vos amis.

– Il est certain que si les charmes de la personne et le plaisir pouvaient atténuer la faute, personne sous le ciel ne serait moins coupable que moi.

– Ah ça, chevalier, je reviens sur mes pas ; je retire mon indulgence, et je veux mettre une condition à l'oubli de votre trahison.

– Parlez, mon ami, ordonnez, dites ; faut-il me jeter par la fenêtre, me pendre, me noyer, m'enfoncer ce couteau dans la poitrine ?…

Et à l'instant le chevalier saisit un couteau qui était sur la table, détache son col, écarte sa chemise, et, les yeux égarés, se place la pointe du couteau de la main droite à la fossette de la clavicule gauche, et semble n'attendre que mon ordre pour s'expédier à l'antique.

« Il ne s'agit pas de cela, chevalier, laissez là ce mauvais couteau.

– Je ne le quitte pas, c'est ce que je mérite ; faites signe.

– Laissez là ce mauvais couteau, vous dis-je, je ne mets pas votre expiation à si haut prix… » Cependant la pointe du couteau était toujours suspendue sur la fossette de la clavicule gauche ; je lui saisis la main, je lui arrachai son couteau que je jetai loin de moi, puis approchant la bouteille de son verre, et versant plein, je lui dis : « Buvons d'abord ; et vous saurez ensuite à quelle terrible condition j'attache votre pardon. Agathe est donc bien succulente, bien voluptueuse ?

– Ah ! mon ami, que ne le savez-vous comme moi !

– Mais attends, il faut qu'on nous apporte une bouteille de champagne, et puis tu me feras l'histoire d'une de tes nuits. Traître charmant, ton absolution est à la fin de cette histoire. Allons, commence : est-ce que tu ne m'entends* pas ?

– Je vous entends.

– Ma sentence te paraît-elle trop dure ?

– Non.

– Tu rêves* ?

– Je rêve !

– Que t'ai-je demandé ?

– Le récit d'une de mes nuits avec Agathe.

– C'est cela. »

Cependant le chevalier me mesurait de la tête aux pieds, et se disait à lui-même : « C'est la même taille, à peu près le même âge ; et quand il y aurait quelque différence, point de lumière, l'imagination prévenue que c'est moi, elle ne soupçonnera rien…

– Mais, chevalier, à quoi penses-tu donc ? ton verre reste plein, et tu ne commences pas !

– Je pense, mon ami, j'y ai pensé, tout est dit : embrassez-moi, nous serons vengés, oui, nous le serons. C'est une scélératesse de ma part ; si elle est indigne de moi, elle ne l'est pas de la petite coquine. Vous me demandez l'histoire d'une de mes nuits ?

– Oui : est-ce trop exiger ?

– Non ; mais si, au lieu de l'histoire, je vous procurais la nuit ?

– Cela vaudrait un peu mieux. » (*Jacques se met à siffler.*)

Aussitôt le chevalier tire deux clefs de sa poche, l'une petite et l'autre grande. « La petite, me dit-il, est le passepartout de la rue, la grande est celle de l'antichambre d'Agathe, les voilà, elles sont toutes deux à votre service. Voici ma marche de tous les jours, depuis environ six mois ; vous y conformerez la vôtre. Ses fenêtres sont sur le devant, comme vous le savez. Je me promène dans la rue tant que je les vois éclairées. Un pot de basilic mis en dehors est le signal convenu ; alors je m'approche de la porte d'entrée ; je l'ouvre, j'entre, je la referme, je monte le plus doucement que je peux, je tourne par le petit corridor qui est à droite ; la première porte à gauche dans ce corridor est la sienne, comme vous savez. J'ouvre cette porte avec cette grande clef, je passe dans la petite garde-robe[1] qui est à droite, là je trouve une petite bougie de nuit, à la lueur de laquelle je me déshabille à mon aise. Agathe laisse la porte de sa chambre entrouverte ; je passe, et je vais la trouver dans son lit. Comprenez-vous cela ?

– Fort bien !

– Comme nous sommes entourés, nous nous taisons.

– Et puis je crois que vous avez mieux à faire que de jaser.

– En cas d'accident, je puis sauter de son lit et me renfermer dans la garde-robe, cela n'est pourtant jamais arrivé. Notre usage* ordinaire est de nous séparer sur les quatre heures du matin. Lorsque le plaisir ou le repos nous mène plus loin, nous sortons du lit ensemble ; elle descend, moi

---

1. Petite pièce voisine de celle où l'on dort, et servant à ranger les vêtements.

je reste dans la garde-robe, je m'habille, je lis, je me repose, j'attends qu'il soit heure de paraître. Je descends, je salue, j'embrasse comme si je ne faisais que d'arriver.

– Cette nuit-ci, vous attend-on ?

– On m'attend toutes les nuits.

– Et vous me céderiez votre place ?

– De tout mon cœur. Que vous préfériez la nuit au récit, je n'en suis pas en peine ; mais ce que je désirerais, c'est que...

– Achevez ; il y a peu de chose que je ne me sente le courage d'entreprendre pour vous obliger.

– C'est que vous restassiez entre ses bras jusqu'au jour ; j'arriverais, je vous surprendrais.

– Oh ! non, chevalier, cela serait trop méchant.

– Trop méchant ? Je ne le suis pas tant que vous pensez. Auparavant je me déshabillerais dans la garde-robe.

– Allons, chevalier, vous avez le diable au corps. Et puis cela ne se peut : si vous me donnez les clefs, vous ne les aurez plus.

– Ah ! mon ami, que tu es bête !

– Mais, pas trop, ce me semble.

– Et pourquoi n'entrerions-nous pas tous les deux ensemble ? Vous iriez trouver Agathe ; moi je resterais dans la garde-robe jusqu'à ce que vous fissiez un signal dont nous conviendrions.

– Ma foi, cela est si plaisant, si fou, que peu s'en faut que je n'y consente. Mais, chevalier, tout bien considéré, j'aimerais mieux réserver cette facétie pour quelqu'une des nuits suivantes.

– Ah ! j'entends, votre projet est de nous venger plus d'une fois.

– Si vous l'agréez ?

– Tout à fait. »

JACQUES. – Votre chevalier bouleverse toutes mes idées. J'imaginais...

LE MAÎTRE. – Tu imaginais ?

JACQUES. – Non, monsieur, vous pouvez continuer.

LE MAÎTRE. – Nous bûmes, nous dîmes cent folies, et sur la nuit qui s'approchait, et sur les suivantes, et sur celle où Agathe se trouverait entre le chevalier et moi. Le chevalier était redevenu d'une gaieté charmante, et le texte* de notre conversation n'était pas triste. Il me prescrivait des préceptes de conduite nocturne qui n'étaient pas tous également faciles à suivre ; mais après une longue suite de nuits bien employées, je pouvais soutenir l'honneur du chevalier à ma première, quelque merveilleux qu'il se prétendît, et ce furent des détails qui ne finissaient point sur les talents, perfections, commodités d'Agathe. Le chevalier ajoutait avec un art incroyable l'ivresse de la passion à celle du vin. Le moment de l'aventure ou de la vengeance nous paraissait arriver lentement ; cependant nous sortîmes de table. Le chevalier paya ; c'est la première fois que cela lui arrivait. Nous montâmes dans notre voiture ; nous étions ivres ; notre cocher et nos valets l'étaient encore plus que nous.

Lecteur, qui m'empêcherait de jeter ici le cocher, les chevaux, la voiture, les maîtres et les valets dans une fondrière ? Si la fondrière vous fait peur, qui m'empêcherait de les amener sains et saufs dans la ville où j'accrocherais leur voiture à une autre, dans laquelle je renfermerais d'autres jeunes gens ivres ? Il y aurait des mots offensants de dits, une querelle, des épées tirées, une bagarre dans toutes les règles. Qui m'empêcherait, si vous n'aimez pas les bagarres, de substituer à ces jeunes gens Mlle Agathe, avec une de ses tantes ? Mais il n'y eut rien de tout cela. Le chevalier et le maître de Jacques arrivèrent à Paris. Celui-ci prit les vêtements du chevalier. Il est minuit, ils sont sous les fenêtres d'Agathe ; la lumière s'éteint ; le pot de basilic est à sa place. Ils font encore un tour d'un bout à l'autre de la rue, le chevalier recordant[1] à son ami sa leçon. Ils approchent de la porte, le chevalier l'ouvre, introduit le maître de Jacques, garde le passe-partout de la rue, lui donne la clef du corridor, referme la porte d'entrée, s'éloigne, et après ce petit détail fait avec laconisme le maître de Jacques reprit la parole et dit :

« Le local m'était connu. Je monte sur la pointe des pieds, j'ouvre la porte du corridor, je la referme, j'entre dans la garde-robe, où je trouvai la petite lampe de nuit ; je me déshabille ; la porte de la chambre était entrouverte,

---

1. Faisant répéter.

je passe ; je vais à l'alcôve, où Agathe ne dormait pas.
J'ouvre les rideaux ; et à l'instant je sens deux bras nus se
jeter autour de moi et m'attirer ; je me laisse aller, je me
couche, je suis accablé de caresses*, je les rends. Me voilà
le mortel le plus heureux qu'il y ait au monde ; je le suis
encore lorsque… »

Lorsque le maître de Jacques s'aperçut que Jacques dormait ou faisait semblant de dormir : « Tu dors, lui dit-il, tu
dors, maroufle*, au moment le plus intéressant de mon histoire !… » et c'est à ce moment même que Jacques attendait son maître. « Te réveilleras-tu ?

– Je ne le crois pas.

– Et pourquoi ?

– C'est que si je me réveille, mon mal de gorge pourra
bien se réveiller aussi, et que je pense qu'il vaut mieux que
nous reposions tous deux… »

Et voilà Jacques qui laisse tomber sa tête en devant.

« Tu vas te rompre le cou.

– Sûrement, si cela est écrit là-haut. N'êtes-vous pas
entre les bras de Mlle Agathe ?

– Oui.

– Ne vous y trouvez-vous pas bien ?

– Fort bien.

– Restez-y.

– Que j'y reste, cela te plaît à dire.

– Du moins jusqu'à ce que je sache l'histoire de l'emplâtre* de Desglands.

LE MAÎTRE. – Tu te venges, traître.

JACQUES. – Et quand cela serait, mon maître, après avoir
coupé l'histoire de mes amours par mille questions, par
autant de fantaisies, sans le moindre murmure de ma part,
ne pourrais-je pas vous supplier d'interrompre la vôtre,
pour m'apprendre l'histoire de l'emplâtre* de ce bon Desglands, à qui j'ai tant d'obligations, qui m'a tiré de chez le
chirurgien au moment où, manquant d'argent, je ne savais
plus que devenir, et chez qui j'ai fait connaissance avec
Denise, Denise sans laquelle je ne vous aurais pas dit un
mot de tout ce voyage ? Mon maître, mon cher maître, l'histoire de l'emplâtre de Desglands ; vous serez si court qu'il
vous plaira, et cependant l'assoupissement qui me tient, et

dont je ne suis pas maître, se dissipera et vous pourrez compter sur toute mon attention.

LE MAÎTRE, *dit en haussant les épaules.* – Il y avait dans le voisinage de Desglands une veuve charmante, qui avait plusieurs qualités communes avec une célèbre courtisane du siècle passé[1]. Sage par raison, libertine* par tempérament, se désolant le lendemain de la sottise de la veille, elle a passé toute sa vie en allant du plaisir au remords et du remords au plaisir sans que l'habitude du plaisir ait étouffé le remords, sans que l'habitude du remords ait étouffé le goût du plaisir. Je l'ai connue dans ses derniers instants ; elle disait qu'enfin elle échappait à deux grands ennemis. Son mari, indulgent pour le seul défaut qu'il eût à lui reprocher, la plaignit pendant qu'elle vécut, et la regretta longtemps après sa mort. Il prétendait qu'il eût été aussi ridicule à lui d'empêcher sa femme d'aimer, que de l'empêcher de boire. Il lui pardonnait la multitude de ses conquêtes en faveur du choix délicat qu'elle y mettait. Elle n'accepta jamais l'hommage d'un sot ou d'un méchant : ses faveurs furent toujours la récompense du talent ou de la probité. Dire d'un homme qu'il était ou qu'il avait été son amant, c'était assurer qu'il était homme de mérite. Comme elle connaissait sa légèreté, elle ne s'engageait point à être fidèle. « Je n'ai fait, disait-elle, qu'un faux serment en ma vie, c'est le premier. » Soit qu'on perdît le sentiment qu'on avait pris pour elle, soit qu'elle perdît celui qu'on lui avait inspiré, on restait son ami. Jamais il n'y eut d'exemple plus frappant de la différence de la probité et des mœurs. On ne pouvait pas dire qu'elle eût des mœurs ; et l'on avouait qu'il était difficile de trouver une plus honnête* créature. Son curé la voyait rarement au pied des autels ; mais en tout temps il trouvait sa bourse ouverte pour les pauvres. Elle disait plaisamment de la religion et des lois, que c'était une paire de béquilles qu'il ne fallait pas ôter à ceux qui avaient les jambes faibles. Les femmes qui redoutaient son commerce pour leurs maris le désiraient pour leurs enfants.

JACQUES, *après avoir dit entre ses dents* : « *Tu me le*

---

1. Ninon de Lenclos (1616-1705).

paieras ce maudit portrait », *ajouta*. – Vous avez été fou de cette femme-là ?

LE MAÎTRE. – Je le serais certainement devenu, si Desglands ne m'eût gagné de vitesse. Desglands en devint amoureux…

JACQUES. – Monsieur, est-ce que l'histoire de son emplâtre* et celle de ses amours sont tellement liées l'une à l'autre qu'on ne saurait les séparer ?

LE MAÎTRE. – On peut les séparer ; l'emplâtre est un incident, l'histoire est le récit de tout ce qui s'est passé pendant qu'ils s'aimaient.

JACQUES. – Et s'est-il passé beaucoup de choses ?

LE MAÎTRE. – Beaucoup.

JACQUES. – En ce cas, si vous donnez à chacune la même étendue qu'au portrait de l'héroïne, nous n'en sortirons pas d'ici à la Pentecôte, et c'est fait de vos amours et des miennes.

LE MAÎTRE. – Aussi, Jacques, pourquoi m'avez-vous dérouté ?… N'as-tu pas vu chez Desglands un petit enfant ?

JACQUES. – Méchant, têtu, insolent et valétudinaire[1] ? Oui, je l'ai vu.

LE MAÎTRE. – C'est un fils naturel de Desglands et de la belle veuve.

JACQUES. – Cet enfant-là lui donnera bien du chagrin. C'est un enfant unique, bonne raison pour n'être qu'un vaurien ; il sait qu'il sera riche, autre bonne raison pour n'être qu'un vaurien.

LE MAÎTRE. – Et comme il est valétudinaire, on ne lui apprend rien ; on ne le gêne, on ne le contredit sur rien, troisième bonne raison pour n'être qu'un vaurien.

JACQUES. – Une nuit le petit fou se mit à pousser des cris inhumains. Voilà toute la maison en alarmes ; on accourt. Il veut que son papa se lève.

« Votre papa dort.

– N'importe, je veux qu'il se lève, je le veux, je le veux…

– Il est malade.

– N'importe, il faut qu'il se lève, je le veux, je le veux… »

---

1. Maladif, dont la santé est fragile.

On réveille Desglands ; il jette sa robe de chambre sur ses épaules, il arrive.

« Eh bien ! mon petit, me voilà, que veux-tu ?

– Je veux qu'on les fasse venir.

– Qui ?

– Tous ceux qui sont dans le château. »

On les fait venir : maîtres, valets, étrangers, commensaux* ; Jeanne, Denise, moi avec mon genou malade, tous, excepté une vieille concierge impotente, à laquelle on avait accordé une retraite dans une chaumière à près d'un quart de lieue* du château. Il veut qu'on l'aille chercher.

« Mais, mon enfant, il est minuit.

– Je le veux, je le veux.

– Vous savez qu'elle demeure bien loin.

– Je le veux, je le veux.

– Qu'elle est âgée et qu'elle ne saurait marcher.

– Je le veux, je le veux. »

Il faut que la pauvre concierge vienne ; on l'apporte, car pour venir elle aurait plutôt mangé le chemin. Quand nous sommes tous rassemblés, il veut qu'on le lève et qu'on l'habille. Le voilà levé et habillé. Il veut que nous passions tous dans le grand salon et qu'on le place au milieu dans le grand fauteuil de son papa. Voilà qui est fait. Il veut que nous nous prenions tous par la main. Il veut que nous dansions tous en rond, et nous nous mettons tous à danser en rond. Mais c'est le reste qui est incroyable…

LE MAÎTRE. – J'espère que tu me feras grâce du reste ?

JACQUES. – Non, non, monsieur, vous entendrez le reste… Il croit qu'il m'aura fait impunément un portrait de la mère, long de quatre aunes*…

LE MAÎTRE. – Jacques, je vous gâte.

JACQUES. – Tant pis pour vous.

LE MAÎTRE. – Vous avez sur le cœur le long et ennuyeux portrait de la veuve ; mais vous m'avez, je crois, bien rendu cet ennui par la longue et ennuyeuse histoire de la fantaisie de son enfant.

JACQUES. – Si c'est votre avis, reprenez l'histoire du père ; mais plus de portraits, mon maître ; je hais les portraits à la mort.

LE MAÎTRE. – Et pourquoi haïssez-vous les portraits ?

JACQUES. – C'est qu'ils ressemblent si peu, que, si par hasard on vient à rencontrer les originaux, on ne les reconnaît pas. Racontez-moi les faits, rendez-moi fidèlement les propos, et je saurai bientôt à quel homme j'ai affaire. Un mot, un geste m'en ont quelquefois plus appris que le bavardage de toute une ville.

LE MAÎTRE. – Un jour Desglands…

JACQUES. – Quand vous êtes absent, j'entre quelquefois dans votre bibliothèque, je prends un livre, et c'est ordinairement un livre d'histoire.

LE MAÎTRE. – Un jour Desglands…

JACQUES. – Je lis du pouce tous les portraits.

LE MAÎTRE. – Un jour Desglands…

JACQUES. – Pardon, mon maître, la machine était montée, et il fallait qu'elle allât jusqu'à la fin.

LE MAÎTRE. – Y est-elle ?

JACQUES. – Elle y est.

LE MAÎTRE. – Un jour Desglands invita à dîner* la belle veuve avec quelques gentilshommes d'alentour. Le règne de Desglands était sur son déclin ; et parmi ses convives il y en avait un vers lequel son inconstance commençait à le pencher. Ils étaient à table, Desglands et son rival placés à côté l'un de l'autre et en face de la belle veuve. Desglands employait tout ce qu'il avait d'esprit pour animer la conversation ; il adressait à la veuve les propos les plus galants* ; mais elle, distraite, n'entendait rien, et tenait les yeux attachés sur son rival. Desglands avait un œuf frais à la main ; un mouvement convulsif, occasionné par la jalousie, le saisit, il serre les poings, et voilà l'œuf chassé de sa coque et répandu sur le visage de son voisin. Celui-ci fit un geste de la main. Desglands lui prend le poignet, l'arrête, et lui dit à l'oreille : « Monsieur, je le tiens pour reçu… » Il se fait un profond silence ; la belle veuve se trouve mal. Le repas fut triste et court. Au sortir de table, elle fit appeler Desglands et son rival dans un appartement séparé ; tout ce qu'une femme peut faire décemment pour les réconcilier, elle le fit ; elle supplia, elle pleura, elle s'évanouit, mais tout de bon ; elle serrait les mains à Desglands, elle tournait ses yeux inondés de larmes sur l'autre. Elle disait à celui-ci : « Et vous m'aimez !… » à celui-là : « Et vous

m'avez aimée... » à tous les deux : « Et vous voulez me
perdre, et vous voulez me rendre la fable, l'objet de la haine
et du mépris de toute la province ! Quel que soit celui des
deux qui ôte la vie à son ennemi, je ne le reverrai jamais ;
il ne peut être ni mon ami ni mon amant ; je lui voue une
haine qui ne finira qu'avec ma vie... » Puis elle retombait
en défaillance, et en défaillant elle disait : « Cruels, tirez
vos épées et enfoncez-les dans mon sein ; si en expirant je
vous vois embrassés, j'expirerai sans regret !... » Desglands et son rival restaient immobiles ou la secouraient,
et quelques pleurs s'échappaient de leurs yeux. Cependant
il fallut se séparer. On remit la belle veuve chez elle plus
morte que vive.

JACQUES. – Eh bien ! monsieur, qu'avais-je besoin du
portrait que vous m'avez fait de cette femme ? Ne saurais-
je pas à présent tout ce que vous en avez dit ?

LE MAÎTRE. – Le lendemain Desglands rendit visite à
sa charmante infidèle ; il y trouva son rival. Qui fut bien
étonné ? Ce fut l'un et l'autre de voir à Desglands la joue
droite couverte d'un grand rond de taffetas noir. « Qu'est-
ce que cela ? lui dit la veuve.

DESGLANDS. – Ce n'est rien.

SON RIVAL. – Un peu de fluxion ?

DESGLANDS. – Cela se passera. »

Après un moment de conversation, Desglands sortit, et,
en sortant, il fit à son rival un signe qui fut très bien
entendu*. Celui-ci descendit, ils passèrent, l'un par un des
côtés de la rue, l'autre par le côté opposé ; ils se rencontrèrent derrière les jardins de la belle veuve, se battirent ;
et le rival de Desglands demeura étendu sur la place, grièvement, mais non mortellement blessé. Tandis qu'on l'emporte chez lui, Desglands revient chez sa veuve, il s'assied,
ils s'entretiennent encore de l'accident de la veille. Elle
lui demande ce que signifie cette énorme et ridicule
mouche* qui lui couvre la joue. Il se lève, il se regarde au
miroir. « En effet, lui dit-il, je la trouve un peu trop
grande... » Il prend les ciseaux de la dame, il détache son
rond de taffetas, le rétrécit tout autour d'une ligne* ou deux,
le replace et dit à la veuve : « Comment me trouvez-vous
à présent ?

– Mais d'une ligne* ou deux moins ridicule qu'auparavant.

– C'est toujours quelque chose. »

Le rival de Desglands guérit. Second duel où la victoire resta à Desglands : ainsi cinq ou six fois de suite ; et Desglands à chaque combat rétrécissant son rond de taffetas d'une petite lisière, et remettant le reste sur sa joue.

JACQUES. – Quelle fut la fin de cette aventure ? Quand on me porta au château de Desglands, il me semble qu'il n'avait plus son rond noir.

LE MAÎTRE. – Non. La fin de cette aventure fut celle de la belle veuve. Le long chagrin qu'elle en éprouva acheva de ruiner sa santé faible et chancelante.

JACQUES. – Et Desglands ?

LE MAÎTRE. – Un jour que nous nous promenions ensemble, il reçoit un billet, il l'ouvre, il dit : « C'était un très brave homme, mais je ne saurais m'affliger de sa mort… » Et à l'instant il arrache de sa joue le reste de son rond noir, presque réduit par ses fréquentes rognures à la grandeur d'une mouche* ordinaire. Voilà l'histoire de Desglands. Jacques est-il satisfait ; et puis-je espérer qu'il écoutera l'histoire de mes amours, ou qu'il reprendra l'histoire des siennes ?

JACQUES. – Ni l'un, ni l'autre.

LE MAÎTRE. – Et la raison ?

JACQUES. – C'est qu'il fait chaud, que je suis las, que cet endroit est charmant, que nous serons à l'ombre sous ces arbres, et qu'en prenant le frais au bord de ce ruisseau nous nous reposerons.

LE MAÎTRE. – J'y consens ; mais ton rhume ?

JACQUES. – Il est de chaleur ; et les médecins disent que les contraires se guérissent par les contraires.

LE MAÎTRE. – Ce qui est vrai au moral comme au physique. J'ai remarqué une chose assez singulière ; c'est qu'il n'y a guère de maximes de morale dont on ne fît un aphorisme de médecine, et réciproquement peu d'aphorisme de médecine dont on ne fît une maxime de morale.

JACQUES. – Cela doit être.

Ils descendent de cheval, ils s'étendent sur l'herbe. Jacques dit à son maître : « Veillez-vous ? dormez-vous ? Si vous veillez, je dors ; si vous dormez, je veille. »

Son maître lui dit : « Dors, dors.

– Je puis donc compter que vous veillerez ? C'est que cette fois-ci nous y pourrions perdre deux chevaux. »

Le maître tira sa montre et sa tabatière ; Jacques se mit en devoir de dormir ; mais à chaque instant il se réveillait en sursaut, et frappait en l'air ses deux mains l'une contre l'autre. Son maître lui dit : « À qui diable en as-tu ?

JACQUES. – J'en ai aux mouches et aux cousins[1]. Je voudrais bien qu'on me dît à quoi servent ces incommodes bêtes-là ?

LE MAÎTRE. – Et parce que tu l'ignores, tu crois qu'elles ne servent à rien ? La nature n'a rien fait d'inutile et de superflu.

JACQUES. – Je le crois ; car puisqu'une chose est, il faut qu'elle soit.

LE MAÎTRE. – Quand tu as ou trop de sang ou du mauvais sang, que fais-tu ? Tu appelles un chirurgien, qui t'en ôte deux ou trois palettes[2]. Eh bien ! ces cousins, dont tu te plains, sont une nuée de petits chirurgiens ailés qui viennent avec leurs petites lancettes te piquer et te tirer du sang goutte à goutte.

JACQUES. – Oui, mais à tort et à travers, sans savoir si j'en ai trop ou trop peu. Faites venir ici un étique, et vous verrez si les petits chirurgiens ailés ne le piqueront pas. Ils songent à eux ; et tout dans la nature songe à soi et ne songe qu'à soi. Que cela fasse du mal aux autres, qu'importe, pourvu qu'on s'en trouve bien ?... »

Ensuite, il refrappait en l'air de ses deux mains, et il disait : « Au diable les petits chirurgiens ailés !

LE MAÎTRE. – Connais-tu la fable de Garo[3] ?

JACQUES. – Oui.

LE MAÎTRE. – Comment la trouves-tu ?

JACQUES. – Mauvaise.

LE MAÎTRE. – C'est bientôt dit.

---

1. Moustiques.
2. Quantité de sang contenue dans la « palette », récipient en forme d'écuelle (vocabulaire de la chirurgie).
3. Personnage de la fable de La Fontaine « Le Gland et la Citrouille », au IXᵉ livre des *Fables*.

JACQUES. – Et bientôt prouvé[1]. Si au lieu de glands, le chêne avait porté des citrouilles, est-ce que cette bête de Garo se serait endormi sous un chêne ? Et s'il ne s'était pas endormi sous un chêne, qu'importait au salut de son nez qu'il en tombât des citrouilles ou des glands ? Faites lire cela à vos enfants.

LE MAÎTRE. – Un philosophe* de ton nom ne le veut pas.

JACQUES. – C'est que chacun a son avis, et que Jean-Jacques[2] n'est pas Jacques.

LE MAÎTRE. – Et tant pis pour Jacques.

JACQUES. – Qui sait cela avant que d'être arrivé au dernier mot de la dernière ligne de la page qu'on remplit dans le grand rouleau ?

LE MAÎTRE. – À quoi penses-tu ?

JACQUES. – Je pense que, tandis que vous me parliez et que je vous répondais, vous me parliez sans le vouloir, et que je vous répondais sans le vouloir.

LE MAÎTRE. – Après ?

JACQUES. – Après ? Et que nous étions deux vraies machines vivantes et pensantes.

LE MAÎTRE. – Mais à présent que veux-tu ?

JACQUES. – Ma foi, c'est encore tout de même. Il n'y a dans les deux machines qu'un ressort de plus en jeu.

LE MAÎTRE. – Et ce ressort-là… ?

JACQUES. – Je veux que le diable m'emporte si je conçois* qu'il puisse jouer sans cause. Mon capitaine disait : « Posez une cause, un effet s'ensuit ; d'une cause faible, un faible effet ; d'une cause momentanée, un effet d'un moment ; d'une cause intermittente, un effet intermittent ; d'une cause contrariée, un effet ralenti ; d'une cause cessante, un effet nul. »

LE MAÎTRE. – Mais il me semble que je sens au-dedans de moi-même que je suis libre, comme je sens que je pense.

JACQUES. – Mon capitaine disait : « Oui, à présent que vous ne voulez rien, mais veuillez vous précipiter de votre cheval ? »

---

1. C'est vite dit / Et vite prouvé.
2. C'est-à-dire Jean-Jacques Rousseau qui, dans le livre II de l'*Émile*, déconseille la lecture des *Fables* de La Fontaine dans l'éducation des enfants.

LE MAÎTRE. – Eh bien ! je me précipiterai.

JACQUES. – Gaiement, sans répugnance, sans effort, comme lorsqu'il vous plaît d'en descendre à la porte d'une auberge ?

LE MAÎTRE. – Pas tout à fait ; mais qu'importe, pourvu que je me précipite, et que je prouve que je suis libre ?

JACQUES. – Mon capitaine disait : « Quoi ! vous ne voyez pas que sans ma contradiction il ne vous serait jamais venu en fantaisie de vous rompre le cou ? C'est donc moi qui vous prends par le pied, et qui vous jette hors de selle. Si votre chute prouve quelque chose, ce n'est donc pas que vous soyez libre, mais que vous êtes fou. » Mon capitaine disait encore que la jouissance d'une liberté qui pourrait s'exercer sans motif serait le vrai caractère d'un maniaque.

LE MAÎTRE. – Cela est trop fort pour moi ; mais, en dépit de ton capitaine et de toi, je croirai que je veux quand je veux.

JACQUES. – Mais si vous êtes et si vous avez toujours été le maître de vouloir, que ne voulez-vous à présent aimer une guenon ; et que n'avez-vous cessé d'aimer Agathe toutes les fois que vous l'avez voulu ? Mon maître, on passe les trois quarts de sa vie à vouloir, sans faire.

LE MAÎTRE. – Il est vrai.

JACQUES. – Et à faire sans vouloir.

LE MAÎTRE. – Tu me démontreras celui-ci ?

JACQUES. – Si vous y consentez.

LE MAÎTRE. – J'y consens.

JACQUES. – Cela se fera, et parlons d'autre chose… »

Après ces balivernes et quelques autres propos de la même importance, ils se turent ; et Jacques, relevant son énorme chapeau, parapluie dans les mauvais temps, parasol dans les temps chauds, couvre-chef en tout temps, le ténébreux sanctuaire sous lequel une des meilleures cervelles qui aient encore existé consultait le destin dans les grandes occasions… ; les ailes de ce chapeau relevées lui plaçaient le visage à peu près au milieu du corps ; rabattues, à peine voyait-il à dix pas devant lui : ce qui lui avait donné l'habitude de porter le nez au vent ; et c'est alors qu'on pouvait dire de son chapeau :

> *Os illi sublime dedit, cœlumque tueri*
> *Jussit, et erectos ad sidera tollere vultus*[1].

Jacques, donc, relevant son énorme chapeau et promenant ses regards au loin, aperçut un laboureur qui rouait inutilement de coups un des deux chevaux qu'il avait attelés à sa charrue. Ce cheval, jeune et vigoureux, s'était couché sur le sillon, et le laboureur avait beau le secouer par la bride, le prier, le caresser*, le menacer, jurer, frapper, l'animal restait immobile et refusait opiniâtrement de se relever.

Jacques, après avoir rêvé quelque temps à cette scène, dit à son maître, dont elle avait aussi fixé l'attention : « Savez-vous, monsieur, ce qui se passe là ?

LE MAÎTRE. – Et que veux-tu qui se passe autre chose que ce que je vois ?

JACQUES. – Vous ne devinez rien ?

LE MAÎTRE. – Non. Et toi, que devines-tu ?

JACQUES. – Je devine que ce sot, orgueilleux, fainéant animal est un habitant de la ville, qui, fier de son premier état* de cheval de selle, méprise la charrue ; et pour vous dire tout, en un mot, que c'est votre cheval, le symbole de Jacques que voilà, et de tant d'autres lâches coquins comme lui, qui ont quitté les campagnes pour venir porter la livrée dans la capitale, et qui aimeraient mieux mendier leur pain dans les rues, ou mourir de faim, que de retourner à l'agriculture, le plus utile et le plus honorable des métiers. »

Le maître se mit à rire ; et Jacques, s'adressant au laboureur qui ne l'entendait pas, disait : « Pauvre diable, touche, touche tant que tu voudras : il a pris son pli, et tu useras plus d'une mèche à ton fouet, avant que d'inspirer à ce maraud*-là un peu de véritable dignité et quelque goût pour le travail… » Le maître continuait de rire. Jacques, moitié d'impatience, moitié de pitié, se lève, s'avance vers le laboureur, et n'a pas fait deux cents pas que, se retournant vers son maître, il se met à crier : « Monsieur, arrivez, arrivez ; c'est votre cheval, c'est votre cheval. »

---

1. Citation inexacte d'Ovide (« *illi* » est mis en place d'« *homini* ») : « Il donna à l'homme un visage en haut de son corps, lui prescrit de contempler le ciel et d'élever ses regards vers les astres » (*Métamorphoses* I, 85-86).

Ce l'était en effet. À peine l'animal eut-il reconnu Jacques et son maître, qu'il se releva de lui-même, secoua sa crinière, hennit, se cabra, et approcha tendrement son museau du mufle de son camarade. Cependant Jacques, indigné, disait entre ses dents : « Gredin, vaurien, paresseux, à quoi tient-il que je ne te donne vingt coups de botte ?... » Son maître, au contraire, le baisait, lui passait une main sur le flanc, lui frappait doucement la croupe de l'autre et, pleurant presque de joie, s'écriait : « Mon cheval, mon pauvre cheval, je te retrouve donc ! »

Le laboureur n'entendait* rien à cela. « Je vois, messieurs, leur dit-il, que ce cheval vous a appartenu ; mais je ne l'en possède pas moins légitimement ; je l'ai acheté à la dernière foire. Si vous vouliez le reprendre pour les deux tiers de ce qu'il m'a coûté, vous me rendriez un grand service, car je n'en puis rien faire. Lorsqu'il faut le sortir de l'écurie, c'est le diable ; lorsqu'il faut l'atteler, c'est pis encore ; lorsqu'il est arrivé sur le champ, il se couche, et il se laisserait plutôt assommer que de donner un coup de collier ou que de souffrir* un sac sur son dos. Messieurs, auriez-vous la charité de me débarrasser de ce maudit animal-là ? Il est beau, mais il n'est bon à rien qu'à piaffer sous un cavalier, et ce n'est pas là mon affaire... » On lui proposa un échange avec celui des deux autres qui lui conviendrait le mieux ; il y consentit, et nos deux voyageurs revinrent au petit pas à l'endroit où ils s'étaient reposés, et d'où ils virent, avec satisfaction, le cheval qu'ils avaient cédé au laboureur se prêter sans répugnance à son nouvel état*.

JACQUES. – Eh bien ! monsieur ?

LE MAÎTRE. – Eh bien ! rien n'est plus sûr que tu es inspiré ; est-ce de Dieu, est-ce du diable ? Je l'ignore. Jacques, mon cher ami, je crains que vous n'ayez le diable au corps.

JACQUES. – Et pourquoi le diable ?

LE MAÎTRE. – C'est que vous faites des prodiges, et que votre doctrine est fort suspecte.

JACQUES. – Et qu'est-ce qu'il y a de commun entre la doctrine que l'on professe et les prodiges qu'on opère ?

LE MAÎTRE. – Je vois que vous n'avez pas lu dom La Taste[1].

JACQUES. – Et ce dom La Taste que je n'ai pas lu, que dit-il ?

LE MAÎTRE. – Il dit que Dieu et le diable font également des miracles.

JACQUES. – Et comment distingue-t-il les miracles de Dieu des miracles du diable ?

LE MAÎTRE. – Par la doctrine. Si la doctrine est bonne, les miracles sont de Dieu ; si elle est mauvaise, les miracles sont du diable.

JACQUES. – *Ici Jacques se mit à siffler, puis il ajouta.* – Et qui est-ce qui m'apprendra à moi, pauvre ignorant, si la doctrine du faiseur de miracles est bonne ou mauvaise ? Allons, monsieur, remontons sur nos bêtes. Que vous importe que ce soit de par Dieu ou de par Belzébuth que votre cheval se soit retrouvé ? En ira-t-il moins bien ?

LE MAÎTRE. – Non. Cependant, Jacques, si vous étiez possédé…

JACQUES. – Quel remède y aurait-il à cela ?

LE MAÎTRE. – Le remède ! ce serait, en attendant l'exorcisme… ce serait de vous mettre à l'eau bénite pour toute boisson.

JACQUES. – Moi, monsieur, à l'eau ! Jacques à l'eau bénite ! J'aimerais mieux que mille légions de diables me restassent dans le corps, que d'en boire une goutte, bénite ou non bénite. Est-ce que vous ne vous êtes pas aperçu que j'étais hydrophobe[2]?… »

Ah ! *hydrophobe ?* Jacques a dit *hydrophobe ?*… Non, lecteur, non ; je confesse que le mot n'est pas de lui. Mais avec cette sévérité de critique-là, je vous défie de lire une scène de comédie ou de tragédie, un seul dialogue, quelque bien qu'il soit fait, sans surprendre le mot de l'auteur dans

---

1. À la fin des années 1720 eurent lieu des scènes d'hystérie collective sur la tombe du diacre janséniste Pâris, au cimetière Saint-Médard, qui culminèrent autour de 1730-1731. Dom Louis-Bernard La Taste (1692-1754) tourna en dérision, dans divers écrits, les prétendus miracles de ces « convulsionnaires », en soutenant que le diable pouvait lui aussi faire des miracles.
2. Qui a la phobie de l'eau.

la bouche de son personnage. Jacques a dit : « Monsieur, est-ce que vous ne vous êtes pas encore aperçu qu'à la vue de l'eau, la rage me prend ?... » Eh bien ? en disant autrement que lui, j'ai été moins vrai, mais plus court.

Ils remontèrent sur leurs chevaux ; et Jacques dit à son maître : « Vous en étiez de vos amours au moment où, après avoir été heureux deux fois, vous vous disposiez peut-être à l'être une troisième.

LE MAÎTRE. – Lorsque tout à coup la porte de corridor s'ouvre. Voilà la chambre pleine d'une foule de gens qui marchent tumultueusement ; j'aperçois des lumières, j'entends des voix d'hommes et de femmes qui parlaient tous à la fois. Les rideaux sont violemment tirés ; et j'aperçois le père, la mère, les tantes, les cousins, les cousines et un commissaire qui leur disait gravement : « Messieurs, mesdames, point de bruit ; le délit est flagrant ; monsieur est un galant* homme : il n'y a qu'un moyen de réparer le mal ; et monsieur aimera mieux s'y prêter de lui-même que de s'y faire contraindre par les lois... »

À chaque mot il était interrompu par le père et par la mère qui m'accablaient de reproches ; par les tantes et par les cousines qui adressaient les épithètes les moins ménagées à Agathe, qui s'était enveloppé la tête dans les couvertures. J'étais stupéfait, et je ne savais que dire. Le commissaire, s'adressant à moi, me dit ironiquement : « Monsieur, vous êtes fort bien ; il faut cependant que vous ayez pour agréable de vous lever et de vous vêtir... » Ce que je fis, mais avec mes habits qu'on avait substitués à ceux du chevalier. On approcha une table ; le commissaire se mit à verbaliser. Cependant la mère se faisait tenir à quatre[1] pour ne pas assommer sa fille, et le père lui disait : « Doucement, ma femme, doucement ; quand vous aurez assommé votre fille, il n'en sera ni plus ni moins. Tout s'arrangera pour le mieux... » Les autres personnages étaient dispersés sur des chaises, dans les différentes attitudes de la douleur, de l'indignation et de la colère. Le père, gourmandant sa femme par intervalles, lui disait : « Voilà ce que c'est que de ne pas veiller à la conduite de sa fille... » La

---

1. Se faisait retenir fortement.

mère lui répondait : « Avec cet air si bon et si honnête*, qui l'aurait cru de monsieur ?... » Les autres gardaient le silence. Le procès-verbal dressé, on m'en fit lecture ; et comme il ne contenait que la vérité, je le signai et je descendis avec le commissaire, qui me pria très obligeamment de monter dans une voiture qui était à la porte, d'où l'on me conduisit avec un assez nombreux cortège droit au Fort-l'Évêque [1].

JACQUES. – Au Fort-l'Évêque ! en prison !

LE MAÎTRE. – En prison ; et puis voilà un procès abominable. Il ne s'agissait rien moins que d'épouser Mlle Agathe ; les parents ne voulaient entendre à aucun accommodement. Dès le matin, le chevalier m'apparut dans ma retraite. Il savait tout. Agathe était désolée ; ses parents étaient engagés ; il avait essuyé les plus cruels reproches sur la perfide connaissance qu'il leur avait donnée ; c'était lui qui était la première cause de leur malheur et du déshonneur de leur fille ; ces pauvres gens faisaient pitié. Il avait demandé à parler à Agathe en particulier ; il ne l'avait pas obtenu sans peine. Agathe avait pensé lui arracher les yeux, elle l'avait appelé des noms les plus odieux. Il s'y attendait ; il avait laissé tomber ses fureurs ; après quoi il avait tâché de l'amener à quelque chose de raisonnable ; mais cette fille disait une chose à laquelle, ajoutait le chevalier, je ne sais point de réplique : « Mon père et ma mère m'ont surprise avec votre ami ; faut-il leur apprendre que, en couchant avec lui, je croyais coucher avec vous ?... » Il lui répondait : « Mais en bonne foi, croyez-vous que mon ami puisse vous épouser ?... – Non, disait-elle, c'est vous, indigne, c'est vous, infâme, qui devriez être condamné. »

« Mais, dis-je au chevalier, il ne tiendrait qu'à vous de me tirer d'affaire.

– Comment cela ?

– Comment ? en déclarant la chose comme elle est.

– J'en ai menacé Agathe ; mais, certes, je n'en ferai rien. Il est incertain que ce moyen nous servît utilement ; il est très certain qu'il nous couvrirait d'infamie. Aussi c'est votre faute.

---

1. Prison parisienne accueillant surtout les condamnés pour dettes.

– Ma faute ?

– Oui, votre faute. Si vous eussiez approuvé l'espièglerie que je vous proposais, Agathe aurait été surprise entre
deux hommes, et tout ceci aurait fini par une dérision. Mais
cela n'est point, et il s'agit de se tirer de ce mauvais pas.

– Mais, chevalier, pourriez-vous m'expliquer un petit
incident ? C'est mon habit repris et le vôtre remis dans la
garde-robe ; ma foi, j'ai beau y rêver*, c'est un mystère qui
me confond. Cela m'a rendu Agathe un peu suspecte ; il
m'est venu dans la tête qu'elle avait reconnu la superche-
rie, et qu'il y avait entre elle et ses parents je ne sais quelle
connivence.

– Peut-être vous aura-t-on vu monter ; ce qu'il y a de certain, c'est que vous fûtes à peine déshabillé, qu'on me renvoya mon habit et qu'on me redemanda le vôtre.

– Cela s'éclaircira avec le temps… »

Comme nous étions en train, le chevalier et moi, de nous
affliger, de nous consoler, de nous accuser, de nous inju-
rier et de nous demander pardon, le commissaire entra ; le
chevalier pâlit et sortit brusquement. Ce commissaire était
un homme de bien, comme il en est quelques-uns, qui, relisant chez lui son procès-verbal, se rappela qu'autrefois il
avait fait ses études avec un jeune homme qui portait mon
nom ; il lui vint en pensée que je pourrais bien être le parent
ou même le fils de son ancien camarade de collège : et le
fait était vrai. Sa première question fut de me demander qui
était l'homme qui s'était évadé quand il était entré.

« Il ne s'est point évadé, lui dis-je, il est sorti ; c'est mon
intime ami, le chevalier de Saint-Ouin.

– Votre ami ! Vous avez là un plaisant ami ! Savez-vous,
monsieur, que c'est lui qui m'est venu avertir ? Il était
accompagné du père et d'un autre parent.

– Lui !

– Lui-même.

– Êtes-vous bien sûr de votre fait ?

– Très sûr ; mais comment l'avez-vous nommé ?

– Le chevalier de Saint-Ouin.

– Oh ! le chevalier de Saint-Ouin, nous y voilà. Et savez-
vous ce que c'est que votre ami, votre intime ami le chevalier de Saint-Ouin ? Un escroc, un homme noté par cent

mauvais tours. La police ne laisse la liberté du pavé à cette espèce d'hommes-là, qu'à cause des services qu'elle en tire quelquefois. Ils sont fripons et délateurs des fripons ; et on les trouve apparemment plus utiles par le mal qu'ils préviennent ou qu'ils révèlent, que nuisibles par celui qu'ils font… »

Je racontai au commissaire ma triste aventure, telle qu'elle s'était passée. Il ne la vit pas d'un œil beaucoup plus favorable ; car tout ce qui pouvait m'absoudre ne pouvait ni s'alléguer ni se démontrer au tribunal des lois. Cependant il se chargea d'appeler le père et la mère, de serrer les pouces[1] à la fille, d'éclairer le magistrat, et de ne rien négliger de ce qui servirait à ma justification ; me prévenant toutefois que, si ces gens étaient bien conseillés, l'autorité y pourrait très peu de chose.

« Quoi ! monsieur le commissaire, je serais forcé d'épouser ?

– Épouser ! cela serait bien dur, aussi ne l'appréhendé-je pas ; mais il y aura des dédommagements, et dans ce cas ils sont considérables… » Mais, Jacques, je crois que tu as quelque chose à me dire.

Jacques. – Oui ; je voulais vous dire que vous fûtes en effet plus malheureux que moi, qui payai et qui ne couchai pas. Au demeurant, j'aurais, je crois, entendu votre histoire tout courant, si Agathe avait été grosse.

Le Maître. – Ne te départs pas encore de ta conjecture ; c'est que le commissaire m'apprit, quelque temps après ma détention, qu'elle était venue faire chez lui sa déclaration de grossesse.

Jacques. – Et vous voilà père d'un enfant…

Le Maître. – Auquel je n'ai pas nui.

Jacques. – Mais que vous n'avez pas fait.

Le Maître. – Ni la protection du magistrat, ni toutes les démarches du commissaire ne purent empêcher cette affaire de suivre le cours de la justice ; mais comme la fille et ses parents étaient mal famés[2], je n'épousai pas entre les deux guichets. On me condamna à une amende consi-

1. Arracher la vérité par la force.
2. Avaient mauvaise réputation.

dérable, aux frais de gésine[1], et à pourvoir à la subsistance et à l'éducation d'un enfant provenu des faits et gestes de mon ami le chevalier de Saint-Ouin, dont il était le portrait en miniature. Ce fut un gros garçon, dont Mlle Agathe accoucha très heureusement entre le septième et le huitième mois, et auquel on donna une bonne nourrice, dont j'ai payé les mois jusqu'à ce jour.

JACQUES. – Quel âge peut avoir monsieur votre fils ?

LE MAÎTRE. – Il aura bientôt dix ans. Je l'ai laissé tout ce temps à la campagne, où le maître d'école lui a appris à lire, à écrire et à compter. Ce n'est pas loin de l'endroit où nous allons ; et je profite de la circonstance pour payer à ces gens ce qui leur est dû, le retirer, et le mettre en métier.

Jacques et son maître couchèrent encore une fois en route. Ils étaient trop voisins du terme de leur voyage, pour que Jacques reprît l'histoire de ses amours ; d'ailleurs il s'en manquait beaucoup que son mal de gorge fût passé. Le lendemain ils arrivèrent... – Où ? – D'honneur je n'en sais rien. – Et qu'avaient-ils à faire où ils allaient ? – Tout ce qu'il vous plaira. Est-ce que le maître de Jacques disait ses affaires à tout le monde ? Quoi qu'il en soit, elles n'exigeaient pas au-delà d'une quinzaine de séjour. Se terminèrent-elles bien, se terminèrent-elles mal ? C'est ce que j'ignore encore. Le mal de gorge de Jacques se dissipa, par deux remèdes qui lui étaient antipathiques, la diète et le repos.

Un matin, le maître dit à son valet : « Jacques, bride et selle les chevaux et remplis ta gourde ; il faut aller où tu sais. » Ce qui fut aussitôt fait que dit. Les voilà s'acheminant vers l'endroit où l'on nourrissait depuis dix ans, aux dépens du maître de Jacques, l'enfant du chevalier de Saint-Ouin. À quelque distance du gîte qu'ils venaient de quitter, le maître s'adressa à Jacques dans les mots suivants : « Jacques, que dis-tu de mes amours ?

JACQUES. – Qu'il y a d'étranges choses écrites là-haut. Voilà un enfant de fait, Dieu sait comment ! Qui sait le rôle que ce petit bâtard jouera dans le monde ? Qui sait s'il

_____
1. Accouchement.

n'est pas né pour le bonheur ou le bouleversement d'un empire ?

LE MAÎTRE. – Je te réponds que non. J'en ferai un bon tourneur ou un bon horloger. Il se mariera ; il aura des enfants qui tourneront à perpétuité des bâtons de chaise dans ce monde.

JACQUES. – Oui, si cela est écrit là-haut. Mais pourquoi ne sortirait-il pas un Cromwell [1] de la boutique d'un tourneur ? Celui qui fit couper la tête à son roi, n'était-il pas sorti de la boutique d'un brasseur, et ne dit-on pas aujourd'hui ?…

LE MAÎTRE. – Laissons cela. Tu te portes bien, tu sais mes amours ; en conscience tu ne peux te dispenser de reprendre l'histoire des tiennes.

JACQUES. – Tout s'y oppose. Premièrement, le peu de chemin qui nous reste à faire ; secondement, l'oubli de l'endroit où j'en étais ; troisièmement, un diable de pressentiment que j'ai là… que cette histoire ne doit pas finir ; que ce récit nous portera malheur, et que je ne l'aurais pas sitôt repris qu'il sera interrompu par une catastrophe [2] heureuse ou malheureuse.

LE MAÎTRE. – Si elle est heureuse, tant mieux !

JACQUES. – D'accord ; mais j'ai là… qu'elle sera malheureuse.

LE MAÎTRE. – Malheureuse ! soit ; mais que tu parles ou que tu te taises, arrivera-t-elle moins ?

JACQUES. – Qui sait cela ?

LE MAÎTRE. – Tu es né trop tard de deux ou trois siècles.

JACQUES. – Non, monsieur, je suis né à temps comme tout le monde.

LE MAÎTRE. – Tu aurais été un grand augure.

JACQUES. – Je ne sais pas bien précisément ce que c'est qu'un augure, ni ne me soucie de le savoir.

LE MAÎTRE. – C'est un des chapitres importants de ton traité de la divination.

---

1. Chef de l'opposition au pouvoir royal pendant les deux guerres civiles (1642-1646 et 1648), Oliver Cromwell (1599-1658) instaura une dictature militaire en Angleterre, dont il devint Lord protecteur en 1653, après avoir fait exécuter le roi Charles Ier en 1649.
2. Terme de poétique désignant le dénouement, qu'il soit heureux ou malheureux.

JACQUES. – Il est vrai ; mais il y a si longtemps qu'il est écrit, que je ne m'en rappelle pas un mot. Monsieur, tenez, voilà qui en sait plus que tous les augures, oies fatidiques et poulets sacrés de la république [1] ; c'est la gourde. Interrogeons la gourde. »

Jacques prit sa gourde, et la consulta longuement. Son maître tira sa montre et sa tabatière, vit l'heure qu'il était, prit sa prise de tabac, et Jacques dit : « Il me semble à présent que je vois le destin moins noir. Dites-moi où j'en étais.

LE MAÎTRE. – Au château de Desglands, ton genou un peu remis, et Denise chargée par sa mère de te soigner.

JACQUES. – Denise fut obéissante. La blessure de mon genou était presque refermée ; j'avais même pu danser en rond la nuit de l'enfant ; cependant j'y souffrais par intervalles des douleurs inouïes. Il vint en tête au chirurgien du château qui en savait un peu plus long que son confrère, que ces souffrances, dont le retour était si opiniâtre, ne pouvaient avoir pour cause que le séjour d'un corps étranger qui était resté dans les chairs, après l'extraction de la balle. En conséquence il arriva dans ma chambre de grand matin ; il fit approcher une table de mon lit ; et lorsque mes rideaux furent ouverts, je vis cette table couverte d'instruments tranchants ; Denise assise à mon chevet, et pleurant à chaudes larmes ; sa mère debout, les bras croisés, et assez triste ; le chirurgien dépouillé de sa casaque, les manches de sa veste retroussées, et sa main droite armée d'un bistouri.

LE MAÎTRE. – Tu m'effraies.

JACQUES. – Je le fus aussi. « L'ami, me dit le chirurgien, êtes-vous las de souffrir ?

– Fort las.

– Voulez-vous que cela finisse et conserver votre jambe ?

– Certainement.

– Mettez-la donc hors du lit, et que j'y travaille à mon aise. »

J'offre ma jambe. Le chirurgien met le manche de son

---

1. Allusion aux procédés de divination en cours dans la Rome antique.

bistouri entre ses dents, passe ma jambe sous son bras
gauche, l'y fixe fortement, reprend son bistouri, en introduit la pointe dans l'ouverture de ma blessure, et me fait
une incision large et profonde. Je ne sourcillai pas, mais
Jeanne détourna la tête, et Denise poussa un cri aigu, et se
trouva mal… »

Ici, Jacques fit halte à son récit, et donne une nouvelle
atteinte à sa gourde. Les atteintes étaient d'autant plus fréquentes que les distances étaient courtes, ou comme disent
les géomètres, en raison inverse des distances. Il était si
précis dans ses mesures, que, pleine en partant, elle était
toujours exactement vide en arrivant. Messieurs des ponts
et chaussées en auraient fait un excellent odomètre[1], et
chaque atteinte avait communément sa raison suffisante.
Celle-ci était pour faire revenir Denise de son évanouissement, et se remettre de la douleur de l'incision que le chirurgien lui avait faite au genou. Denise revenue, et lui
réconforté, il continua.

JACQUES. – Cette énorme incision mit à découvert le fond
de la blessure, d'où le chirurgien tira, avec ses pinces, une
très petite pièce de drap de ma culotte qui y était restée, et
dont le séjour causait mes douleurs et empêchait l'entière
cicatrisation de mon mal. Depuis cette opération, mon état
alla de mieux en mieux, grâce aux soins de Denise ; plus
de douleurs, plus de fièvre ; de l'appétit, du sommeil, des
forces. Denise me pansait avec exactitude et avec une délicatesse infinie. Il fallait voir la circonspection et la légèreté
de main avec lesquelles elle levait mon appareil* ; la crainte
qu'elle avait de me faire la moindre douleur ; la manière
dont elle baignait ma plaie ; j'étais assis sur le bord de mon
lit ; elle avait un genou en terre, ma jambe était posée sur
sa cuisse, que je pressais quelquefois un peu : j'avais une
main sur son épaule ; et je la regardais faire avec un atten-
drissement que je crois qu'elle partageait. Lorsque son pansement était achevé, je lui prenais les deux mains, je la
remerciais, je ne savais que lui dire, je ne savais comment
je lui témoignerais ma reconnaissance ; elle était debout,
les yeux baissés, et m'écoutait sans mot dire. Il ne passait

---

1. Instrument servant à mesurer mécaniquement les distances.

pas au château un seul porteballe[1], que je ne lui achetasse quelque chose ; une fois c'était un fichu, une autre fois c'était quelques aunes* d'indienne[2] ou de mousseline, une croix d'or, des bas de coton, une bague, un collier de grenat. Quand ma petite emplette était faite, mon embarras était de l'offrir, le sien de l'accepter. D'abord je lui montrais la chose ; si elle la trouvait bien, je lui disais : « Denise, c'est pour vous que je l'ai achetée… » Si elle l'acceptait, ma main tremblait en la lui présentant, et la sienne en la recevant. Un jour, ne sachant plus que lui donner, j'achetai des jarretières ; elles étaient de soie, chamarrées de blanc, de rouge et de bleu, avec une devise. Le matin, avant qu'elle arrivât, je les mis sur le dossier de la chaise qui était à côté de mon lit. Aussitôt que Denise les aperçut, elle dit : « Oh ! les jolies jarretières !

– C'est pour mon amoureuse, lui répondis-je.

– Vous avez donc une amoureuse, monsieur Jacques ?

– Assurément ; est-ce que je ne vous l'ai pas encore dit ?

– Non. Elle est bien aimable, sans doute ?

– Très aimable.

– Et vous l'aimez bien ?

– De tout mon cœur.

– Et elle vous aime de même ?

– Je n'en sais rien. Ces jarretières sont pour elle, et elle m'a promis une faveur qui me rendra fou, je crois, si elle me l'accorde.

– Et quelle est cette faveur ?

– C'est que de ces deux jarretières-là j'en attacherai une de mes mains… »

Denise rougit, se méprit à mon discours, crut que les jarretières étaient pour une autre, devint triste, fit maladresse sur maladresse, cherchait tout ce qu'il fallait pour mon pansement, l'avait sous les yeux et ne le trouvait pas ; renversa le vin qu'elle avait fait chauffer, s'approcha de mon lit pour me panser, prit ma jambe d'une main tremblante, délia mes bandes tout de travers, et quand il fallut étuver* ma blessure, elle avait oublié tout ce qui était nécessaire ; elle l'alla

---

1. Marchand ambulant.
2. Étoffe de coton.

chercher, me pansa, et en me pansant je vis qu'elle pleurait.

« Denise, je crois que vous pleurez, qu'avez-vous ?

– Je n'ai rien.

– Est-ce qu'on vous a fait de la peine ?

– Oui.

– Et qui est le méchant qui vous a fait de la peine ?

– C'est vous.

– Moi ?

– Oui.

– Et comment est-ce que cela m'est arrivé ?… »

Au lieu de me répondre, elle tourna les yeux sur les jarretières.

« Eh quoi ! lui dis-je, c'est cela qui vous a fait pleurer ?

– Oui.

– Eh ! Denise, ne pleurez plus, c'est pour vous que je les
ai achetées.

– Monsieur Jacques, dites-vous bien vrai ?

– Très vrai ; si vrai, que les voilà. » En même temps je
les lui présentai toutes deux, mais j'en retins une ; à l'instant il s'échappa un souris* à travers ses larmes. Je la pris
par le bras, je l'approchai de mon lit, je pris un de ses pieds
que je mis sur le bord ; je relevai ses jupons jusqu'à son
genou, où elle les tenait serrés avec ses deux mains ; je bai-
sai sa jambe, j'y attachai la jarretière que j'avais retenue ;
et à peine était-elle attachée, que Jeanne sa mère entra.

LE MAÎTRE. – Voilà une fâcheuse visite.

JACQUES. – Peut-être que oui, peut-être que non.

Au lieu de s'apercevoir de notre trouble, elle ne vit que
la jarretière que sa fille avait entre ses mains. « Voilà une
jolie jarretière, dit-elle : mais où est l'autre ?

– À ma jambe, lui répondit Denise. Il m'a dit qu'il les
avait achetées pour son amoureuse, et j'ai jugé que c'était
pour moi. N'est-il pas vrai, maman, que puisque j'en ai mis
une, il faut que je garde l'autre ?

– Ah ! monsieur Jacques, Denise a raison, une jarretière
ne va pas sans l'autre, et vous ne voudriez pas lui reprendre
ce qu'elle a.

– Pourquoi non ?

– C'est que Denise ne le voudrait pas, ni moi non plus.

– Mais arrangeons-nous, je lui attacherai l'autre en votre présence.

– Non, non, cela ne se peut pas.

– Qu'elle me les rende donc toutes deux.

– Cela ne se peut pas non plus. »

Mais Jacques et son maître sont à l'entrée du village où ils allaient voir l'enfant et les nourriciers de l'enfant du chevalier de Saint-Ouin. Jacques se tut ; son maître lui dit : « Descendons, et faisons ici une pause.

– Pourquoi ?

– Parce que, selon toute apparence, tu touches à la conclusion de tes amours.

– Pas tout à fait.

– Quand on est arrivé au genou, il y a peu de chemin à faire.

– Mon maître, Denise avait la cuisse plus longue qu'une autre.

– Descendons toujours. »

Ils descendent de cheval, Jacques le premier, et se présentant avec célérité à la botte de son maître, qui n'eut pas plus tôt posé le pied sur l'étrier que les courroies se détachent et que mon cavalier, renversé en arrière, allait s'étendre rudement par terre si son valet ne l'eût reçu entre ses bras.

Le Maître. – Eh bien ! Jacques, voilà comme tu me soignes ! Que s'en est-il fallu que je me sois enfoncé un côté, cassé le bras, fendu la tête, peut-être tué ?

Jacques. – Le grand malheur !

Le Maître. – Que dis-tu, maroufle* ? Attends, attends, je vais t'apprendre à parler…

Et le maître, après avoir fait faire au cordon de son fouet deux tours sur le poignet, de poursuivre Jacques, et Jacques de tourner autour du cheval, en éclatant de rire ; et son maître de jurer, de sacrer, d'écumer de rage, et de tourner aussi autour du cheval en vomissant contre Jacques un torrent d'invectives ; et cette course de durer jusqu'à ce que tous deux, traversés de sueur et épuisés de fatigue, s'arrêtèrent l'un d'un côté du cheval, l'autre de l'autre, Jacques haletant et continuant de rire ; son maître haletant et lui lançant des regards de fureur. Ils commençaient à reprendre haleine, lorsque Jacques dit à son maître : « Monsieur mon maître en conviendra-t-il à présent ?

LE MAÎTRE. – Et de quoi veux-tu que je convienne, chien, coquin, infâme, sinon que tu es le plus méchant de tous les valets, et que je suis le plus malheureux de tous les maîtres ?

JACQUES. – N'est-il pas évidemment démontré que nous agissons la plupart du temps sans vouloir ? Là, mettez la main sur la conscience : de tout ce que vous avez dit ou fait depuis une demi-heure, en avez-vous rien voulu ? N'avez-vous pas été ma marionnette, et n'auriez-vous pas continué d'être mon polichinelle pendant un mois, si je me l'étais proposé ?

LE MAÎTRE. – Quoi ! c'était un jeu ?

JACQUES. – Un jeu.

LE MAÎTRE. – Et tu t'attendais à la rupture des courroies ?

JACQUES. – Je l'avais préparée.

LE MAÎTRE. – Et ta réponse impertinente était préméditée ?

JACQUES. – Préméditée.

LE MAÎTRE. – Et c'était le fil d'archal[1] que tu attachais au-dessus de ma tête pour me démener à ta fantaisie ?

JACQUES. – À merveille !

LE MAÎTRE. – Tu es un dangereux vaurien.

JACQUES. – Dites, grâce à mon capitaine qui se fit un jour un pareil passe-temps à mes dépens, que je suis un subtil raisonneur.

LE MAÎTRE. – Si pourtant je m'étais blessé ?

JACQUES. – Il était écrit là-haut et dans ma prévoyance que cela n'arriverait pas.

LE MAÎTRE. – Allons, asseyons-nous ; nous avons besoin de repos. »

Ils s'asseyent, Jacques disant : « Peste soit du sot !

LE MAÎTRE. – C'est de toi que tu parles apparemment.

JACQUES. – Oui, de moi, qui n'ai pas réservé un coup de plus dans la gourde.

LE MAÎTRE. – Ne regrette rien, je l'aurais bu, car je meurs de soif.

---

1. Fil de fer ou de laiton.

JACQUES. – Peste soit encore du sot de n'en avoir pas réservé deux ! »

Le maître le suppliant, pour tromper leur lassitude et leur soif, de continuer son récit, Jacques s'y refusant, son maître boudant, Jacques se laissant bouder ; enfin Jacques, après avoir protesté* contre les malheurs qu'il en arriverait, reprenant l'histoire de ses amours, dit :

« Un jour de fête que le seigneur du château était à la chasse… » Après ces mots il s'arrêta tout court, et dit : « Je ne saurais ; il m'est impossible d'avancer ; il me semble que j'aie derechef* la main du destin à la gorge, et que je me sente serrer ; pour Dieu, monsieur, permettez que je me taise.

– Eh bien ! tais-toi, et va demander à la première chaumière que voilà, la demeure du nourricier… »

C'était à la porte plus bas ; ils y vont, chacun d'eux tenant son cheval par la bride. À l'instant la porte du nourricier s'ouvre, un homme se montre ; le maître de Jacques pousse un cri et porte la main à son épée, l'homme en question en fait autant. Les deux chevaux s'effraient du cliquetis des armes, celui de Jacques casse sa bride et s'échappe, et dans le même instant le cavalier contre lequel son maître se bat est étendu mort sur la place. Les paysans du village accourent. Le maître de Jacques se remet prestement en selle et s'éloigne à toutes jambes. On s'empare de Jacques, on lui lie les mains sur le dos, et on le conduit devant le juge du lieu, qui l'envoie en prison. L'homme tué était le chevalier de Saint-Ouin, que le hasard avait conduit précisément ce jour-là avec Agathe chez la nourrice de leur enfant. Agathe s'arrache les cheveux sur le cadavre de son amant. Le maître de Jacques est déjà si loin qu'on l'a perdu de vue. Jacques, en allant de la maison du juge à la prison, disait : « Il fallait que cela fût, cela était écrit là-haut… »

Et moi, je m'arrête, parce que je vous ai dit de ces deux personnages tout ce que j'en sais. – Et les amours de Jacques ? Jacques a dit cent fois qu'il était écrit là-haut qu'il n'en finirait pas l'histoire, et je vois que Jacques avait raison. Je vois, lecteur, que cela vous fâche ; eh bien, reprenez son récit où il l'a laissé, et continuez-le à votre fantaisie, ou bien faites une visite à Mlle Agathe, sachez le nom du village où Jacques est emprisonné ; voyez Jacques, questionnez-le : il ne se fera pas tirer l'oreille pour vous satisfaire ; cela le désennuiera. D'après des mémoires que j'ai de bonnes raisons de tenir pour suspects, je pourrais peut-être suppléer ce qui manque ici ; mais à quoi bon ? on ne peut s'intéresser qu'à ce qu'on croit vrai. Cependant comme il y aurait de la témérité à prononcer sans un mûr examen sur les entretiens de Jacques le Fataliste et de son maître, ouvrage le plus important qui ait paru depuis le *Pantagruel* de maître François Rabelais, et la vie et les aventures du *Compère Mathieu*[1], je relirai ces mémoires avec toute la contention d'esprit et toute l'impartialité dont je suis capable ; et sous huitaine je vous en dirai mon jugement définitif, sauf à me rétracter lorsqu'un plus intelligent que moi me démontrera que je me suis trompé.

L'éditeur ajoute : La huitaine est passée. J'ai lu les mémoires en question ; des trois paragraphes que j'y trouve de plus que dans le manuscrit dont je suis le possesseur, le premier et le dernier me paraissent originaux et celui du milieu évidemment interpolé. Voici le premier, qui suppose une seconde lacune dans l'entretien de Jacques et de son maître.

Un jour de fête que le seigneur du château était à la chasse et que le reste de ses commensaux* étaient allés à la messe de la paroisse, qui en était éloignée d'un bon quart de lieue*, Jacques était levé, Denise était assise à côté de lui. Ils gardaient le silence, ils avaient l'air de se bouder, et ils boudaient en effet. Jacques avait tout mis en œuvre pour résoudre Denise à le rendre heureux, et Denise avait tenu ferme. Après ce long silence, Jacques, pleurant à chaudes larmes, lui dit d'un ton dur et amer : « C'est que vous ne m'aimez pas... » Denise, dépitée, se lève, le prend par le bras, le conduit brusquement vers le bord du lit, s'y assied, et lui dit : « Eh bien ! monsieur Jacques, je ne vous aime donc pas ? Eh bien, monsieur Jacques, faites de la malheureuse Denise tout ce qu'il vous plaira... » Et en

---

1. *Compère Mathieu ou les Bigarrures de l'esprit humain* (1766-1773), roman picaresque et licencieux d'Henri-Joseph Laurens dit du Laurens (1719-1797), avec lequel *Jacques le Fataliste* présente un certain nombre de ressemblances.

disant ces mots, la voilà fondant en pleurs et suffoquée par ses sanglots.

Dites-moi, lecteur, ce que vous eussiez fait à la place de Jacques ? Rien. Eh bien ! c'est ce qu'il fit. Il reconduisit Denise sur sa chaise, se jeta à ses pieds, essuya les pleurs qui coulaient de ses yeux, lui baisa les mains, la consola, la rassura, crut qu'il en était tendrement aimé, et s'en remit à sa tendresse sur le moment qu'il lui plairait de récompenser la sienne. Ce procédé toucha sensiblement Denise.

On objectera peut-être que Jacques, aux pieds de Denise, ne pouvait guère lui essuyer les yeux... à moins que la chaise ne fût fort basse. Le manuscrit ne le dit pas ; mais cela est à supposer.

Voici le second paragraphe, copié de la vie de *Tristram Shandy*[1], à moins que l'entretien de Jacques le Fataliste et de son maître ne soit antérieur à cet ouvrage, et que le ministre Sterne ne soit le plagiaire, ce que je ne crois pas, mais par une estime toute particulière de M. Sterne[2], que je distingue de la plupart des littérateurs de sa nation, dont l'usage assez fréquent est de nous voler et de nous dire des injures.

Une autre fois, c'était le matin, Denise était venue panser Jacques. Tout dormait encore dans le château, Denise s'approcha en tremblant. Arrivée à la porte de Jacques, elle s'arrêta, incertaine si elle entrerait ou non. Elle entra en tremblant ; elle demeura assez longtemps à côté du lit de Jacques sans oser ouvrir les rideaux. Elle les entrouvrit doucement ; elle dit bonjour à Jacques en tremblant ; elle s'informa de sa nuit et de sa santé en tremblant ; Jacques lui dit qu'il n'avait pas fermé l'œil, qu'il avait souffert, et qu'il souffrait encore d'une démangeaison cruelle à son genou. Denise s'offrit à le soulager ; elle prit une petite pièce de flanelle ; Jacques mit sa jambe hors du lit, et Denise se mit à frotter avec sa flanelle au-dessous de la blessure, d'abord avec un doigt, puis avec deux, avec trois, avec quatre, avec toute la main. Jacques la regardait faire, et s'enivrait d'amour. Puis Denise se mit à frotter avec sa

1. Voir le chapitre 1 du dossier.
2. Laurence Sterne était pasteur anglican.

flanelle sur la blessure même, dont la cicatrice était encore
rouge, d'abord avec un doigt, ensuite avec deux, avec trois,
avec quatre, avec toute la main. Mais ce n'était pas assez
d'avoir éteint la démangeaison au-dessous du genou, sur
le genou, il fallait encore l'éteindre au-dessus, où elle ne
se faisait sentir que plus vivement. Denise posa sa flanelle
au-dessus du genou, et se mit à frotter là assez fermement,
d'abord avec un doigt, avec deux, avec trois, avec quatre,
avec toute la main. La passion de Jacques, qui n'avait
cessé de la regarder, s'accrut à un tel point, que, n'y pouvant plus résister, il se précipita sur la main de Denise...
et la baisa.

Mais ce qui ne laisse aucun doute sur le plagiat, c'est
ce qui suit. Le plagiaire ajoute : « Si vous n'êtes pas satisfait de ce que je vous révèle des amours de Jacques, lecteur, faites mieux, j'y consens. De quelque manière que
vous vous y preniez, je suis sûr que vous finirez comme
moi. – Tu te trompes, insigne calomniateur, je ne finirai
point comme toi. Denise fut sage. – Et qui est-ce qui vous
dit le contraire ? Jacques se précipita sur sa main, et la baisa,
sa main. C'est vous qui avez l'esprit corrompu, et qui
entendez* ce qu'on ne vous dit pas. – Eh bien ! il ne baisa
donc que sa main ? – Certainement : Jacques avait trop de
sens pour abuser de celle dont il voulait faire sa femme, et
se préparer une méfiance qui aurait pu empoisonner le reste
de sa vie. – Mais il est dit, dans le paragraphe qui précède,
que Jacques avait mis tout en œuvre pour déterminer
Denise à le rendre heureux. – C'est qu'apparemment il n'en
voulait pas encore faire sa femme.

Le troisième paragraphe nous montre Jacques, notre
pauvre Fataliste, les fers aux pieds et aux mains, étendu
sur la paille au fond d'un cachot obscur, se rappelant tout
ce qu'il avait retenu des principes de la philosophie de
son capitaine, et n'étant pas éloigné de croire qu'il regret-
terait peut-être un jour cette demeure humide, infecte,
ténébreuse, où il était nourri de pain noir et d'eau, et où
il avait ses pieds et ses mains à défendre contre les atta-
ques des souris et des rats. On nous apprend qu'au milieu
de ses méditations les portes de sa prison et de son cachot
sont enfoncées ; qu'il est mis en liberté avec une douzaine

de brigands, et qu'il se trouve enrôlé dans la troupe de Mandrin[1]. Cependant la maréchaussée[2], qui suivait son maître à la piste, l'avait atteint, saisi et constitué dans une autre prison. Il en était sorti par les bons offices du commissaire qui l'avait si bien servi dans sa première aventure, et il vivait retiré depuis deux ou trois mois dans le château de Desglands, lorsque le hasard lui rendit un serviteur presque aussi essentiel à son bonheur que sa montre et sa tabatière. Il ne prenait pas une prise de tabac, il ne regardait pas une fois l'heure qu'il était, qu'il ne dît en soupirant : « Qu'es-tu devenu, mon pauvre Jacques !... » Une nuit le château de Desglands est attaqué par les Mandrins ; Jacques reconnaît la demeure de son bienfaiteur et de sa maîtresse ; il intercède et garantit le château du pillage. On lit ensuite le détail pathétique de l'entrevue inopinée de Jacques, de son maître, de Desglands, de Denise et de Jeanne.

« C'est toi, mon ami !

– C'est vous, mon cher maître !

– Comment t'es-tu trouvé parmi ces gens-là ?

– Et vous, comment se fait-il que je vous rencontre ici ?

– C'est vous, Denise ?

– C'est vous, monsieur Jacques ? Combien vous m'avez fait pleurer !... »

Cependant Desglands criait : « Qu'on apporte des verres et du vin ; vite, vite : c'est lui qui nous a sauvé la vie à tous... »

Quelques jours après, le vieux concierge du château décéda ; Jacques obtient sa place et épouse Denise, avec laquelle il s'occupe à susciter des disciples à Zénon[3] et à Spinoza, aimé de Desglands, chéri de son maître et adoré de sa femme ; car c'est ainsi qu'il était écrit là-haut.

On a voulu me persuader que son maître et Desglands étaient devenus amoureux de sa femme. Je ne sais ce qui

---

1. Louis Mandrin (1724-1755) célèbre chef d'une bande de brigands de grand chemin. Il acquit une grande popularité en s'attaquant aux collecteurs des impôts.
2. Voir note 2, p. 88.
3. Zénon de Cittium (335-264 av. J.-C.), philosophe grec, fondateur de l'école stoïcienne.

en est, mais je suis sûr qu'il se disait le soir à lui-même :
« S'il est écrit là-haut que tu seras cocu, Jacques, tu auras
beau faire, tu le seras ; s'il est écrit au contraire que tu ne
le seras pas, ils auront beau faire, tu ne le seras pas ; dors
donc mon ami... » et qu'il s'endormait.

DOSSIER

1 — *Jacques le Fataliste et la tradition romanesque*

Le roman connaît au XVIIIe siècle une situation paradoxale. Si son essor est sans précédent, il apparaît en même temps comme un genre constamment méprisé et décrié, parfois par ceux-là mêmes qui en écrivent, et reste sous le coup d'une double accusation esthétique et morale. « Par un roman, on a entendu* jusqu'à ce jour un tissu d'événements chimériques et frivoles, dont la lecture était dangereuse pour le goût et pour les mœurs », écrit ainsi Diderot en tête de son *Éloge de Richardson* [1]. L'attitude la plus frappante, et sans doute la plus éclairante, demeure celle de Jean-Jacques Rousseau. Dans sa préface à *La Nouvelle Héloïse*, considérée par les contemporains comme le plus grand roman du siècle dès sa parution, l'auteur déclare en effet : « Il faut des spectacles dans les grandes villes, et des romans aux peuples corrompus. J'ai vu les mœurs de mon temps, et j'ai publié ces lettres [2]. Que n'ai-je vécu dans un siècle où je dusse les jeter au feu [3] ! » Le roman, radicalement condamné dans l'absolu, apparaît simultanément comme le mal nécessaire du siècle.

---

1. Diderot, *Éloge de Richardson* (1762), in *Œuvres esthétiques*,
P. Vernière éd., Bordas, 1988, p. 29.
2. Il s'agit d'un roman épistolaire.
3. Rousseau, *Julie ou La Nouvelle Héloïse* (1761),
M. Launay éd., GF-Flammarion n° 148, 1967, p. 3.

Don Quichotte
ou l'illusion romanesque

Avec *Jacques le Fataliste*, Diderot a composé un roman qui se veut en même temps une réflexion théorique et critique sur le genre romanesque, dont les procédés sont démontés et exhibés. La critique du roman y devient matière romanesque par excellence, prétexte à une vertigineuse exploration des possibilités ludiques qu'offre le genre. Or, cette dimension réflexive du roman, qui ne cesse de commenter son propre fonctionnement, de montrer du doigt sa propre illusion, n'est pas dissociable du roman moderne, dont on peut faire remonter symboliquement la naissance au *Don Quichotte de la Manche* (1605-1615) de Miguel Cervantès.

Le maître et le valet de Diderot sont les héritiers de don Quichotte et de son fidèle écuyer Sancho Pança, dont ils perpétuent l'errance picaresque• dans un univers où les catégories du réel et de l'imaginaire se voient délibérément brouillées. Une différence notable distingue *Jacques* du modèle espagnol : ce ne sont plus les héros mais les lecteurs de romans qui se trouvent constamment déstabilisés par la « folie romanesque » et confrontés aux pièges de l'illusion. Pour avoir lu trop de romans de chevalerie, un gentilhomme espagnol se trouve peu à peu atteint d'une curieuse manie ; se prenant pour un chevalier errant du Moyen Âge, il part sur les routes à la recherche des créatures imaginaires qui peuplaient ses lectures :

• De l'espagnol picaro qui désigne un aventurier pauvre. Sur le genre picaresque, se reporter à la présentation p. 31-32.

« L'âge de notre gentilhomme frisait la cinquantaine ; il était de complexion robuste, maigre de corps, sec de visage, fort matineux et grand ami de la chasse. On a dit qu'il avait le surnom de Quixada ou Quesada, car il y a sur ce point quelque divergence entre les auteurs qui en ont écrit, bien que les conjectures les plus vraisemblables fassent entendre* qu'il s'appelait Quijana. Mais cela importe peu à notre histoire ; il suffit que, dans le récit des faits, on ne s'écarte pas d'un atome de la vérité.

Or il faut savoir que cet hidalgo, dans les moments où il restait oisif, c'est-à-dire à peu près toute l'année, s'adonnait à lire des livres de chevalerie, avec tant de goût et de plaisir qu'il en oublia presque entièrement l'exercice de la chasse et l'administration de son bien. Sa curiosité et son extravagance arrivèrent à ce point qu'il vendit plusieurs arpents de bonnes terres à blé pour acheter des livres de chevalerie à lire. […]

Enfin, notre hidalgo s'acharna tellement à sa lecture que ses nuits se passaient en lisant du soir au matin, et ses jours, du matin au soir. Si bien qu'à force de dormir peu et de lire beaucoup, il se dessécha le cerveau, de manière qu'il vint à perdre l'esprit. Son imagination se remplit de tout ce qu'il avait lu dans les livres, enchantements, querelles, défis, batailles, blessures, galanteries*, amours, tempêtes et extravagances impossibles ; et il se fourra si bien dans la tête que tout ce magasin d'inventions rêvées était la vérité pure qu'il n'y eut pour lui nulle autre histoire plus certaine dans le monde. […]

Finalement, ayant perdu l'esprit sans ressource, il vint à donner dans la plus étrange pensée dont jamais fou se fût avisé dans le monde. Il lui parut convenable et nécessaire, aussi bien pour l'éclat de sa gloire que pour le service de son pays, de se faire chevalier errant, de s'en aller par le monde, avec son cheval et ses armes, chercher les aventures, et de pratiquer tout ce qu'il avait lu que pratiquaient les chevaliers errants, redressant toutes sortes de torts, et s'exposant à tant de rencontres, à tant de périls qu'il acquît, en les surmontant, une éternelle renommée [1]. »

1. Cervantès, *L'Ingénieux Hidalgo don Quichotte de la Manche*, L. Viardot trad., L. Urrutia éd., GF-Flammarion n°s 196-197, 1969, p. 51-53.

TRISTRAM SHANDY OU LE MODÈLE ANGLAIS

L'un des points essentiels de la réflexion sur le roman menée dans *Jacques le Fataliste* concerne la place accordée à la tradition, c'est-à-dire à l'intertextualité* à l'œuvre dans toute production littéraire. De l'allusion à la citation directe, de la parodie au plagiat** toutes ses modalités sont essayées dans l'œuvre de Diderot.

En empruntant l'argument de son roman à *Tristram Shandy* (1760), Diderot n'a pas manqué de déjouer à l'avance d'inévitables accusations de plagiat, en parodiant lui-même les commentaires auxquels elles donneraient lieu : « Voici le second paragraphe, copié de la vie de *Tristram Shandy*, à moins que l'entretien de Jacques le Fataliste et de son maître ne soit antérieur à cet ouvrage, et que le ministre Sterne ne soit le plagiaire, ce que je ne crois pas, mais par une estime toute particulière de M. Sterne, que je distingue de la plupart des littérateurs de sa nation, dont l'usage assez fréquent est de nous voler et de nous dire des injures[1]. »

Dans les chapitres XIX à XXII du livre VIII du roman de Laurence Sterne, l'auteur-narrateur laisse la parole à son oncle Toby, un ancien officier, et au serviteur de ce dernier, le caporal Trim, qui s'efforce, malgré les interruptions incessantes de son interlocuteur, de mener à bien le récit de « l'histoire du roi de Bohême et de ses sept châteaux » :

Chapitre XIX

« [...] Le caporal s'étant incliné avec la plus sincère des convictions poursuivit :

> • *L'intertextualité s'intéresse aux relations existant entre les différentes œuvres littéraires. Elle peut être explicite ou implicite. En l'occurrence ici, on remarque la présence avérée d'un texte (Tristram Shandy) dans un autre (Jacques le Fataliste).*
> •• *Rappelons que la parodie imite en caricaturant, alors que le plagiat se contente de copier l'original.*

---

1. *Jacques le Fataliste*, p. 301.

– Le roi de Bohême, donc, la reine et leur cour, un beau soir d'été, sortirent par hasard pour une promenade.

– Fort bien, s'écria mon oncle Toby, l'expression « par hasard » est juste ici car le roi de Bohême et la reine pouvaient partir en promenade ou y renoncer ; ce sont là choses contingentes qui arrivent ou non selon la chance.

– N'en déplaise à Votre Honneur, dit Trim, le roi William[1] pensait que tout est prédestiné dans notre existence, il disait même souvent à ses soldats que « chaque balle a son billet ».

– Un grand homme ! dit mon oncle Toby.

– Je suis convaincu, pour ma part, poursuivit Trim, qu'à la bataille de Landen la balle qui me brisa le genou me fut adressée tout exprès pour m'ôter du service de Sa Majesté et me placer à celui de Votre Honneur afin que j'y sois mieux soigné dans mes vieux jours.

– Rien ne démentira cette explication, Trim, dit mon oncle.

Maître et soldat avaient un cœur également sensible à des flots soudains d'émotion ; un bref silence s'établit.

– D'ailleurs, sans cette simple balle, reprit le caporal sur un ton plus joyeux, n'en déplaise à Votre Honneur, je n'eusse jamais été amoureux –

– Tu l'as donc été une fois, Trim ? demanda mon oncle souriant.

– J'ai fait le plongeon, dit Trim, et, n'en déplaise à Votre Honneur, j'en avais par-dessus la tête.

– Dis-moi où, quand, dans quelles circonstances, je n'en ai jamais su un traître mot, dit mon oncle Toby.

– J'ose dire que pas un tambour, pas un enfant de troupe ne l'ignorait dans le régiment.

– Il est grand temps que j'en sois informé, dit mon oncle Toby.

– Votre Honneur ne se souvient pas sans chagrin, dit Trim, de la panique et de la confusion totale qui

---

1. Guillaume d'Orange (1650-1702), devenu roi d'Angleterre en 1689 sous le nom de Guillaume III.

régnaient à Landen dans notre camp et dans notre armée ; chacun devait se tirer seul d'affaire et sans les régiments de Wyndham, Lumley et Galway qui couvrirent la retraite au pont de Neerspecken, le roi lui-même eût pu difficilement s'échapper, pressé qu'il était de toutes parts. [...]

Le nombre des blessés était prodigieux et nul n'avait le temps que de songer à son propre salut.

– Talmash, dit mon oncle Toby, ramena pourtant son infanterie avec beaucoup de prudence.

– Je fus, moi, laissé sur le terrain, dit le caporal.

– Pauvre diable ! je le sais bien, dit mon oncle Toby.

– Je dus ainsi, poursuivit Trim, attendre le lendemain midi pour être échangé puis transporté à l'hôpital sur une charrette avec treize ou quatorze autres. Il n'y a point de partie du corps, n'en déplaise à Votre Honneur, où une blessure soit plus douloureuse qu'au genou –

– L'aine exceptée, dit mon oncle Toby.

– N'en déplaise à Votre Honneur, je crois le genou plus douloureux, à cause de tous les tendons et les je-ne-sais-trop-quoi qui y arrivent.

– Voilà précisément, riposta mon oncle Toby, ce qui rend l'aîné plus sensible car outre les tendons et les je-ne-sais-trop-quoi-non-plus (leur nom m'est aussi inconnu qu'à toi) il y a *** –

Mrs. Wadman qui, durant toute cette conversation, n'avait pas quitté sa tonnelle retint à ce coup son souffle, dénoua le ruban de son béguin[1] et demeura un pied en l'air. Entre mon oncle Toby et Trim l'amicale discussion se prolongea quelque temps encore sans rien perdre de sa force ; Trim, enfin, se souvenant que les douleurs de son maître lui avaient maintes fois arraché des larmes tandis qu'il endurait les siennes les yeux secs, fit mine d'abandonner la partie ; mon oncle Toby ne le lui permit pas –

– Cela ne prouve rien, dit-il, que ta générosité naturelle.

Ainsi la question de savoir si la douleur d'une blessure au genou dépasse (*cœteris paribus*[2])

---

1. Coiffe s'attachant sous le menton.
2. Toutes choses égales par ailleurs.

celle d'une blessure à l'aine ou, à l'inverse, si celle d'une blessure à l'aine n'est pas plus grande que celle d'une blessure au genou, demeure entièrement irrésolue. »

Dans le chapitre XX, Trim se voit recueilli par une famille de paysans, et soigné par une jeune nonne.

Chapitre XXI

– Ce n'est pas merveille, dit Trim voyant mon oncle Toby songeur, car l'amour, n'en déplaise à Votre Honneur, ressemble à la guerre en ceci qu'un soldat, sorti sain et sauf le samedi soir de trois semaines de bataille, peut être frappé en plein cœur le dimanche matin ; c'est précisément ce qui m'advint ici, avec pourtant cette différence que je tombai, pour ma part, amoureux le dimanche après-midi. Cet amour éclata, n'en déplaise à Votre Honneur, comme une bombe, presque sans me donner le temps de me dire : « Dieu me bénisse ».
– Je ne croyais pas, Trim, dit mon oncle Toby, qu'un homme pût tomber si soudainement amoureux.
– Si fait, répondit Trim, pourvu qu'il soit déjà en bon chemin.
– Dis-moi, demanda mon oncle Toby, comment cela t'arriva-t-il ?
– Je vous le conterai très volontiers, répondit Trim en s'inclinant.

Chapitre XXII

J'avais échappé jusque-là ; j'aurais continué jusqu'à la fin si les destins n'en avaient décidé autrement : on ne résiste pas à leurs décrets.
C'était, je l'ai déjà dit à Votre Honneur, un dimanche après-midi –
Le vieux paysan et sa femme étaient sortis –
Il régnait dans la maison la quiétude et le silence de minuit, pas un canard, pas un caneton dans la cour. La belle Béguine[1] entra.

---

1. Nonne.

Ma blessure était alors en bonne voie de guérison : à l'inflammation, disparue depuis quelques jours, avait succédé au-dessus et au-dessous du genou une démangeaison si insupportable que je n'avais pu fermer l'œil de la nuit.

– Faites voir, me dit-elle, en s'agenouillant sur le sol parallèlement à ma jambe et en posant la main sous ma blessure ; il n'y faut qu'une petite friction. Couvrant ma jambe du drap, elle se mit à frictionner sous le genou d'un index que guidait la bande de flanelle qui maintenait mon pansement ; cinq ou six minutes plus tard, je perçus le frôlement du médius, qui bientôt se joignit à l'autre ; cette friction circulaire se poursuivit un bon moment ; l'idée me vint alors que je devais tomber amoureux. La blancheur de sa main me fit rougir ; de ma vie, n'en déplaise à Votre Honneur, je n'en verrai une aussi blanche.

– À cet endroit, intervint mon oncle Toby –

Quelque sincère que fût son désespoir, le caporal ne put s'empêcher de sourire.

– Devant le soulagement, poursuivit-il, que sa friction apportait à mon mal, la jeune Béguine passa de deux à trois doigts, puis abaissa le quatrième et finit par y employer toute la main. Je ne dirai plus rien des mains, n'en déplaise à Votre honneur, mais celle-ci était plus douce que le satin –

– Je te prie, Trim, dit mon oncle, fais-en tout l'éloge qui te plaira, j'écouterai, pour moi, ton histoire avec d'autant plus de plaisir. Le caporal remercia très vivement son maître mais n'ayant rien de plus à dire sur la main de la Béguine passa sans retard aux effets du traitement.

– La belle Béguine, dit-il, m'ayant ainsi longtemps frictionné à pleine main, je craignis pour elle une fatigue : « J'en ferai mille fois plus, s'écria-t-elle, pour l'amour du Christ ! » À ces mots, elle franchit la bande de flanelle et attaqua le dessus du genou où je lui avais dit souffrir d'une égale démangeaison.

Je perçus alors les approches de l'amour. Sous cette friction répétée, je le sentis se répandre et gagner tout mon corps ; plus elle frottait fort et plus loin le feu s'allumait dans mes veines, deux ou trois mouvements enfin d'une ampleur plus marquée élevèrent ma passion à son paroxysme, je lui saisis la main –

– Pour la presser, j'imagine, contre tes lèvres, dit mon oncle Toby, et faire ta déclaration.

Cette scène des amours de Trim s'acheva-t-elle exactement comme l'imaginait mon oncle Toby, rien ne le prouve. L'essence du romanesque amoureux tel que les hommes l'ont chanté depuis le commencement du monde ne s'y trouve pas moins incluse[1]. »

L'ESPRIT DE RABELAIS

Parmi les nombreux souvenirs littéraires que comporte *Jacques le Fataliste*, l'œuvre de Rabelais occupe une place prépondérante. À plusieurs siècles d'écart, les deux auteurs se rejoignent en effet sur l'affirmation de la dimension ludique• du langage, sur la revendication de la littérature comme espace inaliénable de liberté – du blasphème à l'obscénité –, ou encore sur l'apologie épicurienne du plaisir. La parodie de dissertation érudite sur le nom « Bigre » et le cycle paillard des amours villageoises de Jacques, sont autant de passages de *Jacques* sur lesquels souffle l'esprit de Rabelais.

Plus directement encore, le passage de la prophétie de la gourde[2] constitue un hommage direct au *Cinquième Livre*, à la fin duquel les voyageurs Panurge et Pantagruel, au terme de leur périple « initiatique », parviennent au temple de la dive Bouteille pour y entendre son oracle :

• *Du latin* ludus *: le jeu. Chez Diderot, ces jeux de langage portent plus sur les genres que sur les mots.*

---

1. Sterne, *Vie et opinions de Tristram Shandy* (1759-1767), Ch. Mauron trad., S. Soupel éd., GF-Flammarion n° 371, 1982, p. 512-519.
2. *Jacques le Fataliste,* p. 244.

Dossier

« Là fist Bacbuc[1], la noble Pontife[2], Panurge besser[3] et baiser la marge de la fontaine, puis le fist lever, et autour danser trois Ithymbons[4]. Cela fait, luy commanda s'asseoir entre deux selles[5], le cul à terre, là préparées. Puis desploya son livre ritual, et, luy soufflant en l'aureille gausche, le fist chanter une Epilemie[6], comme s'ensuit :

O Bouteille

Pleine toute

De   misteres,

D'une aureille

Je   t'escoute :

Ne   differes,

Et le mot proferes

Auquel pend[7] mon cœur.

En la tant divine liqueur,

Baccus[8], qui fut d'Inde vainqueur,

Tient   toute   vérité   enclose.

Vin tant divin, loin de toy est forclose[9]

Toute mensonge et toute tromperie.

En joye soit l'aire de Noach[10] close,

Lequel de toy nous fist la temperie[11].

Sonne le beau mot, je t'en prie,

Qui me doibt oster de miseres.

Ainsi ne se perde une goutte.

De toy, soit blanche,

ou soit vermeille,

O   Bouteille

Pleine   toute

De   misteres,

D'une aureille

Je t'escoute :

Ne differes.

---

1. En hébreu : bouteille.
2. Prêtresse.
3. Se baisser.
4. Danses bachiques.
5. Chaises.
6. Ode bachique.
7. Aspire.
8. Dieu romain du vin.
9. Retenue.
10. L'ère de Noé (ère de purification par le Déluge).
11. Mélange, composition.

Dossier

Ceste chanson parachevée, Bacbuc jetta je ne sçay quoy dedans la fontaine, et soudain commença l'eau bouillir à force, comme fait la grande marmite de Bourgueil quand y est feste à bastons[1]. Panurge escoutoit d'une aureille en silence ; Bacbuc se tenoit près de luy agenouillée, quand de la sacrée Bouteille issit[2] un bruit tel que font les abeilles naissantes de la chair d'un jeune taureau occis et accoustré[3] selon l'art et l'invention d'Aristeus, ou tel que fait un guarot[4] desbandant l'arbaleste, ou en esté une forte pluye soudainement tombant. Lors fut ouï ce mot : *Trinch*[5].

« Elle est, s'escria Panurge, par la vertu Dieu ! rompuë, ou feslée, que je ne mente : ainsi parlent les bouteilles cristalines[6] de nos pays, quant elles près du feu esclatent. »

Lors Bacbuc se leva et print Panurge souz le bras doucettement, lui disant : « Amy, rendez graces ès cieux, la raison vous y oblige : vous avez promptement eu le mot de la dive Bouteille. Je dy le mot plus joyeux, plus divin, plus certain, qu'encores d'elle aye entendu depuis le temps qu'icy je ministre[7] à son tressacré Oracle. Levez-vous, allons au chapitre en la glose duquel est le beau mot interprété[8]. – Allons, dist Panurge, de par Dieu. Je suis aussi sage que antan[9]. Esclairez : où est ce livre ? Tournez : où est ce chapitre ? Voyons ceste joyeuse glose[10]. »

Goethe ne s'y est pas trompé qui, en termes très rabelaisiens, file la métaphore du festin païen pour décrire le plaisir qu'il a éprouvé à la lecture du roman de Diderot :

---

1. Fête à processions.
2. Sortait.
3. Tué et préparé.
4. Trait, flèche.
5. Bois (*trink*, en allemand).
6. De verre.
7. J'exerce le ministère.
8. Allons au chapitre suivant dans lequel le mot est interprété.
9. Auparavant.
10. Rabelais, *Le Cinquième Livre* (1564), chapitre XLIV,
F. Joukovsky éd., GF-Flammarion n° 872, 1995, p. 182-183.

« Lu de six heures à onze heures et demie et d'une traite *Jacques le Fataliste* de Diderot ; me suis délecté comme le Baal[1] de Babylone à un festin aussi énorme ; ai remercié Dieu que je sois capable d'engloutir une telle portion d'un seul coup avec le plus grand appétit et pourtant avec un plaisir indescriptible[2]. »

ÉRIC WALTER, *JACQUES LE FATALISTE*

La critique universitaire a longtemps négligé *Jacques le Fataliste* au profit d'autres œuvres de Diderot. Le désordre délibéré du roman s'est parfois vu assimilé à un défaut de composition. Il a fallu attendre la deuxième moitié du XXᵉ siècle pour que *Jacques* se voie enfin redécouvert et « réhabilité ». Mais, comme l'a souligné Éric Walter, l'intérêt fasciné des contemporains pour la « modernité » du roman, a trop souvent occulté tout ce par quoi il s'inscrit dans une certaine tradition :

« Or, *Jacques* n'est ni un roman balzacien ni un récit de Butor ou de Sollers. Replacé, comme il doit l'être, dans l'histoire du roman à l'âge classique (de Cervantès à Richardson), ce livre nous apparaît comme tributaire de tout un héritage qu'il assume et dépasse. Dans *Don Quichotte*, l'ironie réflexive se faisait juge et complice de la folie romanesque : dans *Jacques* s'enchevêtrent les paradoxes d'une déraison féconde et l'ébauche d'une nouvelle logique du récit qui, par-delà Richardson et Rousseau, ouvre la voie à une transformation du roman. Que *Jacques* procure un plaisir de modernité, tant mieux ! Mais n'y cherchons pas tout le roman moderne contenu à l'état de germe ! Si ce roman en rupture avec le romanesque nous fascine toujours, c'est surtout qu'il est traversé par des interrogations qui sont encore les nôtres : que peut le roman sur lui-même ? Que peut le roman sur le réel ? Pour qui écrit-on et comment est-on lu[3] ? »

1. Ancien dieu babylonien.
2. Goethe, *Journal*, références bibliographiques (3 avril 1780).
3. Éric Walter, *Jacques le Fataliste*, Hachette, 1975, p. 4-5.

② — *L'art de la conversation et du dialogue*

La composition de *Jacques le Fataliste* s'organise autour de l'alternance de deux dialogues parallèles. Le premier oppose Jacques et son maître, auxquels viennent parfois s'agréger les voix des personnages qu'ils croisent sur leur chemin. Le second fait converser l'auteur-narrateur avec son lecteur. Les interventions de l'auteur-narrateur servent ainsi de médiation entre les personnages et le lecteur. Elles exhortent continuellement ce dernier à participer au dialogue, et lui interdisant de se cantonner dans une position de spectateur extérieur et passif.

• Sur cette notion et celle de dialogue, voir présentation p. 30.

Cette structure théâtrale• reproduit la conception que se forme Diderot de l'activité de lecture. Loin de se limiter à une occupation individuelle et privée, qui isole le lecteur dans la sphère de son intimité, celle-ci apparaît comme l'un des ferments de la sociabilité. Le texte devient le dénominateur commun autour duquel peuvent se rapprocher des individus séparés. Il devient lui-même « texte », au sens que revêt ce terme dans *Jacques le Fataliste*, c'est-à-dire « sujet de conversation ».

DIDEROT, *ÉLOGE DE RICHARDSON*

L'admiration que voue Diderot au romancier anglais Samuel Richardson tient peut-être avant tout à cette relation d'intimité que ses œuvres établissent selon lui à deux niveaux successifs : le premier entre les personnages du roman et le lecteur, le second entre les lecteurs eux-mêmes autour du roman :

« Ô Richardson ! on prend, malgré qu'on en ait[1], un rôle dans tes ouvrages, on se mêle à la conversation, on approuve, on blâme, on admire, on s'irrite, on s'indigne. Combien de fois ne me suis-je pas surpris, comme il est arrivé à des enfants qu'on avait menés au spectacle pour la première fois, criant : *Ne le croyez pas, il vous trompe... Si vous allez là, vous êtes perdu.* Mon âme était tenue dans une agitation perpétuelle. Combien j'étais bon ! combien j'étais juste ! que j'étais satisfait de moi ! J'étais, au sortir de ta lecture, ce qu'est un homme à la fin d'une journée qu'il a employée à faire le bien.

J'avais parcouru dans l'intervalle de quelques heures un grand nombre de situations, que la vie la plus longue offre à peine dans toute sa durée. J'avais entendu les vrais discours des passions ; j'avais vu les ressorts de l'intérêt et de l'amour-propre jouer en cent façons diverses ; j'étais devenu spectateur d'une multitude d'incidents, je sentais que j'avais acquis de l'expérience. [...]

J'ai remarqué que, dans une société où la lecture de Richardson se faisait en commun ou séparément, la conversation en devenait plus intéressante et plus vive.

J'ai entendu, à l'occasion de cette lecture, les points les plus importants de la morale et du goût discutés et approfondis.

J'ai entendu disputer sur la conduite de ses personnages, comme sur des événements réels ; louer, blâmer Paméla, Clarisse, Grandison, comme des personnages vivants qu'on aurait connus, et auxquels on aurait pris le plus grand intérêt.

Quelqu'un d'étranger à la lecture qui avait précédé et qui avait amené la conversation, se serait ima-

---

1. Malgré nos réticences.

giné, à la vérité et à la chaleur de l'entretien, qu'il s'agissait d'un voisin, d'un parent, d'un ami, d'un frère, d'une sœur[1]. »

DIDEROT, *LETTRES À SOPHIE VOLLAND*

La forme dialoguée assure une double fonction, elle est à la fois un procédé de composition, qui mime le cheminement de la conversation, et permet d'en restituer la spontanéité et la vivacité, et un mode de raisonnement, celui de l'association d'idées, en apparence « décousue » mais qui, souterrainement, progresse selon une logique véritable. Ainsi, l'ordre du discours, ou plutôt son apparent désordre, reproduit très exactement celui des événements, tels qu'ils sont liés entre eux selon la philosophie déterministe• de Jacques :

• Théorie selon laquelle tous les événements sont unis par une causalité invisible. Sur ce postulat et son traitement par Diderot, voir présentation p. 34.

« C'est une chose singulière que la conversation, surtout lorsque la compagnie est un peu nombreuse. Voyez les circuits que nous avons faits. Les rêves d'un malade en délire ne sont pas plus hétéroclites[2]. Cependant, comme il n'y a rien de décousu ni dans la tête d'un homme qui rêve, ni dans celle d'un fou, tout tient aussi dans la conversation ; mais il serait quelquefois bien difficile de retrouver les chaînons imperceptibles qui ont attiré tant d'idées disparates. Un homme jette un mot qu'il détache de ce qui a précédé et suivi dans sa tête ; un autre en fait autant ; et puis attrape qui pourra. Une seule qualité physique peut conduire l'esprit qui s'en occupe à une infinité de choses diverses. Prenons une couleur, le jaune, le souci est jaune, la bile est jaune, la paille est jaune ; à combien d'autres fils ce fil jaune ne répond-il pas ? La folie, le rêve, le décousu de la conversation consistent à passer de l'un à l'autre par l'entremise d'une qualité commune.

1. Diderot, *Éloge de Richardson, op. cit.,* p. 30-37.
2. Singuliers, bizarres.

Le fou ne s'aperçoit pas qu'il en change. Il tient un brin de paille jaune et luisante à la main, et il crie qu'il a saisi un rayon de soleil. Combien d'hommes qui ressemblent à ce fou sans s'en douter ; et moi-même peut-être dans ce moment [1]. »

1. Diderot, *Lettres à Sophie Volland,* Y. Florenne éd.,
Le Club français du Livre, 1965, p. 178-9 (lettre du 20 octobre 1760).

3 ── *La philosophie du capitaine de Jacques*

SPINOZISME ET NÉO-SPINOZISME

Diderot possédait-il une connaissance directe et approfondie de la philosophie de Spinoza ? La question demeure objet de débat : en effet, les philosophes des Lumières ont eu tendance à simplifier outrageusement la pensée du philosophe hollandais du siècle précédent, en l'assimilant à une forme de matérialisme hylozoïste• et athée. Contre la théorie cartésienne de la dualité des substances••, ce « néo-spinozisme » affirme qu'il n'existe qu'une seule substance dans l'univers, la matière, et que cette substance, douée de sensibilité, permet d'expliquer physiquement tous les phénomènes, y compris les phénomènes intellectuels. Dans l'article « Spinoziste » de l'*Encyclopédie*, Diderot évacue ainsi avec désinvolture la question du spinozisme originel, pour ne développer que la signification qu'avait prise ce terme pour ses contemporains :

• L'hylozoïsme est la doctrine philosophique selon laquelle toute matière est vivante.
•• L'âme et le corps.

« SPINOZISTE : sectateur de la philosophie de Spinoza. Il ne faut pas confondre les *spinozistes* anciens avec les *spinozistes* modernes. Le principe général de ceux-ci [les modernes], c'est que la matière est sensible, ce qu'ils démontrent par le développement de l'œuf, corps inerte, qui, par le seul instrument de la chaleur graduée, passe à l'état d'être sentant et vivant, et par l'accroissement de tout animal qui, dans son principe, n'est qu'un point, et qui, par l'assimilation nutritive des plantes, en un mot, de toutes les substances qui servent à la nutrition, devient un grand corps sentant et vivant dans un grand espace. De là ils concluent qu'il n'y a que de la matière, et qu'elle suffit pour tout expliquer ; du reste, ils suivent l'ancien spinozisme dans toutes ses conséquences. »

La Mettrie, L'Homme machine

L'interprétation que donnent les Lumières de la philosophie de Spinoza rejoint ainsi la philosophie matérialiste, défendue par Diderot dans *Le Rêve de d'Alembert* •.

Le matérialisme développé en 1748 par Julien de La Mettrie dans son *Homme machine*, s'appuie sur une série de métaphores, comme celles de la montre ou de l'automate, qui visent à assimiler l'organisme humain à une machine de complexité supérieure. Si ces métaphores sont reprises dans *Jacques le Fataliste*, leur emploi semble destiné moins à soutenir la thèse matérialiste qu'à produire des effets plaisants. Le personnage du maître – qui ne peut survivre sans sa *montre* – est ainsi successivement comparé à un automate et à un odomètre••. Le recours à l'imagerie matérialiste sert donc principalement à illustrer le thème paradoxal du maître marionnette de son valet.

• *Dialogue philosophique de 1769. Le mathématicien d'Alembert fut, avec Diderot, l'un des directeurs de l'Encyclopédie, dont il rédigea le « Discours préliminaire ».*

•• *Instrument servant à mesurer mécaniquement les distances.*

« On voit qu'il n'y a qu'une [substance] dans l'Univers et que l'homme est la plus parfaite. Il est au singe, aux animaux les plus spirituels[1], ce que la pendule planétaire de Huygens[2] est à une montre de Julien le Roi[3]. S'il a fallu plus d'instruments, plus de rouages, plus de ressorts pour marquer les mou-

---

1. C'est-à-dire, doués d'intelligence.
2. Christiaan Huygens (1629-1695) : physicien et astronome hollandais.
3. Julien le Roi (1686-1759) : célèbre horloger.

vements des planètes que pour marquer les heures ou les répéter ; s'il a fallu plus d'art à Vaucanson[1] pour faire son flûteur que pour son canard, il eût dû en employer encore davantage pour faire un parleur : machine qui ne peut plus être regardée comme impossible, surtout entre les mains d'un nouveau Prométhée[2]. Il était donc de même nécessaire que la Nature employât plus d'art et d'appareil pour faire et entretenir une machine, qui pendant un siècle entier pût marquer tous les battements du cœur et de l'esprit ; car si on en voit pas au pouls les heures, c'est du moins le baromètre de la chaleur et de la vivacité, par laquelle on peut juger de la nature de l'âme. Je ne me trompe point, le corps humain est une horloge, mais immense, et construite avec tant d'artifice et d'habileté, que si la roue qui sert à marquer les secondes vient à s'arrêter, celle des minutes tourne et va toujours son train ; comme la roue des quarts continue de se mouvoir, et ainsi des autres, quand les premières, rouillées ou dérangées par quelque cause que ce soit, ont interrompu leur marche[3].

DIDEROT, *LETTRE À LANDOIS*
SUR LE DÉTERMINISME

Diderot a, à diverses reprises, affirmé son adhésion à la doctrine du déterminisme absolu, qu'il développe notamment dans sa célèbre lettre à Landois de juin 1756 :

« Regardez-y de près, et vous verrez que le mot liberté est un mot vide de sens ; qu'il n'y a point, et qu'il ne peut y avoir d'êtres libres ; que nous ne sommes que ce qui convient à l'ordre général, à l'organisation, à l'éducation, et à la chaîne des événements. Voilà ce qui dispose de nous invincible-

---

1. Jacques Vaucanson (1709-1782) : célèbre fabricant d'automates.
2. Personnage de la mythologie grecque qui vola le feu aux dieux pour le donner aux hommes, fondant ainsi la première civilisation humaine.
3. La Mettrie, *L'Homme machine*, P.-L. Assoun éd., Denoël-Gonthier, 1981, p. 141-142.

ment. On ne conçoit non plus qu'un être agisse sans motif, qu'un des bras d'une balance agisse sans l'action d'un poids ; et le motif nous est toujours extérieur, étranger, attaché ou par une nature ou par une cause quelconque, qui n'est pas nous. Ce qui nous trompe, c'est la prodigieuse variété de nos actions, jointe à l'habitude que nous avons prise tout en naissant de confondre le volontaire avec le libre. Nous avons tant loué, tant repris, nous l'avons été tant de fois, que c'est un préjugé bien vieux que celui de croire que nous et les autres voulons, agissons librement. Mais s'il n'y a point de liberté, il n'y a point d'action qui mérite la louange ou le blâme. Il n'y a ni vice, ni vertu, rien dont il faille récompenser ou châtier.

Qu'est-ce qui distingue donc les hommes ? La bienfaisance et la malfaisance. Le malfaisant est un homme qu'il faut détruire et non punir ; la bienfaisance est une bonne fortune, et non une vertu.

Mais quoique l'homme bien ou malfaisant ne soit pas libre, l'homme n'en est pas moins un être qu'on modifie ; c'est par cette raison qu'il faut détruire le malfaisant sur une place publique. De là les bons effets de l'exemple, des discours, de l'éducation, du plaisir, de la douleur, des grandeurs, de la misère, etc. ; de là une sorte de philosophie pleine de commisération, qui attache fortement aux bons, qui n'irrite non plus contre le méchant que contre un ouragan qui nous remplit les yeux de poussière.

Il n'y a qu'une sorte de causes, à proprement parler ; ce sont les causes physiques. Il n'y a qu'une sorte de nécessité ; c'est la même pour tous les êtres, quelque distinction qu'il nous plaise d'établir entre eux, ou qui y soit réellement. Voilà ce qui me réconcilie avec le genre humain ; c'est pour cette raison que je vous exhortais à la philanthropie. Adoptez ces principes si vous les trouvez bons, ou montrez-moi qu'ils sont mauvais. Si vous les adoptez, ils vous réconcilieront aussi avec les autres et avec vous-même ; vous ne saurez ni bon ni mauvais gré d'être ce que vous êtes. Ne rien reprocher aux autres, ne se repentir de rien : voilà les premiers pas vers la sagesse. Ce qui est hors de là est préjugé, fausse philosophie[1]. »

Cassirer, *La Philosophie des Lumières*

Le thème philosophique du déterminisme est traité dans *Jacques le Fataliste* avec un degré d'ironie tel que certains commentateurs ont pu interpréter le roman comme une entreprise visant à le tourner en dérision. Mais il ne faut pas lire *Jacques* comme l'apologie d'une doctrine contre une autre. Si Diderot, en tant que philosophe, adhère au déterminisme, ce qui intéresse le romancier est tout autre. Il s'agit pour ce dernier de montrer, à travers le personnage de Jacques, une doctrine philosophique « en situation », avec toutes les contradictions et les impasses qu'elle rencontre. Constituée en motif littéraire, l'antinomie du déterminisme et de la liberté est employée comme thème à la fois unificateur et dynamisant du roman, ainsi que l'a parfaitement résumé le philosophe allemand Ernst Cassirer :

« Diderot aperçoit très clairement toutes les antinomies où aboutit le système du fatalisme, il les exprime de la manière la plus exacte mais en même temps il se sert de ces antinomies comme forces motrices, comme véhicule de sa propre pensée dialectisée de part en part. Il avoue la circularité de l'argumentation, mais il en fait à l'instant un jeu d'esprit intentionnel. C'est sur cette lancée qu'il a conçu son œuvre la plus spirituelle et la plus originale : le roman *Jacques le Fataliste*, qui veut présenter l'idée de *fatum* comme l'alpha et l'omega de toute pensée humaine, tout en montrant en même temps que notre pensée, avec cette idée, tombe en

---

1. Diderot, *Correspondance*, G. Roth, Minuit, 1955-1970, vol. I, p. 213-215.

contradiction avec elle-même, comment, du fait même de la *poser*, elle doit implicitement la nier et la *supprimer*. Il ne nous reste d'autre solution que de considérer aussi comme nécessaire cette situation à savoir cette *faute* que nous commettons sans cesse contre l'idée de nécessité en nous soumettant sans cesse, dans nos représentations et nos jugements, dans nos affirmations et nos dénégations, au règne de la nécessité. Ce double mouvement, cette oscillation entre les deux pôles de la nécessité et de la liberté, réalise finalement, selon Diderot, le cercle même de notre existence et de notre pensée. C'est grâce à ce cercle, et non par une affirmation ou une négation simple et unilatérale, que nous parvenons à un concept assez compréhensif pour envelopper toute la nature : ce concept de nature qui s'élève fondamentalement au-dessus du bien et du mal, au-dessus de l'accord et de la contradiction, du vrai et du faux, puisqu'il inclut les moments opposés et les intègre l'un à l'autre [1]. »

---

1. Cassirer, *La Philosophie des Lumières* (1932), Fayard, 1966, p. 99.

④ —— *Une esthétique de l'originalité*

La fascination de Diderot pour la coexistence des contraires, manifeste dans la problématique philosophique de *Jacques le Fataliste*, se retrouve également dans sa dimension psychologique et morale. Les différents récits nous présentent en effet, de Gousse au père Hudson, en passant par les deux capitaines duellistes, une succession d'« originaux », c'est-à-dire de personnages dont le caractère et les actions se distinguent de ceux de leurs semblables, au point d'apparaître comme irréductiblement singuliers, et de ne se laisser intégrer à aucune catégorie simple.

DIDEROT, *RÉFUTATION D'HELVÉTIUS*

L'« originalité » telle que la définit Diderot dans la *Réfutation d'Helvétius*, réside moins dans les comportements des individus réels, que dans le point de vue singulier du créateur qui produit des représentations dont il n'existe aucun modèle antérieur. Les « originaux » ne peuvent être autre chose que des « personnages », c'est-à-dire des êtres fictifs, qu'ils aient ou non un modèle dans la réalité, élaborés par l'imagination d'un individu particulier :

« Mais, monsieur Helvétius, vous qui employez assez souvent le mot *original*, pourriez-vous me dire ce que c'est ? Si vous me dites que c'est l'éducation ou le hasard des circonstances qui fait un original, pourrai-je m'empêcher de rire ?

Selon moi, un *original* est un être bizarre qui tient sa façon singulière de voir, de sentir et de s'exprimer de son caractère. Si l'homme original n'était pas né, on est tenté de croire que ce qu'il a fait n'aurait jamais été fait, tant ses productions lui appartiennent. Mais en ce sens, direz-vous, tous les hommes sont des originaux ; car quel est l'homme qui puisse faire exactement ce qu'un autre fait ?

Vous avez raison, mais vous vous seriez épargné cette objection, si vous ne m'eussiez pas interrompu, car j'allais ajouter que son caractère devait trancher fortement avec celui des autres hommes, en sorte que nous ne lui reconnaissions presque aucune sorte de ressemblance qui lui ait servi de modèle, soit dans les temps passés, soit entre ses contemporains. Ainsi, Collé est un original dans sa versification et ses chansons ; Rabelais est un original dans son *Pantagruel*; Patelin, dans sa *Farce*[1]; Aristophane, dans ses *Nuées*; Charleval[2], dans sa *Conversation du père Cannaye et du maréchal d'Hocquincourt*; Molière dans presque toutes ses comédies, mais plus peut-être dans les burlesques que dans les autres ; car qui dit original, ne dit pas toujours beau, il s'en manque de beaucoup. Il n'y a presque aucune sorte de beauté dont il n'existe des modèles antérieurs. Si Shakespeare est un original, est-ce dans ses endroits sublimes ? Aucunement ; c'est dans le mélange extraordinaire, incompréhensible, inimitable, de choses du plus grand goût et du plus mauvais goût, mais surtout dans la bizarrerie de celles-ci. C'est que le sublime par lui-même, j'ose le dire, n'est par original ; il ne le devient que par une sorte de singularité qui le rend personnel à l'auteur : il faut pouvoir dire : C'est le sublime d'un tel[3]. »

---

1. En fait, Patelin est un personnage, et non l'auteur, de *La Farce de maître Patelin*, pièce anonyme composée autour de 1460.
2. Voir *Jacques le Fataliste*, note 1, p. 232.
Aristophane : dramaturge grec (v[e]-ive siècle avant Jésus-Christ).
Charles de Charleval (1613-1693) : poète précieux.
3. Diderot, *Réfutation suivie de l'ouvrage d'Helvétius intitulé L'Homme* (1773), *Œuvres philosophiques*, P. Vernière éd., Bordas, 1980, p. 577-579.

LA BEAUTÉ DU CRIME SELON DIDEROT

Le thème esthétique de l'originalité pose immédiatement un problème moral. En effet, si la valeur esthétique d'une action réside en partie dans son degré de singularité, l'action criminelle apparaît d'autant plus belle que le crime est grand. D'un point de vue esthétique, le « beau crime » rejoint donc l'action héroïque dans la quantité d'énergie qu'ils libèrent et dans le degré de sublime auquel ils atteignent :

« Nos qualités, certaines du moins, tiennent de près à nos défauts. La plupart des honnêtes* femmes ont de l'humeur. Les grands artistes ont un petit coup de hache dans la tête ; presque toutes les femmes galantes* sont généreuses ; les dévotes*, les bonnes même ne sont pas ennemies de la médisance ; il est difficile à un maître qui sent qu'il fait le bien, de n'être pas un peu despote. Je hais toutes ces petites bassesses qui ne montrent qu'une âme abjecte, mais je ne hais pas les grands crimes, premièrement parce qu'on en fait de beaux tableaux et de belles tragédies ; et puis, c'est que les grandes et sublimes actions et les grands crimes portent le même caractère d'énergie. Si un homme n'était pas capable d'incendier une ville, un autre homme ne serait pas capable de se précipiter dans un gouffre pour la sauver. Si l'âme de César n'eût pas été possible, celle de Caton ne l'aurait pas été davantage [1]. »

Notons aussi ce passage du *Neveu de Rameau* :

« S'il importe d'être sublime en quelque genre, c'est surtout en mal. On crache sur un petit filou ; mais on ne peut refuser une sorte de considération à un grand criminel. Son courage vous étonne. Son atrocité vous fait frémir. On prise en tout l'unité de caractère [2]. »

---

1. Diderot, *Salon de 1765*, E.-M. Bukdahl et A. Lorenceau éd., Hermann, 1984, p. 177-178.
2. Diderot, *Le Neveu de Rameau*, J. Varloot éd., Gallimard, Folio, 1972, p. 95.

5 — *Le roman de Mme de La Pommeraye*

L'histoire de Mme de La Pommeraye et du marquis des Arcis constitue, au centre de *Jacques le Fataliste*, une véritable nouvelle, un ensemble homogène dont on a souvent souligné qu'il entretenait avec le reste du roman des liens beaucoup plus lâches que la plupart des autres récits imbriqués. De Schiller qui en fit paraître une traduction, sous le titre de *Vengeance de femme*, dès 1785, c'est-à-dire avant même la première publication de l'ensemble du roman, à Bresson, qui s'en est inspiré pour son film *Les Dames du bois de Boulogne* (1945), l'histoire de Mme de La Pommeraye a connu une postérité indépendante de celle de l'œuvre dans laquelle elle est insérée.

La critique ironique du roman qui parcourt *Jacques le Fataliste*, à travers la mise en évidence de ses procédés, s'y voit contrebalancée par une « leçon » de pure écriture romanesque. La mise en place de l'intrigue, la caractérisation dynamique des personnages, la progression dramatique qui s'accompagne d'une tension toujours croissante, les péripéties et les effets de surprise successifs, sont autant de domaines dans lesquels Diderot déploie magistralement son art de romancier.

LES LIAISONS DANGEREUSES
OU LE REFUS DU PACTE MONDAIN

La scène d'exposition, au cours de laquelle le marquis offre à Mme de La Pommeraye un pacte mondain d'amitié et de complicité, destiné à neutraliser, en toute civilité, les désagréments inhérents à une rupture amoureuse, annonce celui que le vicomte de Valmont proposera à la marquise de Merteuil au début des *Liaisons dangereuses*. Cette erreur de jugement lui vaudra une vengeance similaire à celle dont est victime des Arcis, pour avoir méconnu, lui aussi, la puissance destructrice de l'amour-propre bafoué. Dans les deux œuvres, ce sont les charmes d'une dévote* pure et vertueuse qui sont seuls susceptibles de réveiller les sens et l'imagination d'hommes du monde lassés par leurs semblables, qui n'ont plus rien à leur refuser, ni à leur apprendre :

« Vos ordres sont charmants ; votre façon de les donner est plus aimable encore ; vous feriez chérir le despotisme. Ce n'est pas la première fois, comme vous savez, que je regrette de ne plus être votre esclave ; et tout *monstre* que vous dites que je suis, je ne me rappelle jamais sans plaisir le temps où vous m'honoriez de noms plus doux. Souvent même je désire de les mériter de nouveau, et de finir par donner avec vous, un exemple de constance au monde*. Mais de plus grands intérêts nous appellent ; conquérir est notre destin, il faut le suivre : peut-être au bout de la carrière nous rencontrerons-nous encore ; car, soit dit sans vous fâcher, ma très belle marquise, vous me suivez au moins d'un pas égal ; et depuis que, nous séparant pour le bonheur du monde*, nous prêchons la foi chacun de notre côté, il me semble que dans cette mission d'amour, vous avez fait plus de prosélytes que moi. Je connais votre zèle, votre ardente ferveur ; et si ce Dieu-là comme l'autre nous juge sur nos œuvres, vous serez un jour la patronne de quelque grande ville, tandis que votre ami sera au plus un saint de village. Ce langage mystique vous étonne, n'est-il pas vrai ? Mais depuis huit jours, je n'en entends*, je n'en parle pas d'autre ; et c'est pour m'y perfectionner, que je me vois forcé de vous désobéir.

Ne vous fâchez pas, et écoutez-moi. Dépositaire de tous les secrets de mon cœur, je vais vous confier le plus grand projet qu'un conquérant ait jamais pu former. Que me proposez-vous ? de séduire une jeune fille qui n'a rien vu, ne connaît rien ; qui, pour ainsi dire, me serait livrée sans défense ; qu'un premier hommage ne manquera pas d'enivrer, et que la curiosité mènera peut-être plus vite que l'amour. Vingt autres peuvent y réussir comme moi. Il n'en est pas ainsi de l'entreprise qui m'occupe ; son succès m'assure autant de gloire que de plaisir. L'amour qui prépare ma couronne, hésite lui-même entre le myrte et le laurier, ou plutôt il les réunira pour honorer mon triomphe.

Vous-même, ma belle amie, vous serez saisie d'un saint respect, et vous direz avec enthousiasme : "Voilà l'homme selon mon cœur."

Vous connaissez la présidente Tourvel, sa dévotion, son amour conjugal, ses principes austères. Voilà ce que j'attaque ; voilà l'ennemi digne de moi ; voilà le but où je prétends atteindre[1]. »

MME DE LA CARLIÈRE OU LA VENGEANCE D'UNE FEMME DU MONDE

Mme de La Pommeraye est très proche d'un autre personnage féminin de Diderot, Mme de La Carlière, héroïne du conte de 1772 du même nom.

Après s'être longtemps refusée au chevalier Desroches, homme inconstant et liber-

---

1. Laclos, *Les Liaisons dangereuses* (1782), lettre IV du vicomte de Valmont à la marquise de Merteuil.

tin, celle-ci accepte enfin de l'épouser, non sans avoir auparavant posé ses conditions, en déployant au cours d'une véritable cérémonie publique, toute l'étendue de son orgueil :

« Ils étaient d'accord, ils touchaient au moment de leur union, lorsque Mme de La Carlière, après un repas d'apparat, au milieu d'un cercle nombreux, composé des deux familles et d'un certain nombre d'amis, prenant un maintien auguste et un ton solennel, s'adressa au chevalier et lui dit : "Monsieur Desroches, écoutez-moi. Aujourd'hui nous sommes libres l'un et l'autre, demain nous ne le serons plus, et je vais devenir maîtresse de votre bonheur ou de votre malheur ; vous, du mien. J'y ai bien réfléchi ; daignez y penser aussi sérieusement. Si vous vous sentez ce même penchant à l'inconstance qui vous a dominé jusqu'à présent, si je ne suffisais pas à toute l'étendue de vos désirs, ne vous engagez pas, je vous en conjure par vous-même et par moi. Songez que moins je me crois faite pour être négligée, plus je ressentirais vivement une injure*. J'ai de la vanité* et beaucoup. Je ne sais pas haïr, mais personne ne sait mieux mépriser, et je ne reviens pas point du mépris. Demain, au pied des autels, vous jurerez de m'appartenir et de n'appartenir qu'à moi. Sondez-vous, interrogez votre cœur tandis qu'il en est encore temps ; songez qu'il y va de ma vie. Monsieur, on me blesse aisément, et la blessure de mon cœur ne cicatrise point, elle saigne toujours. Je ne me plaindrai point, parce que la plainte, importune d'abord, finit par aigrir le mal, et parce que la pitié est un sentiment qui dégrade celui qui l'inspire. Je renfermerai ma douleur et j'en périrai. Chevalier, je vais vous abandonner ma personne et mon bien, vous résigner mes volontés et mes fantaisies, vous serez tout au monde pour moi, mais il faut que je sois tout au monde pour vous, je ne puis être satisfaite à moins. Je suis, je crois, l'unique pour vous dans ce moment, et vous l'êtes certainement pour moi ;

mais il est très possible que nous rencontrions, vous, une femme qui soit plus aimable, moi, quelqu'un qui me le paraisse. Si la supériorité de mérite, réelle ou présumée, justifiait l'inconstance, il n'y aurait plus de mœurs. J'ai des mœurs, je veux en avoir, je veux que vous en ayez. C'est par tous les sacrifices imaginables que je prétends vous acquérir et vous acquérir sans réserve. Voilà mes droits, voilà mes titres et je n'en rabattrai jamais rien. Je ferai tout pour que vous ne soyez pas seulement un inconstant, mais pour qu'au jugement des hommes sensés, au jugement de votre propre conscience, vous soyez le dernier des ingrats. J'accepte le même reproche si je ne réponds pas à vos soins, à vos égards, à votre tendresse, au-delà de vos espérances [1]". »

L'infidélité annoncée de Desroches ne manquera pas de se réaliser.

L'amour-propre démesuré de ces femmes, qui chez toutes deux prend largement le pas sur l'amour, s'enracine dans un orgueil social. Elles représentent en ce sens l'incarnation extrême d'un certain type aristocratique, en qui le sens de l'honneur, valeur suprême de leur caste, se trouve exacerbé au point de les empêcher de connaître l'amour dans ce qu'il implique de gratuité et de générosité. À l'intransigeance rigide de Mme de La Pommeraye, chez qui le sens de l'honneur se cristallise tout entier sur les apparences sociales, s'oppose le geste sublime du marquis des Arcis qui, par le pardon librement accordé, loin de salir son nom en épousant une prostituée, « lave » sa femme de son existence antérieure en lui offrant un nom honorable. Mme de La Pommeraye comme Mme de La Carlière concentrent leurs vengeances res-

---

1. Diderot, *Madame de La Carlière*, in *Œuvres complètes*, tome II, L. Versini éd., Laffont, Bouquins, 1994, p. 525-526.

pectives sur l'humiliation publique, c'est-à-dire sociale, de ceux qui sont devenus leurs ennemis. Pour la seconde, cette vengeance s'exerce à l'occasion d'une cérémonie très exactement symétrique à celle qui scellait son union avec Desroches :

« Ce fut alors que Mme de La Carlière se leva et, s'adressant à la compagnie, dit ce qui suit ou l'équivalent : " Mes parents, mes amis, vous y étiez tous le jour que j'engageai ma foi à M. Desroches et qu'il m'engagea la sienne. Les conditions auxquelles je reçus sa main et lui donnai la mienne, vous vous les rappelez sans doute. Monsieur Desroches, parlez. Ai-je été fidèle à mes promesses ? – Jusqu'au scrupule. – Et vous, monsieur, vous m'avez trompée, vous m'avez trahie. – Moi, madame ! – Vous, monsieur. – Qui sont les malheureux, les indignes… – Il n'y a de malheureux ici que moi, et d'indigne que vous. – Madame… ma femme… – Je ne la suis plus… – Madame… – Monsieur, n'ajoutez pas le mensonge et l'arrogance à la perfidie. Plus vous vous défendrez, plus vous serez confus. Épargnez-vous vous-même. "
En achevant ces mots, elle tira les lettres de sa poche, en présenta de côté quelques-unes à Desroches et distribua les autres aux assistants. On les prit, mais on ne les lisait pas. " Messieurs, mesdames, disait Mme de La Carlière, lisez et jugez-nous. Vous ne sortirez point d'ici sans avoir prononcé. " Puis s'adressant à Desroches : " Vous, monsieur, vous devez connaître l'écriture. " On hésita encore, mais, sur les instances réitérées de Mme de La Carlière, on lut. Cependant Desroches, tremblant, immobile, s'était appuyé la tête contre une glace, le dos tourné à la compagnie qu'il n'osait regarder. Un de ses amis en eut pitié, le prit par la main et l'entraîna hors du salon.
– Dans les détails qu'on me fit de cette scène, on me disait qu'il avait été bien plat et sa femme honnêtement ridicule.
– L'absence de Desroches mit à l'aise : on convint de sa faute ; on approuva le ressentiment de Mme

de La Carlière, pourvu qu'elle ne le poussa pas trop loin ; on s'attroupa autour d'elle, on la pressa, on la supplia, on la conjura ; l'ami qui avait entraîné Desroches entrait et sortait, l'instruisant de ce qui se passait. Mme de La Carlière resta ferme dans une résolution dont elle ne s'était point encore expliquée. Elle ne répondait que le même mot à tout ce qu'on lui représentait* ; elle disait aux femmes : " Mesdames, je ne blâme point votre indulgence ", aux hommes : " Messieurs, cela ne se peut ; la confiance est perdue et il n'y a point de ressource. " On ramena le mari ; il était plus mort que vif, il tomba plutôt qu'il ne se jeta aux pieds de sa femme, il y restait sans parler. Mme de La Carlière lui dit : " Monsieur, relevez-vous. " Il se releva et elle ajouta : " Vous êtes un mauvais époux ; êtes-vous, n'êtes-vous pas un galant* homme, c'est ce que je vais savoir. Je ne puis ni vous aimer ni vous estimer, c'est vous déclarer que nous ne sommes pas faits pour vivre ensemble[1]. " »

LA NÉCESSAIRE INCONSTANCE

Le refroidissement progressif des sentiments du marquis pour Mme de La Pommeraye doit être replacé dans le contexte de la pensée évolutionniste de Diderot, c'est-à-dire d'une conception philosophique selon laquelle l'univers se caractérise par une instabilité perpétuelle, une perpétuelle transformation des choses et des êtres, voués à disparaître sans cesse pour renaître sous d'autres formes :

« Qui sait les races d'animaux qui nous ont précédés ? qui sait les races d'animaux qui succéderont aux nôtres ? Tout change, tout passe, il n'y a que le tout qui reste. Le monde commence et finit sans cesse ; il est à chaque instant à son commencement et à sa fin ; il n'en a jamais eu d'autre, et n'en aura jamais d'autre.

---

1. Diderot, *Madame de La Carlière*, *op. cit.*, p. 531-532.

[…] Ô vanité de nos pensées ! ô pauvreté de la gloire et de nos travaux ! ô misère ! ô petitesse de nos vues ! Il n'y a rien de solide que de boire, manger, vivre, aimer et dormir[1]… »

Dans cette perspective évolutionniste, la seule attitude envisageable pour l'individu est la jouissance immédiate. Si l'on transpose ces réflexions du domaine philosophique au domaine politique, l'institution du mariage apparaît comme une tentative absurde de fixer ce qui *par nature* ne peut l'être. Elle est ainsi dénoncée par Diderot, dans l'article « Indissoluble » de l'*Encyclopédie*, comme une entreprise illusoire et néfaste pour les individus qu'elle *dénature* nécessairement :

« Le mariage est un engagement *indissoluble*. L'homme sage frémit à l'idée seule d'un engagement *indissoluble*. Les législateurs qui ont préparés aux hommes des liens *indissolubles*, n'ont guère connu son inconstance naturelle. Combien ils ont fait de criminels et de malheureux ? »

Dans un poème intitulé « Souvenir » (1841), Alfred de Musset reprendra presque littéralement la célèbre envolée poétique de *Jacques le Fataliste* « le premier serment que se firent deux êtres de chair[2]… », mais ce sera pour glorifier, dans une perspective romantique, la confiance insensée des amants en la pérennité de leur amour, en dépit, ou peut-être à cause même du caractère inéluctablement éphémère de tout ce qui est humain :

« […] Oui, sans doute, tout meurt ; ce monde est
[un grand rêve,
Et le peu de bonheur qui nous vient en chemin,
Nous n'avons pas plutôt ce roseau dans la main,
    Que le vent nous l'enlève.

---

1. Diderot, *Le Rêve de d'Alembert*, in *Œuvres philosophiques*, P. Vernière éd., Garnier, 1977, p. 299-300.
2. *Jacques le Fataliste*, p. 143.

Oui, les premiers baisers, oui, les premiers serments
Que deux êtres mortels échangèrent sur terre,
Ce fut au pied d'un arbre effeuillé par les vents,
        Sur un roc en poussière.

Ils prirent à témoin de leur joie éphémère
Un ciel toujours voilé qui change à tout moment,
Et des astres sans nom que leur propre lumière
        Dévore incessamment.

Tout mourait autour d'eux, l'oiseau dans le feuillage,
La fleur entre leurs mains, l'insecte sous leurs
pieds,
La source desséchée où vacillait l'image
        De leurs traits oubliés ;

Et sur tous ces débris joignant leurs mains d'argile,
Étourdis des éclairs d'un instant de plaisir,
Ils croyaient échapper à cet être immobile
        Qui regarde mourir !

– Insensés ! dit le sage. – Heureux ! dit le poète.
Et quels tristes amours as-tu donc dans le cœur,
Si le bruit du torrent te trouble et t'inquiète,
        Si le vent te fait peur ? [...][1] »

---

1. Musset, *Poésies nouvelles*, Gallimard, Poésie, 1976, p. 365-366.

6 — *Le reflet d'une société en crise*

Dans les années 1760 et 1770, la France connaît une série de graves disettes. La famine avec son cortège d'épidémies et de brigandages, ravage les campagnes, soulevant de violentes émeutes populaires. Au cours du voyage qu'il accomplit à Langres en 1770, Diderot eut l'occasion d'observer directement les effets de la famine, aggravés encore par la lourde imposition à laquelle étaient soumis les paysans. On trouve de nombreux échos de cette crise économique dans *Jacques le Fataliste*.

DIDEROT, *APOLOGIE DE L'ABBÉ GALIANI*

Depuis le milieu du siècle, la question de la liberté du commerce des blés agite les milieux intellectuels. Dans l'article « Blé » de son *Dictionnaire philosophique*, Voltaire note ainsi plaisamment que « vers 1750, la nation rassasiée de vers… se mit enfin à raisonner sur les blés ».

Les encyclopédistes ont longtemps défendu la pensée économique des physiocrates•, partisans de la libre circulation et exportation des marchandises. Cependant, l'application par le pouvoir de leurs théories dans le domaine du commerce des blés (par deux édits, en 1763 et 1764) se révéla catastrophique. Par crainte de la famine, le peuple attaqua les réserves de blé pour empêcher qu'il ne soit vendu ailleurs à un meilleur

• *La physiocratie est la doctrine de certains économistes du XVIIIᵉ siècle, fondée sur le respect des lois naturelles. À ce titre, elle prône un libéralisme absolu.*

prix que sur place. C'est pourquoi, dans son *Apologie de l'abbé Galiani* (1770), Diderot prit le parti des opposants aux physiocrates, pour se faire le défenseur d'un certain dirigisme étatique, au nom de l'intérêt général contre les intérêts particuliers :

« Les répartitions graduelles de province à province que promettent les économistes[1] sont chimériques, surtout dans les temps de disette. D'abord les distances sont quelquefois très considérables. Ainsi le blé sera en Lorraine à quatorze livres* le setier[2], et à cinquante lieues*, à vingt-cinq il sera à vingt-quatre, à trente, à trente-six livres, sans qu'on y en porte; et pourquoi? C'est que l'alarme ferme les greniers de la province abondante; c'est que le blé pouvant arriver au lieu de la disette d'une infinité de côtés, il ne vient d'aucun, chacun craignant d'arriver trop tard et de perdre; c'est qu'il est très difficile de discerner une disette simulée d'une disette réelle, et que la première cesse tout à coup; c'est que les cris ne s'élèvent qu'à l'extrémité, c'est qu'alors le temps presse, parce que la faim ne souffre pas de délai; c'est que si les greniers éloignés se ferment, la cupidité qui espère toujours un plus haut prix, la terreur qui craint de manquer, ferment ceux de la province; c'est qu'alors l'autorité est forcée de s'en mêler, et que si l'année dernière[3] elle ne fût pas intervenue, et que si elle n'y pourvoit cette année, le monopole le plus simple conduira les citoyens dans la même ville à s'égorger, les habitants de différentes villes à se piller; c'est que la misère rend les convois hasardeux; on craint d'être pillé en route, d'être pillé au marché; c'est que le blé était chez moi à quarante-deux livres l'émine[4], et qu'il n'en venait point de Saint-Dizier, qui n'est qu'à dix-huit lieues, où il était (mesures égales) à vingt-

---

1. C'est-à-dire les physiocrates.
2. Ancienne mesure de capacité pour les grains.
3. 1769.
4. Ancienne mesure de capacité pour les grains.

huit livres. C'est que l'état des blés dans une ville n'est jamais à ce degré d'évidence pour les particuliers propre à les rassurer ; que le spectacle de la misère étrangère effraie au point d'aimer mieux garder sa denrée, même avec superfluité, que de courir les risques et les maux qu'on voit à côté de soi, en en manquant ; c'est qu'alors, comme on ne sait ce qui sort, ni ce qui reste, le particulier ne vend pas, sauf à vendre à ses concitoyens, si le blé hausse ; c'est que le peuple ameuté s'oppose à la sortie ; c'est que la sortie faisant hausser le blé dans l'endroit, chacun laisse vendre les plus pressés, et qu'on se dit à soi-même : J'aurai le même prix, et je le trouverai à ma porte ; c'est qu'il faut laisser là les vues générales, et entrer dans tout ce détail de craintes, d'avidité, d'espérance, si l'on veut calculer juste.

Je ne sais si vous[1] avez senti vous-même combien cet endroit de votre réponse était faible et défectueux ; car tout de suite vous appelez au secours de la libre et illimitée exportation les droits sacrés de la propriété, qui ne sont malheureusement, s'il faut en dire mon avis, que de belles billevesées. Est-ce qu'il y a quelque droit sacré lorsqu'il s'agit d'affaire publique, d'utilité générale réelle ou simulée ? On me[2] fait prendre le mousquet, on m'ôte la liberté ; on m'enferme sur un soupçon, on coupe mon champ en deux ; on renverse ma maison ; on me ruine en me déplaçant ; on vide ma bourse par un impôt injuste ; on expose ma vie, ma fortune par une guerre folle ; mettez toutes vos belles pages dans une utopie et cela figurera bien là ; voulez-vous nous faire un autre ministère, d'autres maîtres, d'autres lois, un autre gouvernement, d'autres souverains[3] ? »

---

1. Diderot s'adresse ici à l'abbé Morellet, représentant des physiocrates.
2. L'auteur se met ici à la place d'un paysan.
3. Diderot, *Apologie de l'abbé Galiani*, in *Œuvres complètes*, R. Lewinter éd., Le Club français du livre, 1969-1973, tome VIII, p. 777-778.

La pensée économique de Diderot se teinte d'une forme de pragmatisme « réaliste » qui lui interdit d'envisager des bouleversements radicaux, jugés utopiques. Il en va de même de sa pensée politique. Quelque sensible qu'il soit aux injustices découlant de l'organisation de la société de son temps, Diderot ne remet pas en cause le système monarchique, s'efforçant plutôt de l'aménager pour y instaurer plus d'équité et de liberté. Dans l'article « Autorité politique » de l'*Encyclopédie*, il oppose ainsi l'autorité usurpée par la force (qui donne la clé de l'allégorie du château de *Jacques le Fataliste*) à l'autorité librement consentie par contrat explicite ou implicite :

« Aucun homme n'a reçu de la nature le droit de commander aux autres. La liberté est un présent du ciel, et chaque individu de la même espèce a le droit d'en jouir aussitôt qu'il jouit de la raison. Si la nature a établi quelque *autorité*, c'est la puissance paternelle : mais la puissance paternelle a ses bornes ; et dans l'état de nature elle finirait aussitôt que les enfants seraient en état de se conduire. Toute autre *autorité* vient d'une autre origine que de la nature. Qu'on examine bien, et on la fera toujours remonter à l'une de ces deux sources : ou la force et la violence de celui qui s'en est emparé ; ou le consentement de ceux qui s'y sont soumis par un contrat fait ou supposé entre eux, et celui à qui ils ont déféré l'*autorité*.

La puissance qui s'acquiert par la violence n'est qu'une usurpation, et ne dure qu'autant que la force de celui qui commande l'emporte sur celle de ceux qui obéissent ; en sorte que si ces derniers deviennent à leur tour les plus forts, et qu'ils secouent le joug, ils le font avec autant de droit et de justice que l'autre qui le leur avait imposé. La même loi qui a fait l'*autorité*, la défait alors : c'est la loi du plus fort.

Quelquefois l'*autorité* qui s'établit par la violence change de nature ; c'est lorsqu'elle continue et se maintient du consentement exprès de ceux qu'on a soumis : mais elle rentre par là dans la seconde espèce dont je vais parler ; et celui qui se l'était arrogée devenant alors prince, cesse d'être tyran. [...]

L'observation des lois, la conservation de la liberté et l'amour de la patrie, sont les sources fécondes de toutes les grandes choses et de toutes les belles actions. Là se trouvent le bonheur des peuples, et la véritable illustration des princes qui les gouvernent. Là l'obéissance est glorieuse, et le commandement auguste. Au contraire, la flatterie, l'intérêt particulier, et l'esprit de servitude sont l'origine de tous les maux qui accablent un état, et de toutes les lâchetés qui le déshonorent. »

Diderot, *Le Neveu de Rameau*

C'est dans *Le Neveu de Rameau* que Diderot a brossé un des tableaux les plus frappants du fonctionnement de la société d'Ancien Régime. Au fur et à mesure que progresse le dialogue entre « Moi », le philosophe, et « Lui », le Neveu, personnage de bohème et de parasite, les masques de l'hypocrisie tombent, révélant, dans toute leur crudité, les rapports d'asservissement qui structurent la société de bas en haut. La relation du valet au maître se reproduit en effet à tous les niveaux de l'échelle sociale ; chacun, du « gueux » jusqu'au souverain, courbant l'échine devant un autre, et lui aliénant ainsi sa liberté :

« Lui : [...] Je suis dans ce monde et j'y reste. Mais s'il est dans la nature d'avoir quelque appétit ; car c'est toujours à l'appétit que j'en reviens, à la sensation qui m'est toujours présente, je trouve qu'il n'est pas du bon ordre de n'avoir pas toujours de quoi manger. Que diable d'économie, des hommes qui regorgent de tout, tandis que d'autres qui ont un estomac importun comme eux, une faim renaissante comme eux, et pas de quoi mettre sous la dent. Le pis, c'est la posture contrainte où nous tient le besoin. L'homme nécessiteux ne marche pas comme un autre ; il saute, il rampe, il se tortille, il se traîne ; il passe sa vie à prendre et à exécuter des positions.

MOI : Qu'est-ce que des positions ?

LUI : Allez le demander à Noverre[1]. Le monde en offre bien plus que son art ne peut en imiter.

MOI : Et vous voilà, aussi, pour me servir de votre expression, ou de celle de Montaigne, *perché sur l'épicycle de Mercure*[2], et considérant les différentes pantomimes de l'espèce humaine.

LUI : Non, non, vous dis-je. Je suis trop lourd pour m'élever si haut. J'abandonne aux grues le séjour des brouillards. Je vais terre à terre. Je regarde autour de moi ; et je prends mes positions, ou je m'amuse des positions que je vois prendre aux autres. [...]

MOI : Mais à votre compte, *dis-je à mon homme*, il y a bien des gueux dans ce monde-ci ; et je ne connais personne qui ne sache quelques pas de votre danse.

LUI : Vous avez raison. Il n'y a dans tout un royaume qu'un homme qui marche. C'est le souverain. Tout le reste prend des positions.

MOI : Le souverain ? encore y a-t-il quelque chose à dire ? Et croyez-vous qu'il ne se trouve pas, de temps en temps, à côté de lui, un petit pied, un petit chignon, un petit nez qui lui fasse faire un peu la pantomime ? Quiconque a besoin d'un autre, est indigent et prend une position. Le roi prend une position devant sa maîtresse et devant Dieu ; il fait son pas de pantomime. Le ministre fait le pas de courtisan, de flatteur, de valet ou de gueux devant son roi. La foule des ambitieux danse vos positions, en cent manières plus viles les unes que les autres, devant le ministre. L'abbé de condition[3] en rabat,

---

1. Maître de ballet à l'Opéra-Comique.
2. C'est-à-dire, ceux qui se placent au-dessus des autres pour les observer.
3. De condition noble.

et en manteau long, au moins une fois la semaine,
devant le dépositaire de la feuille des bénéfices[1].
Ma foi, ce que vous appelez la pantomime des
gueux, est le grand branle[2] de la terre. […] Mais il
y a pourtant un être dispensé de la pantomime.
C'est le philosophe qui n'a rien et qui ne demande
rien[3]. »

ROUSSEAU, *ÉMILE*

L'espace de liberté intellectuelle dont jouit
le philosophe qui se tient à l'écart de la
mascarade sociale résume donc la solution
« bourgeoise » proposée par Diderot au
problème de la liberté économique et politique. À partir d'un constat similaire, la
réflexion que développe Jean-Jacques
Rousseau dans l'*Émile* (1762) sur le même
problème apparaît autrement plus com-
plexe. La liberté y est définie comme l'ac-
ceptation des déterminismes imposés à l'individu par la nature, qui limitent ses forces
naturelles, et l'affectation de ces forces au
maintien d'une indépendance économique,
qui le dispense de « mettre les bras d'un
autre au bout des siens » :

« Ô homme ! resserre ton existence au-dedans de
toi, et tu ne seras plus misérable. Reste à la place
que la nature t'assigne dans la chaîne des êtres, rien
ne t'en pourra faire sortir ; ne regimbe pas contre
la dure loi de la nécessité, et n'épuise pas, à vouloir lui résister, des forces que le ciel ne t'a point
données pour étendre ou prolonger ton existence,
mais seulement pour la conserver comme il lui plaît
et autant qu'il lui plaît. Ta liberté, ton pouvoir, ne
s'étendent qu'aussi loin que tes forces naturelles,
et pas au-delà ; tout le reste n'est qu'esclavage, illu-

---

1. Voir *Jacques le Fataliste*, note 3, p. 186.
2. Ancienne danse populaire.
3. Diderot, *Le Neveu de Rameau*, p. 125-127.

sion, prestige. La domination même est servile, quand elle tient à l'opinion ; car tu dépends des préjugés de ceux que tu gouvernes par les préjugés ; Pour les conduire comme il te plaît, il faut te conduire comme il leur plaît. Ils n'ont qu'à changer de manière de penser, il faudra bien par force que tu changes de manière d'agir. Ceux qui t'approchent n'ont qu'à savoir gouverner les opinions du peuple que tu crois gouverner, ou des favoris qui te gouvernent ou celles de ta famille ou les tiennes propres : ces vizirs, ces courtisans, ces prêtres, ces soldats, ces valets, ces caillettes, et jusqu'à des enfants, quand tu serais un Thémistocle[1] en génie, vont te mener, comme un enfant toi-même au milieu de tes légions. Tu as beau faire, jamais ton autorité réelle n'ira plus loin que tes facultés réelles. Sitôt qu'il faut voir par les yeux des autres, il faut vouloir par leurs volontés. Mes peuples sont mes sujets, dis-tu fièrement. Soit. Mais toi, qu'es-tu ? le sujet de tes ministres. Et tes ministres à leur tour, que sont-ils ? les sujets de leurs commis, de leurs maîtresses, les valets de leurs valets. Prenez tout, usurpez tout, et puis versez l'argent à pleines mains ; dressez des batteries de canon ; élevez des gibets, des roues ; donnez des lois, des édits ; multipliez les espions, les soldats, les bourreaux, les prisons, les chaînes : pauvres petits hommes, de quoi vous sert tout cela ? vous n'en serez ni mieux servis, ni moins volés, ni moins trompés, ni plus absolus. Vous direz toujours : nous voulons ; et vous ferez toujours ce que voudront les autres.

Le seul qui fait sa volonté est celui qui n'a pas besoin, pour la faire, de mettre les bras d'un autre au bout des siens : d'où il suit que le premier de tous les biens n'est pas l'autorité, mais la liberté. L'homme vraiment libre ne veut que ce qu'il peut, et fait ce qu'il lui plaît[2]. »

---

1. Brillant homme politique athénien du Ve siècle avant Jésus-Christ.
2. Rousseau, *Émile ou De l'éducation*, M. Launay éd., GF-Flammarion n° 117, 1966, p. 98-99.

BIBLIOGRAPHIE

ÉDITIONS

Jacques le Fataliste et son maître, édition critique de Simone Lecointre et Jean Le Galliot, Genève-Paris, Droz, 1977.

Jacques le Fataliste et son maître, édition critique de Paul Vernière, Imprimerie nationale, 1978.

SUR DIDEROT

Yvon Bélaval, *L'Esthétique sans paradoxe de Diderot*, Gallimard, 1950.

Jacques Chouillet, *La Formation des idées esthétiques de Diderot*, Armand Colin, 1973.

Colas Duflo, *Diderot philosophe*, Champion, 2003.

Roger Lewinter, *Diderot ou les mots de l'absence*, Champ libre, 1976.

Jacques Proust, *Diderot et l'Encyclopédie*, Armand Colin, 1962.

Arthur M. Wilson, *Diderot : sa vie et son œuvre*, Laffont, « Bouquins », 1985.

SUR JACQUES LE FATALISTE

Maxime Abolgassemi, « La contrefiction dans *Jacques le Fataliste* », *Poétique*, n° 134, Seuil, mai 2003.

Nicholas Cronk, « *Jacques le Fataliste* et le renouveau du roman carnavalesque », *Dix-huitième siècle*, n° 32, PUF, avril 2001, p. 33-47.

Roger Laufer, « La structure et la signification de *Jacques le Fataliste* », *Revue des sciences humaines*, n° 112, oct.-déc. 1963, p. 517-535.

Georges May, « Le Maître, la chaîne et le chien dans *Jacques le Fataliste* », *Cahiers de l'Association internationale des études françaises*, juin 1961, p. 269-282.

Francis Pruner, *L'Unité secrète de Jacques le Fataliste*, Minard, 1970.

Paul Vernière, « Diderot et l'invention littéraire, à propos de *Jacques le Fataliste* », *Revue d'histoire littéraire de la France*, n° 2, avril-juin 1959, p. 153-167.

Éric Walter, *Jacques le Fataliste de Diderot*, Hachette, « Poche critique », 1975.

FILMOGRAPHIE

Robert Bresson, *Les Dames du bois de Boulogne*, 1945, avec Maria Casarès (à partir de l'histoire de Mme de La Pommeraye).

Jacques Rivette, *La Religieuse*, 1966 avec Anna Karina.

A

APPAREIL : pansement. *Lever un appareil :* ôter un pansement.

ARCHER : agent de police.

ARRÊTER : décider.

AUNE : ancienne mesure de distance équivalant à 1,20 m.

AVEU : peut signifier autorisation.

B

BALANCER : hésiter, être irrésolu.

BILLET : reconnaissance de dettes. *Faire son billet :* signer une reconnaissance de dettes.

BONHOMME OU BON HOMME : « se dit d'un vrai homme de bien, qui ne peut faire du mal. D'un homme simple, qui ne songe à aucune malice, qui a peu d'esprit ou de pénétration, qui n'entend point de finesse, qui croit légèrement » (Dictionnaire de Trévoux, 1771).

BOURRU (nom et adj.) : rustre, grossier.

C

CARESSER : 1) faire des caresses. 2) flatter.

CHAGRIN (nom et adj.) : irritation, colère, humeur morose.

CI-DEVANT : précédemment.

COMMENSAL (nom) : hôte. Littéralement : personne qui mange à la même table (que le maître de maison).

COMMUNE : terrain appartenant à un où plusieurs villages, sur lequel les habitants peuvent faire paître leurs bêtes et s'approvisionner en bois.

COMPÈRE, COMMÈRE : désigne au départ celui ou celle qui tient un enfant sur les fonts baptismaux. Par extension, noms que se donnent des personnes entretenant ensemble un lien de parenté, même lointain.

CONCEVOIR : former par l'esprit, imaginer, comprendre.

CONTE : 1) récit plaisant. 2) chose fabuleuse et inventée : *un conte fait à plaisir.* 3) dans un sens péjoratif : discours qui n'est fondé sur aucune apparence de vérité.

CORDON : ruban marquant l'appartenance à un ordre de chevalerie.

CORNETTE : coiffure de femme.

D

DÉCHET : perte, diminution (sans valeur dépréciative).

DÉCROIRE : ne pas croire.

DÉJEUNER : repas du matin.

DÉJEUNÉE : se dit du déjeuner quand on le prend en voyage.

DÉPARLER : cesser de parler.

DERECHEF : à nouveau, de nouveau.

DÉVOT (nom et adjectif) : personne pieuse, religieuse. Terme généralement accompagné dans le texte de la nuance péjorative d'insincérité dans la piété. Idéologiquement, le parti dévot s'oppose à celui des philosophes.

DÎNER : repas de la mi-journée.

DIRECTEUR : directeur de conscience, directeur spirituel (emploi absolu).

DISCRET : sage, retenu dans ses paroles comme dans ses actions.

DISPUTE : débat, discussion argumentée. *Disputer* : débattre.

DRÔLE (nom) : coquin, personne dont il faut se défier.

E

ÉCU : ancienne monnaie valant trois francs (ou six livres).

EMBONPOINT : état de quelqu'un qui est en bonne santé, et par extension de quelqu'un qui est un peu gras.

EMPLÂTRE : préparation pharmaceutique qu'on applique sur une blessure à travers un morceau de tissu.

ENTENDRE : au sens intellectuel, comprendre.

ÉTAT : position occupée dans la société, condition, profession.

ÉTUVER : laver une plaie.

EXEMPT (nom) : officier de police chargé des arrestations.

F

FAITE AU TOUR : bien faite.

FIACRE : 1) carrosse de louage. 2) cocher de fiacre.

FILLE : peut signifier prostituée.

FINANCIER : roturier enrichi au service de l'État (grâce à un office de finances).

FOURCHES PATIBULAIRES : colonnes de pierre surmontées d'une traverse où l'on pendait les condamnés à mort.

FOURVOYER (SE) : s'égarer (au sens concret).

FRANC : synonyme de livre, ancienne monnaie valant vingt sous.

FURIEUX (adj.) : extrême, excessif (emploi hyperbolique). *Furieusement* : extrêmement, excessivement.

G

GAGER : parier. *Gageure* : pari.

GALANT (adj.) : 1) qui a rapport aux relations amoureuses ; *un homme galant, une femme galante* : qui remportent des succès amoureux, qui cherchent à plaire et à séduire ; une *maladie galante* : une maladie contractée lors de relations sexuelles. 2) *un galant homme* = *un honnête homme*.

GOURMETTE : petite chaînette qui fixe le mors dans la bouche d'un cheval.

GOUSSET : petite bourse portée sous l'aisselle ou à la ceinture.

GRABAT : lit misérable.

H

HONNÊTE : 1) civil, poli. 2) conforme aux bienséances. 3) de famille honorable. *Un hon-*

nête homme : un homme de bien ou un homme de bon rang.
Honnêteté : qualités de l'honnête homme.

I

INDISCRET : étourdi, manquant de jugement, de discernement.

INJURE : injustice, tort, violation de droit.

INTENDANT : 1) régisseur, personne chargée d'administrer la maison, les affaires d'un particulier. 2) fonctionnaire du roi chargé de l'administration d'un service, d'un établissement public, d'une province.

INTÉRESSANT : qui touche le cœur, émouvant. *Intéresser* : émouvoir.

L

LESTE : 1) adroit, habile. 2) désinvolte. *Lestement* : adroitement, habilement.

LETTRE DE CHANGE : reconnaissance de dettes pouvant être endossée par des personnes différentes, et constituant un acte juridiquement plus contraignant que le *billet*.

LIARD : ancienne monnaie de cuivre de peu de valeur.

LIBERTIN (nom et adj.) : 1) libre dans sa pensée, par extension : incroyant, athée. 2) libre dans ses mœurs, par extension : débauché. *Libertinage* : vie dissolue, débauche.

LIEUE : ancienne mesure de distance correspondant à environ quatre kilomètres.

LIGNE : la plus petite des mesures de longueur, le douzième d'un pouce et le 144e d'un pied.

LIVRE : 1) synonyme de franc, ancienne monnaie valant vingt sous. 2) ancienne mesure de poids valant seize onces.

LOUIS : ancienne monnaie valant vingt-quatre francs (ou vingt-quatre livres).

M

MALHONNÊTE : voir HONNÊTE.

MARAUD : coquin, homme malhonnête.

MAROUFLE : coquin, fripon (terme injurieux).

MÉLANCOLIE : état de profonde tristesse, de dépression.

MONDE : 1) cercle restreint formé par les personnes appartenant à la haute société, ou gens du monde (nobles et riches roturiers). *L'usage du monde* est le code tacite de comportement par lequel se définissent et se reconnaissent les *gens du monde*. 2) à ce sens social se superpose l'acception religieuse de vie séculière (par opposition à la vie spirituelle). En ce sens, les *mondains*, dont la vie est tournée vers la recherche de la société et du divertissement, s'opposent aux dévots, *retirés du monde*.

MOUCHES : petits morceaux de taffetas noir que les femmes plaçaient sur leur visage afin de rehausser la blancheur de leur teint.

N

NOTÉ : inscrit sur un registre de police.

O

OBOLE : ancienne monnaie de cuivre de très peu de valeur.

OFFICIEUX : serviable, secourable.

ONCE : ancienne mesure de poids valant le seizième d'une livre et le quart d'un quarteron.

P

PHILOSOPHE : le terme prend au XVIIIe siècle une valeur idéologique, tendant à qualifier les hommes des Lumières qui luttent contre les préjugés, et plus particulièrement les préjugés religieux. Plus directement il désigne les gens de lettres ou de science qui, à l'instar de Voltaire ou de Diderot, s'opposent dans leurs écrits à la doctrine et aux pratiques de l'Église, ainsi qu'aux abus de la monarchie. Le parti des philosophes s'oppose à celui des dévots.

PHILOSOPHIE : 1) au sens élargi des Lumières, tout discours qui prône l'exercice de la raison contre l'irrationalité de la religion. 2) sagesse éclairée et tolérante.

PIED : ancienne mesure de longueur correspondant à 0,324 m environ.

PIQUER DES DEUX : éperonner son cheval, galoper.

PIS : pire.

POSTE : « lieu choisi sur les grands chemins de distance en distance, où les courriers trouvent des chevaux tout prêts pour courir et faire diligence » (Dictionnaire de Furetière, 1690). *Chaise de poste* : voiture à cheval destinée au transport rapide du courrier et des voyageurs.

PRATIQUE (nom) : client, clientèle.

PRESSE : 1) foule. 2) « se dit figurément en morale, en parlant de choses fâcheuses ou dangereuses » (Dictionnaire de Furetière, 1690).

PROCHAIN (adj.) : proche, voisin.

PROTESTER : 1) attester solennellement, assurer. 2) déclarer formellement son opposition, son refus.

Q

QUARTERON : ancienne mesure de poids valant le quart d'une livre ou quatre onces.

R

REMBOURSER (un coup, un soufflet) : recevoir.

RENCONTRER : deviner, deviner juste.

REPRÉSENTER : exposer, faire observer, faire valoir que.

RÊVER : réfléchir, méditer, être songeur.

RHAPSODIE : mauvaise compilation (terme péjoratif).

RIS : rire

S

SINISTRE : de mauvais présage, menaçant.

SOUFFLET : gifle.

SOUFFRIR : supporter.

SOUPER : repas du soir.

SOURIS : sourire.

SOU : ancienne monnaie valant douze deniers. Il faut vingt sous pour faire une livre (ou un franc).

SOUPENTE : 1) entresol, ou petite construction pratiquée entre deux planchers servant de logement. 2) courroies de cuir qui soutiennent le corps d'un carrosse.

T

TEXTE : sujet de conversation. *Revenir au texte* : revenir au sujet principal.

U

USAGE : 1) habitude. 2) coutume.
USER (EN) : se comporter avec quelqu'un de telle manière.

V

VAIN : qui a bonne opinion de lui-même, vaniteux.

LEXIQUE

GF Flammarion

13/06/183006-VI-2013 – Impr. MAURY Imprimeur, 45330 Malesherbes.
N° d'édition L.01EHPN000551.C002. – Septembre 1977. – Printed in France.